国家出版基金项目

NATIONAL PUBLICATION FOUNDATION

中华民族基因组多态现象研究

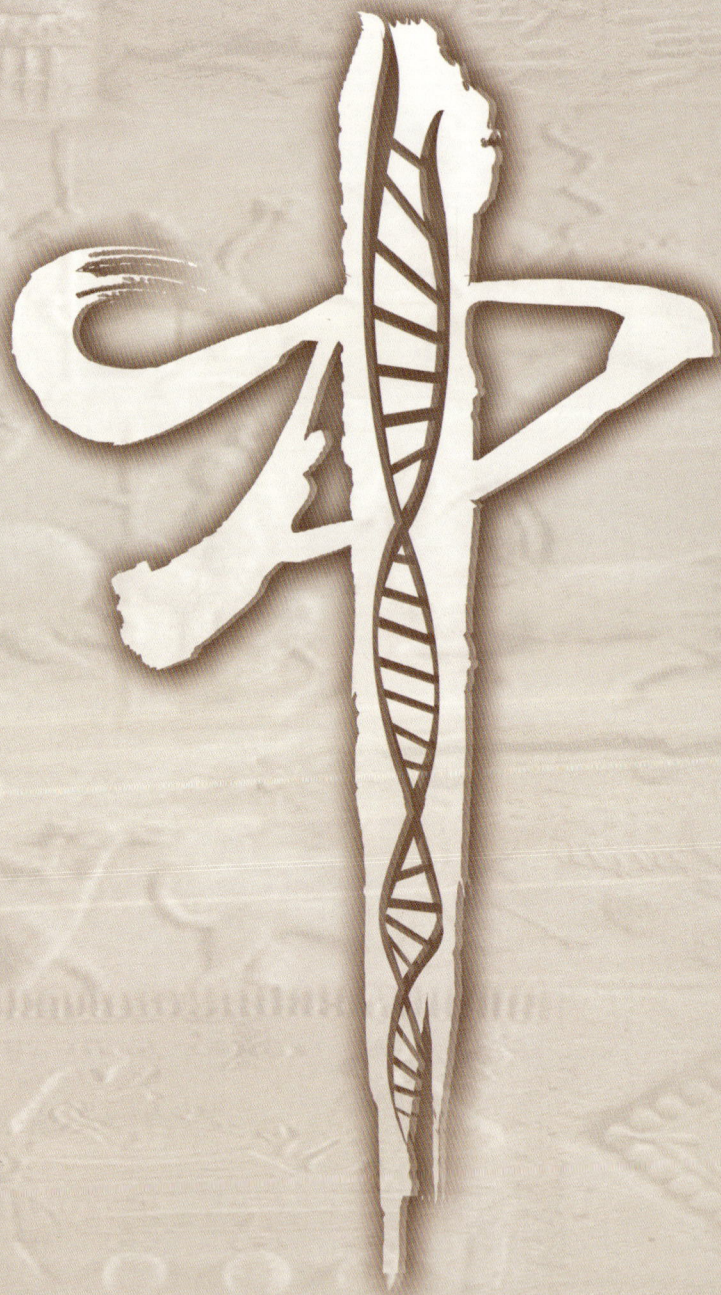

国家出版基金项目
NATIONAL PUBLICATION FOUNDATION

"十二五"国家重点出版规划

中华民族基因组
多态现象研究

法医基因组学

丛书总主编　李生斌　梁德生

本　卷　主　编　李生斌

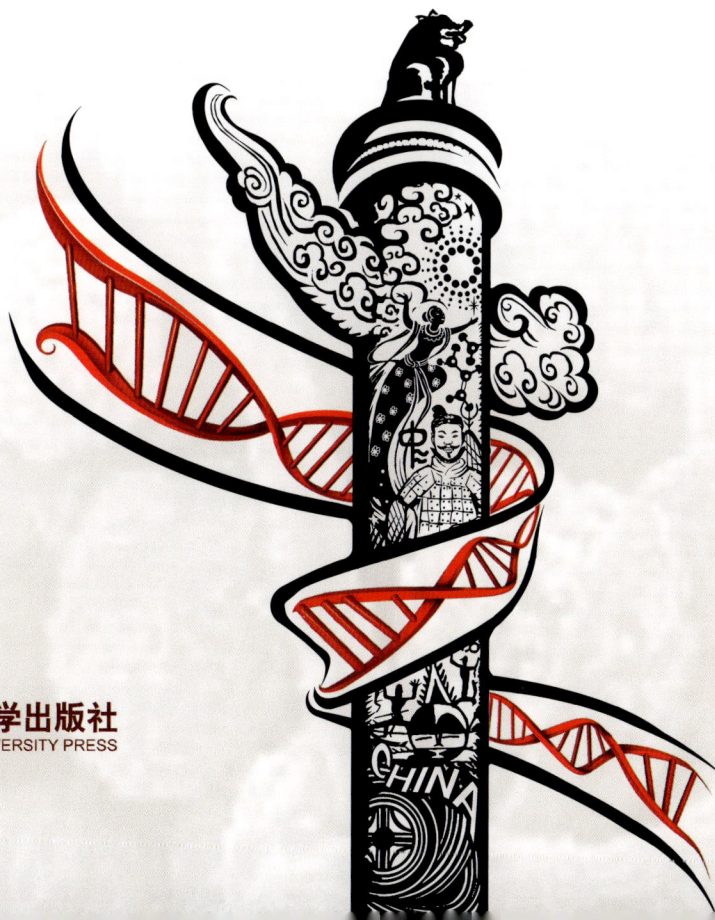

西安交通大学出版社
XI'AN JIAOTONG UNIVERSITY PRESS

图书在版编目（CIP）数据

法医基因组学/李生斌主编. —西安：西安交通
大学出版社，2015.10
（中华民族基因组多态现象研究/李生斌，梁德生总主编）
ISBN 978-7-5605-8045-6

Ⅰ. ①法… Ⅱ. ①李… Ⅲ.①法医学-人类基因-基因组-研究-中国
Ⅳ.①D919.6 ②R394

中国版本图书馆CIP数据核字(2015)第254459号

书　　　名	法医基因组学	
丛书总主编	李生斌　梁德生	
本卷主编	李生斌	
责任编辑	赵文娟　吴　杰	
出版发行	西安交通大学出版社	
	(西安市兴庆南路10号　　邮政编码710049)	
网　　　址	http://www.xjtupress.com	
电　　　话	(029)82668357　82667874(发行中心)	
	(029)82668315(总编办)	
传　　　真	(029)82668280	
印　　　刷	中煤地西安地图制印有限公司	
开　　　本	787 mm×1092 mm　　1/16　印张 29　字数 724千字	
版次印次	2016年6月第1版　　2016年6月第1次印刷	
书　　　号	ISBN 978-7-5605-8045-6/D·227	
定　　　价	360.00元	

订购热线：　(029)82665248　(029)82665249
投稿热线：　(020)82665540

中华民族基因组多态现象研究
编撰委员会

顾 问
杨焕明　夏家辉　贺　林　樊代明
李昌钰　刘　耀　丛　斌

主任委员
李生斌

副主任委员
梁德生　于　军　赖江华　邬玲仟　魏曙光

丛书总主编
李生斌　梁德生

丛书执行主编
李生斌

丛书总审
杨焕明　夏家辉　樊代明　李昌钰
贺　林　刘　耀　丛　斌　闫剑群

丛书编者

于　军	万立华	马丽霞	马瑞玉	王　剑
王江峰	邓林贝	叶　健	丛　斌	巩五虎
吕卫刚	朱永生	伍新尧	邬玲仟	刘　沁
刘　静	刘　耀	刘梦莹	刘新社	闫剑群
许冰莹	孙　斌	孙宏斌	贠克明	严　恺
杜　宏	李　卓	李　波	李　莉	李　晔
李　涛	李帅成	李生斌	李秀萍	李昌钰
李晓忠	李浩贤	杨　爽	杨　璞	杨焕明
吴元明	余　兵	沈亦平	张　月	张　林
张　锐	张玉荣	张幼芳	张杨慧	张秀清
张保华	张洪波	张淑杰	陈　腾	陈荣誉
苟建重	范　歆	林彭思远	欧　拉	罗　莉
罗小梅	罗仕玉	罗静思	周　秦	郑　辉
郑海波	官方霖	郝好英	胡　兰	胡　亮
胡华莹	胡珺洁	钟秋连	贺　林	袁海明
夏家辉	顾珊智	党永辉	徐　明	高利生
高树辉	郭　婧	郭佑民	郭若兰	席　惠
通木尔	黄景峰	黄燕茹	梅利斌	曹英西
常家祯	阎春霞	盖　楠	梁德生	彭　洁
彭　莹	董　妍	韩　卫	曾兰兰	曾晓峰
赖　跃	赖江华	谭　虎	谭　博	樊代明
薛晋杰	魏贤达	魏曙光		

法医基因组学
编撰委员会

主　编

李生斌

副主编

赖江华　张洪波　朱永生

主　审

伍新尧

编　者

（按姓氏笔画排列）

王泳钦　王轶男　朱永生　李生斌

张　宝　张洪波　张　喆　官方霖

赵　斌　高　放　赖江华　魏曙光

丛书总策划

（按姓氏笔画排列）

王强虎　吴　杰　魏曙光

丛书编辑

吴　杰　赵文娟　王银存　田　滢　王　坤

总序

中华民族基因组多态现象研究

个体基因组之间的多态和变异现象，从基因水平上揭示了群体、个体之间差异的本质。基因组多态现象（genomic variation），或称DNA多态性（DNA polymorphisms），是指在一个生物群体基因组中，经常同时存在两种或两种以上的等位基因（allele）或基因型（genotype），且每种类型的变异频率都较高，不能由重复突变来维持。一般认为，基因组DNA序列中某些特定位点的变异频率超过1%的则称为多态性或者多态现象，这些变异频率大于1%的序列或者片段就被称为DNA多态性位点（polymorphic locus）；其余变异频率低于1%的被称为突变，这些序列或者片段就被称为突变位点（mutant locus）。

基因组多态性的本质，就是在生物进化过程中，各种原因引起染色体DNA的核苷酸排列顺序发生了改变，即产生了基因水平上DNA片段大小和DNA序列在个体间的差异，一般发生在基因序列中的非编码区。DNA多态性主要有片段长度多态性和序列多态性两大类，前者指等位基因间片段长度差异，后者指等位基因间的碱基序列差异。

2001年，由美国、英国、德国、日本、法国和中国共同参与的国际人类基因组计划（Human Genome Project，HGP）完成，我们有幸参加了人类基因组计划的中国1%任务。HGP的完成，推动了创新生物技术的发展，为生命科学揭开了崭新的篇章，产生了巨大的经济效益和社会效益；为国际跨领域合作创造了"共有、共为、共享"精神财富；让科学家首次从一个基因、一个蛋白、一种标记、一种功能的单一研究，转变成为使用基因组科学，全面地、系统地、从分子到整体功能地揭示生命奥秘、探索医疗应用、服务司法实践。

HGP告诉我们，人类基因组包含了24条双链DNA分子（1～22号常染色体DNA与X、Y性染色体DNA），共由大约31.6亿个碱基对组成，基因数目约为3万～3.5万个（不是先前估计的10万个基因），这些编码基因的DNA序列占到人类基因组的2%，大部分非编码基因的序列占到98%(之前人们认为这些非编码基因序列是垃圾DNA)。完整了解全基因组编码基因序列和非编码基因序列的结构变异现象，有助于理解基因的表达调控，细胞的产生、分化，个体发育机制，以及生物的进化；有助于发掘各种疾病的生物标记，例如各种遗传病、肿瘤、出生缺陷、代谢紊乱等的诊断与防治；有助于个体识别、健康预测、个体化医疗、精准医学的新技术创建，例如各种个体基因组分型、亲缘鉴定、种族溯源、系谱分析、游离DNA分型等；有助于了解人与人之间只有0.1%的序列差异，就是这0.1%的序列差异，决定了人与人之间对疾病的易感性、对药物和环境因素的反应性不同。

长期以来，科学家们一直聚焦于人类基因组中2%编码序列的变异与功能，由此开辟了表达谱、外显子组、蛋白组、代谢组、功能组等新兴研究，并在生命、健康、医学、进化、遗传、制药、预防等领域取得了前所未有的巨大成就，引领着自然科学、社会科学领域诸如哲学、数学、化学、物理等基础科学的快速发展。但对于占人类基因组98%的非编码序列的变异与功能却知之甚少。通过国际人类基因组计划（HGP）、国际千人基因组计划、单倍体型图计划（HapMap）、人类基因组多样性计划（HGDP）和中国人群基因组多态性结构研究，科学家们开始意识到，人类基因组存在着多种可遗传的变异方式，即基因组存在多种形式的个体和种群差异，这种差异性的揭示，开辟了人类针对个体特征、群体遗传结构和复杂疾病致病机制研究的新时代，使目前绘制一张几乎覆盖全人类的基因组遗传变异图谱，包括所有的在人群中出现频率不低于1%的变异，以及那些出现频率还不到0.5%的位于基因之内的变异，构建世界上最大的人类基因组变异的目录成为可能。人类基因组的非编码区蕴藏着每个人的个体特征，记录着人类共同的历史演变，同一种遗传标记在不同的种族、民族和地区的人群中其多态性分布存在着差异，因此有必要对我国不同民族和地区的群体多态性分布进行调查，以获得详细可靠的群体遗传学资料。这些资料是法医分子遗传学个体识别及亲子鉴定概率计算中不可缺少的基础性科学依据。但遗憾的是，上述研究计划并未涵盖世界上所有人群，也无法使我们系统地认识中华民族群体遗传多态性结构特征和变异规律，因此，中华民族群体的基因组多态性特征和变异规律的研究只能由国人自己来完成。对中华民族遗传资源的研究、开发与利用，是一项具有重大意义而又异常艰辛的工作。这项工作可以为阐明中华民族的起源、演化和发展提供积极的启示；也将为研究遗传因素在疾病的发生、发展过程中所扮演的角色以及其在法医学领域的应用提供极具价值的参考；同时为我们从DNA分子水平上详细分析中华民族群体基因组多态性结构特征和变异规律提供科学依据。

"中华民族基因组多态现象研究"丛书聚焦非编码序列的变异与功能，研究这些中立区域的DNA在人类个体识别、人类群体溯源、人类起源进化及疾病药物效应的个体差异，帮助我们从新的角度学习和理解我们的基因组，发现和开发大有希望的组学生物标记（bio-marker）或优化已知的生物标记及其检测方法，例如开发新的血液/组织相关的生物标记，基因/网络/通路相关的生物标记用于疾病检测和个体诊断。

  "中华民族基因组多态现象研究"丛书分为5卷，系统介绍了中华民族的人文、地理与历史演变，剖析人文历史与地理环境对群体基因组多态性遗传结构与变异的影响作用；从遗传学（分子人类学）角度阐明中华民族不同群体的遗传结构和变异规律；论述中华民族健康与疾病基因型、单倍型和临床表型的相互关系；介绍了中华民族群体遗传多态性数据在法医学中的应用。

  《中华民族遗传结构与亲缘关系》论述了中华民族遗传变异与亲缘关系的系统理论，并采用大量的数据列表和图表，运用基因组学和生物信息学成果，具体、形象地阐明了中华民族的起源、迁徙以及民族之间在遗传特征上的区别和联系，以此勾勒出中华民族遗传结构的总体轮廓。希望中华民族遗传变异与亲缘关系研究可以为民族学、社会学、人类学以及生命科学领域的创新发展提供一定的思路和启示。

  《法医基因组学》综合运用基因组学、生物信息学、计算机科学和数学等多方面知识与方法，阐明和理解大量的基因组数据、信息所包含的法医学意义，并应用于解决法医学研究和司法鉴定相关的各种问题。法医基因组学（forensic genomics）研究使得法医DNA分析技术的发展日新月异，获得广泛的应用，并推动人类遗传学、生物医学、动物学、考古学等其他学科的进步。在实际案例中，法医基因组学不仅可以用DNA遗传标记开展个体识别和亲权鉴定，而且可以有效利用全基因组数据。比如lobSTR分析技术，它能够剖析全基因组STRs，为个体识别和个体医疗开辟了新的途径，还能为生物群体进化、重塑生物群体的演绎历史，以及认识人类健康与疾病提供新的视角。

  《成瘾基因组学》系统探索了精神活性物质长期反复作用对中脑腹侧被盖区—伏隔核多巴胺神经元功能的重塑作用及分子机制，采用包括基因组学、分子生物学、组织学和行为学的理论与技术，从不同角度来梳理、整理、提炼成瘾的理论研究成果和实践方法。近20年来对于成瘾机制的探索无论是从宏观到微观，还是从器官组织到分子水平都有了飞速的发展。同时，越来越多的证据提示：精神活性物质成瘾记忆诱导大脑的基因调控机制发生改变，这些数据对于系统理解成瘾记忆的分子基础和致瘾机制、预测预防易感人群以及防治成瘾复吸都具有重要的科学价值。

《基因组拷贝数变异与基因组病》所论述的基因组拷贝数变异与基因组病是临床遗传学的重要内容之一。该书围绕中华民族群体基因组多态性和生物标记，全面系统地论述了基因组拷贝数变异与基因组病、基因组拷贝数变异与临床表型的相互关系。书中的主要内容包括：基因组拷贝数变异、基因组病、遗传诊断与咨询、基因组病的临床表现与诊断标准等。

《人类单基因遗传疾病》针对60余种单基因遗传疾病，系统介绍了疾病的临床表现、遗传学机制、诊断流程和相关实验操作方法，同时对产前诊断、治疗和预后、遗传咨询也有详实的描述。书中还以典型病例的形式再现单基因遗传病患者"就诊—病史采集—临床诊断—基因诊断—基因检测报告解读—遗传咨询"等全过程，使读者身临其境，加深对单基因病的认识。

"中华民族基因组多态现象研究"丛书历时三年的辛苦采编，由中国科学院、西安交通大学、四川大学、中南大学及国外相关机构等的一线学者共同完成，是一次集体智慧的展示。本丛书是站在巨人的肩膀上，对既往人类基因组学研究的成果与结晶进行了一次系统而科学的归纳梳理。我们期盼以人类基因组研究前沿的"盛筵"，以飨读者，在人类不断探索自身的里程碑上留下浓墨重彩的一笔，也对广大读者尤其是相关研究领域的科技工作者们有所裨益。

"中华民族基因组多态现象研究"丛书的问世，要感谢国家出版基金的资助、西安交通大学出版社给予的重视和支持；感谢所有关心和帮助过本丛书的同仁，特别致谢项目实施过程中数以百计的编撰者和编辑，数以千计的实验人员和辅助人员，数以万计的样本贡献者和组织协作者，以及我们的亲人、好友的精神支持和理解，没有他们的给予，就没有今天的结果。人类基因组计划的精神贡献"共有、共为、共享"已经成为人类科学活动的楷模，成为本丛书写作的动力，对政治、经济、社会、哲学、安全等方面产生越来越重要的作用，这是我们最为推崇的科学精神。

未来，基于基因组结构和序列变化的基因组学研究无疑将成为生物学和医学的核心命题研究。基因组学技术的快速迭代和规模化使大数据挖掘、复杂信息分析等新概念、新技术变为现实，成为催生新思维、新境界和新作为的圣地。从基因组以DNA序列为研究主体到基因组生物学以生物学命题为研究主体，再到以生物谱系如哺乳动物为研究主体，这符合生物学的发展规律，生物医学研究与临床医学实践正朝着"精准化"高速发展。

当然，想要完整阐释中华民族遗传研究的脉络并非易事，尤其是面对浩如烟海的资料和快速更新的知识，限于编撰者的时间和精力，丛书中必有不尽如人意之处，且丛书中提到的一些研究正在进行中，尚未定论，争议在所难免，但这正是本丛书出版的意义。我们认为，对以往研究中的问题进行总结和分析，对正在研究、有争论的问题进行交流和讨论，必将推动本领域的科学发展，这也正是我们希望看到的。

2015年10月31日

前言

中华民族基因组多态现象研究

　　DNA技术给法医学的理论与实践带来了革命性的变化。法医DNA分析技术经过30多年飞速发展和广泛应用，已成为证据科学的常规技术手段，加之法医DNA数据库的广泛建立给法医学领域带来了一场革命性的变革，在众多刑事案件的侦破、民事案件的解决和一些重大灾害性事故的尸源认定上发挥了重要作用，迅速提升了执法人员根据现场物证搜索罪犯的效率。通过DNA分型技术进行人类个体识别、DNA数据库搜寻比对，已经成为现今最有力的执法调查工具。

　　人类基因组计划完成后，人类基因组单体型图计划（HapMap）、人类基因组多样性计划（HGDP）和千人基因组计划等大规模群体遗传数据库相继建立完成，单核苷酸多态性遗传标记开始逐步成为法医DNA研究的重点内容。随着对人类基因组认识的积累，基因组分析技术日益精确和自动化，足以提供个人独一无二的特征。如何把DNA科学应用到司法实践、医疗领域，以及揭示生命进化的奥秘，成为人们关注的热点。最新的基因组技术对确定一个人的遗传构成，既高效又准确。在每个人的基因组中蕴藏着许多遗传标记，每一个遗传标记在人群中又有大量变异，可用来确定两个人是否有亲缘关系和进行群体中的个体识别，而且可以有效利用全基因组数据解决种族起源、外貌特征甚至死亡原因等问题。新技术的出现通常会带来相关研究的进步与发展，随着高通量测序技术及检测全基因组碱基突变技术的快速发展，特别是多种高通量、低成本的新一代测序技术应运而生，并逐步被应用到生命科学研究的各个领域，科学家发现了越来越多的人类基因组变异，成就了法医基因组学(forensic genomics)的诞生。

《法医基因组学》作为"中华民族基因组多态现象研究"丛书中的一部，着眼于展示法医基因组学的应用研究，得益于国家出版基金的资助而顺利出版。随着新的技术手段的不断涌现，新的检验技术将成为未来法医基因组学的方向。例如下一代测序技术完全改变了上一代测序技术的原理，在基因组学等相关研究中发挥着重要作用，也为法医基因组学研究提供了新的技术方法。法医基因组学作为一门实践科学还需时间和实践的验证。本书以当前法医学应用的主要遗传标记STR为主，介绍了法医学个人识别、亲权鉴定等相关内容，并将多年来西安交通大学法医学院在中华民族遗传多样性研究中获得的相关数据资料汇编在附录中，力求概念准确、处理好继承与发展的关系。由于水平有限，不足和错误之处在所难免，恳请读者提出宝贵意见，以便今后修订完善。

李生斌

2015年10月31日

目录

中华民族基因组多态现象研究

第 3 章 线粒体基因组多态性

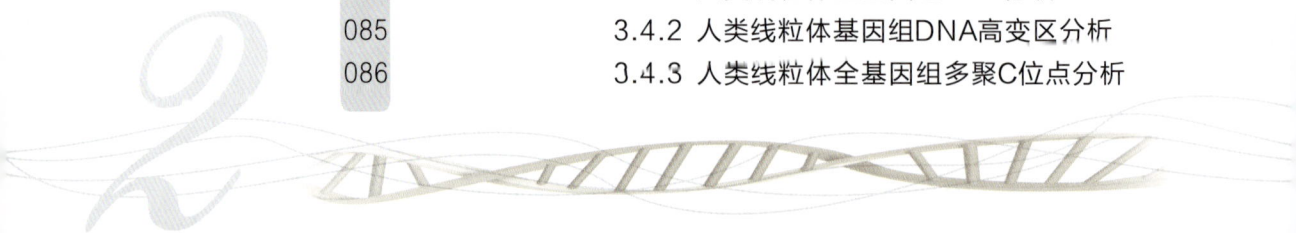

第 6 章 遗传标记数据的统计分析

第 7 章 群体DNA数据库

第 10 章 动植物司法鉴定概述

第 11 章 新一代法医基因组分型

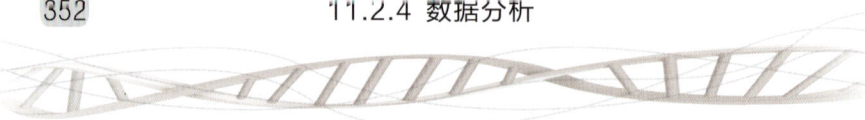

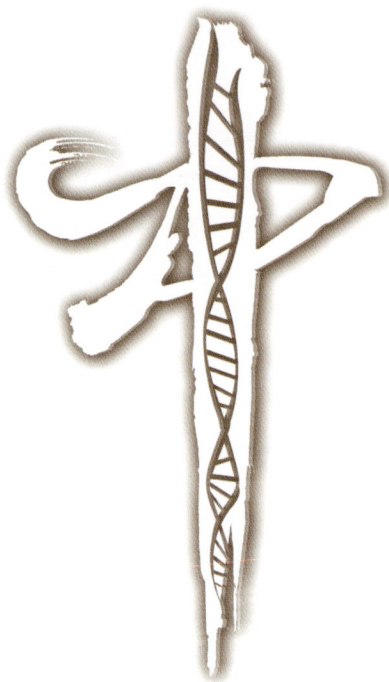

第1章　法医基因组学概论

法医基因组学（forensic genomics）是基因组学的一个分支学科，也是法医学的一个分支学科。它运用医学、遗传学、基因组学、生物数学的理论与技术解决司法实践中的专门技术问题，用基因组学研究的新技术探索解决法医学中的疑难问题。人类 DNA（deoxyribonucleic acid，脱氧核糖核酸）描写了每个人的个体特征，记录着人类共同的历史演变。随着对人类基因组认识的积累，基因组分析技术日益精确和自动化，足以提供个人独一无二的特征。如何把 DNA 科学应用到司法实践、医疗领域以及揭示生命进化的奥秘，成为人们关注的热点。最新的基因组技术能够高效准确地确定一个人的遗传构成。每个人的基因组中蕴藏着许多遗传标记，每一遗传标记在人群中又有大量变异，可用来确定两个人是否有亲缘关系和进行群体中的个体识别。

1.1　法医基因组学历史及任务

伴随遗传学和现代分子生物学技术的发展，法医分子遗传学（forensic molecular genetics）也孕育而生。它将现代分子生物学研究的最新成果应用于法医学实践，使法医 DNA 分析技术得到日新月异的发展和广泛的应用，并推动人类遗传学、生物医学、动物学、考古学等其他学科的进步。

基因组学和生物信息学日趋成熟，从而带动法医基因组学孕育而生。人们不仅可以用 DNA 遗传标记开展个体识别和亲权鉴定工作，而且可以有效利用全基因组数据解决法医案件分析。例如，分析人类基因组中短串联重复（short tandem repeats，STR）的一种新方法 lobSTR（个体基因组 STR 断面图——暂译名），能剖析全基因组 STRs。分析"国际千人基因组计划"中群体的全基因组 STR 分型，研究个体和群体的 STR 数量变化特征，发掘个体差异的 lobSTR 的数量表述和疾病

差异表述,为个体识别和个体化医疗开辟新途径。lobSTR还可用于研究生物群体进化、重塑生物群体的演绎历史及认识人类的健康与疾病。

遗传标记在染色体定位的示意图见图1-1。

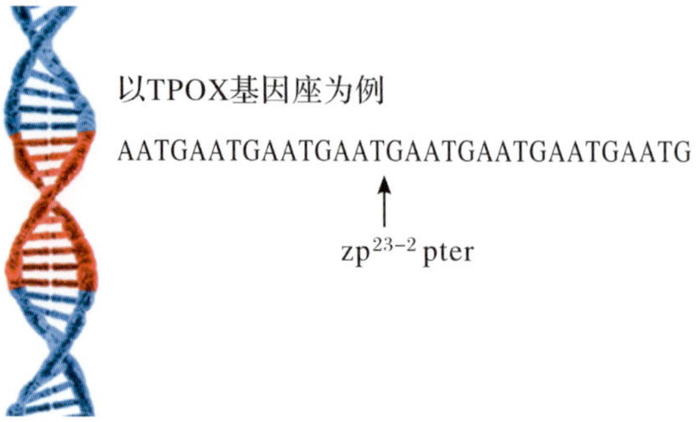

以TPOX基因座为例

AATGAATGAATGAATGAATGAATGAATGAATG

zp^{23-2} pter

图1-1 遗传标记在染色体定位的示意图

一个个体的遗传物质,一半来自父系,一半来自母系。所以,多态性始终表现为一对等位基因,分别来自父亲和母亲。因此分析血液标本和抽提出来的DNA,就可以确定一个孩子的假定父母是否是生物学上的父母。DNA指纹寓意它可以与传统指纹相媲美,而经典的传统指纹解释主观、有效样本难以获得且无法数据化分析。正确的DNA分型,不仅可以否定证据,而且可以肯定证据。

各种生物体样本,例如:活检组织、病理标本、血涂片、精液、指甲、组织、头发、牙齿、遗骸等都可用于DNA遗传标记的分析。采用聚合酶链式反应(polymerase chain reaction,PCR),可以扩增一个细胞的DNA而提供足够量的DNA信息确定其来源。

DNA技术给法医学的理论与技术带来了革命性变化。法医DNA分析技术经过30多年飞速发展和广泛的应用,已成为证据科学的常规技术手段,在众多刑事案件的侦破、民事案件的解决和一些重大灾害性事故的尸源认定上发挥着重要作用。通过媒体对国内外一些重大案件的报道,例如美国辛普森谋杀前妻案,9·11恐怖袭击尸源认定,东南亚大海啸尸源认定,陕西省汉阴县7·16重大凶杀案,西安6·6空难尸源认定,汶川地震尸源认定等,使法医DNA技术得到更广泛的传播与应用,使用DNA技术保护自己的合法权益几乎家喻户晓、人人皆知。今天的DNA技术正朝着准确、快速、简便、自动化、微量检测的方向发展,法医DNA分析技术已成为法医基因组学检验的常规技术。

随着高通量测序技术的快速发展和测序成本的降低，以及检测全基因组变异的快速发展，科学家发现了越来越多的人类基因组变异，并将逐步应用于法医基因组学。2001年人类基因组计划结果的公布为人类研究整个遗传结构奠定了基础。此后，对不同个体的研究以及新的基因组测序的完成更拓展了人类基因组的应用前景。2007年研究者开始认识到基因组间存在很多差异，提示对个性识别和复杂疾病破译的可能性。不到一年时间，人们通过灵长类表亲之间出现的变异描绘人类进化树的方式等更好地理解遗传变异的规律。

目前，已经通过快速扫描成百上千个遗传标记差异的技术把特殊的DNA变异、性状、疾病联系起来。对DNA插入和缺失效应的分类与确定，显示了DNA变异比预计的更加普遍，并且肯定了个体基因组研究的可行性。一些个体基因组的测序完成及测序技术的快速发展使得个体全基因组测序成为可能。人类基因组DNA内所蕴含着大量的生物遗传信息，个体外形特征主要由基因型决定。法医基因组学技术的发展实现了可以通过分析DNA序列的多态性，获取个体的表型特征。发掘影响基因表达和功能的最主要遗传标记类型，能够预测个体表型特征，例如位于15号染色体上的黑色素指数相关基因SLC24A5，其第3外显子上dbSNP编号rs1426654的位点，影响人体内的色素沉着。随着科学家对人类基因组信息研究的不断深入，将会有越来越多的表型遗传标记被识别并将用于相关表型特征的推断，特别是那些有助于法医学应用的表型，以期为罪案调查提供更多的有利信息。法医基因组学专家们希望在未来，能够依靠基因分型结果实现对未知个体面部特征的完整预测，实现法医基因组学画像，即通过个体基因组的分析刻画出个体体型面貌。

对人类进化史研究最有价值的民族是那些已经隔离一段时间的群体，他们有独特的语言和文化，通常被一些地理屏障隔离。隔离人群包含的遗传信息远多于现代城市居民。这些隔离人群正迅速地与他们临近的民族相融合，我们非常需要这些不可重现的、正在消失的信息去重现我们的进化史。

世界四大人种93个人群基于9个STR基因座(D3S1358、vWA、FGA、TH01、TPOX、CSF1PO、D5S818、D13S317、D7S820)构建的系统发生树见图1-2。

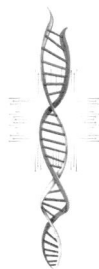

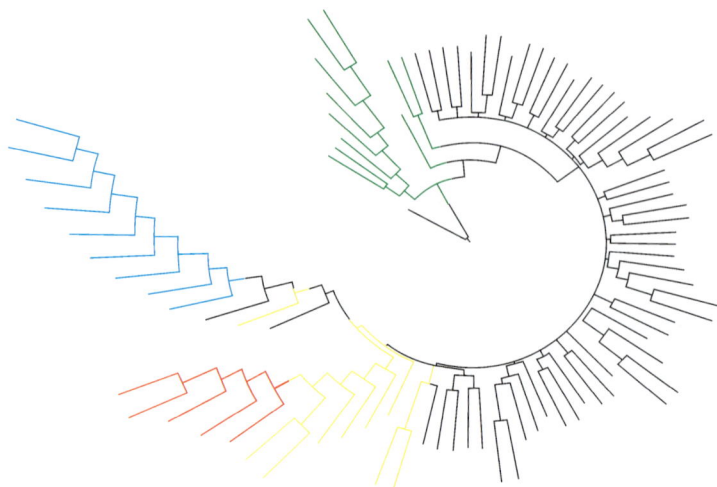

图 1 - 2　世界四大人种 93 个人群基于 9 个 STR 位点构建的系统发生树

蓝色分支:欧洲高加索群体;红色分支:非洲尼格罗群体;黄色分支:棕色人种群体;黑色和绿色分支:中华民族群体。

只有阐明基因组 DNA 序列的结构差异,才能真正了解基因组多态性和变异的遗传机制,才有可能深入准确地阐明个体遗传特征的本质,研究群体起源、进化和迁徙过程中的 DNA 序列变化,为开展各个相关应用研究和实践奠定科学基础。人类基因组非编码序列占基因组序列的绝大部分,基因密度在第 17、第 19 和第 22 号染色体上最高,在 X 染色体、4 号染色体、18 号染色体和 Y 染色体上相对贫瘠。基因组 35.3% 为 DNA 重复序列,包括简单序列 DNA、中度重复 DNA。

在人们认识基因组结构的过程中,也发明了多种分析多态性的技术与方法,如限制性片段长度多态性(restriction fragment length polymorphism,RFLP)、短串联重复多态性(simple tandem repeat polymorphism,STRP)、测序分析(sequencing analysis)、斑点杂交技术(dot blot hybridization)以及 DNA 芯片技术(DNA chips)。这些技术和方法对于研究人类基因组多态性与疾病、人类起源、个体认定等起着重要作用。特别是新一代测序技术将在未来的法医基因组学研究中发挥新的作用,大大提高法医基因组学研究范畴。

1.1.1　法医基因组学大事记

在人类遗传标记中,早期应用较多的是红细胞抗原系统和白细胞抗原系统的多态性。人类已知的血型系统至少有 30 种,其中,ABO、Rh、MN、P、Sese、Kell、Duffy、Kidd 等血型系统在人类遗传标记中经常使用。白细胞抗原系统是人类组织相容性抗原,包括 150 多种白细胞抗原,其中 HLA－A、HLA－B 基因在法医基因组学中经常使用。1984 年英国遗传学家 A. J. Jeffreys 建立的 DNA 指纹技术(限制性片断长度多态性分析)取得了突破性进展,成功地在一起移民案件涉及的亲子鉴定工作中得到应用,开辟了法医基因组学 DNA 分析技术的先河,以限制性片段长度多态性(RFLP)技术为基础的 DNA 指纹分析在 20 世纪 80 年代涌入法医实验室,在个人识别和亲子鉴定上得以实现了从否定、排除到认定这一质的飞跃,使法医基因组学生物性样本的检验进入了新的纪元,为刑事侦查提供重要线索、司法审判提供了有力的科学证据。由于 RFLP 技术对 DNA 质与量的要求较高,受限于法医检验样本的特殊性,许多情况下无法进行有效的分型,法医科学工作者一直在寻找更灵敏更高效的方法。K. B. Mullis 发明了聚合酶链式反应(polymerase chain reaction,PCR)技术,使得微量生物样本得以进行 DNA 分析。1986 年法医科学家首次利用 DNA 分析技术解决了一起发生于英格兰的两个女孩被谋杀案件中犯罪嫌疑人的确定和排除非犯罪嫌疑人。1988 年美国联邦调查局(Federal Bureau of Investigation,FBI)建立了 DNA 分析实验室并开始利用 DNA 分析协助办案。20 世纪 90 年代后,以 PCR 技术为基础的法医 DNA 分析技术得以广泛应用,成为新的基因组 DNA 分析主流技术手段,大大提高了 DNA 分析技术在法医学中的应用。1990 年 Jeffreys 报道小卫星 D1S8 基因座串联重复单位内部存在差异,1991 年出现了荧光标记复合扩增分析 STR 基因座和应用 Chelex®—100 法简单快速提取到各种生物样本的基因组 DNA,至此短串联重复序列(short tandem repeat,STR)第一篇论文发表。1993 年第一个商业性 STR 试剂盒面世,采用 PCR 同步扩增 Amelogenin 基因座进行性别鉴定。1995 年英国开始建立 DNA 数据库,1998 年美国启动了 CODIS(Combined DNA Index System,DNA 联合检索系统)数据库,利用建立的 DNA 犯罪嫌疑人数据库、现场数据库等打击犯罪。目前,我国也已启动了 DNA 数据库的建设,以打击犯罪,保护人民。2001 年人类基因组计划 HGP 完成人类生命的里程碑,同时发现了 300 万个单核苷酸多态性(single neucleotide polymorphism,SNP),SNP 将是法医 DNA 分析技术的下一个研究方向。2004 年,美国开始实施"总统 DNA 行动计划(president's DNA initiative)",旨在最大限度地利用 DNA 技术来打击犯罪、保护无辜和寻找失踪人员,目的在于消除积压案件,提高 DNA 实验室的检测分析能力,加大研发力度和支持创新研究等方面。伴随着法医基因组学研究的快速发展,新一代遗传标记开始逐步成为法医基因组学研究的重点内容。SNP 是基因组内单个核苷酸变异所引起的 DNA 序列多态性,其在法庭科学实践中具有潜在的应用价值。近年来,关于 SNP 遗传标记在法庭科学领域中应用研究的相关报道逐年递增,呈现出良好的发展前景。伴随着新一代测序技术将有可能深刻改变法医基因组学的研究方法和内容,不仅在于传统的法医基因组学研究的个人识别、亲权鉴定问题采用新的技术来解决,还将药物基因组学与分子尸检相结合,分析个体样本的基因组可协助确定死亡的原因或方式,例如药物或毒物中毒死亡的分析。

1.1.2　法医基因组学主要任务和内容

　　法医基因组学有两大任务,即司法个人识别和亲权鉴定。随着国家法制建设的不断完善,遗传学理论和技术在司法领域的应用将日益广泛。未来的法医基因组学将更着眼于为人口安全、食物安全和物种安全提供科学理论依据,其主要内容包括以下几个方面。

　　1. 群体 DNA 数据与技术标准

　　DNA 信息数据库基于信息科学与生命科学两大高新技术领域的交叉融合,使 DNA 的高度个体特异性和网络信息分析有机结合,实现了证据科学信息的实时共享和异地查询。在打击犯罪领域,可实现现场物证检材与已储存特定人群的对比,以及与其他现场检材的对比,做到直接认定并揭示特定人员的血缘关系。这就极大地拓展了排查范围,节省了人力物力,提高了工作效率。特别在解决大规模调查、流窜作案、串并案等方面,是现有的技术方法所无法取代的。在 DNA 数据库或者 DNA 检索系统中,犯罪嫌疑人数据库、现场数据库是最先建立的,并在随后运用于实际司法案件后获得成功,在很多重大案件和灾害事故中发挥重要作用。

　　生物证据分析技术标准化和质量控制是建立 DNA 数据库的前提、基础和保证。发展微量、快速地对现场检材的提取技术,选择多态性高的遗传标记系统,以及稳定可靠的检测方法如基因扫描、法医 DNA 芯片技术,都是制定国际技术标准

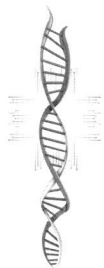

的重要环节。在法医DNA检案中,经常碰到凶杀、碎尸、焚尸、掩埋抛尸至白骨化、客机坠毁、火灾爆炸、道路航海交通事故等,造成众人遇难、尸体毁容、尸表特征或软组织被破坏或者消失,从而使对遗骸的法医学鉴定显得尤为关键,并且对陈旧骨、牙DNA的提取和分型技术尤为重要。

2.指纹系统与DNA系统关联研究

指纹系统作为识别个人身份的手段,不仅在司法界有着"证据之首"的美誉,而且已在全世界的安全、科研、金融、医疗、旅游、教育等行业中广泛应用。但是,在愈来愈多情况中,现场有指纹,没有DNA;或者有DNA,没有指纹。这时,犯罪指纹库和DNA数据库无法联用。所以,将指纹系统与DNA系统的相关联是解决问题的关键和难点。为了解决目前指纹系统与DNA系统识别个体的一致性,主要的科学难点是找到控制指纹遗传表型的基因,或者与其关联的基因型。

指纹技术有着更强的个人识别能力。孪生子的指纹是互不相同的,是可以识别的。但是,DNA技术也存在"盲点",如不能识别同卵双(多)胞胎中的个体。同卵双(多)胞胎是由同一个受精卵复制和发育而成,他(她)们身体细胞内的DNA分子是相同的,目前的DNA技术不能将某一个体从他(她)们中间识别出来。在这种情况下,指纹技术有着明显而独特的优势,这是由指纹与DNA之间的关系所决定的。一是DNA决定的指纹特异性。DNA分子链上指纹遗传基因和等位基因位点不同,使指纹因种族、地区、性别等因素不同而出现差异。所以说,人类的基因可以被遗传,但指纹图像不遗传,个体的指纹各不相同,具有表观遗传特征。二是DNA与指纹均保持终生稳定不变的特征。

3.非人类生物样本的DNA分析

非人类生物样本的DNA分析包括家畜、鸟类、昆虫、植物的DNA分析技术。现在人们已确知动物不但有毛色、体态、血型、染色体等的多态性,同样存在有DNA水平的多态性。在犯罪现场,这些非人类生物样本的DNA分析方法,对于案件侦破常常具有意想不到的效果。例如,手表链里的植物纤维和犯罪现场植物纤维的DNA分析比对,可以确定真凶,排除嫌疑人。对非法走私动物的司法鉴定,大麻原产地DNA分析,食品安全、物种来源鉴定等,都成为司法鉴定面临的重大新课题。发展非人类生物样本的个体标志和DNA分析技术,将成为法医基因组学新的热点。同时,建立动物标志系统,可以解决以追溯为目的动物个体识别。例如,建立朱鹮个体识别系统,可以有效保护朱鹮这一珍稀濒危物种和打击非法盗猎行为。

此外,每个个体口腔、肠道内的微生物菌群的组成也存在差别,可以检验口腔、肠道内微生物基因组协助解决特定案件。

法医昆虫学作为新兴学科,通过对嗜血性昆虫、嗜尸性昆虫、嗜骨性昆虫的研究及实验技术等多角度,阐述了从法医相关性昆虫嗉囊中提取人类 DNA 的可行性及国际研究和应用进展,在刑事案件中逐渐得以应用。法医昆虫学是介于法医学和昆虫学的交叉学科,主要应用在刑事案件中对被害人死亡时间的推断。

1.1.3　DNA 证据的法律伦理

数据库中信息的隐私和安全问题是 DNA 数据库的另一大挑战。血液样本包含有个人的遗传信息,一旦使用不当,会对个人和家庭乃至社会带来负面的影响。数据库选用的 STR、SNP 等遗传信息,应与遗传性疾病和遗传体质无关,以确保 DNA 遗传信息的安全使用。同时应尽快立法,明确 DNA 数据的使用权限。

DNA 检验的是人体生物样本,涉及敏感的隐私权,而且 DNA 包含了人类的全部遗传信息,它所揭示的个体遗传特征可能会导致择业、保险限制甚至基因歧视等社会问题,并且涉及复杂的法律、伦理、人权等。诸如强制采集 DNA 样本是否构成"不合理搜查和扣押",利用 DNA 样本进行科学研究是否违反了"知情同意"人体实验伦理原则,如何保证 DNA 的信息不被滥用,以及保存 DNA 样本是否会侵犯个人隐私等。在刑事诉讼中,这种特殊的侦查手段只能用于具有重大犯罪嫌疑的人,同时要经过严格审批程序,坚决不能滥用。在我国现行法律中,对于在 DNA 证据应用中涉及的个人生物信息的隐私权、知情权的保护,尚没有专门的法律。2003年最高人民法院《关于确定民事侵权精神损害赔偿责任若干问题的解释》中,将隐私权规定为一项独立的人格利益。但这一规定仅仅是以司法解释的方法确认了隐私权是一种独立的人格权,远远不能满足 DNA 指纹技术的发展对法律保障体系的需求。而且,我国法律对人体样本收集的主体、对象、条件、强制力的适用等都未作专门规定。因此,立足正义和人道关怀的伦理原则,应建立完善的法律监督体系,从而规范 DNA 数据库的建设,保护公民的合法权利,最大限度地减少技术发展对人类道德观、伦理观的冲击,使司法 DNA 数据得到理性的应用。

1.2 法医 DNA 理论与分型

　　DNA 多态性（DNA polymorphisms）又称遗传多态性（genetic polymorphisms），是指在一个生物群体中，经常同时存在两种或者两种以上连续的等位基因或者基因型。每种类型的比例都较高，不能由重复突变来维持。一般认为，DNA 序列中某些特定位点的变异频率低于 1% 为突变，超过 1% 则为多态性。这些 DNA 序列的不同区域就被称为 DNA 多态性位点。

　　DNA 多态性的本质，就是在生物进化过程中，各种原因引起染色体 DNA 中碱基排列顺序发生了改变，即产生的 DNA 片段和序列在个体间的差异。DNA 多态性主要有片段长度多态性和序列多态性两大类，前者指等位基因间片段长度差异，后者指等位基因间的碱基序列差异。个体基因组之间多态性和变异的本质，从等位基因水平上揭示了群体、个体之间差异的本质。DNA 多态性可以通过分析遗传标记反映群体中和群体间的变异结构并揭示其规律。所以，任何一种多态性遗传标记在应用前，必须获得本地区本民族群体遗传学的等位基因频率的数据资料，通过调查群体各种基因型，估算等位基因频率，再分析其变化规律。由于同一种遗传标记在不同的种族、民族、地区人群中的多态性分布情况存在着差异，因此有必要对我国不同民族和地区的群体遗传多态性分布进行调查，以获得详细可靠的群体遗传学资料。国内外许多遗传学家，尤其是法医工作者们，已在这方面做了大量的工作。这些资料是法医基因组学个体识别及亲子鉴定概率计算中不可缺少的基础性科学依据。

1.2.1 DNA 遗传标记

　　DNA 标记遍布于整个生物基因组，包括常染色体、性染色体（X、Y）及线粒体 DNA（mitochondrial DNA，mtDNA），它们具有不同的遗传特征。这些遗传特征在生物医学领域的科学研究和实践应用中具有独特的价值。

　　基因组多态性现象是生物体表型差异的遗传学基础。生物体在繁衍传代的过程中，DNA 序列不断产生新的核苷酸突变、片段移位等变异现象，在长时间的自然选择后传递给后代个体，具体表现为存在等位基因差异性，即某一基因位点上存在着两个及以上不同的等位基因。

人类遗传多态性包括染色体多样性、蛋白质多态性、酶多态性、抗原多态性和DNA多态性。DNA水平上的多态现象主要包括两种，即序列多态性和长度多态性，大致可以分为三类：①以分子杂交为核心的分子标记技术，如限制性片段长度多态性标记；②以聚合酶链式反应为核心技术，如短串联重复多态性；③新型的分子标记，如单核苷酸多态性及拷贝数变异。

遗传标记的多态性程度及其应用价值一般可用杂合度（heterozygosity，H）、多态信息量（polymorphism information content，PIC）、个人识别力（discrimination power，DP）和非父排除率（probability of paternity exclusion，PE）来衡量。其中，遗传标记的杂合度能客观地反映出群体的遗传变异水平。平均杂合度越大，表明群体内遗传差异也越大。PIC 直接反映出一个遗传标记所包含或所能提供的遗传信息容量。一般认为，$PIC>0.5$ 时，标记具有高度的可提供信息性；$0.5>PIC>0.25$ 时，标记能够较合理地提供信息；而当 $PIC<0.25$ 时，标记可提供的信息性较差。DP 和 PE 则反映了该遗传标记在法医学个体识别及亲权鉴定中的能力，一般 $DP>0.8$、$PE>0.5$ 时，属于高度多态性遗传标记，具有较高的应用价值。

法医分子遗传学检验对遗传标记的选用常常是多个遗传标记的联合应用，特别是 DNA 遗传标记的联合应用，使得在这一联合检验系统中累计 DP 和 PE 大大提高，以往单个遗传标记只能得出排除而不能肯定的结论，如果多个遗传标记联合应用可以得到肯定的结论，从而达到法医基因组学个人识别的目的。

1.2.2 DNA 分型

目前大多数法医 DNA 分型基于 PCR 产物分析，结合测序、杂交、电泳、高效液相色谱技术，利用综合处理案例数据和群体遗传数据比对分析等程序，最后完成DNA 分型全过程。

1. STR 扫描

利用荧光标记引物在 PCR 扩增 STR 位点时，使 PCR 产物的一条链带上荧光物质。通过电泳，电脑上保存所有片段通过扫描窗口的实际时间及其荧光特征，从而获得标准曲线，计算出待测样品的分子量大小，其精确度为 0.5bp。利用基因型分型（genotyper）软件，将测定样品片段大小与同一凝胶的等位基因分型梯度标准品进行比对，从而进行基因型分型。这种分析系统自动化程度很高。电泳图谱按不同颜色荧光标记为黄、蓝、绿、红或橙色（图 1-3）。

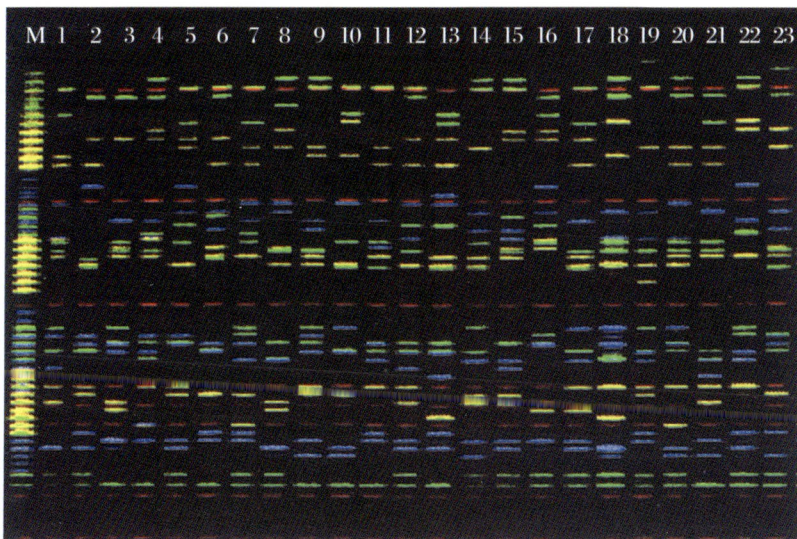

图 1 - 3　STR 免疫荧光标记扫描图谱

　　左起 1 为等位基因标记,其余依次到右为个体样本 STR 在 ABI3730 遗传分析仪电泳结果,通过计算自动识别转换成每个位点的基因型。

2. SNP 序列分析

　　高通量复合 SNP 分型系统,例如 Genome LabTMSNPstream®,用于检测 STR 分型不理想或无结果的高度降解 DNA 样品。该方法集合了固相芯片技术、通用标签-探针技术和单碱基引物延伸技术,分为 118-plex 和 48-plex 两种可变通量通用标签微阵列芯片。该系统采用 384 孔杂交板,实现芯片扫描与结果分析自动化。

　　适用于中、高通量 SNP 研究的分型检测系统例如 SNPstream®,特点是快速、灵活、准确、高效。实验操作流程分为:引物设计、多重 PCR、扩增产物纯化、单碱基引物延伸、芯片杂交与荧光扫描(双色 CCD 成像系统)和自动化数据分析(图 1 - 4)。

　　李生斌等已选出了 47 个 SNPs 位点,包括 42 个 IISNPs、4 个 ABO 位点和 1 个性别位点,组成个人识别 SNP 复合分析系统。

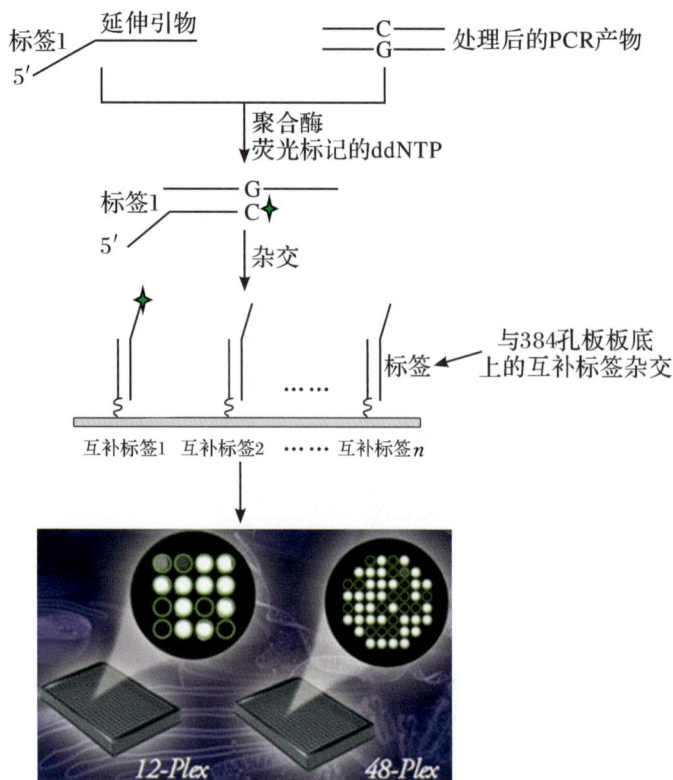

图 1-4　常染色体 SNP 采用 SNPstream® 的分型原理

1.2.3　DNA 遗传标记的突变

生物的遗传是相对的、保守的,而突变则是绝对的、发展的,尽管法医基因组学应用中选取的遗传标记突变率较低,但也是时有发生的。STR 突变表现为丢失、插入和缺失,可以发生在单一碱基,也可以是核心序列。为了减少 DNA 突变造成的冤假错案,在法医个人识别和亲权鉴定中,一定要结合案情综合分型,做出合理判定。对于 STR 和 SNP 结论做出否定的案件,必须 3 个以上遗传标记同时排除时,才做出否定的结论,这一点在亲权鉴定的案件中特别重要。也可以采取追加 STR 和 SNP 遗传标记的方法解决此类复杂疑难问题。为了查明原因,应对此怀疑的突变位点采用 DNA 测序和家系分析,找出突变位点的 DNA 序列加以分析。

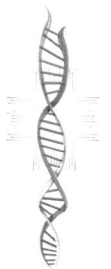

DNA 证据铁证如山，但是 DNA 证据也可能出错！

STR 突变可能的分子机制见图 1-5。

(A)正常复制

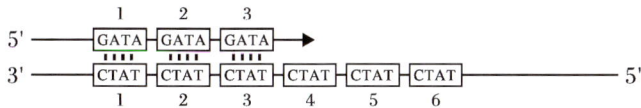

(B) 向后延造成的插入

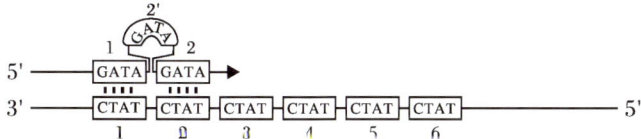

(C) 向前造成的缺失

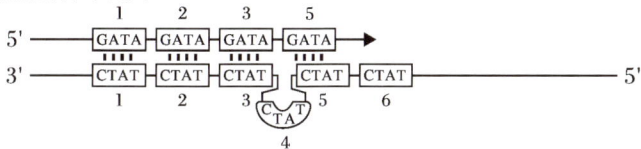

图 1-5　STR 突变可能的分子机制

（A）：显示正常 STR 复制；（B）、（C）：显示后延插入和向前缺失。

1.3　DNA 亲权鉴定

亲权鉴定是指通过遗传学理论与技术来判断亲代与子代、同胞之间是否有生物学亲缘关系，又称父权鉴定、亲子鉴定、亲缘鉴定。亲权鉴定的基本理论依据是，每个人的基因组一半来自父亲，一半来自母亲。只要鉴定了父、母、子每个人的分型结果，就可以根据孟德尔遗传规律，判定他们之间的亲缘关系。符合孟德尔遗传规律，可做出肯定结论，即有生物学亲缘关系；不符合孟德尔遗传规律，可做出否定结论，即无生物学亲缘关系。

常见的亲权鉴定按其司法需要，可分为以下几大类：一是刑事案件的鉴定，如强奸、拐骗、凶杀等案件需要鉴定当事人的同一认定；二是民事案件的鉴定，如医院调错婴儿、非婚生育、计划外生育、领养、移民等要求，确认当事人的亲缘关系；三是意外灾害，如海啸、飞机车船失事、地震、火灾等，需要验证亲缘关系或者进行人体认定;四是恐怖事件,如爆炸、纵火、坠机造成众人遇难,需要进行个体识别,鉴明遇难者的身源。

1.3.1　父、母、子亲缘认定

　　父、母、子三方参与的,母子关系确立的三联体亲子鉴定是法医基因组学检验最常见的一类亲缘关系认定。其鉴定依据包括遗传标记、妊娠期限、性交能力及生殖能力三个方面。其中遗传标记是亲子鉴定最主要的依据。

1.3.2　同胞亲缘认定

　　同胞间亲缘关系的认定主要包括全同胞即同父同母的兄弟、兄妹、姊妹、姐弟间的亲缘关系鉴定,甚至包括同父异母或同母异父的半同胞鉴定。这种情况往往是由于某种原因(如死亡)的需要。被假设的父亲、母亲不能参加检验,需要鉴定被鉴定的个体间是否是同胞关系,此时情况将变得较为复杂,需要根据不同的同胞类型采用不同的鉴定方法。可以尽可能多地检验已知亲缘关系的同胞,以提供更多的信息来推断出父母亲的基因型;检测更多的遗传标记系统,从已知同胞基因型推测父母基因型组合,计算状态一致性评分值;尽可能地利用性染色体和线粒体多态性 DNA 遗传标记在同胞鉴定中的作用,尤其是与单个人的同胞鉴定时,只检测常染色体 DNA 遗传标记,可能得不出明确结论,一定要将性染色体和线粒体多态性 DNA 遗传标记作为常染色体遗传标记检验的补充。

　　在兄弟间同胞关系鉴定时,除了选用常染色体 DNA 遗传标记,通过遗传关系分析外,选用 Y 染色体上的遗传标记,可以鉴定出两个被鉴定人间是否为同一父系成员,再选择线粒体多态性 DNA 遗传标记,可判定是否是同一母系成员。综合所检验的各类遗传标记,就可判定兄弟关系是否存在,也可作为同父异母、同母异父兄弟间的鉴定。

　　姊妹间的亲缘关系鉴定在选用常染色体 DNA 遗传标记鉴定外,线粒体遗传标记可认定她们是否为同一母亲所生。此外,还应检验 X 染色体的遗传标记。由于父亲的 X 染色体必定传递给女儿,所以姊妹间的 X 染色体遗传标记必定有一半是相同的。若被鉴定人检验结果中线粒体遗传标记相同,有一半 X 染色体遗传标记相同,则可认定她们间为姊妹关系。

　　兄妹间、姐弟间亲缘关系鉴定较兄弟间、姊妹间的亲缘关系鉴定更为复杂,特别是，往往需要鉴定的是他们是否为同一父亲所生。线粒体遗传标记只能解决他们是否为同一母系成员，所以，只能通过检验尽可能多的常染色体 DNA 遗传标记来鉴定。

1.3.3 隔代或者旁系亲缘认定

由于某种原因（如死亡），被假设的父亲不能参加检验，而由假设父亲的亲属参加检验。例如，为了认亲、移民、继承财产、入户等，要求进行隔代、同胞或叔侄、姨甥等旁系人员间的亲权鉴定，其目的也是为了间接地证明父权关系的存在。

1.3.4 亲权鉴定的结论与引用

亲权鉴定的结论一般可以分为肯定亲权关系，否定亲权关系，以及不能作出结论等几种情况（表 1 - 1）。司法引用这些结论时，一定要结合案情，综合分析，审慎引用亲权鉴定的结论。

表 1 - 1　亲权鉴定的结论

结论类型	孟德尔定律	累计亲权指数	亲权概率	判读
肯定亲权关系	符合遗传定律	>10000	>99.99%	有亲权关系
否定亲权关系	3 个以上等位基因位点违反遗传定律	—	—	无亲权关系
不能作出结论	符合遗传定律	<10000	<95%	结合案情，追加实验

国际法医基因组学会（International Society of Forensic Genomic，ISFG）亲权鉴定委员会（Paternity Testing Committee，PTC）2002 年公布了第一个国际亲权鉴定标准建议，即国际 ISO 17025：1999 标准。它最重要的部分是对从事鉴定的实验室做了基本规定。凡执行这个标准的实验室将有可能被国家认可。PTC 同时建议，凡执行这个标准的实验室应验证 ISO 17025 的条款，但不能改变其基本原则。国际亲缘鉴定标准明确指出，各国要结合本国的具体条件和司法需求，制定一个更为详细的本国的地区技术标准。我国公安部、司法部也制定了相应的技术标准。

亲权鉴定的需求与日俱增，已经成为社会关注的热点之一，而这种鉴定又会对社会家庭生活造成巨大的冲击,还涉及诸多法律问题如抚养问题、财产继承问题、赡养老人问题、知情权问题、国籍问题等。由于亲权鉴定与个体识别涉及法律、伦理、家庭、社会等多方面,从技术层面上应加速制定亲缘鉴定和个体识别技术的国家技术标准和质量控制标准,同时规定我国亲缘鉴定和个体识别程序。

1.4 大灾难受害者身源确认

灾难性事件如地震、海啸、火灾中,由于尸体被毁损或遇到无名尸骨需要进行个体识别,但由于内脏和各种软组织相继发生自溶和腐败,其中 DNA 也随之分解消失,只有骨骼和牙齿遗骸是相对比较稳定的组织,将会长期保存成为唯一的物证。对于遗骸样本进行 DNA 鉴定,具有非常大的应用价值。通过对陈旧性骨骼和牙齿 DNA 的检验,尤其是古代 DNA 分析,不仅可以进行一些历史案件的法律科学鉴定,而且还能直接回答许多涉及人类起源和进化的重要问题。在一些凶杀案件中,受害人尸体被掩埋或抛尸荒野,历经数月甚至数年才被发现,大多数尸体已经高度腐败或白骨化,骨骼已破碎,丧失了完整性,难以用法医齿科学、颅像重合、面貌复原等技术方法进行个体识别。对于遗骸 DNA 分析的关键在于从遗骸样本中提取到基因组 DNA。由于遗骸属于硬组织,从陈旧和降解的生物检材中,尤其是陈旧的遗骸样本中,要最大限度地提取到高质量的核基因组 DNA,消除 PCR 聚合酶抑制物仍是法医基因组学分析的关键。改良的硅粒技术(glass milk)法,是一种效果较好的遗骸 DNA 提取方法。该方法采用二氧化硅微粒特异捕获有机质溶液中的 DNA 分子,而得以分离生物检材的 DNA。

按照上述的遗骸核基因组 DNA 提取方法,虽然有可能未能提取到有效的核基因组 DNA,但可以提取到 mtDNA,为法医鉴定是否同一母系成员提供了可用的遗传标记。可是,仅根据 mtDNA 的多态性不能区分同一母系的个体,限制了个体识别的认定能力。mtDNA 测序分析有其他遗传标记所没有的优势,为法医鉴定提供了一种非常实用的手段,应用于特定案件的分析,成为近年来法医基因组学的研究热点。由于 mtDNA 自身的特点,在进行个体识别和亲权鉴定时应特别慎重,只能作为核基因组 DNA 遗传标记的补充分析手段。

成功提取到遗骸核基因组 DNA 后就可以进行以 PCR 技术为基础的法医基因组学检验分析。例如 PCR-ASO、PCR-STR 等基因分析。目前主要是采用荧光

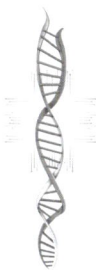

STR 基因扫描、mtDNA、miniSTR 和 SNPs 等联合分析，提高分型识别的成功率。

1.4.1　海啸无名尸的个体识别

印度洋地震带来了 2004 年东南亚海啸，受害者除了泰国国民，还包括大量来自欧洲、亚洲和世界其他地区的外国游客。此次海啸在泰国南部的死亡人数近5400 人，包括外国游客和当地居民。

中国科学家作为国际救援小组成员国代表，参加海啸无名尸个体识别工作。2004 年 12 月 31 日，中国科学家抵达泰国普吉岛，并立即加入联合国多国特遣救援部队的国际救援小组，从受害者的遗体中收集样本。由于灾难的规模大，气候潮湿，海滩气温非常高，大规模的海啸后无名死尸高度腐败，给大多数海啸受害者的个体识别造成巨大困难。国际救援小组在泰国的任务就是尽可能从 1062 具严重腐烂的尸体中恢复 DNA 证据，进行泰国海啸遇难者 DNA 的初步鉴定。

收集的样本包括骨骼、牙齿、毛发等人体组织样本。采用 mtDNA 分析，高变区Ⅰ和Ⅱ的 SNP 分型，从 507 个牙齿样本成功地认定了 258 名尸体，mtDNA 高变区Ⅰ和Ⅱ的 SNP 分型成功率 51%。采用 16 个 STR 基因扫描，进行 1062 具尸体的 STR 分型，从骨骼样本成功地认定了 834 具尸体身源，STR 基因扫描认定个体识别成功率 79%。

1.4.2　"9·11"遇难者个体识别

2001 年 9 月 11 日，美国世贸中心被飞机撞毁，接近 3000 人遇难。法医工作组需要将遇难者残骸逐一进行识别，并返还给其家庭。但是，由于许多样品损毁严重，使最初的标准 STR 分型结果的成功率相对较低。随后，工作组推荐使用 mt DNA检测，因为 mtDNA 拷贝数远远超过核 DNA，但其分型结果不足以达到个体识别的程度，仅限与常规 STR 分型图谱联合使用；miniSTR 扩增的等位基因位点相同，且扩增片段更短，可以提高对降解 DNA 分型的成功率；SNP 分型方法由于扩增片段最短，被作为严重降解 DNA 样品最终的分型手段。分析方法改进后，mtDNA 与miniSTR 联合使用，成功识别了大量的样品，但仍有部分样本无法完成识别。最后，通过常染色体 SNPs 分析，完成了 10 例个体识别。收集不同组织来源的 DNA样本 18 份，包括骨骼、牙齿、指甲、高度腐败的肌肉、脱落上皮细胞、唾液斑等，使用了集个体识别、ABO 基因分型和性别鉴定于一体的 47 个 SNP 复合检测体系对这些样本逐一进行检测,位点检出率在 90% 以上。SNPs 位点组合为:42 个 IISNPs,4 个 ABO SNPs,1 个性别 SNP。

1.5 标准群体数据库与法医 DNA 数据库

在司法鉴定领域,利用 DNA 遗传分析帮助破案和打击犯罪,已成为世界各国政府和司法界积极采用的重要手段和方法。尤其是利用 DNA 分型技术和计算机网络技术建立的罪犯 DNA 数据库,它能够更加快速、准确、科学地提供即时证据,有效地利用有限的警力和财力打击刑事犯罪,特别是跨国家、跨地区的流动犯罪活动。同时,罪犯 DNA 数据库在现场物证与当事人的同一认定和个体识别中发挥着关键作用。随着 DNA 分型技术的发展及应用,建立 DNA 数据库已成为法医基因组学最主要的发展方向之一。

1.5.1 正常对照标准群体数据

国际 DNA 委员会规定,任何一种多态性遗传标记在应用前,必须获得本地区本民族群体遗传学的有关资料,调查群体中基因频率、基因型频率及其变化规律。由于同一种遗传标记在不同的种族、民族、地区的人群中的多态性分布情况存在着差异,因此有必要对我国不同民族和地区的群体多态性分布进行调查,以获得详细可靠的群体遗传学资料。

1.群体全基因组测序

选取核心群体 50 个样本,参照国际千人基因组计划测序质控标准,利用第二代测序系统,对其进行重测序分析。最大测序覆盖度达到 $50\times$ 以上,平均测序深度 $20\times$ 以上。通过对重测序数据的拼接、组装和分析注释,将得到完整的基因组 SNP 数据,并结合现有人类基因组数据库和国际千人基因组数据库相关数据,为建立 SNP 基因分析提供基础数据。

2.基因组 STR(lobSTR)标记分析

基于全基因组测序数据,采用 lob STR 分析方法,选取 100 个具有群体特征性的高度多态性 STR 遗传标记,通过基因扫描等技术进行基因分型,获得相应群体的 STR 等位基因频率、基因型频率等群体遗传学基本数据,并据此进行各民族群体聚类分析,找出个体和群体特征性 STR。

3. 个人识别的应用

分析人类基因组里的多态性遗传标记,就可确定某人是否为另一人的后代,或者有无亲缘关系。其可用于生物群体进化、重塑生物群体的演绎历史,也可以用于认识人类的健康与疾病。分析个体的祖先或地域来源的祖先信息 SNPs 和预测个体表型特征的表型信息 SNPs 等民族特征性的遗传标记,进行群体的个体识别,不仅能够为司法实践中案件的侦破提供指导性线索,而且必将为今后遗传性疾病的关联分析,乃至个体化医疗,开辟新的途径。

4. 群体的迁徙与历史沿革

对主体群体、边缘群体、以自然村落或部落为核心的世居群体进行基因分型,进行世居群体迁徙和历史沿革的研究,为世居群体的遗传结构、历史沿革、适应性进化研究提供基础数据。通过系统发生树来了解群体间亲缘关系的远近,以及样本的混杂度,以此来辅助我们推测所研究每个族群的历史沿革和迁徙路线。线粒体和 Y 染色体遗传标记是研究母系和父系遗传的最佳手段。检测已有的精细区分线粒体和 Y 染色体单倍群(haplogroup)的遗传标记,研究的样本划归到每个单倍群分支,并以此推测世居群体的迁徙路线,然后计算每个单倍群的最近共同祖先(most recent common ancestor,MRCA),以此来推测每个群体的分化时间。

1.5.2 法医 DNA 数据库

法医 DNA 数据库主要包括在罪犯人群中构建的前科库及由现场检材的 DNA 分析结果构成的现场库。目的在于有案件发生时,从现场采集罪犯遗留的血痕、精斑或唾液等检材,进行 DNA 分型,与前科库内数据比较,为侦查提供犯罪嫌疑人的线索。两者不吻合时,也可排除库内人员是犯罪嫌疑人,缩小侦查范围,提高破案效率。同时,现场检材的 DNA 分析结果还可与现场库中的数据比较,进行串并案,为系列案件及以往未破案件提供科学证据与侦破线索。此外,还有一些为某种特殊目的而建立的数据库,如失踪人员父母及子女数据库,进而可通过网络查询认定失踪人员,并对一些无名尸体、碎尸、空难、交通事故等受害者进行身源认定。

【参考文献】

[1] 李生斌. 人类 DNA 遗传标记[M]. 北京:人民卫生出版社,2000.
[2] 李生斌. 法医学[M]. 北京:人民卫生出版社,2010.

[3] Dausset J. Problem of auto-antibodies[J]. Rev Fr Etud Clin Biol,1958,3(8):
825 - 828.

[4] Carosella E D. From MAC to HLA: Professor Jean Dausset, the pioneer[J].
Hum Immunol,2009,70(9):661 - 662.

[5] Smith H,Owen J. The determination of haptoglobins in normal human serum
[J]. Biochem J,1961,78(4):723 - 728.

[6] Owen J A,de Gruchy G C, Smith H. Serum haptoglobins in haemolytic states
[J]. Clin Pathol,1960,13(6):478 - 482.

[7] Wyman A R,White R. A highly polymorphic locus in human DNA[J]. Proc
Natl Acad Sci USA,1980,77(11):6754 - 6758.

[8] Jeffreys A,Wilson V, Thein S. Individual-specific "fingerprints" of human
DNA[J]. Nature,1985,316(6023):76 - 79.

[9] Jeffreys A,Wilson V, Thein S. Hypervariable "minisatellite" regions in human
DNA[J]. Nature,1985,314(6006):67 - 73.

[10] Hagelberg E,Gray I C, Jeffreys A. Identification of the skeletal remains of a
murder victim by DNA analysis[J]. Nature,1991,352(6334):427 - 429.

[11] Clayton T M,Whitaker J P, Maguire C N. Identification of bodies from the
scene of a mass disaster using DNA amplification of short tandem repeat
(STR) loci[J]. Forensic Sci Int,1995,76(1):7 - 15.

[12] International Human Genome Sequencing Consortium. Initial sequencing and
analysis of the human genome[J]. Nature,2001,409(6822):860 - 921.

[13] Stoneking M,Hedgecock D, Higuchi R G, et al. Population variation of
human mtDNA control region sequences detected by enzymatic amplification
and sequence-specific oligonucleotide probes[J]. Am J Hum Genet,1991,48
(2):370 - 382.

[14] Oefner P J. Surface-charge reversed capillary zone electrophoresis of inorganic
and organic anions[J]. Electrophoresis,1995,16(1):46 - 56.

[15] Henke J,Henke L. Mutation rate in human microsatellites[J]. Am J Hum
Genet, 1999, 64 (5): 1473 - 1474.

[16] Brinkmann B,Klintschar M, Neuhuber F, et al. Mutation rate in human

microsatellites：influence of the structure and length of the tandem repeat[J]. Am J Hum Genet，1998，62(6)：1408－1415.

[17] Butler J M. Forensic DNA typing：biology，technology and genetics of STR markers[M].2nd ed. New York：Elsevier Academic Press，2005.

[18] Poetsch M，Potersmann A，Woenckhaus C，et al. Evaluation of allelic alterations in short tandem repeats in different kinds of solid tumors—possible pitfalls in forensic casework[J]. Forensic Sci Int，2004，145(1)：1－6.

[19] Jobling M A，Gill P. Encoded evidence：DNA in forensic analysis[J]. Nat Rev Genet，2004，5：739－751.

[20] 李生斌.刑事科学[M].北京：人民卫生出版社，2009.

[21] Syvanen A C. Toward genome-wide SNP genotyping[J]. Nat Genet，2005，37：55－60.

[22] Gymrek M，Golan D，Rosset S，et al. LobSTR：a short tandem repeat profiler for personal genomes[J]. Genome Res，2012，22：1154－1162.

（李生斌）

第1章 法医基因组学概论

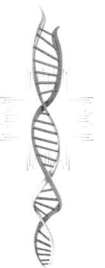

第 2 章 人类基因多态性现象

DNA 多态性或者遗传多态性（genetic polymorphisms）是指在一个生物群体中,同时且存在两种或者两种以上不连续的变异型或者基因型,每种类型的比例都较高,不能由重复突变来维持。一般认为,DNA 序列中某些特定位点的变异频率低于 1‰视为突变,超过 1‰则为多态性,在世代中稳定遗传的突变就形成新的等位基因。这些 DNA 序列的不同区域中的大部分也就被称为 DNA 多态性位点。

DNA 多态性的本质就是由于生物进化过程中各种原因引起染色体 DNA 中碱基排列顺序发生了改变,即产生的 DNA 片段或 DNA 序列在个体间的差异。DNA 多态性主要有片段长度多态性和序列多态性两大类,前者指等位基因间片段长度差异,后者指等位基因间的碱基序列差异。个体基因组之间的多态和变异的本质,从等位基因水平上揭示了群体和个体之间差异的本质。DNA 的多态性可以通过遗传标记来检测。

不同种族、不同民族、不同地区群体的遗传标记等位基因频率分布存在明显差异,任何一种多态性遗传标记在应用前,必须获得本地区、本民族群体遗传学的有关资料,调查群体各种基因及基因型的频率及其变化规律。由于同一种遗传标记在不同的种族、民族、地区的人群中的多态性分布情况存在着差异,因此群体遗传学资料是相当重要的,我国是一个多民族聚集的国家,因此有必要对我国不同民族和地区的群体多态性分布进行调查。国内外许多遗传学家,尤其是法医工作者在这方面做了大量的工作。这些资料是法医基因组学个体识别及亲子鉴定概率计算的基础科学依据。

2.1 人类基因组的结构与变异

人类基因组是指人类的整组遗传信息,包括核基因组和线粒体基因组,通常说的基因组指核基因组。核基因组储存在人类的 23 对染色体上,其中 22 对是常染

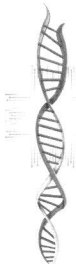

色体,另外一对是决定性别的染色体 Y 和 X,即性染色体,男性为 XY,基因组的单倍型有 30.22 亿个碱基对,女性为 XX,基因组的单倍型有 30.80 亿个碱基对。

人类基因组计划(human genome project,HGP)为生物医学研究提供了一个全世界通用的人类常染色体 DNA 的参考序列。

人类基因组的单倍型(表 2-1)包含了 23000 个蛋白质编码基因,这个数字远远少于基因组测序之前所预期的。实际上,整个基因组只有 1.5% 的序列是编码蛋白质的,而其他部分由非编码蛋白的 RNA 基因、调控序列、内含子、垃圾 DNA(颇有争议的称呼)等组成。DNA 序列决定了在基因组中碱基的排列顺序,其种类见图 2-1。

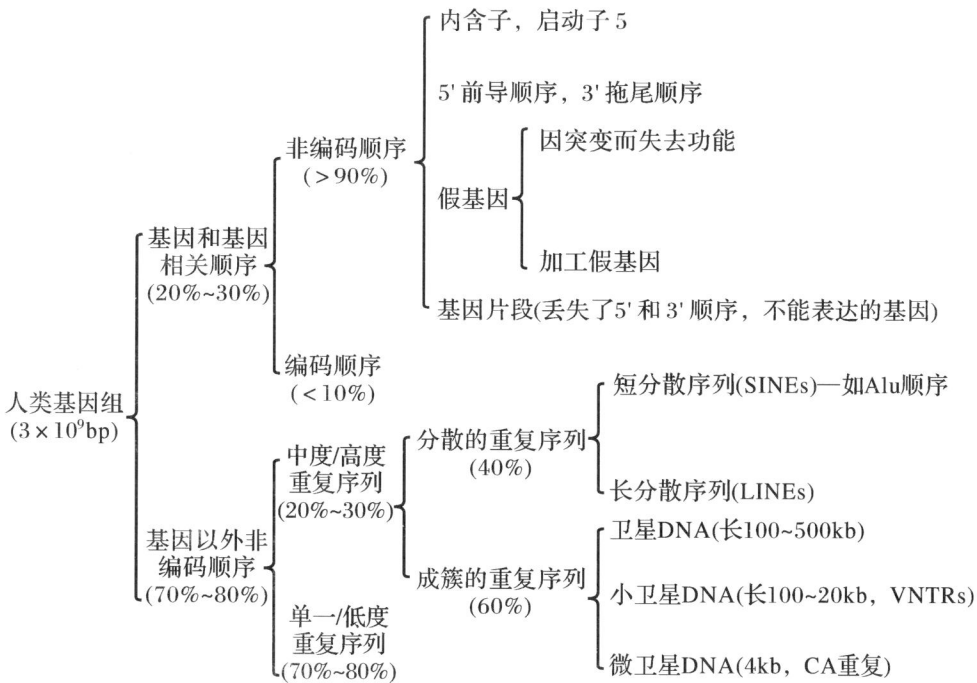

图 2-1 人类基因组 DNA 序列种类

表 2-1 人类基因组单倍体染色体信息的内容

	总计		1	2	3	4	5	6	7	8	9	10	11	12	13	14	15	16	17	18	19	20	21	22	X	Y
	XX	XY																								
碱基对(Mb)	3080	3022	247	243	199	191	181	171	159	146	140	135	134	132	114	106	100	89	79	76	63	62	47	50	155	58
原始数据(Mb)	770	756	61.8	60.7	49.9	47.8	45.2	42.7	39.7	36.6	35.1	33.9	33.6	33.1	28.5	26.6	25.1	22.2	19.7	19.0	16.0	15.6	11.7	12.4	38.7	14.4
人类基因组计划压缩文件(Mb)	827	819	65.1	68.2	57.4	52.3	51.3	48.8	45.3	38.6	33.9	39.1	39.8	38.8	28.8	26.5	22.9	22.5	22.7	22.2	16.4	18.9	10.4	10.4	38.6	8.0
每个碱基韦德熵率	1.70	17.1	1.82	1.80	1.82	1.82	1.83	1.82	1.81	1.83	1.59	1.83	1.84	1.59	1.56	1.53	1.66	1.82	1.87	1.58	1.86	1.82	1.62	1.83	1.80	0.84

2.1.1 基因组的结构

2.1.1.1 基因

基因是决定一定功能产物的 DNA 序列(片断),是遗传的结构和功能单位。功能产物包括 RNA 和蛋白质。随着科学对基因组的认识,现代基因是指基因组中一段 DNA 序列,基因不仅存在于 DNA 中,也存在于 RNA 和蛋白质中。

1.基因在基因组中的分布与染色体定位(图 2-2)

染色体组(chromosome set):每个生殖细胞中的全部染色体称为一个染色体组。人体体细胞内含两个染色体组。

基因组(genome):每个染色体组的 DNA 构成一个基因组。广义的基因组包括细胞核染色体基因组和细胞质中的线粒体基因组。

2.基因的基本结构

真核生物结构基因中的编码序列是不连续的,它们被内含子隔开,形成一个一个的外显子,所以称为断裂基因,也称间隔基因。不同基因的外显子和内含子的数量及其长度是不等的。

外显子:结构基因中的编码序列,即可以编码氨基酸的序列。

内含子:结构基因中的非编码序列(间隔序列)。

基因序列或类似基因序列包括:单一基因(solitary gene);基因家族(gene family);拟(假)基因(pseudogene);串联重复基因(tandemly repeated genes)。

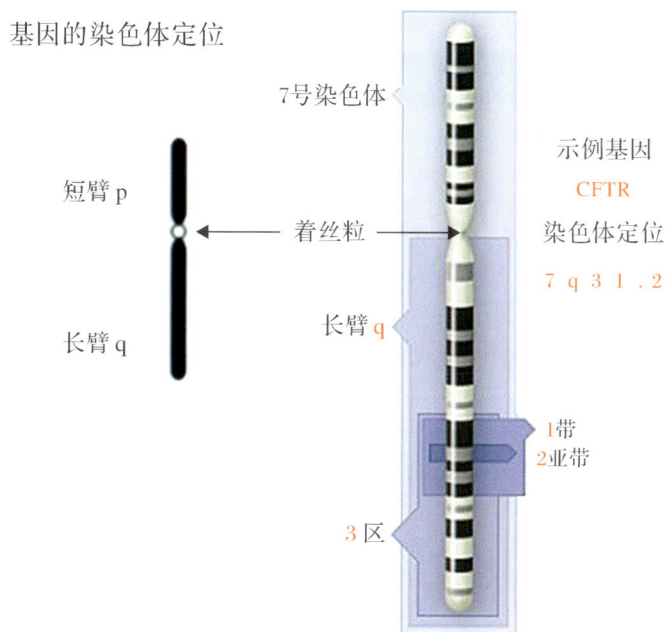

图 2-2　基因的染色体定位

单一序列(unique sequence)：在一个基因组中只出现一次或很少几次的碱基序列称为单一序列(顺序)(图 2-3)，是结构基因的主要组成部分。单一序列常被重复序列隔开，以间隔顺序和散在分布的重复顺序构成侧翼。

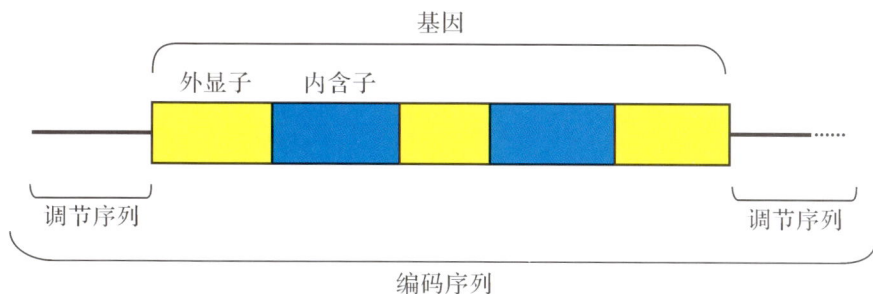

图 2-3　基因单一序列基本结构

串联重复基因(tandemly repeated genes)：由一个基因产生的多次拷贝串联而成，几乎具有相同的序列，成簇地排列于同一条染色体上，形成一个基因簇(gene

cluster),同时发挥作用,合成某些蛋白质,如 5S rRNA 基因家族(图 2-4)。

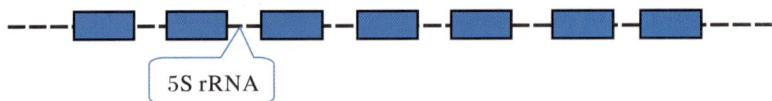

图 2-4　5S rRNA 基因家族

多基因家族(multigene family):基因家族的不同成员成簇地分布于一条或几条不同染色体上,其间由间隔序列隔开,编码一组关系密切的蛋白质,其碱基顺序不尽相同,如组蛋白基因家族和珠蛋白基因家族(图 2-5)。

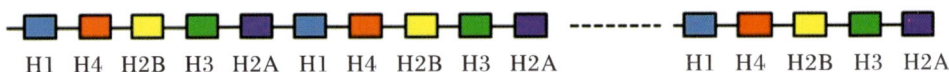

H1　H4　H2B　H3　H2A　H1　H4　H2B　H3　H2A　　　　H1　H4　H2B　H3　H2A

图 2-5　组蛋白基因家族和珠蛋白基因家族

3. 基因数量

开始预计的人类基因的数量达到 100000 个甚至更多,后来据估计基因组中约有 54000 个编码蛋白基因,随着基因组测序准确度提升及基因搜寻方法的改进,估计数字进行了多次调整。目前公认的人类基因组的单倍型包含了 23000 个蛋白质编码基因,这个数字远远少于基因组测序之前所预期的。令人惊讶的是,人类的基因数量似乎还不到许多简单生物体基因数的两倍,例如蛔虫和果蝇。人类细胞通过广泛的利用选择性剪切使一个基因产生多种蛋白,而且研究认为人类的蛋白组要比上述几种生物的大得多。另外,大多数人类基因都具有复合的外显子,且内含子通常要比相邻的外显子长得多。

4. 基因在基因组中的分布

人类基因在染色体上不均匀分布。人类基因组大约 1/4 的区域是没有基因的片段,基因密度在第 17、第 19 和第 22 号染色体上最高,在 X 染色体、第 4、第 18 号和 Y 染色体上相对贫瘠。35.3% 的基因组包含 DNA 重复的序列。事实上,第 19号染色体 57% 是重复的。这意味着所有这些重复序列,即原来被认为的"垃圾DNA"(trash DNA)有重要的生物功能。除了重复片段,国际 SNP 计划的科学家还发现了 210 万个"单核苷酸多态性"(SNP),SNP 指在基因组中单一核苷酸存在差异。

每个染色体包含各种基因的富集区和基因贫乏区,这似乎与染色体带和 GC 含量密切相关。目前仍不能很好地理解这种基因密度非随机模式的意义。除了蛋白质编码基因,人类基因组还包含数以千计的 RNA 基因,包括转运 RNA(transfer RNA,tRNA)、信使 RNA(messenger RNA,mRNA)、micro RNA,以及其他不编码 RNA 的基因。

2.1.1.2　调控序列

人类基因组内有许多不同的调控序列,对调控基因的表达至关重要。这些序列通常为短序列,出现在基因附近或内部。通过高通量表达研究和比较基因组研究,我们才开始系统了解这些调控序列,以及他们之间如何互相作用形成作为一个基因调控网络。某些类型的非编码 DNA 是基因的“开关”,它们不编码蛋白质,但它们调节着基因在何时何地表达。

调控序列的定位部分依赖于进化的保守性,例如,灵长类动物和老鼠之间的进化分支发生于 70 亿—90 亿年前。因此,通过计算机比对基因序列来定位进化上具备保守性的非编码序列,可以指示出这些序列在诸如基因调控等职能上的重要性。

另一种通过比较基因组来定位人类基因调控序列的例子是河豚的基因测序。这种脊椎动物具有与人类基本相同的基因及基因的调控序列,但只有 1/8 的“垃圾”DNA。河豚紧凑的 DNA 序列让我们更容易对调控基因进行定位。

2.1.1.3　重复元件及转座子

人类基因组中蛋白质编码序列(特别是外显子)只占不到 1.5%,除了已知的基因和基因调控序列,人类基因组中还含有大量功能未知的 DNA。事实上,这些未知区域占人类基因组的绝大部分,有人估计约 97%。串联重复包括卫星 DNA、小卫星 DNA、微卫星 DNA;散落重复包括短散在核重复序列及长散在核重复序列。

反转录转座子包括 LTR 反转录转座子(具有长末端重复序列)、Tyl-copia 类转座子(假病毒科)、Ty3-gypsy 类转座子(转座病毒科)、非 LTR 反转录转座子、长散在核重复序列、短散在核重复序列、DNA 转座子。

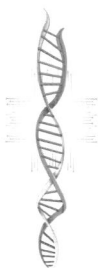

2.1.1.4　重复序列

重复序列是指在一个基因组中有多个拷贝的碱基序列,根据重复片段的长度及重复的频率又分为高度重复序列和中度重复序列。

1. 高度重复序列(highly repetitive sequence)

重复片段的长度单位在几个到几百个碱基对(base pair,bp)之间(一般不超过200bp),串联重复频率很高(可达 106 次以上),高度重复后形成的这类重复序列称为高度重复序列。

特点和功能:高度重复序列一般不能转录,不能编码蛋白质。其主要参与维持染色体的结构,如构成着丝粒、端粒;将结构基因间隔开;参与减数分裂时染色体的配对等。

举例:卫星 DNA(satellite DNA)或称为伴随 DNA,就是一类高度重复序列。一般重复单位的长度只有几个或十几个 bp,重复次数最多可达 108 次。

氯化铯密度梯度离心时,由于 G—C 和 A—T 的比率不同,而 G—C 的密度又比 A—T 大,所以可使 DNA 分开,形成主峰 DNA 和在主峰旁的重复顺序峰,后者像前者的卫星一样伴随出现,故被形象地称为卫星 DNA。原位杂交证实卫星 DNA 多位于染色体的异染色质区。

小卫星 DNA(minisatellite DNA):由 15～100 个寡核苷酸组成重复单位(常富含 G—C),重复 20～50 次,所形成的序列长 1～5kb,较卫星 DNA 短,又称可变数目串联重复(variable number of tandem repeats,VNTR)。

微卫星 DNA(microsatellite DNA):重度序列单位长 1～6bp,在人类基因组中出现的数目和频率存在个体间的多态性(差异),可作为多态遗传标记,用于检测个体间 DNA 的差异(DNA 指纹,DNA finger printing),又称为 STR。

2. 中度重复序列(intermediate repetitive sequence)

重复长度 300～7000bp 不等,重复次数在 102～105 次左右。

特点及功能:一般都是不编码的序列。主要在基因调控中发挥作用,如开启或关闭基因,促进或终止转录,启动 DNA 复制,参与前 mRNA 加工等。

(1)短分散 DNA 序列(短分散元件 SINE)　长度 300～500bp,拷贝数 9×10^5。例如:Alu 家族(Alu family):长 300bp,在第 170bp 位处存在 AGCT 顺序,可被内切酶 Alu Ⅰ识别切割(AG↓CT),形成 170bp 和 130bp 两个片段。

(2)长分散 DNA 序列(长分散元件 LINE)　长度 5000～7000bp,重复次数约

105 次。例如,Kpn Ⅰ 家族(Kpn Ⅰ family):长 3000～4800bp,可被限制内切酶 K*pn* Ⅰ 识别切割为 1.2kb、1.5kb、1.8kb 和 1.9kb 4 个长度不等的片段。

3. 轻度重复序列(slightly repetitive sequence)

一般指一个基因组内有 2～10 份拷贝,但有时 2～3 份拷贝的 DNA 序列也被视作非重复序列。例如,组蛋白基因、人的珠蛋白(血红蛋白)基因、癌基因都属于轻度重复序列。

不过,也有大量的序列不属于任何已知的分类。这些序列大部分是进化的产物,而这种进化在目前的研究中没有作用,这些序列有时被统称为"垃圾"DNA。但一些最新研究迹象显示,许多序列可能以未知的方式发挥作用。最近一些实验通过微阵列技术显示,实际上很大一部分的非基因 DNA 转录成了 RNA,这预示了这种转录可能具有某种未知功能。此外,哺乳动物基因组中具有的进化保守性的序列比已知的编码蛋白序列多得多,这一现象表明,基因组中许多甚至绝大多数的功能元件仍然未知。有关人类基因组中大量功能未知序列的研究正成为当今科学研究中的一个重要方向。

2.1.1.5 信息量

因为每个碱基对可以编码两字节的信息,人类基因组单倍型的 30 亿个碱基对对应着约 750 兆字节的信息内容。基因组中编码序列和非编码序列的熵率有着显著的不同。编码序列(约 45 万个碱基对)的每个碱基对的熵率接近最大值 2,除 Y 染色体以外的单个染色体中碱基对的熵率在 1.5～1.9 之间,而 Y 染色体中每个碱基对的熵率低于 0.9。

2.1.2 个人基因组测序

个人基因组测序是对单个人的 DNA 的化学碱基对进行完整测序。由于存在诸如单核苷酸多态性等基因变异,医疗方法对不同的人有不同的影响,而个人基因组的分析将有可能产生针对个人表型的个人医疗方法。

第五张个人测序图谱于 2008 年 12 月宣布完成,被测序的基因组来自 S. J. Kim,一位韩国科学家。之前已经完成测序的基因组分别为美国的 J. C. Venter 完成于 2007 年,美国的 J. D. Watson 完成于 2008 年 4 月,中国的科学家完成于 2008 年 11 月,以及 D. Stoicescu 完成于 2008 年 1 月。

为了保护提供 DNA 样本的志愿者的隐私,人类基因组计划中并没有进行个人基因组测序,所使用的 DNA 序列来自不同人群的一些志愿者。人类基因组计划同个人测序的另一个区别在于,人类基因组计划所测序列是单倍型,而被测序的 Venter 和 Watson 的基因组是二倍体,即两套染色体。

2.1.3　人类核基因组绘图

　　一套完整的基因组序列列出了基因组中每一个 DNA 碱基,而基因组图谱(图 2-6)则标明了序列标签。基因组图谱并没有基因组序列图那么详细,但能在基因组内起到导航作用。

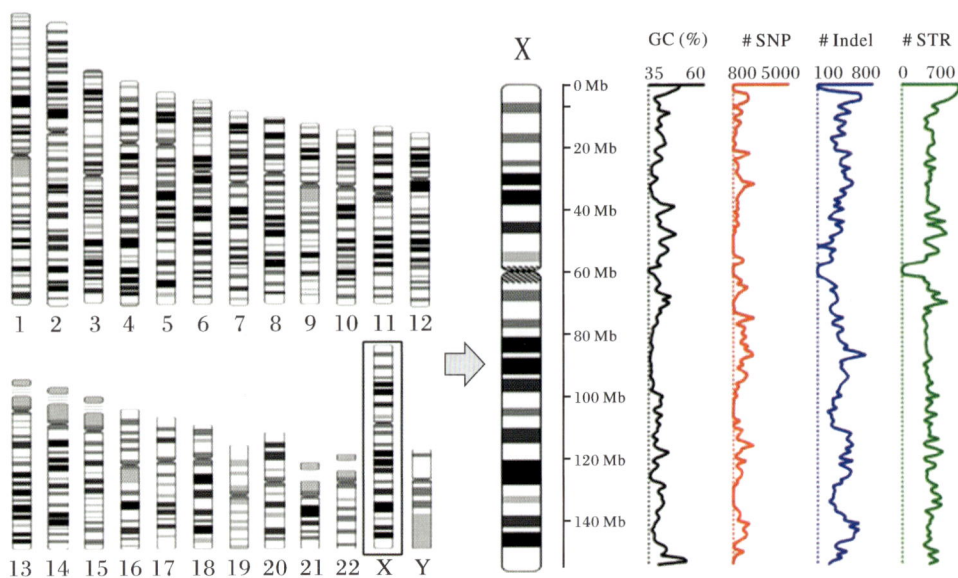

图 2-6　人类基因组图谱和 X 染色体基因组图谱

　　变异图谱的一个例子是国际人类基因组单体型图计划中的单体型图谱。单体型图是人类基因组的一个单倍型图谱,"它将描述出人类 DNA 序列变异的较普遍类型"。它对基因组中小规模的变异进行了分类,这些变异包括了单个 DNA 或单个碱基的变异。

　　2008 年 5 月,研究人员在《自然》杂志上发表了第一个基于序列的人类基因组大规模结构变异图谱。大规模的结构变异是指人群中基因组的差异,范围从几千到几百万 DNA 碱基;有些是基因组延伸序列的增添或丢失,还有些表现为延伸序列的重新排列。这些变化包括个人特定基因的拷贝数量差异、缺失、易位和倒位。

2.1.4　核基因组变异

2.1.4.1　变异

人类基因变异的研究大部分集中于单核苷酸多态性,即一个染色体上单个碱基的替换。绝大多数分析结果估计,单核苷酸多态性不会以一个统一的密度出现,在人类基因组常染色质上发生概率介于平均每 $100 \sim 300$ 个碱基对出现 1 次。因此,一个流行的说法是:"不论其种族,我们 99.9% 的基因都是相同的",而这一点已经被大多数遗传学家承认。例如,现在认为,拷贝数变异存在于更大比例的基因组中。国际人类基因组单体型图计划为了将单核苷酸多态性变异进行分类正在进行大规模的协作。

基因座和特定类型小重复序列的长度在人与人之间具有很大的差异性,这是 DNA 指纹图谱和 DNA 亲子鉴定技术的基础。人类基因组的异染色质部分,其总数达数亿个碱基对,也被认为随着人群差异而具备相当大的可变性(他们是如此重复和冗长,以至于在目前的技术条件下不能被准确地测序)。这些区域包含一些基因、相关重复或异染色质变异的存在是否对表型产生了显著的影响,目前还不清楚。

配子细胞中发生的最严重的基因突变可能导致不能存活胚胎的产生,而人类许多疾病都与大规模基因组的异常相关。例如唐氏综合征、特纳氏综合征及一些其他疾病都是整条染色体不分离的结果,被称为染色体病。虽然非整倍体与癌症之间的因果关系尚未确定,但癌细胞内经常有非整数倍的染色体和染色体臂出现。

2.1.4.2　遗传病

人类生物学的大多数方面都涉及遗传(基因)和非遗传(环境)的因素。此外,一些遗传性紊乱仅仅在适当的环境因素(如饮食)影响下才引起疾病。鉴于这些解释,遗传病可被临床定义为由基因组 DNA 序列变异引起的疾病。在最简单的情况下,相关的疾病可以与单个基因变异关联。例如,囊性纤维化疾病是由 CFTR 基因突变引起的,是高加索人种最常见的隐性遗传病,目前已知有 1300 多种不同的突变型。特定基因的致病突变通常以基因发挥功能的方式致病,并且极其罕见,因而遗传性疾病也同样极其罕见。

然而,由于有许多不同的基因可以通过变异导致遗传疾病,它们合起来构成了已知的医学环境特别是儿科医学的重要组成部分。依据分子特征分类的遗传性疾病是那些致病基因已被确定的,目前约有 2200 种这类疾病在 OMIM 数据库中被注明。

遗传疾病的研究工作通常用家系研究的方法。在某些情况下也使用以人种为基础的研究方法,尤其是在一些所谓的原住民的研究案例中,如芬兰、法裔所在的加拿大、美国犹他州、撒丁岛等的原住民。通常由一位遗传学者兼医生通过临床和医学遗传学的培训后对遗传性疾病进行诊断和治疗。人类基因组计划的成果有可能为基因关联疾病提供更多有利的基因检测线索,并最终改善疾病的治疗。父母们可以通过检查遗传条件,从结果中得知疾病遗传给后代的概率及如何避免或减小遗传给后代的概率。

如上所述,有许多不同种类的 DNA 序列变异,从整条多余的或丢失的染色体到单核苷酸的变异不等。一般认为,许多自然产生的人类群体遗传变异的表型是中性的,即对个体的生理机能有很少或没有可察觉的影响(虽然通过进化的时间框架定义可能在适应性上有些微小差异)。遗传性疾病可以由任何或所有已知的序列变异类型引起。要用分子特征来对一种新的遗传疾病分类,就有必要在特定的基因组序列变异类型和要研究的临床疾病之间建立因果关联。这些研究构成了人类分子遗传学领域。

随着人类基因组计划与国际人类基因组单体型图计划的出现,探索微妙的遗传因素对许多常见疾病的影响已成为可能,例如糖尿病、哮喘、偏头痛、精神分裂症等。虽然在一般媒体大肆宣传下,特定基因中序列变异已经被认为与这些疾病相关联,但是这些疾病通常不被认为是遗传病,因为它们发生的原因是复杂的,涉及许多不同的遗传和环境因素。因此,在特定案例中某种医学状况是否应被称为遗传病仍有可能存在分歧。

2.1.4.3 基因组进化

哺乳动物基因组的比较基因组研究表明,大约 5% 的人类基因组是在约 2 亿年前物种进化分支时从进化中保留下来的,其中包含绝大多数的基因。有趣的是,目前已知的基因和调控序列大约只占基因组不到 2%,这意味着有比功能已知序列更多的未知功能序列存在。一个更小比例部分(实际总量很大)的人类基因似乎在最被熟知的脊椎动物基因组中同时存在。根据科学文献中不同的报道，黑猩猩的基因组有 94%～98.5% 是与人类相同的。平均来说，一个典型的人类蛋白质编码基因与直系同源物种黑猩猩的基因只有两个氨基酸替换的差异，近三分之一人类基因的蛋白翻译与同源黑猩猩的完全一样。两个基因组之间的主要区别是，人类 2 号染色体即相当于黑猩猩 12 号和 13 号染色体的融合产物（后分别改名为染色体 2A 及 2B）。

人类在最近的进化过程中，嗅觉受体基因遭受了显著的损失，这也解释了我们比其他大多数哺乳动物嗅觉都要相对迟钝的原因。进化的证据表明，色彩视觉在人类和其他几种灵长类动物中的出现，降低了对嗅觉的需要。

2.1.5　线粒体基因组

人类线粒体基因组，通常在提到"人类基因组"时不被包括在内，但对遗传学家来说具有很大的吸引力，因为它在线粒体疾病中无疑扮演着重要角色。它也揭示了人类的进化过程；例如，人类线粒体基因的变异分析导致了所有人类的母系最近共同祖先假说的产生。

由于缺乏检查拷贝错误的系统，线粒体 DNA（mitochondrial DNA，mtDNA）具有比核 DNA 更快的变异速度。这增加了 20 倍的突变率，使线粒体被用于更精确的母系祖先的追溯。人群中线粒体 DNA 的研究已经成功追溯了古老的迁移路线，如印第安人从西伯利亚迁徙或波利尼西亚人来自东南亚。它还被用于指示出，通过纯粹的母系血统继承的欧洲人种的混合基因中，没有任何尼安德特人的 DNA 痕迹。

2.1.6　表观遗传学

表观遗传学（epigenetics）描述的是人类基因组基本 DNA 序列之外的一些表现，如染色质包装、组蛋白修饰和 DNA 甲基化等，这些表现在调节基因表达、基因复制和其他重要的细胞过程中有重要作用。它们基本上是一个人自身生活的影响在 DNA 上的痕迹。多年的过度饮食会以这样的方式改变一个人的表观遗传性状：他的子女、孙子女，以及未来数代会倾向于被赋予较短且不健康的生命。可以改变一个人的表观遗传的药物正在研究中，被完全开发出来后将能够"关闭"某些疾病和失调基因。

总体来说,表观遗传加强或者削弱了某些基因,但并不是实际存在的 DNA 的一部分。越来越多的研究证实 DNA 并不是唯一的遗传物质,人们注意到了在一些非 DNA 变化的染色体上,生物遗传表现为 DNA 信息和表观信息的共同遗传。DNA 信息提供遗传信息,表观信息提供何时、何地、以何种方式应用遗传信息。

表观遗传学和表观遗传变异(epigenetic variation)是指基因组 DNA 序列没有改变,基因功能发生了可遗传和表型变化,其变化特征不符合孟德尔定律,涉及 DNA 甲基化、组蛋白修饰及非编码 RNA 调控,同时相互作用表观遗传学现象。

2.1.6.1 DNA 甲基化

甲基化是调节基因组功能的重要手段,也是表观修饰形式之一。人们称基因组里富含 CpG 的一段 DNA 为 CpG 岛(CpG island),附于转录调控区,长度 1~2kb。体内的甲基化有三种:例如持续低甲基化状态的持家基因(housekeeping gene),发育阶段诱导去甲基化状态的一些基因,高度甲基化状态的缢缩 X 染色体。

DNA 甲基化过程是通过甲基化转移酶家族成员的催化作用,有维持甲基化酶 Dnmti 1 和重新甲基化酶 Dnmti 3a 和 Dnmti 3b。采用甲基化特异性 PCR(MSP)测序法进行甲基化检测,MSP 原理为:双链 DNA 变性解链后,在 HSO_3^- 作用下发生 C→U 转化,C 若已有甲基化则无此改变;甲基化修饰只发生于 $5'→3'$ 方向 C—G 相连结构的 C 上,因此在 HSO_3^- 作用后,DNA CpG 岛若无甲基化,则序列中的改变为 C→U,CG→UG,若有甲基化则不变;通过 PCR 产物克隆化后进行 DNA 序列测定,即可检测出这种差异,从而确定基因有无 CpG 岛甲基化。

DNA 甲基化是指生物体在 DNA 甲基转移酶(DNA methyltransferase,DN-MT)的催化下,以 S-腺苷甲硫氨酸(SAM)为甲基供体,将甲基转移到特定的碱基上的过程。DNA 甲基化可以发生在腺嘌呤的 N-6 位、胞嘧啶的 N-4 位、鸟嘌呤的 N-7 位或胞嘧啶的 C-5 位等。但在哺乳动物,DNA 甲基化主要发生在 $5'$—CpG—$3'$ 的 C 上生成 5-甲基胞嘧啶(5mC)。反应如图 2-7。

人类的 CpG 以两种形式存在,一种是分散于 DNA 中,另一种是 CpG 结构高度聚集的 CpG 岛。在正常组织里,70%~90% 的散在的 CpG 是被甲基修饰的,而 CpG 岛则是非甲基化的。

1. 碱基 C→T 突变

DNA 甲基化引起基因突变的机制主要是由于二甲基色胺(DMT)催化反应形成。DMT 可以加快 C(胞嘧啶)和 5mC 脱氨,封闭 U(尿嘧啶)的修复,并且使 U→

5'-CpG-3'
3'-GpC-5'

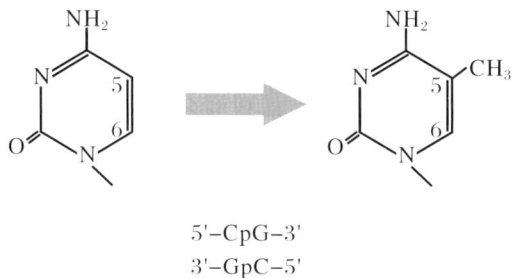

图 2 - 7 DNA 甲基化

T 改变,故 DMT 促使 CpG 序列的 C→T 突变。

抑癌基因 p53 就是一个典型的例证。50%实体瘤患者出现 p53 基因突变。突变中 24%是 CpG 甲基化后脱氨引起的 C→T 突变。

2.影响基因错配修复

DNA 错配修复系统(DNA mismatch repair system,MMR)是指存在人类细胞中的一种修复 DNA 碱基错配的安全保障体系,它是由一系列特异修复 DNA 碱基错配的酶分子组成。Ahujia 等研究发现 MMR 缺陷时,CpG 岛的甲基化增强,并认为 MMR 与 DNA 甲基化有关。在基因错配修复过程中甲基化具有导向识别作用,而其中基因突变和基因启动子区的高甲基化是错配修复基因表达缺陷的主要原因。

3.基因沉默

目前认为,甲基化影响基因表达的机制有下列几种。①直接作用。基因的甲基化改变了基因的构型,影响 DNA 特异顺序与转录因子的结合,使基因不能转录;②间接作用。基因 5'端调控序列甲基化后与核内甲基化 CG 序列结合蛋白(methyl CG-binding protein)结合,阻止了转录因子与基因形成转录复合物;③DNA 去甲基化为基因的表达创造了一个良好的染色质环境。DNA 去甲基化常与 DNase Ⅰ高敏感区同时出现,后者为基因活化的标志。

DNA 去甲基化有两种方式。被动途径:由于核因子 NF 黏附甲基化的 DNA,使黏附点附近的 DNA 不能被完全甲基化,从而阻断 DNM T1 的作用;主动途径:是由去甲基酶的作用,将甲基基团移去的过程。

人们已发现 5 种带有恒定的甲基化 DNA 结合域(MBD)的甲基化 CpG 黏附蛋

白。其中 MECP2、MBD1、MBD2、MBD3 参与甲基化有关的转录阻遏(图 2 - 8);MBD1 有糖基转移酶活性;MBD4 基因的突变还与线粒体不稳定的肿瘤发生有关。

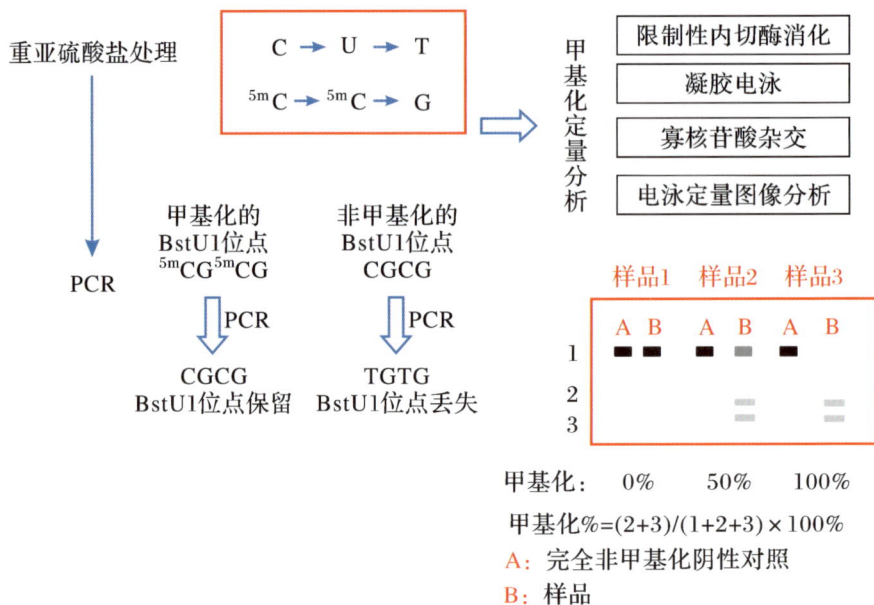

图 2 - 8 甲基化与转录阻遏

2.1.6.2 组蛋白修饰

组蛋白是染色体基本结构蛋白,将 DNA 折叠形成染色体。基因正常表达需要转录因子诱导和组蛋白修饰被激活。组蛋白在翻译后受到不同修饰,产生一种识别标志,使得转录因子与 DNA 的结合形成不协同或者拮抗,这种动态转录调控部分成为组蛋白密码(histone code)。常见的组蛋白修饰有:乙酰化、甲基化、磷酸化、泛素化、糖基化、ADP 核糖基化等,它们也是组蛋白密码的基本元素。

组蛋白的甲基化修饰:甲基化修饰在组蛋白 H3 和 H4 的赖氨酸和精氨酸上。组蛋白被甲基化的位点是赖氨酸和精氨酸。赖氨酸可以分别被一、二、三甲基化,精氨酸只能被一、二甲基化。在组蛋白 H3 上,共有 5 个赖氨酸位点可以被甲基化修饰。一般来说,组蛋白 H3K4 的甲基化主要聚集在活跃转录的启动子区域。组蛋白 H3K9 的甲基化同基因的转录抑制及异染色质有关。EZH2 可以甲基化 H3K27,导致相关基因的沉默,并且与 X 染色体失活(X-chromosome inactivation)

相关。H3K36 的甲基化同基因转录激活相关。乙酰化修饰通常发生在组蛋白 H3 的赖氨酸 9、14、18、23 位点和 H4 赖氨酸 5、8、12、16 位点等。

2.1.6.3　非编码 RNA 调控

非编码 RNA 是指不能翻译蛋白的功能 RNA，包括看家非编码 RNA(house-keeping non-coding RNA)和调控非编码 RNA。短链非编码 RNA(siRNA，miR-NA，piRNA)和长链非编码 RNA(lncRNA)都属于调控非编码 RNA，这些 RNA 在表观修饰中扮演重要角色(表 2－2)。

表 2－2　非编码 RNA 在表观遗传中的作用

种类	长度(nt)	来源	主要功能
siRNA	21～25	长双链 RNA	转录基因沉默
miRNA	21～25	含发卡结构的 pri miRNA	转录基因沉默
piRNA	24～31	长单链前体或逆转录产物等多途径	生殖细胞内转座子的沉默
lncRNA	＞200	多种途径	基因组印记和 X 染色体失活

非编码 RNA 可以对染色体和单个基因活性调节，也对基因组稳定性、细胞分裂、个体发育具有作用。例如，长链非编码 RNA 介导 X 染色体失活就是一个重要表观遗传现象。X 染色体失活基因编码处对应 RNA 包裹在合成它的 X 染色体上，在 DNA 甲基化和组蛋白参与下使 X 染色体失活。

2.2　人类基因组计划

人类基因组计划(Human Genome Project，HGP)是由美国、英国、法国、德国、中国与日本六国科学家所组成的国际 HGP 协作组，包括了 16 个研究机构或者大学的实验室负责基因组中 DNA 分子的测序任务。每天以 24 小时、一星期 7 天的方式进行测序分析，如接力赛跑，并且保持 99.9% 的精确性。其中 2/3 人类基因组测序任务由美国的大学及政府完成。

人类基因组计划的中心内容就是基因组作图和测序。作图是指基因位点在染

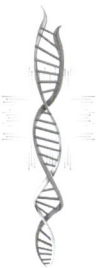

色体上位置的确定,测序指核酸碱基对顺序的确定。基因组作图和测序具有广泛的意义。就医学而言,通过测序和作图可以阐明健康与疾病的分子基础,这对人类健康和社会将具有划时代的意义。人类基因组测序草图的含义是整个 DNA 被平均测定了 4 次,完成后的序列一般都有 8 次重叠,整体误差在 10000bp 一次。

人类基因组计划的目的是了解人类基因构成,但也研究了一些其他物种,如大肠杆菌、果蝇和实验室小鼠。该计划是现代科研领域中最宏大的项目之一。

通过对进化不同阶段的生物体基因组序列的比较,发现基因组结构组成和功能调节的规律。利用酵母、线虫、果蝇、斑马鱼、小鼠等模式生物体进行基因的敲除或转基因的研究,从而在整体水平上认识基因的功能。

任何个体(除同卵双胞胎和克隆生物)的基因组都是独一无二的,绘制人类基因组图谱涉及每一个基因的多种变异型的测序。该项目并不研究人类细胞中所有的 DNA,有些异染色质区(约占基因组的 8%)还未被测序。

2.2.1 人类基因组计划的背景和意义

1. 人类基因组计划的背景

美国能源部支持的相关研究在几年后达到顶峰,在 1984 年和 1986 年特别讨论会后,由美国能源部率先推动,启动了人类基因组计划。1987 年,一个报告大胆指出:"这一计划的最终目的是了解人类基因组","如同了解人类身体构造对于目前医学发展的贡献一样,了解人类基因组将对医学和其他健康科学研究提供必不可少的支持"。至少早在 1985 年,就已经有人在考虑随后计划的进行中所需的相关候选技术了。

从 1988 年起,J. D. Watson 担任美国国家卫生研究院国家人类基因组研究中心的主任。1993 年 4 月 F. S. Collins 取代了 J. D. Watson 的位置,该中心也在1997 年更名为国家人类基因组研究所(NHGRI)。这项耗资 30 亿美元的项目于1990 年由美国能源部和美国国立卫生研究院正式启动,并预计费时 15 年。除了美国,这个国际项目组还包括了英国、法国、德国、日本、中国等国。

2000 年,由于广泛地开展国际合作,基因组学领域(特别是在序列分析技术方面)及计算技术领域都取得了重要的进展,第一张基因组序列"草图"被完成(2000年 6 月 26 日由美国总统克林顿和英国首相布莱尔共同宣布)。

2003 年 4 月,持续进行的测序工作使基因组测序计划提前完成,比原计划提前了 2 年。2006 年 5 月,另一个里程碑树立在了基因组测序的道路上,即最后一条染色体的序列发表在《自然》杂志上,这标志着整个人类基因组计划的完成。

2. 人类基因组计划的意义

今天,人类 DNA 序列已经存储在数据库中,任何人都可以通过互联网查阅。美国国家生物技术信息中心和位于欧洲和日本的姊妹组织储存着整个基因序列,其中包含已知序列,假设基因和蛋白质,这些信息储存在一个被称为 GenBank 的数据库中。其他组织像加州大学圣塔克鲁斯分校和 ENSEMBL 提供附加数据,成为注释、观察和检索数据的有力工具。

对未加工的 DNA 数据,其中已知基因的位置标注被称为注释序列(annotation),对注释序列进行分析工作属于生物信息学的范畴。如果只由有经验的生物学家对海量的数据进行标注,经常是非常缓慢的,所以一些特定的对 DNA 序列进行判别的计算机程序正被越来越多地应用在基因排序工程中。当前,分析注释序列的最佳技术是利用 DNA 序列和人类语言之间并行性的统计模型,采用类似于计算机科学中形式文法的概念。

所有人都具有独一无二的基因序列。因此,人类基因组计划公布的数据并不代表每一个个体的准确的基因组序列,而是一个由少数匿名捐助者的基因组合成的复合体。人类基因组计划是未来识别个体差异工作的一个框架。目前大多数识别个体差异的工作内容主要包括单核苷酸多态性和单体型图(haplotype mapping,简称 HapMap)。

对基因组数据的注释工作目前仍处于初期阶段。据预计,人类基因组的详细信息将为医学和生物技术的发展开辟新的道路。实际上该项目的实际影响在工作完成之前就已经出现。一些公司,例如 Myriad Genetics 公司,已经开始提供简便的基因检测方法,检测结果可以预测多种疾病,包括乳腺癌、凝血障碍、囊性纤维化、肝脏疾病等。此外,人们认为可能受益于基因组信息的领域包括癌症、老年痴呆症等临床疾病的病因研究,并可能将在未来很长一段时间内取得许多重大进展。

生物科学家们也获得了许多实在利益。例如,某种癌症的研究人员可能将他的研究范围缩小到某个特定基因的查找。通过访问万维网(world wide web,WWW)上的人类基因组数据库,这个研究员可以了解到其他科学家对这个基因的描述,可能包括该基因产物的三维结构、基因功能、与其他人类基因的进化关系,该基因在小鼠、酵母或果蝇中可能造成的有害突变,该基因与其他基因的相互作用,这种基因在身体中被激活的位置,以及疾病与这个基因的关联等数据类型。

此外,在分子生物学水平上更深入地了解某种疾病的进程可能产生新的治疗方法。认识到 DNA 在分子生物学中的重要性及在决定细胞基本运转过程中的核心作用,很可能促进许多医学临床领域的进步,这些进步在没有认识到 DNA 重要性之前是不可能发生的。另外,人类基因组计划中一个常被人忽略的课题是研究它的伦理、法律和社会影响。研究这些问题,并且在它们成为大问题并以重大政治困境的形式显现出来之前,找出最适当的解决办法是十分重要的。

2.2.2　人类基因组计划的研究策略与方法

人类基因组计划是众多国际合作的旨在对特定生物进行 DNA 测序的基因组计划中最为知名的。虽然对人类自身的 DNA 测序具有最实际的用处,但模式生物的测序在生物学和医学的发展中具有重要的预测作用,这些模式生物包括小鼠、果蝇、斑马鱼、酵母、线虫、植物、许多微生物和寄生虫。

2004 年,人类基因组计划的参与者,国际人类基因组测序协作组的研究人员宣布,最新估计人类基因组中约有 2 万至 2.5 万个基因。而之前的预计数字为 3 万到 4 万,在项目启动时的估计数字甚至高达 2 百万。这一数字还在继续波动,现在预计,关于人类基因组中基因精确数量的确定还将需要许多年才能达成一致。

1. 基因组的来源

国际人类基因组测序协作组（International Human Genome Sequencing Consortium,IHGSC)的所用于测序的基因组取样于一大批捐献者的血液和精子。只有少量的样品被用做 DNA 测序,且由于捐献者的身份是保密的,因此无论是捐献者或是科学家都不知道用于测序的 DNA 是来自哪些人。

来自不同文库的 DNA 被克隆后用于整个计划,大多数文库由彼得·杨(P. J. de Jong)博士创建。有非正式的报道(在基因组计划的团体内部也盛行的说法)指出用于国际基因组计划的大部分 DNA 来自于一名住在纽约州布法罗的男性捐献者(编号为 RP11)。

科学家使用来自于两名男性和两名女性(从 20 名捐献者中随机选出)的血液中的白细胞,从中取得分离的 DNA 文库。由于质量较高,文库之一的 RP11 被较多地使用。另外一个小技术问题是,男性样本中性染色体(一条 X 染色体和一条 Y 染色体)包含的 DNA 量大约只有女性样本中(包含两条 X 染色体)的一半,而其余

22条染色体(常染色体)完全一样。

2.方法

人类基因组计划"大规模测序基本策略逐个克隆法":对连续克隆系中排定的BAC克隆逐个进行亚克隆测序并进行组装(公共领域测序计划)。

"全基因组鸟枪法"(图2-9):在一定作图信息基础上,绕过大片段连续克隆系的构建而直接将基因组分解成小片段随机测序,利用超级计算机进行组装。

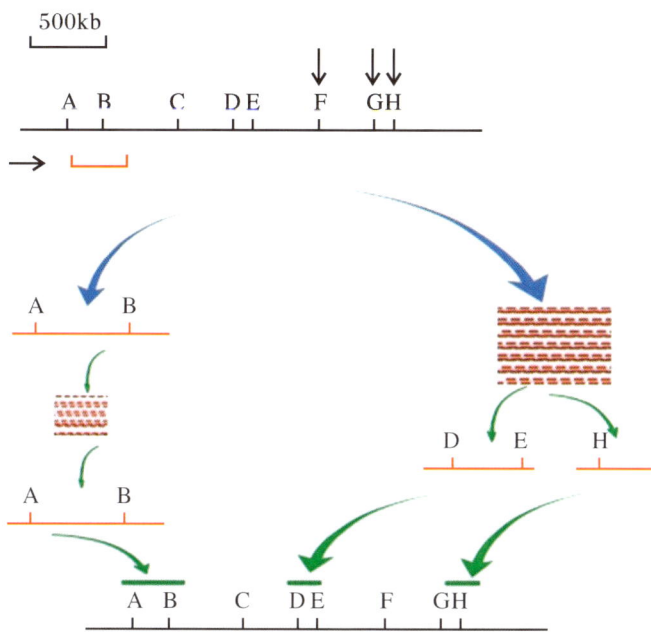

图2-9 "全基因组鸟枪法"

IHGSC使用配对末端测序法结合全基因组鸟枪法对质粒克隆的较大片段(约100kb)进行测序,而对较小的质粒的亚克隆片段则使用鸟枪测序法结合几种指导及核对片段组装成整条染色体的数据分析方法。

塞莱拉团队强调了"全基因组鸟枪法"的重要性,这种方法依赖于其在染色体水平上对序列信息进行定向和定位。然而他们使用了人类基因组计划的公开数据以协助组装和定位,导致了某些怀疑,即塞莱拉所获得的基因组序列信息并非独立完成的。

"全基因组鸟枪法"将 DNA 分割成不同大小的片段,长度范围在 2000 至 30 万个碱基对之间,形成所谓的 DNA"文库"。使用自动 DNA 测序仪从 800bp 长的 DNA 片段的两端同时读取,使用一种复杂的基因组组装算法和一台超级计算机,这些片段可以被连接到一起,而基因组可以通过数百万 800bp 长的片段的组装而重建。

公共和私人资助的计划都能够成功,得益于一种新的、自动化程度更高的毛细管 DNA 测序机,同时一种新的、大规模的基因组组装程序被开发出来,它可以处理 3 千万到 5 千万个片段,而这些片段是用"鸟枪法"对整个基因组进行测序所必需的。

2.2.3 人类基因组计划的研究结果与注释

在国际计划中,基因组被分割成多个片断(长度接近 150000 个碱基对)。由于这些片断能被插入细菌中,并利用细菌的 DNA 复制机器进行复制,因此被称为细菌人工染色体。通过对每一个这样的片断分别应用"霰弹枪测序法",最终将这些片断通过配对末端法(pair-end)以及其他许多定位数据重新组装在一起从而获得完整的基因组。这一手段是先将基因组分成相对较大的片段,并且在对片断进行测序前将其定位到每条染色体对应位置,所以被称为"分级霰弹枪测序法"。

1. 人类基因组测序完成情况

关于如何界定人类基因组测序完成,有多种定义。根据不同的定义,人们对于人类基因组测序是否完成有不同看法。曾有多个大众媒体报导人类基因组计划已经"完成"。而且根据国际人类基因组计划所采用的定义,基因组已经测序完毕。人类基因组计划的时间图表明,在 2003 年年底,绝大部分人类基因组已经完成测序。

基因数量少得惊人。一些研究人员曾经预测人类约有 14 万个基因,但塞莱拉公司将人类基因总数定在 2.6383 万～3.9114 万个之间。确定的基因数为 2 万～2.5 万个左右。人类只比果蝇多大约 1.3 万个基因。

人类基因组中存在"热点"和大片"荒漠"。人类基因组序列中所谓的"荒漠"就是包含极少或根本不包含基因的部分,基因组上大约 1/4 的区域没有基因的片段。基因密度在第 17、第 19 和第 22 号染色体上最高,在 X 染色体、第 4、第 18 号和 Y 染色体上相对少。

35.3%的基因组包含重复的序列。原来被认为的"垃圾 DNA"应该被进一步研究。事实上,第 19 号染色体 57%是重复的。除了重复片段,还鉴定了 210 万个人与人之间不同的单核苷酸多态性。

人与人之间 99.99%的基因是相同的,人变异仅为万分之一。

但是,人类基因组中仍有一些区域测序尚未完成。

首先,染色体的中心区域(即着丝粒),含有大量高度重复的 DNA 序列,利用现有技术测序难度较大。着丝粒区域(图 2-10)含有数百万(甚至可能是数千万)的碱基对,这些区域绝大部分都是完全未测序的。

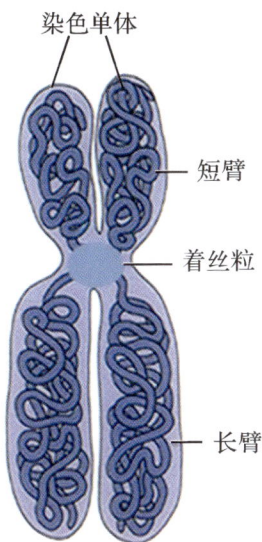

图 2-10　着丝粒

被称为端粒的染色体末端同样也含有高度重复序列,而且 46 条染色体的末端大都不完整。在每个染色体的端粒序列被弄明白之前,不能精确地了解端粒前有多少序列,但与着丝粒的情况一样,目前的技术限制仍使人望而却步。

每个人的基因组中都有一些位点包含了多基因家族的成员,这些序列的测序问题难以用霰弹枪测序方法解决。一直以来,科学家认为端粒(telomeres)的唯一作用在于保护 DNA 免受磨损。瑞士科学家最新研究发现,端粒的作用不仅如此,它还能作为合成 RNA 的模板。相关论文在线发表于《科学》杂志上。

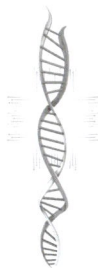

每次染色体进行复制的时候,末端的 DNA 总是会发生丢失。为了防止重要遗传信息的遗失,端粒会"牺牲"自我,贡献出自己的片断。长期下来,端粒就会越来越短。很多科学家相信,端粒的长短与细胞的寿命有着重要的联系。很多癌细胞之所以能够长久生存,就是因为它们能够维持较长的端粒。另外,端粒还能够阻止旁边的 DNA 合成 RNA。

在最新的研究中,瑞士实验癌症研究所的 J. Lingner 和同事在研究一个与 RNA 降解有关的蛋白时发现,该蛋白与端粒相联系。随后,他们在端粒附近发现了丛生的 RNA。法国原子能委员会的分子生物学家 L. Sabatier 说,这是一项重大的突破,从来没有人想过,端粒能够作为合成 RNA 的 DNA 模板。J. Lingner 表示,目前尚不清楚该发现是否能够为癌症治疗提供新途径,端粒附近 RNA 的作用也还不明了了。他说,实验表明,当端粒附近 RNA 水平升高,端粒的丢失速度会加快。但这二者之间是否直接相关还有待研究。

除了这些区域外,仍有许多未测序片段分散在基因组的各部分,其中一些相当大,但这些问题有希望在未来数年内被解决。

总而言之:最佳估计数字显示,92.3% 的基因组已经完成测序,而着丝粒和端粒不能被测序的状况很可能还会持续,直到有利于对它们进行测序的新技术被开发出来。其余大部分未测序的 DNA 是高度重复的,似乎不可能包含基因,但在完成所有测序之前没有什么是确定无误的。

相对于基因组测序而言,要了解所有基因的功能还有很长的一段路要走。例如,垃圾 DNA 的作用、基因组进化、个体之间的差异和许多其他问题,仍然是世界各地的实验室十分感兴趣的课题。

2. 人类基因组测序注释

2001 年基因组草图和 2004 年完整基因组序列的关键发现包括以下几点。

人类约有 24000 个基因,数量与老鼠的相同,是蛔虫的两倍。了解这些基因如何表达将为研究疾病的发生提供线索。只有 1.1%～1.4% 的基因组序列是编码蛋白的。人类基因组明显比其他哺乳动物的基因组有更多的片段重复(DNA 几乎完全相同的重复的区域)。这些部分可作为新的灵长类动物特异性基因产生的铺垫。序列草图被公开的时候,只有不到 7% 的蛋白质家族是脊椎动物独有的。

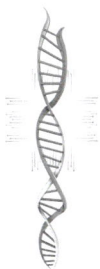

2.2.4　人类基因组计划的启示

人类基因组计划是一个为期 13 年的宏伟项目,启动于 1990 年,完成于 2003 年。该项目与生物学的分支——生物信息学密切相关。国际人类基因组测序联盟宣布将公布人类的基因蓝图——序列草图及人类基因组的分析图。人类基因组计划的作用:个体间基因变异的影响的相关知识可以改进许多人类疾病诊断、治疗及预防的方法,为人体生物学提供了线索。以下两个因素使得这个项目获得圆满成功:第一,基因工程技术,有了这项技术才有可能分离和克隆任意的 DNA 片段;第二,简单快捷 DNA 测序技术的应用。

比较基因组学也将为科学家们提供有关序列中执行调控功能的重要区域的新见解。人类基因组序列为征服某些疾病提供了巨大的帮助,这些疾病造成人类的痛苦和过早死亡。基因组信息已经帮助发现了 30 多个致病基因,其中包括一些常见疾病如乳腺癌、色盲等,现在更多的研究将集中于预防药物的开发。目前,从基因组序列中已经定位了许多基因,其中包括 30 多个直接导致人类疾病的基因。通过 Y 染色体上 300 万个重复元件及散在重复的类型,科学家可以估计在 X 和 Y 染色体上或在雄性和雌性生殖系的相对突变率。他们发现,男性与女性的突变发生率的比例为 2∶1。科学家解释了男性生殖系中突变率较高的可能原因,包括精子形成过程中细胞分裂的次数比卵子形成过程中的多。

哺乳动物染色体中基因的分布情况是惊人的。事实证明,人类染色体中既有遍布整个基因的富集区也有广大的只有非编码 DNA 存在的基因荒漠区。这种基因的分布情况与许多其他生物的基因组形成了鲜明的对比。不同的生物之间的 DNA 序列相似性的分析也开辟了进化研究的新途径。现在,许多情况下,进化问题可以定位在分子生物学的框架内;事实上,许多进化学上的重要里程碑(如核糖体和细胞器、胚胎的发育以及脊椎动物的免疫系统的发现),都与分子水平的研究有关。许多有关人类与人类近亲(灵长类动物,乃至其他哺乳动物)的相似性和差异性的问题都被期望从这种研究的数据中获得解答。

人类基因组多样性计划研究 DNA 在不同种族的人群之间的变化一直在进行,且至今已取得了很多新的研究成果。将来,人类基因组多态性计划也可能揭示疾病监测、人类进化和人类学等研究方向的新数据。人类基因组多态性计划可以揭示某些族群对特定疾病具有易感性的秘密,并为其创建新的解决方法。该计划也可以解释这些人群如何适应这种易感性。

测序联盟的最终目标是得到一个完全测序且没有间隙的准确度达到 99.9%的序列图谱。人类基因组的草图展示了人类基因的概况,但仍有许多未知,在此之后,人类基因组计划的重点之一将是完善数据以准确反映每一个基因和每一个可变剪接形式的情况,而实现这一宏伟目标仍需要更多的努力。该项目的目标不仅包括人类基因组中大约 24000 个基因的搜寻,而且还要解决遗传信息使用过程中产生的伦理、法律和社会问题。

虽然人类基因组计划的测序阶段已经基本完成,有关 DNA 变异的研究将在随后的国际人类基因组单体型图计划(The International HapMap Project)中继续进行,目标是构建人类 DNA 序列中多态位点的常见模式。构建 HapMap 的 DNA 样本来自不同国家的 270 个个体,包括尼日利亚伊巴丹的约鲁巴人、日本东京的日本人、中国北京的汉族人以及来自法国科特迪瓦的人类基因多态性研究中心的资源,这里包括了具有西欧和北欧血统的美国人的相关信息。

塞莱拉基因组计划测序所用的基因组取材于 5 个不同个体。塞雷拉基因组的首席科学家 J. C. Venter 在一篇写给《科学》杂志的公开信中承认他本人是捐献者之一。

2007 年 9 月 4 日,J. C. Venter 的研究小组发表了他自己的 DNA 序列,第一次揭开了来自单个个体基因组的 30 亿个核苷酸信息的神秘面纱。

2.3　人类基因组多样性计划

人类基因组多样性计划(Human Genome Diversity Project,HGDP)是由斯坦福大学群体遗传学家 L. L. Cavalli-Sforza 和美国其他一些科学家提出的。后来人类基因组组织主席 W. Bodmer 参与到该计划中,他将其称之为人类基因组计划衍生的一项义务。耗资预计23000000~25000000 美元,时间大约五年。只要有足够的资金保障,该计划将收集全世界数百个民族的血液、皮肤和毛发样本,使用建立细胞系或通过 PCR 分离保存 DNA 片段等新技术保存遗传信息。这些技术将使科学家能够在未来很多年研究这些样本,因为也许未来许多民族会和其他民族融合,不再有明显的差异以引起科学界的兴趣。的确,许多民族濒临消失是计划的倡导者认为该计划应该尽快实施的原因之一。

对人类进化史研究最有价值的民族是那些已经隔离一段时间的群体,他们有独特的语言和文化,通常被一些地理屏障隔离。隔离人群包含的遗传信息远多于现代城市居民。这些隔离群正迅速地与他们临近的民族相融合,但我们非常需要这些不可重现的正在消失的信息去重现我们的进化史。遗憾的是,很可能在此期间,随着生物资源的消逝,科学家将无法再探索人类的奥秘。

对人类基因组来说,迄今为止,人们真正掌握规律的只有 DNA 上编码蛋白的部分序列。随着人们对生物体复杂功能认识的逐步完善,以及对非编码区序列了解的逐渐深入,提示这部分序列必定具有重要的生物功能。普遍的认识是,它们与基因在四维时空的表达调控有关。因此寻找这些区域的编码特征及信息调节与表达规律是未来相当长时间内国内外学界的热点课题。

在以往 HGP、HapMap、HGDP 和中国人群基因组多态性结构研究的基础上,认识到了人类基因组存在着多种可遗传的变异方式,即基因组存在多种形式的个体和种群差异。事实上上述这些计划测定的是极少数人群的基因组的混合体(这些基因组提供者的姓名是保密的),由于所有人的基因组 99.9% 的部分都是相同的,这些基因组图只能被称为是人类基因组的"参考"图。"人类基因组变异"被《科学》杂志誉为 2007 年人类基因组研究的一个重大的转折,大家开始意识到基因组之间的高度差异性给人们认识个性特征和复杂疾病机制带来了可能性。

HapMap 和 HGDP 计划虽已在亚、非、欧等地区中多个具有代表性的黄种人群、黑种人群、白种人群中取得了一定进展,并绘制完成了数百万个多态性位点的多态性图谱;然而,从总体来说,目前样本库现有的种群总数还很少,并未涵盖世界上所有群体,总的个体样本数(1064)也较小。尽管人们已经应用这些样本取得了一些有价值的研究成果,但这些结果还无法使我们系统地认识我国群体遗传多态性结构特征和变异规律,因此我国人群的基因组多态性特征和变异规律的研究只能由我们自己去完成。

中国人群遗传资源的开发与利用是一项十分重要而又异常艰辛的工作。本项研究计划旨在通过整合遗传知识,发展应用新的遗传学技术对我国种群的基因组多态性现象及其变化规律进行研究,并结合相关历史学、人类学和语言学的研究成果,为阐明中国人群的历史身份和地位问题提供积极的启示;同时也将为研究遗传因素在疾病的发生、发展过程中所扮演的角色提供宝贵的信息。通过对我国人群基因组多态性的研究,我们将获得对于健康与疾病的本质的更为深刻的理解,同时

也将为我们从分子水平上详细分析中国人群基因组多态性结构特征和变异规律提供依据。

2.3.1　人类基因组多样性计划的理论、历史与意义

HGP 的目标是对整个人类的基因组序列进行测定,该计划的圆满完成预示着生命科学研究迈入了新时代,而对人类基因组的多态性研究则是这个时代的又一个重要课题。目前,人类基因组多样性计划在研究基因变异及其机制方面已经取得了长足的进步,这些研究成果为生物医学的研究提供了重要支持。HGDP 旨在推进世界人类基因组多样性的研究,最终目标是揭示人类基因组多态性类型的形成时间与机制,该计划的研究成果将会极大地促进生物医学领域的研究进展。HGDP 与另一大规模的人类基因组多样性研究——HapMap 计划之间有着密切的联系。尽管二者总体目标不同,但就科研价值而言,这两个计划的研究结果和所得样本资源是可以互相补充的。此外,随着测序技术的迅猛发展,学者们预计在未来五年内只需花费 10 万美金便可完成人类基因组测序工作,而在未来十年这一成本可以降至 1000 美元甚至更少。全基因组测序技术上的日臻成熟将为人类基因组多态性的相关研究提供有力的支持。随着这些国际研究计划的逐步推进和完成,人类生命的奥秘将被进一步揭示,人类的起源、进化和迁徙的历史将逐步得到阐释,生物医学和制药工业的发展也将得到极大的推动。

20 世纪初,研究人员从蛋白研究中了解到,遗传数据可为人类历史、地理研究提供信息。然而收集这些数据仍然需要很大的努力。直到人类基因组计划大力开展时,才提出了大规模的系统研究人类基因组多态性的必要。近来研究人员意识到优选人群样本并检测基因组的变异,对于研究遗传地理学及人类历史意义重大。于是科学家们提出了 HGDP,起初的组织者们确信,由于准确度和可重复性等因素,首要一步是建立一个多人群的淋巴细胞样细胞系(lymphoblastic cell lines,LCLs)集合,而非简单的收集 DNA 样本。事实上,研究人类进化的科学家从世界各地人群提取的 LCLs 证明了这种方法的有效性;第二个问题是,基于预期研究目的,标本量是否足够。

2002 年 4 月,公布了 HGDP 标本库的建立,宣布了包括的人群及获取 DNA 样本的条件。目前的标本库包括世界各地 52 个人群的 1064 个细胞系。至 2004 年 7 月,56 个实验室提出申请,并得到了标本。第一批应用 HGDP 标本的研究人员测

定了每个样本所有常染色体的 377 个微卫星位点的基因型。他们对人群结构的分析在 2002 年末发表,强调了地理隔离对于决定遗传分离的重要作用。他们假设:遗传分离与随机遗传漂移高度相关;研究证明可应用微卫星序列估计人类进化过程中早期分离时间,而之前应用少量微卫星序列进行的研究显示,这些遗传标记只能用于确定更近的遗传事件。其他应用 HGDP 资源的研究显示了以下研究的应用信息,包括 X 染色体微卫星序列、代谢通路基因的单倍型频率和连锁不平衡(linkage disequilibrium,LD)、乳糖酶基因位点的阳性筛选、7 个 Y 染色体微卫星序列的分析。Y 染色体不能重组,因此相对于其他标记,可为古代进化事件提供更多的信息。近来另一项应用 HGDP 标本进行的研究讨论了样本策略和人类遗传多样性分析的总体问题。HGDP 样本集是世界上人类 DNA 收集最完备的,面向非盈利研究人员使用。对于人类群体遗传、进化研究、医学研究是一个重要的标本来源。目前,HGDP 标本库包括 1000 多个细胞系,但远远不能满足人类基因组多态性研究的需要,缺口依然很大。此时在中国再次启动中国人群基因组多态性的研究就显得非常重要和及时。

2.3.2 人类基因组多样性计划与单体型图计划的关系

HGDP 的目的在于研究人类遗传多样性的起源,进而获得重要的人类基因组单倍型和多态性信息数据,而 HapMap 计划则旨在解决鉴定遗传因素在复杂疾病中的作用等问题。HGDP 和 HapMap 计划在目标和手段上是互补的。因此,HGDP 和 HapMap 计划的同时开展对于生命科学的发展有着重大的意义。

目前的研究表明,单基因疾病在临床上只占少数,大多数的人类疾病涉及多个基因,这类疾病的多个易感基因之间以复杂的、非加和的形式相互作用,且受环境因素影响。近 50 年来,学界在应用连锁图谱鉴定符合孟德尔遗传疾病的致病基因方面,取得了重大进展,但应用连锁方法研究复杂疾病所得的结果并不理想。目前较为有效的方法是,对病例和对照组个体全基因组重测序,找出致病的基因变异。由于基因组测序成本仍然很高,这一方法难以推广应用。鉴于疾病相关基因附近的 SNP、STR、CNV、VNTR 可能与疾病共同遗传,检测疾病相关 SNP、STR、CNV、VNTR 标记可能取代全基因组测序的工作。但是人类基因组平均 1000 个核苷酸存在 1 个 SNP,对于一个个体需要检测数百万个 SNP。HapMap 计划旨在应用连锁不平衡信息增加基于 SNP 所得基因图谱的效度。如果单倍型足够长且稳定,则可减少用于基因型研究的 SNPs 数目。例如,如果每个单倍型平均包括 20 个 SNP,只需检测出一个 SNP 即可标记为一个单倍型,每个单倍型的 SNP 数目决定了其测序费用。

HapMap 计划需要鉴定出单倍型及每个单倍型中至少一个有意义的 SNP。由于基因组不同区域单倍型长度不同且 SNP 含量差别较大,HapMap 数据的有效性尚待商榷。此外,LD 和单倍型结构存在人群差异。这一差异的形成除了与上述检测方法相互影响的交叉作用外,还存在染色体重组机制。HapMap 计划最终将包括来自犹他州的人群(祖先在北欧)、尼日利亚的优鲁巴人以及东亚人群(中国人和日本人)等三个人群各约 100 名个体。

HapMap 计划与 HGDP 的共同点在于其研究基础均为人类的遗传变异,但二者的目的有所不同。HGDP 目的是研究人类遗传多样性的起源,重点发展人群基因组多态性及致病基因、易感基因调控区域的新标记、新技术和新策略。而单倍型计划则旨在解决鉴定复杂疾病的遗传因素方面的问题。虽然在目前的发展阶段,二者在研究内容方面几乎没有重叠。但就长远发展来看,HapMap 计划与 HGDP 是可以相互补充、相互印证的。

2.3.3　人类基因组多样性计划的样本来源与代表性

目前 HGDP 样本库的主要局限是其所收集的人群及个体样本数(1064)均过少,未能涵盖世界上所有居住地的人群。今后该项目将重点收集目前未涉及地区的群体样本,增加细胞系数目,为后续研究提供足量的、具有代表性的样本。以色列、巴基斯坦、中国等在这方面已做了大量工作,他们收集了不同民族群体的大批细胞系并应用于科学研究。相比之下,欧洲、北亚、美洲、大洋洲则仅收集了少量样本用于研究,而印度和波利尼西亚地区的样本则相对缺乏,几乎没有展开该项计划。按照第一次 HGDP 研讨会达成的协议,HGDP 收集的人群平均应包括至少 20 个个体,然而实际工作中,每个群体的样本量从 1 到 50 不等。巴基斯坦和中国的很多民族群体,样本量仅为 10 人。

HGDP 存在的另一个问题是在于:是应当继续以群体为采样单位,还是转为以个体为采样单位? 新近的一项研究表明,在人类基因组多样性的解释中,应该关注进化枝,而不是渐变群(种群在空间上的渐变)。不同的分析方法可能强调的是渐变群或者分化枝两者之一,但是就 HGDP 而言,问题的关键是到目前为止以群体

为单位的采样策略是否影响了后续的数据分析。从逻辑上来讲,采集群体样本更为有效。在研究隐性等位基因时,检测群体是否随机婚配或是否存在自然选择是必要的前提,这在基于个体的采样条件下很难实现。由于个体水平的迁徙距离总是很近,而且地理上接近的种群间的相似性太强,因此,以一个较小的种群为单位进行采样更为合理。

国际 DNA 库和细胞系库已在加拿大、爱沙尼亚、冰岛、意大利、挪威、英国等国逐步建立,这些生物资源库可以向 HGDP 捐献 LCLs 或群体样本的血样。这些 LCLs 样本代表其所在的区域性样本库,理论上形成了所在国家地理位置、语言和民族的缩影。

在生物伦理方面,人类遗传和进化的研究证明,种族歧视是没有科学基础的,不同人类群体间遗传多样性很小,而且这种差异很可能是该种群对于当地气候适应或者遗传随机漂变的结果。随着 HGDP 的发展,人们对人类基因组变异分析的恐惧将逐渐消除,其在医学、科学和种族主义等社会问题中的潜在作用,证实了该计划应当不断扩大其研究规模。

2.3.4 国际人类基因组多样性计划基因组遗传标记的选择

基因组变异有多种形式,包括单核苷酸多态性(SNPs),可变数目的串联重复(VNTRs)和短串联重复(STRs),转座因子的出现或缺失(Alu 元件)及结构变化(缺失、重复和倒位等)等 DNA 标记以及基因产物特征、核型。最近几年有两个研究小组的研究证实,在正常个体中,拷贝数变异(copy number variation,CNVs)也是一种普遍存在的变异形式。通过对这些人类基因组变异的研究,可以帮助我们理解各种变异在疾病易感性、抗病性,以及人类表型变异中的作用。目前 HGDP 中使用的遗传标记及分型方法概括如下。

1.基因产物标记

如 ABO 血型等。早期的研究已经获得了很多关于群体的有用信息。为确保这些数据可与后续研究所得人类基因组多样性数据进行整合,这些标记需要以 PCR 技术为基础的系统进行转换,同时应发展以 PCR 技术为基础的经典遗传标记应用系统,如 HLA、Rh、MN、Duffy、Kidd、Hp、Gc、PGM 和 GLOI 等。

2.VNTR 标记

小卫星标记是小碱基对单元串联重复的位点,其等位基因长度从 0.5 到 30kb

不等。他们也被称为 VNTR 位点。数以百计的 VNTR 系统均可通过探针/酶联合来表现特征,已被广泛应用于群体研究中。VNTR 分析需要大量 DNA 分子及 LCLs,且不易以多重方式进行,其在 HGDP 中的应用存在技术上的限制。对大规模研究来说,基于 PCR 的 VNTR 分型系统(大多数 VNTRs 可转换入该系统)更为方便。它在个体识别以及遗传疾病诊断领域均有着级高的价值。

3. Y 染色体多态性标记

Y 染色体多态性标记(主要是 Y-STR 及 Y-SNP)将对确定男性谱系和男性的迁徙模式具有极大的帮助,它与用于女性谱系研究的线粒体 DNA 多态性标记互补。

4. 微卫星位点 STR

微卫星标记由 10～30 拷贝、2～6bp 的重复序列组成,在基因组中分布很广。他们中大多数是孤立存在的,尤其是(CA)$_n$ 位点,有许多已被定位。微卫星标记是多等位基因的,每个位点有 1～20 个等位基因,通常约 5 个,具有很高的信息量,突变率较低。微卫星标记在研究人类基因组多样性方面存在潜在优势,可探测等位基因的变异长度(重复拷贝数),对陈旧的 DNA(例如来自骨骼)进行分型等。法医 DNA 分型实验室一直致力于拓展微卫星标记在法医学个体识别和亲权鉴定中的应用,已经发展了标准的分型格式和等位基因标准物(allele ladder,AL),这些标准化的遗传标记为 HGDP 提供优质的资源。

2.3.5 基因组遗传标记的分析方法

1. 基于 PCR 技术的分型方法

应用以 PCR 为基础的系统标记进行多态性分型有其独特的优势。每次仅需 1～10ng 基因组 DNA,1mL 血液制备的 DNA 就可进行 1000～10000 次标记试验。分型方法简便、快速,可以多重形式开展,实现自动化。PCR 系统高度灵活,允许应用多种方法分析同样的多态性。HGDP 的所有 DNA 多态性研究,都采用基于 PCR 技术的分型方法。

2. 数字 DNA 分型

数字 DNA 分型用于评估微卫星位点上重复单元之间的序列变异,可用于基因组 DNA,也适用于全基因组的 PCR 文库。该方法允许在以内部等位基因结构为基础的、精密度限定的微卫星或更多位点上揭示大量的等位基因多样性,应该探索

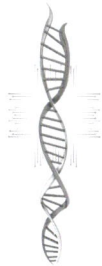

这种新方法在 HGDP 中的应用。

3. 类淋巴母细胞系的制备

HGDP 开展的许多工作,均需提取 DNA、PCR 扩增 DNA、限制性内切酶消化、全基因组 PCR 技术制备文库等标准步骤,但该方法不具代表性,大片段 DNA 所携带的遗传信息将在不断地重复扩增中消失。因此,可以通过 EB 病毒转化淋巴细胞的标准化方法将所收集的样本制备成 LCLs,以保证样本 DNA 的持续有效性。目前的方法可以实现短期内血液样本的高效转化,但是鉴于 HGDP 所收集样本的不同条件,需要发展改良的淋巴细胞转化和保存技术,这些方法包括从非淋巴细胞中发展细胞系,利用口腔内壁拭子获得上皮细胞和头发根包含的成纤维细胞等,以减少所需血液量,实现细胞的无菌、快速繁殖,增加应用一个或多个癌基因和致癌病毒基础系统(oncogenic virus-based systems)的有效转化。

4. 全基因组 PCR 扩增技术

基于 PCR 技术的基因组分析方法价格昂贵,需要发展其他替代方法以产生一种可不断再生的 DNA 资源。目前唯一可行的办法是,采用全基因组 PCR 扩增技术。如前所述,利用现有的 PCR 技术,DNA 序列在多次 PCR 反应后不能保证忠实复制。因此需要在以下几方面展开进一步研究。发展新方法构建代表性的 PCR 文库。例如从基因组 DNA 中挑选出合适大小的 DNA 片段,通过添加接头等方法进行全基因组 PCR。发展一种可靠的建立 PCR 文库的标准。建立文库再扩增的标准协议;利用一组多态性标记位点检测文库的代表性;利用再扩增检测文库的稳定性;文库中能够被检测的最大的靶 DNA 应被赋予一些特征。生产代表 DNA 文库的复制库。例如,以显微切片的形式,将其分发给参加 HGDP 的实验室。从每个基因组 DNA 和其相应 PCR 文库中生成一个 DNA 指纹数据库。例如,利用微卫星标记或数字 DNA 分型,可以提供给所有参加 HGDP 的实验室,以确保正确鉴别所有检测样本。

2.3.6　群体基因组多态性数据遗传分类注释

遗传群体研究并不是很新的研究课题,生物医学科学研究者、人类学家和语言学家们对该问题的关注跨越了本世纪的大部分时间。最近几年来,人类基因组计划取得的主要信息可以归纳为以下几个方面:一些基本的基因在所有的物种中均有分布;个体之间存在显著的变异;每个个体都带有数百个疾病相关基因。基因组计划同时也提示了未来的工作方向：大规模测序寻找致病突变，寻找普通基因差异；基因相互作用的检测和控制；对基因表达进行有效监测；其他物种基因组的鉴定。因此，我们可以将群体研究扩展到更加详细的分子水平，这便成为群体研究的新增长点。

研究不同群体的基因组差异，也将提供关于疾病的有用信息，不同疾病的发病率在不同群体之间变化，虽然许多这种变化可以用诸如饮食、气候、寄生虫、感染性疾病和全程污染物解释，但是遗传因素是许多疾病的易感因素中最为人们所熟知的，识别出这些致病的遗传因素和抗病遗传因素（健康单倍型或保护单倍型），并且研究他们在不同群体的分布，将最大可能地发展出更有效的防治疾病的方法，并且将以卫生保健资源储备的形式获得实际的结果。群体基因组多态性数据信息对于理解一些诸如疾病遗传、癌症发生和衰老过程等的基本生物学现象也很重要。一般来讲，具有完全外显性的单基因疾病可能是由该基因编码区 SNP 所引起的；而具有部分外显性的多基因疾病，则是由非编码区和调控区域 SNP 所引起的。复杂疾病在人群的水平上往往是较为常见的疾病，对于这类疾病的研究而言，不同的样本类型往往侧重于该疾病研究的某个方面：基于多个家系的研究会对高强度和稀有基因产生确认偏倚性，因而主要用来确认有缺陷的代谢通路，而病例对照样本既包含稀有突变的基因又包含普通基因，一般用来证明变异的显著性，流病群体则用来确定遗传和环境中的危险因素。同时人类基因组变异的信息，对亲子关系、法医学和其他实践中涉及的认定个体身源很有帮助。

以语言为标准，世界上存在 5000 个以上的独特人类群体，任何国际科研计划都不可能研究以上所有群体。对人类基因组多样性计划来说，最初也仅提出研究几百个群体的基因组变异，这些群体被认为可以广泛地代表所有群体。为了实现这一目标，应该严格按照人类学标准，保证被选群体必须是给定区域的真正代表。

从每个群体获得样本，分析 DNA 多态性现象，以获得一系列遗传标记各等位基因、基因型在各个群体中的频率数据。为了能够确定群体之间的关系，学者对一系列核心标记进行了研究，包括他们具有的临床关联或是与群体中的区域性亚群的特殊关联关系。这些标记将在每个群体的样本中检测，样本数量应足够大，以确保可以通过标记频率的分布来定义群体特征，采样不应因地域而出现偏倚。学者们正在开展一个实验计划，对标记的分布进行探索，为初始的核心标记选择提供基础。多年的实践告诉我们大样本量的必要性，目前临床诊断分类方式并不能反映

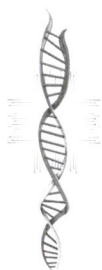

出疾病的分子生物学背景普通疾病的致病等位基因,往往较古老的群体多态性较高;需要从多个种群中提取大量的确定和未确定遗传背景的样本,来进行下列两项研究:确定致病性的变异和证实其显著性。

为了建立可以利用很多年并可允许未来科学家研究任何 DNA 水平的多态性的资源,我们计划创造一种各收集样本的非限制的 DNA 供应平台。对大部分样本(血液的、头发的、口腔黏膜壁拭子),提取其 DNA,并保存以便长期使用。但是为了能够提供原始序列 DNA 的备用资源,许多血液样本将被用来发展出细胞系。原则上,一定量的储藏 DNA 可以通过以 PCR 为基础的技术实现不确定的维持,这甚至可以让很少量的 DNA 变成多拷贝以保障研究所需。

目前,虽然国际人类基因组多样性计划和 HapMap 计划在多态性研究方面已经取得了一系列的研究成果,但是由于投资力度所限,以及生命科学系统本身的复杂性等因素,从整体水平来看,目前的研究成果对于全面和系统认识中华民族种群基因组多态的组成还远远不够。自身亟待提升的问题包括:具备完善的流行病学专业知识;拥有高质量的表型信息;高质量标准化的生物样本采集和储存,以及完整的数据库系统;高通量标准化的基因分型和测序实验中心及质量控制系统;顶尖的统计分析专业知识;能够获得具有多种差异的大量样本。无论在研究质量还是分析方法上,都与国际类似的研究计划相差甚远。因此,我们将综合运用基因组学、遗传学、生物信息学、分子生物学、计算机的理论与技术,同时结合中华民族相关历史学、人类学和语言学等方面的知识,建立中国人群基因组多态性分析的关键技术和数据分析体系。从理论层面上,研究国人不同群体的遗传结构和变异规律,积累国人群体基因组多态性遗传数据;从技术层面上,围绕中华民族群体基因组多态性以及致病基因、易感基因调控区域的新标记、新技术和新策略,为研究健康与疾病基因型、单倍型与临床表型的相互关系研究提供系统的技术支持,发展质控标准,建立和完善中国人群遗传资源 DNA 多态性数据库,积累对照样本的 DNA 细胞库。切实推动我国遗传资源的保存、利用和共享,开展基于我国人群的基因组多态性研究工作,并应用于法医基因组学打击犯罪,以先进的科学技术服务于法制建设利国利民,刻不容缓。

【参考文献】

[1] Lander E S,Linton L M,Birren B,et al. Initial sequencing and analysis of the

human genome[J]. Nature,2001,409:860 - 921.

[2] Richard G A,John B W,Paul H,et al. The International HapMap Project[J]. Nature,2003,426:789 - 796.

[3] Cavalli-Sforza L L. The human genome diversity project:past,present and future[J]. Nat Rev Genet,2005,6:333 - 340.

[4] Cann R L,Stoneking M,Wilson A C. Mitochondrial DNA and human evolution [J]. Nature,1987,25:31 - 36.

[5] Jorde L B,Watkins W S,Bamshad M J,et al. The distribution of human genetic diversity:a comparison of mitochondrial,autosomal,and Y-chromosome data[J]. Am J Hum Genet,2000,66:979 - 988.

[6] Kruglyak L. The use of a genetic map of biallelic markers in linkage studies [J]. Nat Genet,1997,17:21 - 24.

[7] Wilson J F,Weale M E,Smith A C. Population genetic structure of variable drug response[J]. Nat Genet,2001,29:265 - 269.

[8] Wyman A R,White R. A highly polymorphic locus in human DNA[J]. Proc Natl Acad Sci USA,1980,77(11):6754 - 6758.

[9] 李生斌. 人类 DNA 遗传标记[M]. 北京:人民卫生出版社,2000.

[10] Hinds D A,Kloek A P,Jen M,et al. Common deletions and SNPs are in linkage disequilibrium in the human genome[J]. Nat Genet,2006,38(1):82 - 85.

[11] McCarroll S A,Hadnott T N,Perry G H,et al. Common deletion polymorphisms in the human genome[J]. Nat Genet,2006,38(1):86 - 92.

[12] Conrad D F,Andrews T D,Carter N P,et al. A high-resolution survey of deletion polymorphism in the human genome[J]. Nat Genet,2006,38(1):75 - 81.

[13] Wang D G,Fan J B,Siao C J,et al. Large-scale identification,mapping and genotyping of single-nucleotide polymorphisms in the human genome[J]. Science,1998,280:1077 - 1082.

[14] Rioux J,Nusbaum C,Rozen S,et al. Large-scale identification,mapping and genotyping of single-nucleotide polymorphisms in the human genome[J]. Science,1998,280(5366):1077 - 1082.

［15］van der Linden S M，Valkenburg H A，de Jongh B M，et al. The risk of developing ankylosing spondylitis in HLA-B27 positive individuals. A comparison of relatives of spondylitis patients with the general population［J］. Arthritis Rheum，1984，27(3)：241 – 249.

［16］Corder E H，Saunders A M，Risch N J，et al. Protective effect of apolipoprotein E type 2 allele for late onset Alzheimer disease［J］. Nat Genet，1994，7：180 – 184.

［17］Levinson D F，Mahtani M M，Nancarrow D J，et al. Genome scan of Schizophrenia［J］. Am J Psychiatry，1998，155：741 – 750.

［18］Bonnardeaux A，Davies E，Jeunemaitre X，et al. Angiotensin Ⅱ type 1 receptor gene polymorphisms in human essential hypertension［J］. Hypertension，1994，24：63 – 69.

［19］Nakajima T，JordeL B，Ishigami T，et al. Nucleotide diversity and haplotype structure of the human angiotensinogen gene in two populations［J］. Am J Hum Genet，2002，70：108 – 123.

［20］Peretz，Cummings S，Dube M P. The genetics of congenital amusia (tone deafness)：a family-aggregation study［J］. Am J Hum Genet，2007，82：581 – 588.

［21］Reich D E，Lander E S. On the allelic spectrum of human disease［J］. Trends Genet，2001，17：502 – 510.

［22］Gough A C，Miles J S，Spurr N K，et al. Identification of the primary gene defect at the cytochrome P450 CYP2D locus［J］. Nature，1990：347，773 – 776.

［23］Kagimoto M，Heim M，Kagimoto K，et al. Multiple mutations of the human cytochrome P450IID6 gene (CYP2D6) in poor metabolizers of debrisoquine：Study of the functional significance of individual mutations by expression of chimeric genes［J］. J Biol Chem，1990，265，7209 – 7214.

［24］Blum M，Demierre A，Grant D M，et al. Molecular mechanism of slow acetylation of drugs and carcinogens in humans［J］. Proc Natl Acad Sci USA，1991，88，5237 – 5241.

［25］Purcell S，Neale B，Todd-Brown K. PLINK：a tool set for whole-genome association and population-based linkage analyses［J］. Am J Hum Genet，2007，

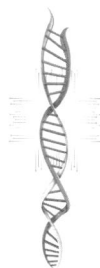

81:559 – 575.

[26] Ziv E, Burchard E G. Human population structure and genetic association studies[J]. Pharmacogenomics,2003,4(4):431 – 441.

[27] Ionita-Laza,McQueen M B,Laird N M. Genomewide weighted hypothesis testing in family-based association studies, with an application to a 100K scan[J]. Am J Hum Genet,2007,81:607 – 614.

[28] Witherspoon D J,Wooding S,Rogers A R, et al. Genetic similarities within and between human populations[J]. Genetics,2007,176:351 – 359.

[29] Cavalli-Sforza L L. The Chinese human genome diversity project[J]. Proc Natl Acad Sci USA,1998,95:11501 – 11503.

[30] Chu J Y,Huang W, Kuang S Q, et al. Genetic relationship of populations in China[J]. Proc Natl Acad Sci USA,1998,95,11763 – 11768.

[31] Li Jin, Bing Su. Natives or immigrants: modern human origin in east asia [J]. Nat Rev Genet,2000,1:126 – 132.

[32] Xia J H, Lin C Y, Tang B S, et al. Mutations in the gene encoding gap junction protein β-3 associated with autosomal dominant hearing impairment [J]. Nat Genet,1998,20(12):370 – 373.

[33] Zhang X, Zhao J, Li C, et al. DSPP mutation in dentinogenesis imperfecta Shields type Ⅱ[J]. Nat Genet, 2001,27:151 – 152.

[34] Liu W, Wang H, Zhao S, et al. The novel gene locus for agenesis of permanent teeth (He-Zhao deficiency) maps to chromosome 10q11. 2[J]. J Dent Res,2001,80:1716 – 1720.

[35] Gao B, Gao J, She C, et al. Mutations in IHH, encoding Indian hedgehog, cause brachydactyly type A-1[J]. Nat Genet,2001,28:386 – 388.

[36] Iafrate A John, Feuk, Lars, et al. Detection of large-scale variation in the human genome[J]. Nat Genet,2004,36:949 – 951.

[37] Sebat J, Lakshmi B, Troge J, et al. Large-scale copy number polymorphism in the human genome[J]. Science,2004,305(5683): 525 – 528.

[38] de Vries T, Srnka C A, Palcic M M, et al. Acceptor specificity of different length constructs of human recombinant 1,3/4-fucosyltransferases[J]. J Biol

Chem,1995,270(15):8712 – 8722.

[39] Schoumans J，Staaf J，Jonsson G，et al. Detection and delineation of an unusual 17p11. 2 deletion by array-CGH and refinement of the Smith-Magenis syndrome minimum deletion to 650 kb[J]. Eur J Med Genet,2005,48(3): 290 – 300.

[40] Tuzun E，Sharp A J，Bailey J A，et al. Fine-scale structural variation of the human genome[J]. Nat Genet,2005,37(7):727 – 732.

[41] Tyson C，Harvard C，Locker R，et al. Submicroscopic deletions and duplications in individuals with intellectual disability detected by array-CGH[J]. Am J Med Genet A,2005,139(3):173 – 185.

[42] Repping S，van Daalen S K，Brown L G，et al. High mutation rates have driven extensive structural polymorphism among human Y chromosomes[J]. Nat Genet,2006,38(4):463 – 467.

（李生斌）

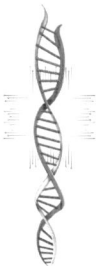

第 3 章　线粒体基因组多态性

　　线粒体基因组指的是线粒体内的所有遗传物质。线粒体是真核细胞内能通过半自主复制进行繁殖的细胞器。组成线粒体基因组的遗传物质在结构上与原核生物遗传物质相似。线粒体染色体是环状 DNA 分子,但与原核生物不同的是,其要小得多并有多个拷贝。这种相似性支持线粒体为细胞内共生细菌的假说,例如内共生学说。

　　有性生殖物种的线粒体通过母系遗传。通过这种方式,线粒体遗传性疾病可以影响雄性和雌性,但只能通过雌性遗传给她的后代。人类线粒体基因组包含 16569 个碱基对,编码 13 个蛋白质、22 个转运 RNA(tRNA)和 2 个核糖体 RNA(rRNA)。与核基因组相比,线粒体基因组有如下有趣的性质:所有的基因都位于一个单一的环状 DNA 分子上;遗传物质不为核膜所包被;DNA 不为蛋白质所压缩;基因组没有包含那么多非编码区域(垃圾 DNA 或"内含子");一些密码子与通用密码子不同。相反,与一些紫色非硫细菌相似;一些碱基为两个不同基因的一部分:某碱基作为一个基因的末尾,同时作为下一个基因的开始。

3.1　线粒体基因组概述

　　在人类中线粒体 DNA(mtDNA)有 37 个基因,包括 13 个蛋白编码,22 个rRNA,和 2 个 tRNA 基因。人类线粒体 DNA 有 16569 个碱基对。线粒体 DNA突变率为核 DNA 的 10 倍,可能是因为缺乏 DNA 修复机制。这种高突变率导致线粒体之间的差异较高,不仅在不同物种的种间差异明显,即使在同一个物种,两个人之间人类线粒体 DNA 分子差别高达 0.42%。因此线粒体 DNA 是非常有用的遗传标记,为个人识别提供了另一有力工具。

3.1.1　线粒体和 mtDNA 的发现

　　线粒体是 1850 年被发现,1898 年得到命名。线粒体由两层膜包被,外膜平滑,内膜向内折叠形成嵴,两层膜之间有腔,线粒体中央是基质。基质内含有与三羧酸循环所需的全部酶类,内膜上具有呼吸链酶系及 ATP 酶复合体。线粒体是细胞内氧化磷酸化和形成 ATP 的主要场所,有细胞"动力工厂"(power plant)之称。另外,线粒体有自身的 DNA 和遗传体系,但线粒体基因组的基因数量有限,因此线粒体只是一种半自主性的细胞器。

线粒体的形状多种多样,一般呈线状,也有粒状或短线状。线粒体的直径一般在 $0.5\sim1.0\mu m$,在长度上变化很大,一般为 $1.5\sim3\mu m$,长的可达 $10\mu m$,人的成纤维细胞的线粒体则更长,可达 $40\mu m$。线粒体超微结构由内外两层膜封闭,包括外膜、内膜、膜间隙和基质四个功能区隔。在肝细胞线粒体中各功能区隔蛋白质的含量依次为:基质 67%,内膜 21%,外膜 8%,膜间隙 4%。

线粒体具有半自主性。1963 年发现线粒体 DNA 后,人们又在线粒体中发现了 RNA、DNA 聚合酶、RNA 聚合酶、tRNA、核糖体、氨基酸活化酶等进行 DNA 复制、转录和蛋白质翻译的全套装备,说明线粒体具有独立的遗传体系。其突变率高于核 DNA,并且缺乏修复能力。虽然线粒体也能合成蛋白质,但是合成能力有限。线粒体 1000 多种蛋白质中,自身合成的仅十余种。线粒体的核糖体蛋白、氨酰tRNA合成酶及许多结构蛋白,都是核基因编码,在细胞质中合成后,定向转运到线粒体的,因此称线粒体为半自主细胞器。

利用标记氨基酸培养细胞,用氯霉素和放线菌酮分别抑制线粒体和细胞质蛋白质合成的方法,发现人的线粒体 DNA 编码的多肽为细胞色素 c(Cytc)氧化酶的 3 个亚基,F0 的 2 个亚基,NADH 脱氢酶的 7 个亚基和细胞色素 b(Cytb)等 13 条多肽。此外线粒体 DNA 还能合成 12S rRNA 和 16S rRNA 及 22 种 tRNA。mtDNA分子为环状双链 DNA 分子,外环为重链(H),内环为轻链(L)。基因排列非常紧凑,除与mtDNA复制及转录有关的一小段区域外,无内含子序列。

线粒体遗传体系确实具有许多和细菌相似的特征,如:①DNA 为环形分子,无内含子;②核糖体为 70S 型;③RNA 聚合酶被溴化乙啶抑制不被放线菌素 D 所抑制;④tRNA、氨酰基- tRNA 合成酶不同于细胞质中的;⑤蛋白质合成的起始氨酰基 tRNA 是 N -甲酰甲硫氨酰 tRNA,对细菌蛋白质合成抑制剂氯霉素敏感对细胞质蛋白合成抑制剂放线菌酮不敏感。此外哺乳动物 mtDNA 的遗传密码与通用遗传密码有以下区别:①UGA 不是终止信号,而是色氨酸的密码;②多肽内部的甲硫氨酸由 AUG 和 AUA 两个密码子编码,起始甲硫氨酸由 AUG,AUA,AUU 和

AUC 四个密码子编码;③AGA,AGG 不是精氨酸的密码子,而是终止密码子,线粒体密码系统中有 4 个终止密码子(UAA,UAG,AGA,AGG)。④mtDNA 表现为母系遗传,这一点也与核基因组有较大差异。

3.1.2 线粒体 DNA 的功能

现已测出全部人类 mtDNA 的序列,其功能和基因产物也被确定出来,13 个蛋白编码,包括 1 个细胞色素 b 基因,2 个 ATP 酶复合体组成成分基因,3 个细胞色素 c 氧化酶亚单位的基因及 7 个呼吸链 NADH 脱氢酶亚单位的基因;22 个 rRNA 和 2 个 tRNA 基因。环状双链 mtDNA 的染色体含有产生重链(H)和轻链(L)的 Gs 和 Cs 的不平衡分布。图 3 - 1 中,L 链编码的基因产物在内环,H 链编码的产物在外环。每条链都由一个优势启动子支配转录,即位于含有移位 D 环(displacement-loop)的控制区内的 PL 和 PHI。D 环一般是由三链构成,由 H 链、L 链和新合成链形成一个三链结构区域。由于 PL 主要转录 L 链,PHI 主要转录 H 链,RNA 合成沿着环在两个方向进行。

mtDNA 的多肽链都是线粒体能量产生途径,氧化磷酸化(oxidative phosphorylation,OXPHOS)的亚单位。7 个基因 MTND1,MTND2,MTND4L,MTND4,MTND5 和 MTND6 编码呼吸复合物 I 的亚单位烟酰胺嘌呤二核氨酸(NADH)脱氢酶或 NADH,辅酶 Q 氧化还原酶;一个基因(MTCYB)编码复合物Ⅲ的一个成分泛醌醇:细胞色素(氧化还原酶);3 个基因 MTCO1,MTCO2 和 MTCO3 编码复合物Ⅳ的组成部分细胞色素 c 氧化酶或 COX;2 个基因 MTAP6 和 MTATP8 编码呼吸复合物Ⅴ的亚单位 ATP 合酶。

在 mtDNA 编码的 rRNAs 和 tRNAs 的作用下,线粒体 mRNAs 在线粒体中氯霉素敏感的核糖体上被翻译。哺乳动物的 mtDNA 有共同的独特的遗传密码:UGA=色氨酸,AGA 和 AGG=停止,AUA=蛋白酸。

mtDNA 核苷酸序列的进化速度比核 DNA 基因序列快 6~17 倍。这就导致出现了多种限制性片段长度多态性(RFLPs),控制区和编码区核苷酸变异体、构象性变异体和长度变异体。多态性变异体与样品的种族和地理起源有关,可能是由于女性转移出非洲,进入不同大陆的过程中,mtDNA 突变沿着放射状母系谱系聚集而造成的。

多种退行性疾病,包括中枢神经系统、心脏、肌肉、内分泌系统,肾和肝都与系

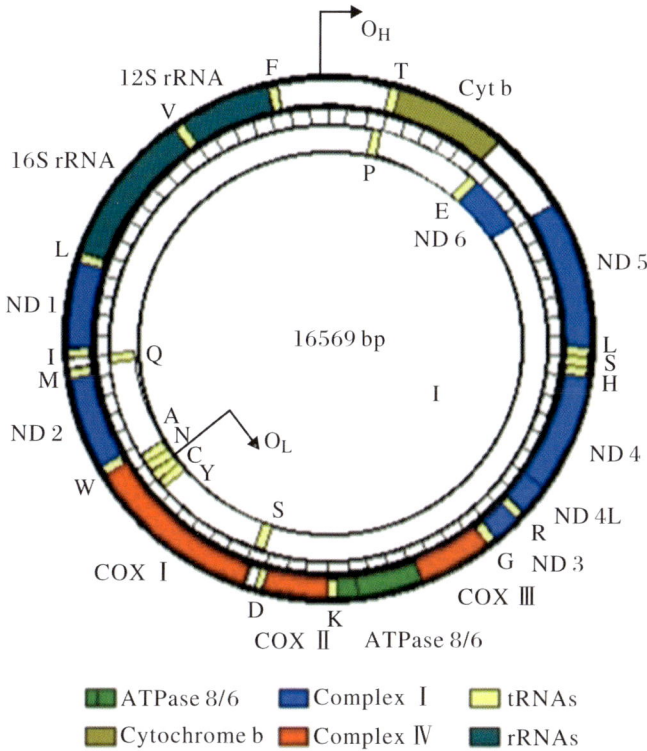

图 3-1　线粒体基因组功能结构图

统性 mtDNA 突变有关,不是碱基替换,就是插入/缺失。碱基替换导致的疾病一般是母系遗传的,与 mtDNA 的母系遗传相一致。它们或是改变多肽基因造成错义突变,或是改变结构 RNAs 造成蛋白合成突变,并以基因的名字、星号、临床表型名称、核苷酸位置和突变的碱基来命名,比如 MTND6*LDYT14459A。这种突变通过插入/缺失的大小、连接处的核苷酸、任何侧翼重复链的性质和大小及重复链的位置来描述。现已发现,随着年龄的增加,人类和灵长类肌肉、肝和脑内的(OXPHOS)酶活性也在不断地降低。相似的是,年龄越大,心脏和骨骼肌纤维灶状环氧合酶(COX)缺陷逐渐增加,COX 阴性区域内的单一 mtDNA 重排克隆也在扩大。它还与多种体细胞 mtDNA 突变的聚集有关,包括各种缺失和碱基替换。在各种组织中聚集的 mtDNA 损伤的范围与那些最有年龄相关性功能不全倾向的组织有关。

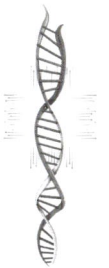

3.1.3 线粒体基因组

斯坦安德森首次于1981年在英国剑桥弗雷德里克桑格实验室测序完成人类线粒体DNA第一个序列(*Nature*,1981,290:457-465),此序列已被称为"安德森"序列(Anderson sequence GenBank 登录:M63933),有时被称为剑桥参考序列(Cambridge reference sequence,CRS)。安德鲁斯等人重新分析(1999)线粒体基因组DNA序列,进行比较发现11个核苷酸不同于"安德森"序列。修订的剑桥参考序列(revised Cambridge reference sequence,rCRS)是目前公认的标准。

mtDNA只有16.6kb长(核基因有30亿bp),比许多编码单一蛋白质的核基因都小(表3-1)。

表 3-1 人类核 DNA 和 mtDNA 遗传标记的比较

特点	核 DNA(nuclear DNA)	线粒体 DNA(mtDNA)
基因组大小	$\sim 3.2 \times 10^9$ bp	~ 16569bp
每个细胞内拷贝数	2(父母各提供一个等位基因)	>1000
占细胞内全部 DNA 含量的百分比	99.75%	0.25%
结构	线性;包裹在染色体内	环状
遗传来源	父亲和母亲	母亲
染色体配对	双倍型	单倍型
生殖重组	是	否
复制修复	是	否
特异性	个体特异性(同卵双胞胎除外)	没有个体特异性(同一母系亲属相同)
突变率	低	至少是核 DNA 的 5～10 倍
参考序列	2001 年人类基因组计划发表	1981 年 Anderson 及其同事发表

自从第一份报道出现至今的十几年间,有超过180个mtDNA点突变以及相同数目的缺失被报道与多种人类疾病相关。由于mtDNA只来自于卵子,所以许

多原发的 mtDNA 突变都是母系遗传的。mtDNA 以及 mtDNA 疾病在 Mitomap 网站上都有涉及(http://www.mitomap.org/)。

3.1.3.1　母系遗传方式

mtDNA 以无性方式直接从母亲传递给她的孩子,这种模型被称为母系遗传(图 3-2)。尽管父系遗传和重组在人类中也有可能发生,但它们显然非常罕见。因而,这些基因上的原发突变将会导致 mtDNA 上的继发效应,通常将会引起 mtDNA 多重缺失或者 mtDNA 低拷贝数(缺乏)。

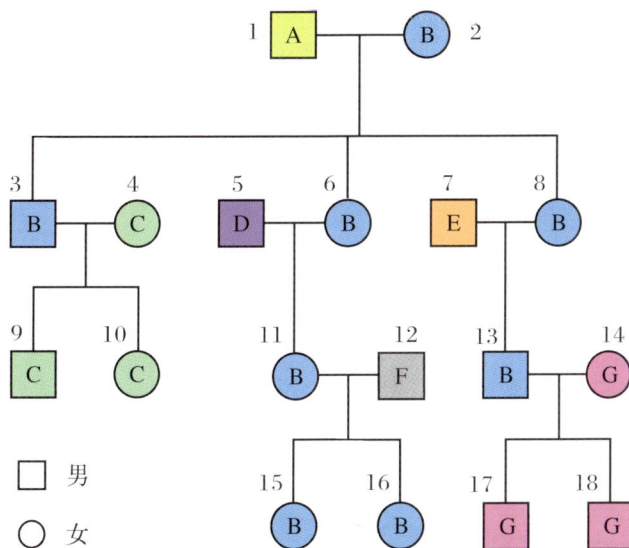

图 3-2　mtDNA 母系遗传模式

字母表示不同的个体例,如 A 表示第一代父系,B 表示第一代母系,
依次类推。数字表示在每个个体可能的单倍型和在家系中可能的单倍群。

3.1.3.2　高拷贝数和异质性

与核基因在一个细胞中通常有两个拷贝不同的是,mtDNA 在一个细胞中具有多达数百到数万个拷贝。因此,虽然核基因有纯合子(100％突变)和杂合子(50％突变),但是 mtDNA 的突变比例可以在 0％和 100％之间任意变化(例如:0.42％或者 78.3％突变)。当两种不同的 mtDNA 序列存在于同一个细胞、组织或者个体

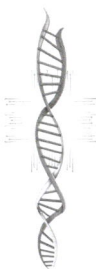

时称之为异质性。

3.1.3.3　瓶颈效应和复制分离

卵细胞大约有 100000 份 mtDNA 的拷贝,在卵子的形成与成熟的过程中,能够进入下一代的只有很少一部分,估计范围在 1 到数个。这种卵母细胞形成期 mtDNA 数量剧减的过程称为遗传瓶颈效应。因此,异质性母亲的孩子通常会有着平均水平大大不同的异质性突变。这种机制可能用来解释一些线粒体疾病具有很高的家族间临床变异性,但并不是所有的,例如同质性的 Leber 氏遗传性视神经病变(Leber's hereditary optic neuropathy,LHON)突变在同一家族的成员中甚至存在显著的变异性,这里核修饰基因显然扮演了一个重要的角色。在一个个体内,突变 mtDNA 的比例可以随着细胞分裂以及在有丝分裂后期的组织中进行的 mtDNA 复制而发生改变,随着时间的推移这将导致表现型的变化。

3.1.3.4　阈值效应

对于异质性的 mtDNA 突变,细胞可以承受正常 mtDNA 的减少直到达到一个阈值,然后将会发生细胞凋亡,或数个细胞的功能受到损坏。当一个组织中有足够多的细胞受到影响后,就会表现出临床症状。阈值即决定于不同的突变也决定于细胞的类型。神经元和肌细胞具有较高的能量需求或者说它们对高突变负荷的耐受能力下降了,因此,这些细胞中疾病发生的阈值比那些需能较少的组织低很多,例如结缔组织。

3.1.4　法医遗传标记线粒体基因组 DNA

1988 年 Higuchi 等人发现同一个体的血液与毛发 mtDNA 的 D 环区序列相同,从此对这个区域的研究不断深入,认识到线粒体基因组 DNA 高变区作为遗传标记可以用于法医学鉴定。高变区即控制区,又称 D 环区(图 3-3),这个区域有 1122 个核苷酸。目前法医检验的经典区域,包含 610 个核苷酸分布 HVR Ⅰ 和 HVR Ⅱ,此外还有 AC 重复序列。

当细胞核 DNA 量不足而无法进行分型时,线粒体 DNA 技术分析是唯一可以利用的技术,生物检材中的毛干、骨头、牙齿和其他严重降解的检材更加依赖线粒体 DNA 分析。

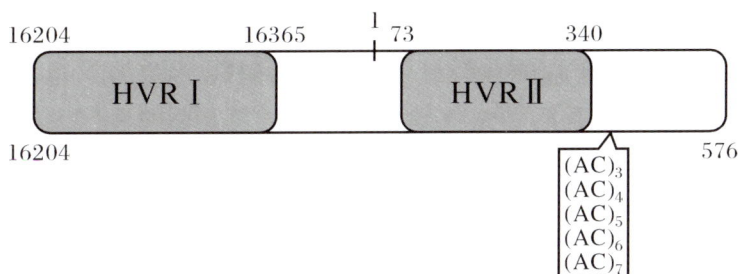

图 3-3 控制区(16024—576)的结构

一般情况下,例如高度降解 DNA 或低量样品如头发,由于高拷贝数,线粒体 DNA 分析可能是唯一幸存标本,一个线粒体 DNA 的分析结果总比没有结果要好得多。如今线粒体 DNA 分析技术已经广泛用于法医科学生物检材的鉴定。

3.2 线粒体 DNA 多态性

由于 mtDNA 特殊的遗传特征,mtDNA 多态性的研究对于群体遗传学、人类生态学、分子进化和考古学有着极其重要的意义。现阶段对 mtDNA 多态性的研究主要集中于 mtDNA 的非编码区(即 D 环)和部分编码区。由于 D 环含有两个变异率远大于核 DNA 的高变区(high variable regions,HVR)Ⅰ和Ⅱ,且无修复系统、不受选择压力的影响,因此该区域中积累了较多的变异,多态性很好,非常适于进行相关研究。研究者们认为编码区异质性与线粒体疾病的发生发展有着重要的关系,他们发现编码区的 mtDNA 异质性出现概率很低,只在相应的病人中出现,在正常个体很少出现;而后在控制区发现异质性的存在,而且发生频率相对较高。根据异质性的表现形式,可以将其分为长度异质性(length heteroplasmy)和序列异质性(sequence heteroplasmy)两种类型。mtDNA 的长度异质性表现为同一个体中出现了两种或者两种以上片段长度有差异的 mtDNA,多出现于线粒体高变区的多聚 C 部位如 HVR Ⅰ 16184—16193 核苷酸位点和 HVR Ⅱ 的 303—315 核苷酸位点,现在多认为是由于 T16189CC 突变或者是 300 核苷酸位点和 315 核苷酸位点处的 C 碱基插入而引起的。序列异质性表现为同一个体中出现了两种或两种以上碱基序列不同的 mtDNA,这种碱基序列的不同可以出现在一个或者多个核苷酸位置,但大多数表现为一个碱基的不同,即点异质性(point heteroplasmy)。

DNA 序列上的大多数突变是中性突变(neutral mutation),即不影响生物体的表型,因而过去对这些突变不太重视,也无法用传统的遗传学方法来研究。但是,随着分子生物学技术的不断发展,使人们从 DNA 水平上直接分析生物体的突变成为可能。假如 DNA 顺序中的某个碱基发生了突变,使突变所在部位的 DNA 序列产生(或缺失)某种限制性内切酶的位点。这样,利用该限制性内切酶消化此 DNA时,便会产生与正常情况不同的限制性片段。这样,在同种生物的不同个体中会出现不同长度的限制性片段类型,即限制性片段长度多态性。而单核苷酸多态性,主要指的是单个核苷酸的变异在基因组水平上所引起的 DNA 序列多态性,占所有已知多态性的 90% 以上。

3.2.1 线粒体 DNA 的酶切多态性

由于不同群体、个体间的 mtDNA 序列存在差异,因此用限制性内切酶对其作用时,所产生酶切位点的位置和数目都可能会发生变化(图 3 - 4、图 3 - 5 所示),这也为 mtDNA 多态性的研究提供了一种方法。

由于不同种酶的酶切位点之间存在差异,因此若 mtDNA 中存在的突变恰好位于某种酶的酶切位点范围内,则可能使该处的酶切位点缺失,若是由于此突变使某段序列变为某种酶的酶切序列,则可能使该处增加一个酶切位点。这种现象则可以称为 mtDNA 的酶切多态性,它可以帮助我们进行某些特定突变的筛选,是最初使用的突变筛选方法,不过由于其能选择出的突变较少且有局限性,因此现在更多的使用 RFLP 或 SNP 来进行更多、更确切的突变筛选。

使用多种限制性内切酶对 mtDNA 进行分析就是用利用酶切多态性来进行的一种突变研究。这种方法既可以对纯化的 mtDNA 进行消化,然后在聚丙烯酰胺凝胶上对其片段进行分离;也可以通过对 mtDNA 的清晰或重叠片段进行 PCR 扩增后,再进行内切酶消化,然后在高分辨率琼脂糖凝胶上分离其限制性酶切片段。图 3 - 5 中的正号(+)表示相对于 rCRS 来说的一个增加的位点,负号(一)表示一个丢失的位点。尽管从陈旧组织中提取到的和通过 PCR 扩增出的 mtDNA 的限制性分析和序列分析也可以应用于一些研究中,但是这里并未包含这种数据。用 *EcoR* Ⅰ 和 *Hind* Ⅲ 对 mtDNA 进行切割时并没有检测到任何多态位点。

总的说来,同一人群中也经常会出现相同的多态性切点,不同人群中共同的多态性切点也不相同,且同一多态性切点在不同人群中的频率也不相同。

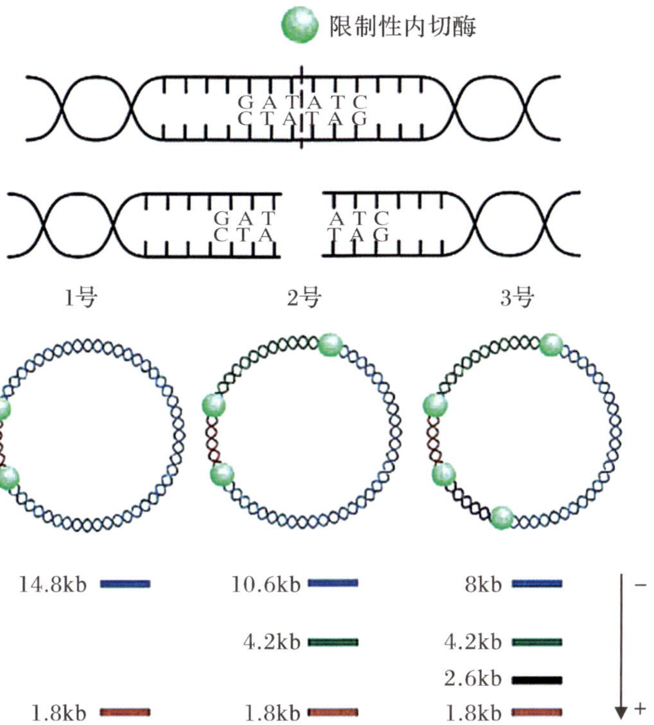

图 3 - 4 限制性片段长度多态性(RFLP)分析 mtDNA

在上面所举的例子中,使用同一种酶对来自 3 个不同个体的 mtDNA 进行消化。1 号的 mtDNA 中存在 2 个酶切位点,可以将 16.6kb 的 mtDNA 切成 14.8kb 和 1.8kb 的两个片段。2 号的 mtDNA 中存在 3 个酶切位点,酶切后,除了产生一个 1.8kb 的片段之外,剩余的大片段还被切开产生了 10.6kb 和 4.2kb 的两个片段。3 号的 mtDNA 中存在 4 个酶切位点,酶切后,2 号中观察到的 10.6kb 的片段又被剪切为 8kb 和 2.6kb 的两个片段。由于 3 个个体中所存在的该酶的酶切位点差别很大,且产生了长度差异较大的片段,因此这 3 名个体之间存在着明显的遗传差异。

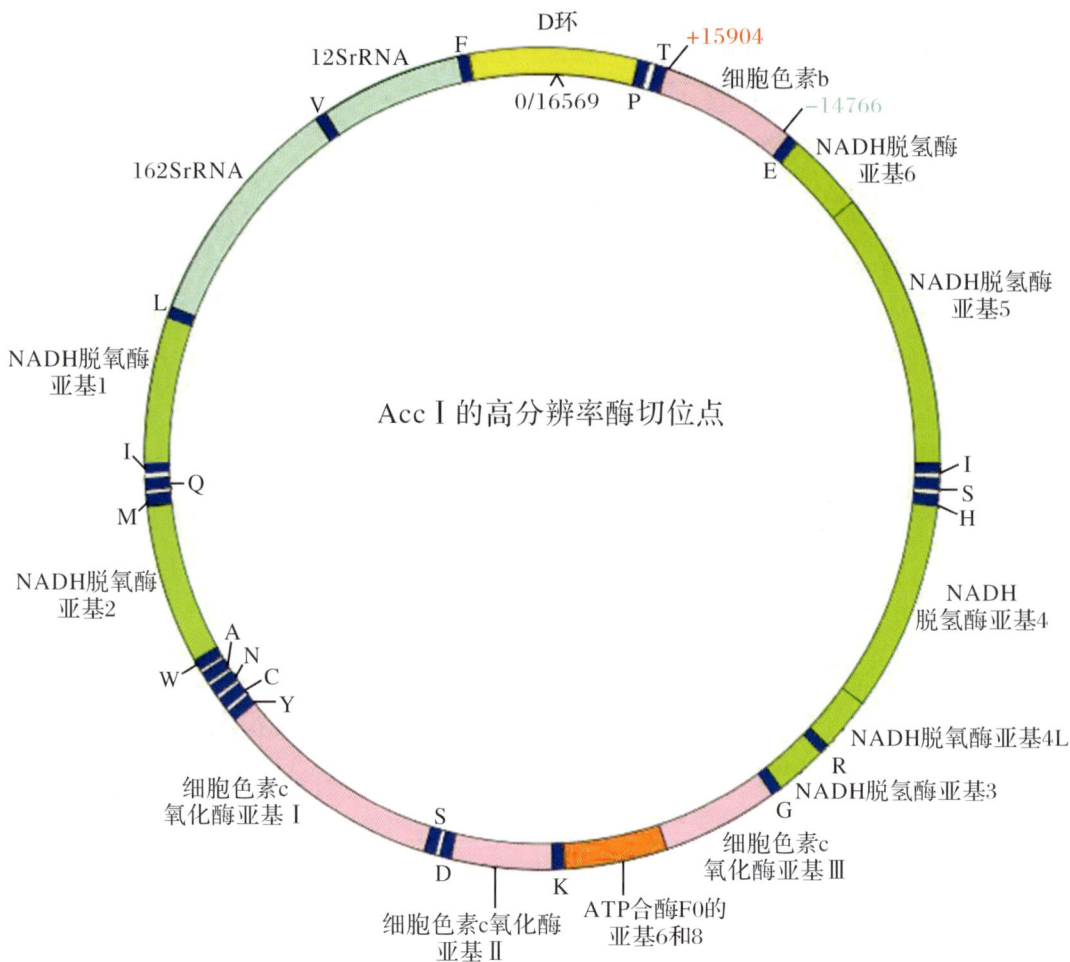

图 3 - 5　Acc I 的高分辨率酶切位点

高分辨率限制酶切位点包括＋13635，＋14550，－15254。

3.2.2　线粒体 DNA 的 SNP 多态性

线粒体 DNA 的 SNP 多态性是指在一个种族不同个体的线粒体基因组(或共同序列)之间，或一个个体之间，存在一个单核苷酸 A、T、G 或 C 的差异，这种 DNA 序列的差异称为单核苷酸多态性。现在有来自不同个体的两条 DNA 序列，一条是

TTACCAT,另外一条是 TTACTAT,那么这两条 DNA 片段在第五个位点处就存在一个单核苷酸的差异。在这种情况下,我们认为有两个等位基因 C 和 T。

在一个种群中,SNPs 总有一个最小等位基因频率(minor allele frequency),也就是在某个特定种群中所观察到的在一个位点上的最低等位基因频率。这对于单核苷酸多态性来说仅仅是指两个等位基因频率中较小的一个。在这里要注意的是,由于人群之间存在着差异,因此在一个地理群组或一个种族群组内比较常见的一个 SNP 等位基因很可能在另一个群组中十分罕见。

线粒体控制区的单核苷酸多态性位点,他们区域的 16024—576,包括了 D 环区。在高变区Ⅰ和Ⅱ区大多数变异已经明确,他们分别分布在 57—372 和 16024—16383。采用线粒体全基因组测序技术,获得了 MTDNA 编码区序列多态性,核苷酸的改变表明了 L 链的碱基置换。最初的剑桥序列的错误发生在 3423,4985,9559,11335,13702,14199,14272,14365,14368 和 14766。剑桥序列为报道的罕见的序列在 750,1438,4769,8860 和 15326,以及一些和疾病有关的多态性序列 5460,11084,12308 和 15924(表 3 – 2)。

表 3 – 2　原始剑桥参考序列和修正剑桥序列参考序列碱基差异的比较

碱基位置	线粒体基因组区域	原始剑桥参考序列	修正剑桥参考序列	备注
3106—3107	16S rRNA	CC	C	错误
3423	ND1	G	T	错误
4985	ND2	G	A	错误
9559	COⅢ	G	C	错误
11335	ND4	T	C	错误
13702	ND5	G	C	错误
14199	ND6	G	T	错误
14272	ND6	G	C	错误(插入序列)
14365	ND6	G	C	错误(插入序列)
14368	ND6	G	C	错误
14766	Cytb	T	C	错误(插入 Hela 序列)

正确的序列在 nt3106—3107 只有一个 C(图 3-6),因此整个线粒体基因组应是 16568bp 而不是最初报道的 16569bp。然而,为了保持历史数据,在 nt3107 由一个缺失来占据一个位置。需要注意的是,法医学中最常应用的两个高变区的序列没有差异,它涵盖了 nt16024—16365 和 nt73—340。

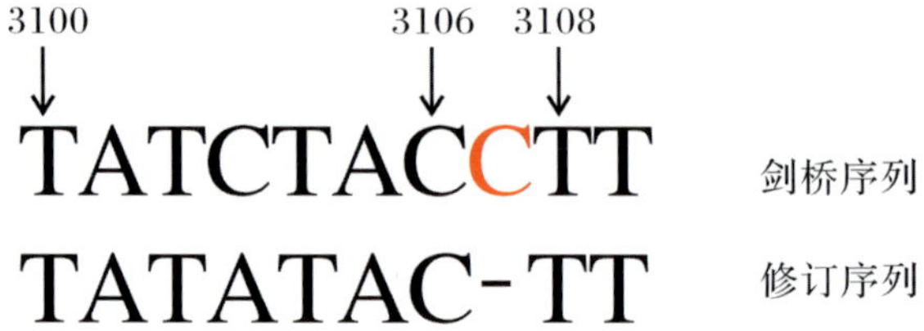

图 3-6　图解剑桥序列与修订序列差异比较

mtDNA 中的短串联重复序列主要集中在 D 环控制区中。与核 DNA 不同的是,mtDNA 中的重复序列一般在 10bp 以下,常见的主要为单个碱基(如 D 环中 303—309 和 568—573 核苷酸位点处的多聚 C)和两碱基(与核 DNA 一样,多为 CA 重复,如 514 位点开始的 CA 重复,rCRS 中重复 5 次)重复,其重复次数一般在 10 以下(图 3-7)。

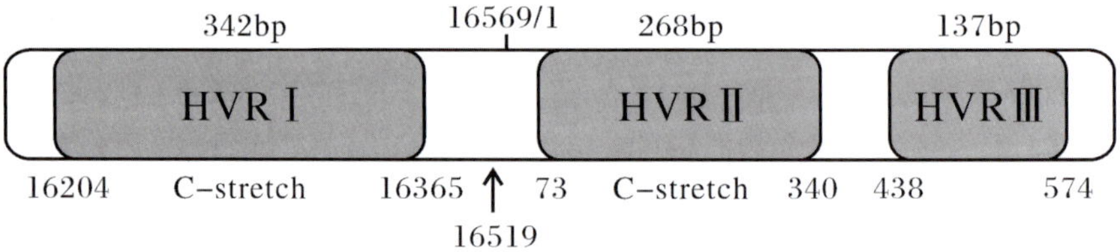

图 3-7　mtDNA D 环控制区的结构图点

编码区和控制区中都存在重复序列,但是控制区中的重复序列一般不发生重复次数的改变,如 16S rRNA 中的 2142 位点处开始的 4 次 AG 重复在所调查的所有人种中均未发现有任何改变,多态性较好的重复序列基本上都存在于 D 环控制区及编码区之间的非编码序列中,如 303 和 311 位点处的多聚 C、514 位点处的 CA 重复、568—573 和 16180—16195 位点处的 C 重复均位于 D 环中。

956—965 位点处的 C 重复位于 12S rRNA 编码基因内,5895—5899 位点处的

C 重复位于 tRNA 和细胞色素 c 氧化酶亚基 I 之间的非编码区内,8272 位点处的 9bp CCCCCTCTA 重复位于细胞色素 c 氧化酶亚基 II 与 tRNA 之间的非编码区内,而且近期的研究表明线粒体中某些重复序列重复次数的改变可能与多种疾病的发生有关。

由于有这些多态性重复序列的存在,mtDNA 的长度不总是 16569bp,可能会有 10bp 左右的增减。比如说接近控制区末端 514—524 位点处的二核苷酸重复多态性(即 STR),在大部分个体中都是 CACACACACA 或(CA)$_5$,但是在人群中可能会从(CA)$_3$ 到(CA)$_7$ 不等;还有其他的一些插入和缺失也可能会造成 mtDNA 的长度多态性,如 8272 位点处的 9bp CCCCCTCTA 重复在大部分个体中都出现了 2 次,但是在亚洲和太平洋群岛(单倍型 B)及非洲(单倍型 L)的部分个体中只出现了一次。

3.2.3 线粒体 DNA 单倍群

在分子进化的研究中,单倍群(haplogroup)或单倍型类群是一组类似的单倍型(haplotype),它们有一个共同的单核苷酸多态性祖先。因为单倍群由相似的单倍型组成,所以可以从单倍型来预测单倍群。单核苷酸多态性试验被用来确认单倍型。单倍群以字母来标记,并且以数字和一些字母来做补充,Y 染色体和线粒体单倍群有不同的单倍群标记方法。单倍群用来标记数千年前的祖先来源。

在人类遗传学中,最普遍被研究的单倍群是人类 Y 染色体脱氧核糖核酸单倍群(Y‐DNA 单倍群)和人类线粒体脱氧核糖核酸单倍群(mtDNA 单倍群),这两个都可以被用来定义遗传群体。Y 染色体脱氧核糖核酸单倍群仅仅被从父系线遗传,同时 mtDNA 仅仅被从母系线遗传。

1. 单倍群群体遗传学

通常假设任一延续到今天的单倍群突变并没有经过自然选择。那么在突变率之外,群体遗传对单倍体在群体内的比例的影响源自遗传浮动(genetic drift),即对幸运地把自己的 DNA 遗传到合适性别的下一代的群体内成员的随机抽样引发的随机波动。

2. 人类线粒体 DNA 单倍型类群

人类线粒体 DNA 单倍型类群(human mitochondrial DNA haplogroup)是遗传学上依据线粒体 DNA 差异而定义出来的单倍群。可使研究者追溯母系遗传的人

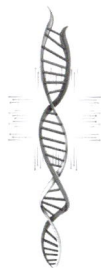

类起源,线粒体研究显示人类是起源于非洲地区。线粒体 DNA 单倍群用字母 A，B，C，CZ，D，E，F，G，H，pre-HV，HV，I，J，pre-JT，JT，K，L0，L1，L2，L3，L4，L5，L6，L7，M，N，O，P，Q，R，S，T，U，UK，V，W，X，Y 和线粒体分型命名 Z 来标记。单倍体夏娃则是理论上一切女性的始祖。主要线粒体单倍型类群和确定的编码区及控制区的特殊多态性见表 3－3。

以下是最常见的线粒体 DNA 单倍群划分。

【撒哈拉-非洲型】L0，L1，L2，L3，L4，L5，L6，L7

【西欧亚型】H，T，U，V，X，K，I，J，W

【东欧亚型】A，B，C，D，E，F，G，Y

【土著美洲人型】A，B，C，D，X

【澳大拉西亚型】O，P，Q，S

表 3－3　主要线粒体单倍型类群和确定的编码区及控制区的特殊多态性

单倍型类群(群体)	编码区多态性	控制区多态性(不包括 263G,315.1C)
A(亚洲)	663G	16233T,16290T,16319A,235G
B(亚洲)	9bp 缺失,16159C	16217C,16189C
C(亚洲)	13263G	16233T,16298C,16327T
D(亚洲)	2092T,5178A,8414T	16362C
H(白人)	7028C,14766C	73A 其序列与控制区相同
H1(白人)	3010A	73A 其序列与控制区相同
H2(白人)	1438A,4769A	73A 其序列与控制区相同
H3(白人)	6776C	73A 其序列与控制区相同
H4(白人)	3992T	73A 其序列与控制区相同
H5(白人)	4336C	73A 其序列与控制区相同
H6(白人)	3915A	73A 其序列与控制区相同
H7(白人)	4793G	73A 其序列与控制区相同
I(白人)	1719A,8251A,10238C	16223T,199C,204C,250C
J(白人)	4216C,12612G,13708A	16069T,16126C,295T

单倍型类群(群体)	编码区多态性	控制区多态性(不包括 263G,315.1C)
J1(白人)	3010A	462T
J2(白人)	7476T,15257A	195C
K(白人)	12372A,14798C	16224C,16311C
L1(非洲)	2758A,3594T,10810C	16187T,16189C,16223T, 16278T,16311C
L2(非洲)	3594T	16223T,16278T
L3(非洲)	3594C	16223T
M(亚洲)	10400T,10873C	16223T,16298C
T(白人)	709A,1888A,4917G,10463C,13368A, 14905A,15607G,15928A,8697A	16126C,16294T
U5(白人)	3197C	16270T
V(白人)	4580A,15904T	16298C,72C
W(白人)	709A,1243C,8251A, 8697G,8994A	16223T,189G,195C,204C,207A
X(白人)	1719A,6221C,8251G,14470C	16189C,16223T,16278T,195C

3.3 线粒体 DNA 的命名

线粒体 DNA 分型命名的含糊不清可能会导致对同一样本产生两种不同的分析结果。为了单倍型频率准确率估计,在群体数据库同一线粒体 DNA 单倍型可能有多个条目。因此,标准化注释的 mtDNA 序列的数据分析结果是非常重要的,也可以很容易地在实验室之间共享。

3.3.1 命名原则

(1)所有术语的建议符合国际联盟理论与应用化学代码(International Union of Pure and Applied Chemistry code,IUPAC code)。按照国际 DNA 委员会有关

人类线粒体 DAN 命名建议，以安德森的修订 mtDNA 序列作为参考标准，以保证命名的 mtDNA 分型的正确和共享。国际理论和应用化学联合会对 DNA 命名的编码见表 3－4。

表 3－4　国际理论和应用化学联合会对 DNA 命名的编码

国际理论和应用化学联合会编码	等位基因含意
A	A
C	C
G	G
T	T
M	A or C
R	A or G
W	A or T
S	C or G
Y	C or T
K	G or T
V	A or C or G
H	A or C or T
D	A or G or T
V	C or G or T
N	G or A or T or C

（2）线粒体 DNA 序列分析完成后，须结果编辑和审查序列。未知样本序列数据用 Q 表示（question 的第一个字母大写），或者样本字样标注，已知的对照序列数据用 K 表示（known 的第一个字母大写），或者修订序列字样标注，就可以开始序列比对。例如，分析未知样本序列数据是在 HVR 区，按照所有 HVR 有 610 个核苷酸的位置 16024—16365 和 73—340，评价未知样本序列数据，记录 SNP 位点位置、等位基因种类，然后分析结果做出分型。控制区又称 D 环区，这个区域有 1122 个核苷酸。法医检验的经典区域包含 610 个核苷酸分布 HVR Ⅰ 和 HVR Ⅱ，还有 AC 重复序列。最基本的线粒体 DNA 测试是高变区 Ⅰ（HVR Ⅰ）。依次核苷酸编号 16024－16365 测试报告可能省略 16 前缀，高变区 Ⅰ 的结果可以描写为 219C，而

不是 16219C。其实在对结果的分析解释时，可能会有新位点等位基因和单倍型序列数据在数据库里没有，造成比对困难。所以每个实验室必须依据所在地区、群体建立专门线粒体 DNA 分型数据库，并制定解释准则。

（3）mtDNA 序列插入时的命名。依据修订序列和样本比对进行分型命名，先确定插入位置，再记录插入碱基。如图示样本序列在 315 位点后插入 C，它的结果应书写为 315.1C(图 3-8)。

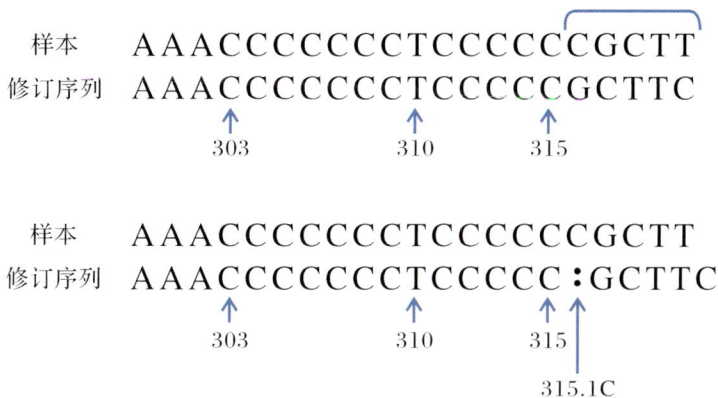

样本　　AAACCCCCCTCCCCCCGCTT
修订序列　AAACCCCCCTCCCCGCTTC
　　　　　　↑　　　　↑　　　↑
　　　　　303　　　310　　315

样本　　AAACCCCCCTCCCCCCGCTT
修订序列　AAACCCCCCTCCCC：GCTTC
　　　　　　↑　　　　↑　　　↑
　　　　　303　　　310　　315
　　　　　　　　　　　　　　315.1C

图 3-8　图示当 mtDNA 序列插入时的命名

当 mtDNA 序列插入多个碱基时的命名。依据修订序列和样本比对进行分型命名，先确定插入位置，再记录插入碱基个数。例如图 3-9 样本序列在 315 位点后插入多个 C，它们的结果应书写为 315.1C、315.2C，依次类推。

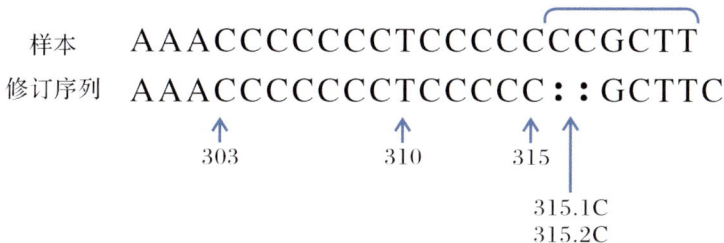

样本　　AAACCCCCCTCCCCCCCGCTT
修订序列　AAACCCCCCTCCCCC：：GCTTC
　　　　　　↑　　　　↑　　　↑
　　　　　303　　　310　　315
　　　　　　　　　　　　　　315.1C
　　　　　　　　　　　　　　315.2C

图 3-9　图示当 mtDNA 序列插入多个碱基时的命名

（4）mtDNA 序列缺失碱基，依据修订序列和样本比对进行分型命名。先确定缺失的位置，再记录缺失碱基个数。例如图 3-10 样本 1 和样本 2，序列在 523 位点缺失 A,在 524 位点缺失 C,它们的结果应书写为 523A-del、524C-del,依次类推。

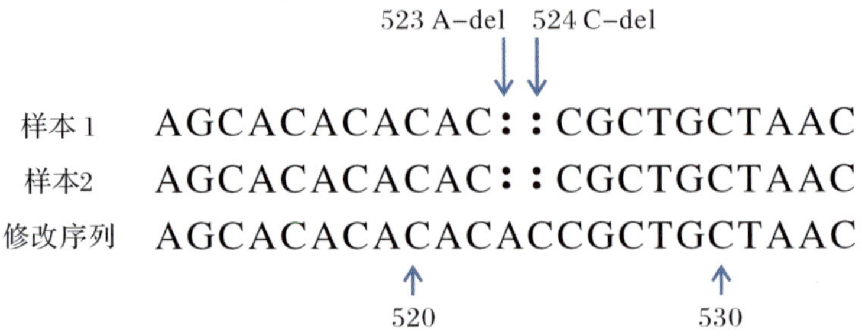

523 A-del   524 C-del

样本1   AGCACACACAC：：CGCTGCTAAC

样本2   AGCACACACAC：：CGCTGCTAAC

修改序列 AGCACACACACACCGCTGCTAAC

520   530

图 3 - 10   图示当 mtDNA 序列缺失碱基的命名

(5)mtDNA 序列缺失和碱基替换同时出现时的命名。依据修订序列和样本比
对进行分型命名,先确定缺失的位置,再记录缺失碱基个数,然后确认碱基替换。
例如图示样本,序列在 4 位点缺失 T,在 5 位点发生了碱基替换。它们的结果应书
写为 4T-del、5A-G,依次类推(图 3 - 11)。

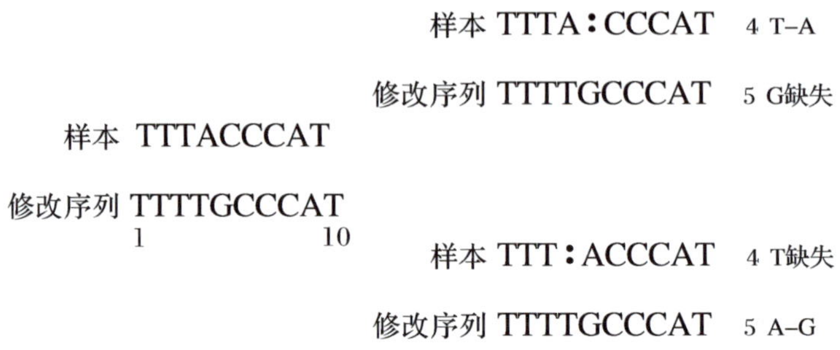

样本 TTTA：CCCAT   4 T-A

修改序列 TTTTGCCCAT   5 G缺失

样本 TTTACCCAT

修改序列 TTTTGCCCAT
1   10

样本 TTT：ACCCAT   4 T缺失

修改序列 TTTTGCCCAT   5 A-G

图 3 - 11   图示当 mtDNA 序列缺失和碱基替换同时出现时命名

(6)如果怀疑等位基因存在异质性,但没有得到证实,可以使用国际化编码中
N 表示。例如一个位点的等位基因 A/G 存在异质性,它们的结果应书写为 N
或 R。

3.3.2   线粒体 DNA 法医基因组学结果的解释

线粒体 DNA 结果的解释一般都可以分为三类:排除、不能定论或未能排除。
排除:如果未知样本序列数据和已知的对照序列数据有两个或两个以上的核
苷酸之间的差异,就可以排除来自同一人或家系。

不能定论：如果未知样本序列数据和已知的对照序列数据有一个核苷酸之间的差异，未知样本序列数据结果将是不确定的。

未能排除：如果未知样本序列数据和已知的对照序列数据在每个位点上有一个共同的碱基或在 HVR Ⅱ 有一个共同的长度变异的多聚 C，未知样本也不能排除是来自同一人或家系。

在遇到含糊不清的情况，例如组织异质性序列分析时，不同的样本会有共同碱基。在同一位点的组织异质的两种样本比对时，不能依据这一种序列数据做出排除另一种的结论。

尤其是在 HVR Ⅱ 长度变异的多聚 C，不能用排除来解释结果。

一个共同原因，在母子之间发现了单位点碱基的突变时，也不能彼此排除。另外不同组织的线粒体 DNA 异质性数据库也应建立，以确保正确的分型。

3.4　线粒体 DNA 分析技术

mtDNA 遗传上特有的性质，以及在临床疾病与遗传上的异质性都使 mtDNA 相关分型复杂化。在 1990 年以前，主要运用低分辨限制性片段长度多态性（low-resolution RFLP，1980）、高分辨率限制性片段长度多态性（high-resolution RFLP，1990）、SSO 杂交法和 SSCP 法来进行 mtDNA 分析，使得线粒体 DNA 分析应用受到很大限制。随着测序技术的发展，在此基础上 mtDNA 分析有了很大的改进，从 1991 年至今，以 PCR 为基础的 mtDNA 自动测序技术已经成为常规检案方法，序列分析 HVR Ⅰ 和 HVR Ⅱ 内控制区（sequence analysis of HVR Ⅰ and HVR Ⅱ），2000 年至今，完整的序列分析线粒体 DNA 基因组（sequence analysis of complete mtDNA genome）也很普及，新的研究方法也在不断出现。

3.4.1　人类线粒体全基因组 DNA 分析

目前国际上对线粒体全基因组序列的分析，尤其是 mtDNA 分型研究最常采用的是直接测序的办法，即先用 PCR 扩增出需要的 DNA 片断，将扩增产物进行直接测序，并根据片段的碱基序列与线粒体标准序列（rCRS）进行比对得到结果。对于 PCR 产物的直接测序可用 PAGE 结合银染，以及荧光标记序列仪自动分析系统。

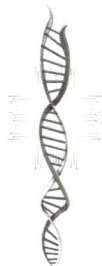

1. 设计引物序列

PCR 引物序列设计参照 Genebank(http://www.ncbi.nlm.nih.gov)发布的线粒体标准序列,上下游引物序列见表 3-5。线粒体 DNA 序列为环形,引物设计策略见图 3-12。

表 3-5 适用于中国人群的 PCR 引物序列

引物名称	引物序列 5′→3′	3′结合位置(np)	扩增片断长度(bp)	重复长度(bp)
1F	CTCCTCAAAGCAATACACTG	611		
1R	TGCTAAATCCACCTTCGACC	1411	840	202
2F	CGATCAACCTCACCACCTCT	1245		
2R	TGGACAACCAGCTATCACCA	2007	802	204
3F	GGACTAACCCCTATACCTTCTGC	1854		
3R	GGCAGGTCAA TTTCACTGGT	2669	860	196
4F	AAATCTTACCCCGCCTGTTT	2499		
4R	AGGAATGCCATTGCGATTAG	3346	887	208
5F	TACTTCACAAAGCGCCTTCC	3169		
5R	ATGAAGAATAGGGCGAAGGG	3961	832	215
6F	TGGCTCCTTTAACCTCTCCA	3796		
6R	AAGGATTATGGATGCGGTTG	4854	898	203
7F	ACTAATTAATCCCCTGGCCC	4485		
7R	CCTGGGGTGGGTTTTGTATG	5420	975	207
8F	CTAACCGGCTTTTTGCCC	5255		
8R	ACCTAGAAGGTTGCCTGGCT	6031	814	201
9F	GAGGCCTAACCCCTGTCTTT	5855		
9R	ATTCCGAAGCCTGGTAGGAT	6642	827	214
10F	CTCTTCGTCTGATCCGTCCT	6469		
10R	AGCGAAGGCTTCTCAAATCA	7315	886	211
11F	ACGCCAAAATCCATTTCACT	7148		
11R	CGGGAATTGCATCTGTTTTT	8095	987	205
12F	ACGAGTACACCGACTACGGC	7937		
12R	TGGGTGGTTGGTGTAAATGA	8797	900	196

引物名称	引物序列 5′→3′	3′结合位置（np）	扩增片断长度（bp）	重复长度（bp）
13F	TTTCCCCCTCTATTGATCCC	8621		
13R	GTGGCCTTGGTATGTGCTTT	9397	816	214
14F	CCCACCAATCACATGCCTAT	9230		
14R	TGTAGCCGTTGAGTTGTGGT	10130	940	205
15-1F	CTTCTATTGATGAGGGTCTT	9991		
15-1R	GGTGTTGAGGGTTATGAGA	10622	670	218
15-2F	AAGGATTAGACTGAACCGAA	10404		
15-2R	CTGATTGTGAGGGGTAGGA	10992	627	135
15-3F	CAACCACCCACAGCCTAA	10857		
15-3R	TTGAGAATGAGTGTGAGGCG	11512	693	198
17F	TCACTCTCACTGCCCAAGAA	11314		
17R	GGAGAATGGGGGATAGGTGT	12076	802	196
18F	TATCACTCTCCTACTTACAG	11948		
18R	AGAAGGTTATAATTCCTACG	12772	866	166
19F	AAACAACCCAGCTCTCCCTAA	12571		
19R	TCGATGATGTGGTCTTTGGA	13507	977	242
20F	ACATCTGTACCCACGCCTTC	13338		
20R	AGAGGGGTCAGGGTTCATTC	14268	970	207
21F	GCATAATTAAACTTTACTTC	14000		
21R	AGAATATTGAGGCGCCATTG	14998	938	206
22F	TGAAACTTCGGCTCACTCCT	14856		
22R	AGCTTTGGGTGCTAATGGTG	15978	1162	180
23F	TCATTGGACAAGTAGCATCC	15811		
23R	GAGTGGTTAATAGGGTGATAG	5	765	190
24-1F	CATTATCCCGCACAAGAGTG	16419		
24-1R	TGGAAAGTGGCTGTGCAGACAT	250	420	160
24-2F	CTTTGATTCCTGCCTCATCC	132		
24-2R	TAGAAAGGCTAGGACCAAACCT	652	540	100

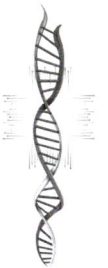

第 3 章　线粒体基因组多态性

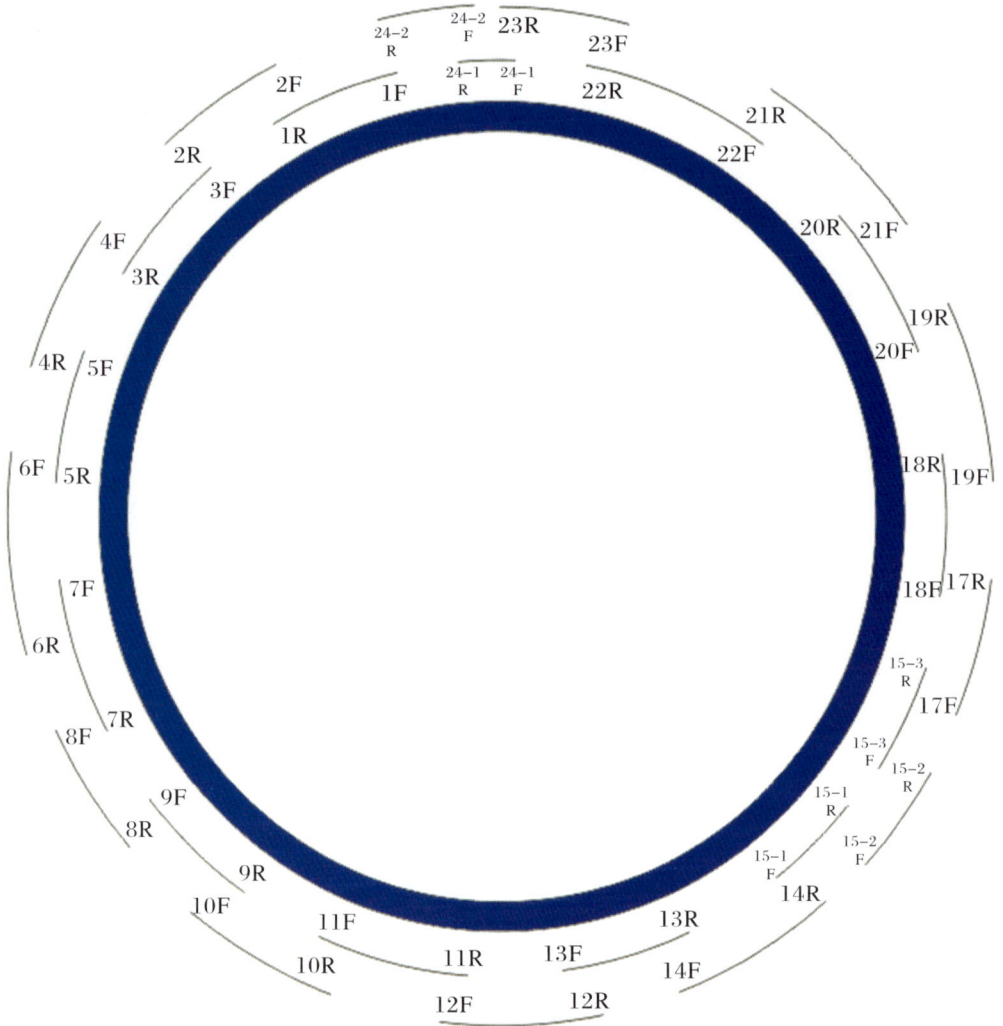

图 3-12 改良后的适用于中国人群 mtDNA 全序列扩增的 PCR 引物位置示意图
F 代表正向引物,R 代表反向引物。

　　这里选用的 26 对 PCR 引物覆盖了线粒体基因组全长,其中 15-1、15-2、15-3、24-1、24-2 对引物为实验室针对中国人群重新设计的,扩增片段最小的是第 24-1 对引物,长 420bp;扩增片段最大的位点是第 22 对引物,长 1162bp;所有 PCR 片段

大小适中,均适宜 PCR 扩增。

2. PCR 扩增

PCR 反应体系总体积 $20\mu L$,含 $1\times$ 反应缓冲液,$1.5mmol/L$ $MgCl_2$,$0.5U$ Taq 酶,$0.25\mu mol/L$ 引物,$200\mu mol/L$ dNTP,DNA 量 $20\sim200ng$。目前各种方法提取的 DNA 模板,均适合线粒体碱基序列的扩增。PCR 扩增参数见表 3-6。

表 3-6 PCR 扩增条件

位点	变性温度/时间	退火温度/时间	延伸温度/时间	循环次数
1	95℃ 30s	54℃ 30s	72℃ 60s	35
2	95℃ 30s	56℃ 30s	72℃ 60s	35
3	95℃ 30s	56℃ 30s	72℃ 60s	35
4	95℃ 30s	54℃ 30s	72℃ 60s	35
5	95℃ 30s	56℃ 30s	72℃ 60s	35
6	95℃ 30s	54℃ 30s	72℃ 60s	35
7	95℃ 30s	55℃ 30s	72℃ 60s	35
8	95℃ 30s	55℃ 30s	72℃ 60s	35
9	95℃ 30s	56℃ 30s	72℃ 60s	35
10	95℃ 30s	54℃ 30s	72℃ 60s	35
11	95℃ 30s	52℃ 30s	72℃ 60s	35
12	95℃ 30s	56℃ 30s	72℃ 60s	35
13	95℃ 30s	56℃ 30s	72℃ 60s	35
14	95℃ 30s	56℃ 30s	72℃ 60s	35
15-1	95℃ 30s	55℃ 30s	72℃ 60s	35
15-2	95℃ 30s	55℃ 30s	72℃ 60s	35
15-3	95℃ 30s	55℃ 30s	72℃ 60s	35
17	95℃ 30s	56℃ 30s	72℃ 60s	35
18	95℃ 30s	52℃ 30s	72℃ 60s	35
19	95℃ 30s	54℃ 30s	72℃ 60s	35

续表 3－6

位点	变性温度/时间	退火温度/时间	延伸温度/时间	循环次数
20	95℃ 30s	57℃ 30s	72℃ 60s	35
21	95℃ 30s	52℃ 30s	72℃ 60s	35
22	95℃ 30s	56℃ 30s	72℃ 60s	35
23	95℃ 30s	52℃ 30s	72℃ 60s	35
24-1	95℃ 30s	53℃ 30s	72℃ 60s	35
24-2	95℃ 30s	58℃ 30s	72℃ 60s	35

注：PCR 预变性条件为 95℃ 5min，最后延伸条件为 72℃ 10min，结束保存于 4℃。

PCR 扩增产物的纯化使用 Multiscreen 的 96 孔 PCR 纯化板纯化 PCR 扩增产物。mtDNA 的测序反应体系为 $10\mu L$，反应混合物中含：纯化后产物 10ng、Big Dye® Terminator Ready Reaction mix 3.1 $0.7\mu L$，测序引物（使用相应的 PCR 引物）$0.3\mu mol/L$，测序反应条件为：变性 96℃ 10s，退火 50℃ 5s，延伸 60℃ 4min，循环次数为 25 次。测序反应后使用酒精沉淀的方法纯化测序产物。

3. mtDNA 测序分析

上样，每个纯化后的测序产物使用 $10\mu L$ 高纯度甲酰胺（Hi-Di Formamide）溶解，95℃变性 10 分钟后，立即放置于冰上，5 分钟后将每个样本移至序列分析仪专用 96 孔上样板中。电泳检测，将 96 孔上样板放入 3730 型 DNA 序列分析仪（美国应用生物系统公司），仪器设定为标准测序程序（默认值），上样电泳。电泳结束后，即得到电泳扫描结果。在其他类型 DNA 序列分析仪上操作也可获得同样的扫描结果。

4. 序列分析

使用 Sequence Analysis 软件处理电泳扫描结果，得到碱基序列文件。将 26 对 PCR 引物测序获得的碱基序列文件拼接起来即可得到样本线粒体全碱基序列文件。将样本碱基序列与线粒体标准序列比对即可获得样本碱基序列差异，从而完成线粒体分型。因此，利用上述的 26 对 PCR 引物将线粒体全碱基序列分段扩增，直接测序检测，拼接获得的碱基序列文件即可得到线粒体全碱基序列文件，与线粒体标准序列比对即可获得样本碱基序列差异，从而完成线粒体分型。

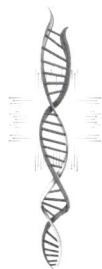

3.4.2 人类线粒体基因组 DNA 高变区分析

由于 mtDNA 的多态性主要集中在 mtDNA 的高变区中,因此其法医学应用主要集中使用的也是这一段。也因为这一段的多态性很好,突变率很高,因此扩增时的引物选择要慎重,才能保证 PCR 扩增产物较好,测序的成功率较高。

1.引物序列

高变区 I 是从 16024 位点到 16383 位点的碱基序列,高变区 II 是从 57 位点到 372 位点的碱基序列。根据前面的 PCR 引物列表,我们采用两对引物 23F&R 来扩增高变区 I,24-1F&R 和 24-2F&R 来扩增高变区 II(表 3 - 7)。

表 3 - 7　用于扩增 mtDNA 高变区 I 和 II 的引物

扩增片段	引物名称	引物序列 5′→3′	3′结合位置（碱基）	片段大小（bp）
高变区 I	23F	TCATTGGACAAGTAGCATCC	15811	765
	23R	GAGTGGTTAATAGGGTGATAG	5	
高变区 II	24-1F	CATTATCCCGCACAAGAGTG	16419	420
	24-1R	TGGAAAGTGGCTGTGCAGACAT	250	
	24-2F	CTTTGATTCCTGCCTCATCC	132	540
	24-2R	TAGAAAGGCTAGGACCAAACCT	652	

2.PCR 扩增

PCR 反应体系总体积 20μL,含 1×反应缓冲液,1.5mmol/L MgCl$_2$,0.5U Taq 酶,0.25μmol/L 引物,200μmol/L dNTP,DNA 量 20~200ng。PCR 扩增的反应条件见表 3 - 8。

表 3 - 8　扩增 mtDNA 高变区 I 和 II 的 PCR 反应条件

位点	变性温度/时间	退火温度/时间	延伸温度/时间	循环次数
23	95℃ 30s	52℃ 30s	72℃ 60s	35
24-1	95℃ 30s	53℃ 30s	72℃ 60s	35
24-2	95℃ 30s	58℃ 30s	72℃ 60s	35

注:PCR 预变性条件为 95℃ 5min,最后延伸条件为 72℃ 10min,结束保存于 4℃。

3.4.3 人类线粒体全基因组多聚 C 位点分析

目前在 mtDNA 中主要发现了 8 种线粒体多态性多聚 C 位点,其中有 5 种多聚 C 位于 D 环中的 303—309 核苷酸位点、311—315 核苷酸位点、494—498 核苷酸位点、568—573 核苷酸位点及 16180—16195 核苷酸位点,一种位于 12S rRNA 编码基因内的 956—965 核苷酸位点,一种位于编码基因间的非编码区中的 5895—5899 核苷酸位点,最后一种 5bp 的多聚 C 存在于从 8272 位点开始的 9bp VNTR 中。

根据前面的 PCR 引物列表,我们采用 24-2F&R 来扩增 303—317 和 568—573 核苷酸位点处的多聚 C,23F&R 来扩增 16180—16195 核苷酸位点处的多聚 C,1F&R 来扩增 956—965 核苷酸位点处的多聚 C,8F&R 来扩增 5895—5899 核苷酸位点处的多聚 C(见表 3-9)。

表 3-9 用于扩增 mtDNA 多聚 C 的引物

扩增片段	引物名称	引物序列 5'→3'	3'结合位置(碱基)	片段大小(bp)
956—965 位点处的多聚 C	1F	CTCCTCAAAGCAATACACTG	611	
	1R	TGCTAAATCCACCTTCGACC	1411	840
5895—5899 位点处的多聚 C	8F	CTAACCGGCTTTTTGCCC	5255	
	8R	ACCTAGAAGGTTGCCTGGCT	6031	814
16180—16195 位点处的多聚 C	23F	TCATTGGACAAGTAGCATCC	15811	
	23R	GAGTGGTTAATAGGGTGATAG	5	765
303—317 和 568—573 位点处的多聚 C	24-2F	CTTTGATTCCTGCCTCATCC	132	
	24-2R	TAGAAAGGCTAGGACCAAACCT	652	540

3.4.4 人类线粒体基因组 STR 位点分析

目前在 mtDNA 中所发现的多态性较好的 STR 位点只有一个,即位于 D 环中 514—523 核苷酸位点处的 CA 重复,前面已经详细介绍过世界范围内各民族与人

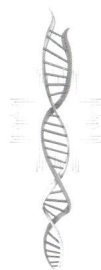

种间的 CA 分布情况。

根据前面的 PCR 引物列表,我们应该采用 24-2F&R 来扩增 514—523 核苷酸位点处的 CA 重复 STR(表 3 - 10)。

表 3 - 10　用于扩增 mtDNA STR 位点的引物

扩增片段	引物名称	引物序列 5′→3′	3′结合位置（碱基）	片段大小（bp）
514—523 核苷酸位点处的 CA 重复	24-2F	CTTTGATTCCTGCCTCATCC	132	540
	24-2R	TAGAAAGGCTAGGACCAAACCT	652	

PCR 扩增条件及其后的 PCR 扩增产物的纯化、测序反应、反应后产物的纯化、mtDNA 测序分析、序列分析过程等实际操作均与上文中介绍过的相同。

3.4.5　单链构象多态性

单链构象多态性(single-strand conformation polymorphism，SSCP)分析包括使用 PCR 对长度在 200～350bp 的 DNA 片断进行扩增,PCR 的过程中将使用 32P 或者生物素标记的 dATP。这些片断变性成单链分子然后进行非变性的聚丙烯酰胺凝胶电泳。在这一过程中,单链分子折叠形成一个由序列决定的二级结构。正常的和突变的条带可以通过它们迁移带型的不同而区分开。任何与对照组带型不同的片断都会被测序。SSCP 的检出率在 65%～80%。

3.4.6　异源双链筛选法

突变的 DNA 会产生错配,形成异源双链 DNA。因此它的迁移速率比同源双链 DNA(野生型)要慢一点。异源双链筛选法指的就是一些基于突变的 DNA 与正常 DNA 迁移速率不同而进行分析的方法。这些方法的目的是要检测异质性。时间温度梯度凝胶电泳法(temporal temperature gradient gel electrophoresis，TTGE)、温度梯度凝胶电泳(temperature gradient gel electrophoresis，TGGE)、变性梯度凝胶电泳(denaturing gradient gel electrophoresis，DGGE),以及变性高效液相色谱(denaturing high pressure liquid chromatography，dHPLC)是一些已经应用的异源双链筛选法。

在 dHPLC 中,正常 DNA 片断与突变 DNA 片断在一套最优化的温度下被分离并且整个过程中温度保持不变。分离的介质是反相液相色谱中的疏水柱。dHPLC最主要的特点是它是一种自动化的高处理能力的方法,同时它还具有与TTGE 相近的高灵敏度。其最主要的缺点是它需要很多复杂的、昂贵的设备。可以分析的 DNA 片断大小在 200bp 与 500bp 之间,但也可以超过 1kb。可以快速分析整个 mtDNA 来检验异质性的试剂盒已经被应用。

3.5　线粒体 DNA 分型中的特殊问题

1999 年 8 月 16 日国际法医遗传学会 DNA 委员会在美国圣佛朗西斯科召开会议制定了线粒体 DNA 分型原则,对线粒体 DNA 分析的一些基本问题进行了总结,这对我国法庭科学界建立线粒体 DNA 分型原则提供了很好的借鉴。线粒体 DNA 在种族、人种群体之间具有显著遗传学变异,以及线粒体母系遗传特点和异质性,使得非常有必要建立法医线粒体 DNA 分型方法标准化和分型数据库,以提高证据的正确性和利用率。

线粒体 DNA 检验结论的数据统计因为线粒体 DNA 遗传的特点,不能以发生突变的碱基点的突变率联合概率来计算,而是每一种与其他有差异的序列都应作为一种单倍型,从相应的人群数据中得到每一种基因型的频率,检验结论最后根据线粒体 DNA 单倍型在相对人口中的分布数字来得出准确率。评价线粒体 DNA 在人群中的基因型遗传学差异相当于 DNA 位点的杂合度,可以依据公式 $h = (1 - \Sigma x) * n/(n-1)$ 计算,其中 n 为统计样品总数,x 为每一种线粒体 DNA 基因型的频率。

异质性的出现并不影响线粒体 DNA 在法庭科学中的应用,实际上异质性可能经常在毛发分析中出现。在双链 DNA 序列中,如果序列的两个碱基能清楚地被观察到,那就证实异质性的存在:异质性可以在已知样本和可疑样本中都出现,也可以在已知样本中出现,而在可疑样本中没有(反之亦然),或两样本都没有。当异质型在可疑样本中出现,但在已知样本中没有或出现相反情况,或者案件中已知样本和可疑样本仅一个核苷酸不同,很有必要再进行已知样本分析重新分析。异质性可能会出现在人类线粒体高变区Ⅰ和高变区Ⅱ包含有相同碱基多聚体的序列片段。

3.5.1　mtDNA 分型方法的选择

mtDNA 组要表型为序列多态性的遗传标记即单核苷酸多态性,因此凡是能够检验 SNP 的分型技术均可应用。使用何种方法在一定程度上取决于方法的实用性和必需设备。许多基于非 DNA 序列测定的方法可以选择,例如:等位基因寡核苷酸探针杂交技术、扩增限制性片段长度多态性、飞行时间质谱技术、高效变性液相色谱法、微测序法等,但是对于异质性却缺乏足够的灵敏度。通常会使用直接的 DNA 测序来鉴定精确的核苷酸序列,并可发现是否有异质性的存在。

3.5.2　对于序列变异体的解释:突变还是多态性

无论使用何种方法,只要检测到序列有变化,就必须确定这到底是一种良性多态性,还是致病性突变。mtDNA 序列变化在人群中的固定速率远远高于核基因,因此线粒体基因组包含了很多没有显著致病性的中性碱基变化。另外,有害突变通常并不总是是异质性的,中性变化并不总是同质性的。

3.5.3　已知和未知的大片段基因重排包括缺失和重复的方法

1.DNA 印迹分析

DNA 印迹分析通常被用来检测包括缺失和重复的大片段($>500bp$)mtDNA 重排。进行 DNA 印迹分析,先提取全部的 DNA,再用限制性酶消化,然后在琼脂糖凝胶上分离,最后转移到一张膜(硝酸纤维或尼龙)上与标记好的 mtDNA 探针(只能与 mtDNA 杂交)杂交。通过放射自显影技术检测出条带。条带的大小表明是否只存在正常大小的 mtDNA(16.6kb)或者是存在一个 mtDNA 较小的种群,还可以指示出缺失及重复。

对于 DNA 印迹分析,需要考虑一些重要的问题。第一,用来做检测的组织。肌肉组织的 DNA 印迹分析可以很好地证明 mtDNA 的单缺失及多重缺失。但在很多患者中,血液的 DNA 印迹分析检测不到缺失。另一个需要考虑的就是应该使用何种限制性酶。最常用的是那些在 mtDNA 中只有一个酶切位点的酶,例如 *SnaB* I,*Pvu* II,*Bam* H1 或者 *Eag* I,以便将环线性化。另外一个常用的酶是 *Hind* III,它有 3 个酶切位点,因此在检测和确定小片段缺失时是很有用的。

2.通过 PCR 分析检测缺失

使用 PCR 分析也可以检测缺失。通过使用彼此相隔很远的多组引物,在任何两种引物之间的缺失都将导致扩增中出现一种新的较小的片断。因此,它既可以用来检测单缺失(将扩增出一种特别的小片段),也可以用来检测多重缺失(将会有很多扩增条带表明缺失的不同大小)。

3.实时定量 PCR 分析 mtDNA 衰竭的实验室方法

点突变和缺失等质的改变以及 mtDNA 低拷贝数等量的改变都可以引起 mtDNA 异常。后者,即 mtDNA 衰竭,通常是继发性的,由于 mtDNA 复制或者线粒体内核酸维护机制出现错误而引起。既然,不同组织、不同年龄 mtDNA 的含量是变化的,所以在研究 mtDNA 拷贝数时通常会包括很多组年龄组织相匹配的正常对照。在 DNA 印迹分析中,可以通过测量 mtDNA 信号强度与核基因(通常是18S rRNA 基因)信号强度的比值来测量 mtDNA 的含量。然而,最近发展了一种更加可靠的,使用实时定量 PCR 分析的方法。这种方法不仅可以检测 mtDNA 衰竭,也可以检测 mtDNA 增殖——一种非特异性的多病因的线粒体功能障碍标志。

【参考文献】

[1] Anderson S,Bankier A T, Barrell B G,et al. Sequence and organization of the human mitochondrial genome[J]. Nature,1981,290:457 - 465.

[2] Bini C,Ceccardi S,Ferri G,et al. Population data of mitochondrial DNA region HVⅢ in 150 individuals from Bologna(Italy)[J]. International Congress Series,2003,1239(4):525 - 528.

[3] Bini C,Ceccardi S,Luisell D,et al. Differentinformativenessof the three hyper-variable mitochondrial DNA regions in the population of Bologna(Italy)[J]. Foren Sci Int,2003,135(1):48 - 52.

[4] Lutz S,Wiittig H J,Heizmann J,et al. Is it possible to differentiate mtDNA by means of HVⅢ in samples that cannot be distinguished by sequencing the HVⅠ and HVⅡ regions? [J]. Foren Sci Int,2000,113(1 - 3):97 - 101.

[5] Adcock G J , Dennis E S, Easteal S , et al. Mitochondrial DNA sequences in ancient Australians: implications for modern human origins[J]. Sci USA, 2001,98(2):537 - 542.

[6] Duan R H, Cui Y Q, et al. Mitochondrial DNA sequence variations of Keriyan in the Taklamakandesert[J]. Yi Chuan Xue Bao,2003,30(5):437 − 442.

[7] Keyeux G, Rodas C, Gelvez N, et al. Possible migration routes into South America deduced frommitochondrial DNA studies in Colombian Amerindian populations[J]. Hum Biol,2002,74(2):211 − 233.

[8] Alonso A,Martin P,Albarran C,et al. Detection of somatic mutations in the mitochondrial DNA control region of colorectal and gastric tumors by heteroduplex and single strand conformation analysis[J]. Electrophoresis,2005,18:682 − 685.

[9] Luciakova K,Kuzzela S. Increased steady state levels of several mitochondrial and nuclear gene transcripts in rat hepatoma with a low content of mitochondria[J]. Eur J Biochem,2002,205:1187 − 1193.

[10] Kanthaswamy S. Review: domestic animal forensic genetics-biological evidence, genetic markers, analytical approaches and challenges[J]. Anim Genet,2015,46(5):473 − 84.

[11] Oh C S, Lee S D, Kim Y S. The use and effectiveness of triple multiplex system for coding region single nucleotide polymorphism in mitochondrial DNA typing of archaeologically obtained human skeletons from premodern Joseon tombs of Korea[J]. Biomed Res Int,2015:1 − 7.

[12] Churchill J D, Chang J, Ge J. Blind study evaluation illustrates utility of the Ion PGM™ system for use in human identity DNA typing[J]. Croat Med J,2015,56(3):218 − 29.

[13] Verscheure S, Backeljau T, Desmyter S. Coding region SNP analysis to enhance dog mtDNA discrimination power in forensic casework[J]. Forensic Sci Int Genet,2015,14:86 − 95.

[14] Hamoy I G, Ribeiro-Dos-Santos A M, Alvarez L. A protocol for mtGenome analysis on large sample numbers[J]. Bioinform Biol Insights,2014,11(8):127 − 34.

[15] Mikkelsen M, Frank-Hansen R, Hansen A J. et al. Massively parallel pyrosequencing of the mitochondrial genome with the 454 methodology in forensic genetics[J]. Forensic Sci Int Genet, 2014,12:30 − 37.

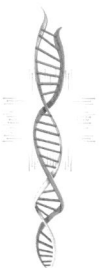

[16] Mitchell S L，Goodloe R，Brown-Gentry K. Characterization of mitochondri-al haplogroups in a large population-based sample from the United States [J]. Hum Genet,2014,133(7):861 – 868.

[17] Kareem M A，Abdulzahra A I，Hameed I H，et al. A new polymorphic positions discovered in mitochondrial DNA hypervariable region HV Ⅲ from central and north-central of Iraq[J]. Mitochondrial DNA,2015,23:1 – 5.

（李生斌）

第4章 法医基因组学理论

在遗传过程中,自父代至子代的基因传递,由亲本分别为子代提供一半的遗传信息,主要通过在有性生殖细胞(配子)形成过程中,成对的染色体分离,分别进入生殖细胞中,生殖细胞中含有亲本一半的DNA。在有性繁殖的过程中,亲本双方的生殖细胞互相融合,二者的遗传信息也在此过程中进行结合,完成DNA传递。由于多种因素如亲本身体疾病或者周围环境因素的影响,染色体会发生一定的改变,如染色体数目或结构的异常,其中一部分变化可引起疾病,另外的一部分则形成了个体差异。染色体变化导致疾病的实质是染色体上的基因或基因群的增减或变异影响了其余某些基因的表达和作用,破坏了基因的平衡状态,进而妨碍了人体正常的分化发育,造成机体形态和功能的异常;而其中没有引起疾病的染色体变化则是染色体上某个或某些DNA序列的突变,这些突变对于基因的表达及功能没有影响,这种改变则是构成基因组多态性的基础。子代和亲代之间,不论在形态构造还是在生理功能特点上都很相似,即遗传。亲代和子代之间、子代的各个体之间不会完全相同,总会有所差异,此种现象称之为变异。遗传和变异的现象是多样而复杂的,正因如此,才导致生物界的多样性。这些遗传的多样性或基因组的多态性也就成为法医基因组学应用研究的基础。

4.1 DNA突变类型

物种在长期的繁衍进化过程中,其基因组DNA序列不断地发生变异,一方面"突变"会引起疾病等有害的结果,另一方面则导致了该物种不同种族、群体及个体间基因组的差异,这种差异则称为基因组多态性。这些差异多发生在非蛋白编码区,部分起到调节基因的作用。基因多态性产生的基础来源于DNA突变,DNA突变是指细胞中的DNA序列发生的改变,包括单个碱基改变所引起的点突变,或多个碱基的插入、缺失和重复。突变的发生受多种因素影响,如细胞分裂时遗传基因

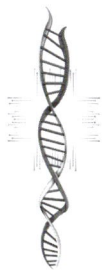

的复制发生错误,或受化学物质、辐射或病毒的影响。DNA 突变会引起疾病表型,但也存在仅仅体现个体的差异性不致病的情况。DNA 突变按照突变机理主要分为以下类型。

4.1.1 点突变

DNA 序列中单个核苷酸或碱基的变化称为点突变。点突变以两种形式存在,一种是一种碱基或核苷酸被另一种碱基或核苷酸所替换,替换的结果可能会影响转录和翻译蛋白质,也可能不会影响;另一种是一个碱基的插入或缺失产生的移码突变。如果点突变发生在内含子的剪切位点,则影响信使 RNA 的剪接:或原有的剪接位点消失,或产生新的剪接位点。

4.1.1.1 碱基替换

碱基替换是 DNA 分子中原有一碱基对被另一碱基对所替换的现象。可产生 DNA 分子结构地改变,引起基因突变。包括转换和颠换两种方式,转换是由嘌呤替换嘌呤(A 代 G 或 G 代 A)或嘧啶替换嘧啶(T 代 C 或 C 代 T),颠换是指嘌呤替换嘧啶或嘧啶替换嘌呤。碱基替换这种突变发生在构成遗传密码子的碱基序列时则会产生以下生物效应。

(1)同义突变 位于密码子的碱基的替换,由于遗传密码的简并现象,新旧密码子编码的氨基酸相同,经转录和翻译所对应的氨基酸不变。即虽然碱基被取代了,但蛋白质水平没有引起变化,氨基酸没有被取代。

(2)错义突变 指 DNA 分子中碱基对的取代,使得 mRNA 的某一密码子发生变化,由它所编码的氨基酸就变成另一种不同的氨基酸,使得多肽链中氨基酸的顺序也相应地发生改变。许多遗传性疾病由此造成,同时也是产生同工酶、人类白细胞抗原、红细胞血型等血清学遗传标记的分子基础。

(3)无义突变 指由于终止密码子代替了原来可翻译某种氨基酸的密码子的变化,进而使基因编码的蛋白质的生物活性和功能改变。造成多肽链组成结构残缺,蛋白质功能异常或丧失。

(4)终止密码突变 碱基置换使终止密码转变成某种氨基酸密码,指导合成的肽链将延长到出现终止密码才结束。

4.1.1.2 移码突变

移码突变指在编码序列中单个碱基、数个碱基的缺失或插入。片段的缺失或

插入可使突变位点之后的三联体密码子阅读框发生改变,不能编码原来的正常蛋白质。移码突变不仅使翻译后的肽链中氨基酸序列发生改变,而且也导致肽链中的大片段缺失。

4.1.2　片段突变

片段突变是指 DNA 分子中数个碱基的缺失、片段缺失或重排引起的一段 DNA 序列长度的改变。

(1)大突变　可能涉及整个基因以至多个基因的一长段 DNA 序列的改变,大突变常常导致染色体畸变。

(2)缺失　指 DNA 分子丢失一段碱基序列。

(3)插入　指 DNA 分子的正常序列中插入一段 DNA 序列。

(4)重排　包括某段 DNA 序列的重复、倒位、易位等。

4.2　基因组多态性分类

DNA 突变是引起基因组多态性的根源。基因突变稳定的在世代之间传递形成等位基因,且最低等位基因频率大于 1‰,就称为基因多态性。根据 DNA 序列的不同改变,将基因组多态性分为以下三类。

4.2.1　DNA 片段长度多态性

DNA 片段长度多态性是指由同一基因座上各等位基因之间 DNA 片段长度差异构成的多态性,DNA 片段长度的差异是由于碱基的插入/缺失或碱基重复所而导致 DNA 片段长度的变化。DNA 长度多态性主要由重复的 DNA 序列构成即 DNA 重复序列的多态性,特别是短串联重复序列,如小卫星 DNA 和微卫星 DNA,主要表现于重复序列拷贝数的变异。小卫星 DNA(minisatellite DNA)由 15～65bp 的基本单位串联而成,总长通常不超过 20kb,重复次数在人群中是高度变异的。这种可变数目串联重复序列(VNTR)决定了小卫星 DNA 长度的多态性。微卫星 DNA(microsatellite DNA)的基本序列只有 2～6bp,而且通常只重复 10～60次。人类基因组存在高度的个体差异,是个体遗传特征在群体中的反映。在过去的 20 多年里,上万种 DNA 多态性已被确认,其中许多被应用于法医基因组学鉴定，人类基因组超过 50% 的序列为重复序列。

4.2.1.1 简单重复序列（simple sequence repeat，SSR）

SSR 是一类广泛存在于人类基因组中的短重复序列，占人类基因组的 3%，SSR 根据重复单元的次数不同可以分为微卫星 DNA 与小卫星 DNA。重复单元的碱基数 $n=1\sim13$ 的 SSR 即是微卫星 DNA，而 $n=14\sim500$ 的 SSR 被称为小卫星 DNA。

1. 小卫星 DNA 与可变数目串联重复序列多态性（variable number tandem repeat，VNTR）

小卫星 DNA 在所有染色体均有分布，一般位于靠近染色体末端的区域，也可分散在基因组的多个位置。有些高变的小卫星 DNA 重复单位之间的序列有很大的不同，呈高度的多态性。

VNTR 一般位于基因侧翼或内含子等非编码区以及染色体的近端粒区，重复的序列可引起 DNA 结构改变，影响基因调控及细胞分化等过程。每个特定的VNTR 位点由两部分组成，中间的核心区和外围的侧翼区。结构是 6～70bp 重复单位串联重复 6～100 次。重复单位的碱基对数目不变，串联在一起的重复单位的数目改变，按照重复单位、重复次数等的差异，归纳起来 VNTR 的个体特异性来源于以下 3 个方面。

（1）不同的 VNTR 位点重复单位的碱基序列不同。

（2）不同的 VNTR 位点在其重复单位中可有共同的核心序列，每一类型的VNTR 又因重复单位的差异而呈多态性。

（3）每个特定的 VNTR 位点因重复单位的重复次数不同而呈多态性。

20 世纪 80 年代末至 90 年代初，VNTR 作为一类具有高度多态性的遗传标记，受到研究人员的青睐。VNTR 分布于人类整个基因组，约占 10%，一般位于基因侧翼或者内含子等非编码区及染色体的近端粒区。其种类多、分布广，具有高度的多态性，在人群中的分布表现高度的个体特异性。在 STR 作为遗传标记广泛应用之前，研究人员对 VNTR 在个体识别、亲子鉴定、基因诊断、基因制图等方面的应用进行了一些研究。目前，有针对 VNTR 多态性与疾病的关联研究，而在法医检案中 VNTR 应用不多。

2. 微卫星 DNA 及短串联重复序列多态性（short tandem repeat，STR）

微卫星 DNA 是一类更简单的寡核苷酸串联重复序列，分布在所有的染色体

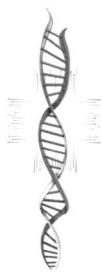

上。其重复单位最常为 2～6bp,呈串联重复排列,重复次数一般为 10～60 次左右,根据重复次数的不同产生长度多态性,又被称作 STR。其一般存在于编码区、内含子及间隔 DNA 内。STR 重复顺序的产生则普遍认为是 DNA 复制过程中 DNA 多聚酶经常性滑动,或 DNA 复制和修复时滑动链与互补链碱基错配,导致一个或几个重复单位的插入或缺失所致。这些串联重复序列高度分散,选择性强,信息量大,垂直遗传遵循孟德尔遗传规律,序列也相对较短,易于分析,因此在法医学个体识别和亲子鉴定中的应用价值非常高,是目前理想的 DNA 遗传标记。

4.2.1.2 插入/缺失多态性

插入/缺失多态性也是一种 DNA 长度多态性,是指 DNA 片段(一个核苷酸到几百个核苷酸)的插入或缺失,是一种双等位基因遗传标记。插入/缺失多态性的两个等位基因可以简单地分为短 DNA 片段和长 DNA 片段。从某种角度看,STR 遗传标记可看做是多等位基因的插入/缺失,因为不同的等位基因只是重复单元的插入或缺失不同。插入/缺失多态性在基因组中分布十分广泛,在不同人群中等位基因频率差异较大。

4.2.2 DNA 序列多态性

DNA 序列多态性是指 DNA 分子中某位置上碱基排列的个体差异。最初在法医中使用的序列多态性是 PCR 斑点杂交 HLA-DQAl 基因座和 Polymarker Marker 系统,包括低密度脂蛋白受体、血型糖蛋白 A、血红蛋白 G 球蛋白、型特异性成分和 D7S8,而目前最主要的法医遗传标记是人类基因组单核苷酸多态性。

单核苷酸多态性(single nucleotide polymorphism,SNP),是指基因组内特定核苷酸位置上存在着两种不同的碱基。SNP 主要是由基因组水平的单个核苷酸变异所引起的 DNA 序列多态性,理论上某一特定核苷酸位置可有 4 种碱基变异形式,但实际上 SNP 通常只表现为双等位基因,即二态的遗传变异,包括单碱基的转换、颠换以及单碱基的插入/缺失等。

SNP 是人类基因组中最常见、分布最广泛的 DNA 多态类型。基因组中每 1kb 就有 1 个以上的 SNP,因此整个基因组中共有 300 万个以上的 SNP。SNP 在人类群体中具有高度遗传多态性,大多数基因位点上都可能有上千个等位基因,对每一个核苷酸来说,其突变率大约是 10^{-9} 左右,即每一个核苷酸在任何一代人群中大约每 $6×10^9$ 个体就会发生一次突变。这种标记物在人类基因组中可达 300 万个,平均每 1000 个碱基对就会有一个。SNP 突变率低,具有遗传稳定性;数量多、覆盖面积大,在基因定位中具有极大的优势和潜力;SNP 的扩增产物片段短,适用于分析降解样本;部分 SNP 可能会直接影响基因表达水平或产物蛋白质的结构,其本身可能就是某些遗传疾病发病机制中的肇事位点,研究价值很大;同时,SNP 检测技术可自动化。由于 SNP 的简单性,在基因组筛选中 SNP 往往只需单位点的分析,而不用分析片段长度,这有利于发展自动化技术筛选或检测 SNP。

4.2.2.1 SNP 多态性机制

SNP 所表现的多态性只涉及单个碱基的变异,这种变异可由单个碱基的转换(transition)或颠换(transversion)所引起,也可由碱基的插入或缺失所致。通常所说的 SNP 都是二等位多态性。这种变异可能是转换(C↔T,在其互补链上则为 G↔A),也可能是颠换(C↔A,G↔T,C↔G,A↔T)。转换的发生率总是明显高于其他几种变异,具有转换型变异的 SNP 约占 2/3,其他几种变异的发生几率相似。Wang 等的研究也证明了这一点。转换的几率之所以高,可能是因为 CpG 二核苷酸上的胞嘧啶残基是人类基因组中最易发生突变的位点,其中大多数是甲基化的,可自发地脱去氨基而形成胸腺嘧啶。在基因组 DNA 中,任何碱基均有可能发生变异,因此 SNP 既有可能在基因序列内,也有可能在基因以外的非编码序列上。图 4-1 中显示了 APOA5 基因结构及 SNP 分布。

总之,位于编码区内的 SNP(coding SNP,cSNP)较少,因外显子区,其变异率仅及周围序列的 1/5。但它在遗传性疾病研究中却具有重要意义,因此 cSNP 的研究更受关注。从对生物的遗传性状来看,cSNP 又可分为 2 种:一种是同义 cSNP(synonymous cSNP),即 SNP 所致的编码序列的改变并不影响其所翻译的蛋白质的氨基酸序列,突变碱基与未突变碱基的含义相同;另一种是非同义 cSNP(non-synonymous cSNP),指碱基序列的改变可使以其为蓝本翻译的蛋白质序列发生改变,从而影响了蛋白质的功能,如下图所示,这种变异常是导致生物性状改变的直接原因。cSNP 中约有一半为非同义 cSNP。

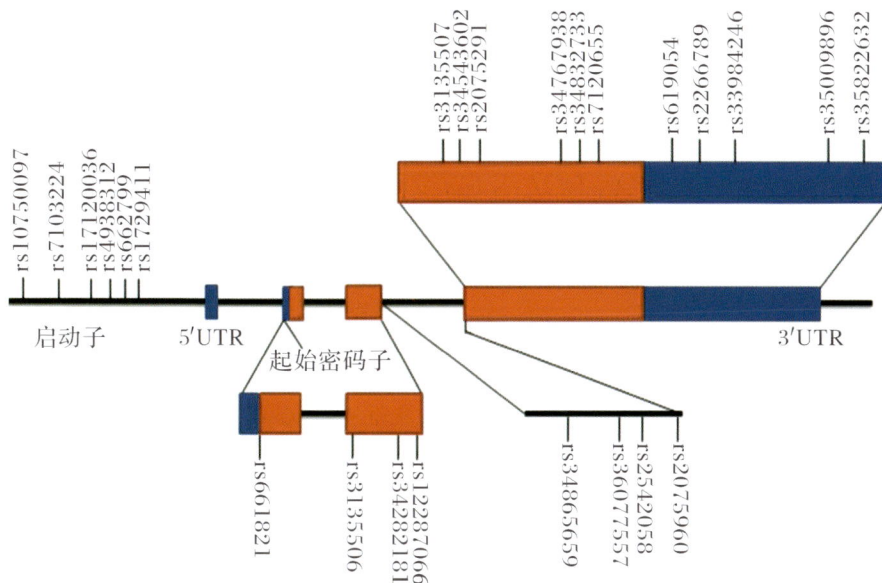

图 4-1   *APOA5* 基因及上游区域结构及 SNP 分布图

4.2.2.2   SNP 在法医中应用的优点

虽然 SNP 多态信息含量不如多等位基因 STR,但分布的高密度弥补了信息量的不足;SNP 被认为是一种能稳定遗传的早期突变,较 STR 等多态性遗传标记具有更高的遗传稳定性,可用于群体遗传学中关于人类起源、进化、迁移的研究,也利于法医个体识别和亲权鉴定。SNP 比重复序列更易通过 PCR 扩增,而且没有基因漏扩和影子带现象,有利于基因分型;SNP 检测结果只有阳性和阴性两种,易于分型和确定基因频率。SNP 尤其适用于高度腐败、降解、陈旧的法医生物样本。

4.2.2.3   SNP 单倍型模块

单倍型是指在同一染色体上共同遗传的多个基因座上等位基因的组合。单倍型模块约占全基因组序列的 6%。个体差异与单倍型模块密切相关,与单个 SNP 位点相比,单倍型具有更高的识别能力。因为不同种族间的人类基因组结构存在差异,单倍型模块在评估未知样品的种族来源和亲缘关系中具有很大的应用价值。

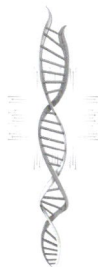

第 4 章 法医基因组学理论

4.2.3 拷贝数多态性

在所有人类和其他哺乳动物中,有许多DNA片段大小在从上千碱基至百万碱基的规模范围内亚微观突变。目前对拷贝数变异的定义是,一个在超过1kb的长度上出现重复、缺失或插入的DNA片段,这些拷贝数缺失、插入、重复和复合多位点变异,此类变异产生了由拷贝数构成的基因组多态性,统称为拷贝数变异(copy number variations,CNV)或者拷贝数多态性(copy number polymorphisms,CNP)。

CNV可在一定程度上影响基因的功能,包括以下几点。

(1)缺失型CNV可以引起一个或几个基因的缺乏,进而引起相对应的基因产物缺失,CNV缺失后会影响转录调控元件,从而产生新的基因融合产物;

(2)部分插入型或重复型CNV可影响基因结构,出现表达差异性,进而影响基因的功能;

(3)部分CNV并无功能效应,但可能会引起后代基因组的不稳定性,增加疾病易感性。

迄今为止已获得多个物种的CNV图谱,部分CNV所导致疾病产生的原因也已研究清楚。然而,CNV仍存在一些问题,例如,没有可利用的芯片,不能广泛投入应用;人类CNV图谱虽已获得,但并不够完善,部分范围的信息很少,许多复杂区域仅做了简单描述;分析工具不同会得出不同的结果;关于CNV原理、功能等研究并不深入,等等。即使目前CNV的研究成果存在部分问题,但所取得的结果使越来越多的研究者认为其可以通过干扰基因和改变基因的含量来影响基因表达、表型差异及表型适应。由此可见,CNV或CNP是人类基因组遗传变异中重要的一类,是对基因差异性的一个新的了解。

拷贝数变异在个人识别、亲权鉴定中能与SNP相配合更好地发挥作用,大大提高了识别和鉴定的准确度。但要将拷贝数变异分析用于法医实践,首先应弄清楚在某一人群中拷贝数变异出现的频率,否则很容易出现对结果分析的干扰等。目前随着对拷贝数变异的重要性的逐步认识,我们需要用新的方法检测拷贝数变异的存在并进行更充分的实验以及发展更多的计算方法确定它在群体中的频率,同时为我们将来研究遗传变异提供较好参照。解决这些问题对法医学工作者利用群体拷贝数变异特异性进行个体识别具有重大现实意义。

4.3 法医基因组学常用的基因组多态性遗传标记

基因是 DNA 分子上具有遗传效应的特定核苷酸序列的总称,是具有遗传效应的 DNA 分子片段。基因位于染色体上,并在染色体上呈线性排列。基因不仅可以通过复制把遗传信息传递给下一代,还可以使遗传信息得到表达。人类基因组学是研究人类基因组的组成,组内各基因的精确结构、相互关系及表达调控的科学。人类基因组计划完成的标志是三套完整数据的获得:遗传图、物理图和全序列图。这三套数据将提供人类所有基因在染色体上的精确定位、基因内部序列结构及所有基因间隔序列。人类基因组由 22 对常染色体、X 染色体与 Y 染色体组成,含31.6亿个碱基对,约 2.5 万个基因。人类基因组是一个十分稳定的体系,不同的民族、群体和个体都有 46 条染色体,有相同数目的基因和基因分布,也有基本相同的核苷酸序列。正是基因组结构的这种稳定性保证了人类作为一个物种的共同性和稳定性。然而人类基因组又是一个变异的体系,在长期进化的过程中,基因组的DNA 序列不断地发生变异。这些变异可能有害、有益或中性,它们其中的一些被保存下来,导致了不同种族、群体和个体间基因组的差异或多态性。

20 世纪 80 年代以前,法医物证检验主要依赖于蛋白质水平遗传标记多态性,即血型、酶型、血清型等。ABO 血型检测是第一个应用于个体识别的遗传学工具,有助于与犯罪现场的样本比对而排除某一个体,但其检验结论只能是"排除"或"不排除"。随着生物学、特别是分子生物学的发展,人们发现,不同个体表型差异的本质不在基因产物,而是在 DNA 水平上的差异。个体之间的基因组高度同源,只有0.1%~1%差异。应用这些差异进行个体识别有两种方法,一是全基因测序比较序列差异,二是寻找一些代表个体差异性的"DNA 标签",很显然后者更经济、高效。

1985 年英国遗传学家 A. J. Jeffreys 首次提出"DNA 指纹"即限制性片段长度多态性(restriction fragment length polymorphism,RFLP)技术,揭开了 DNA 在法医领域广泛应用的序幕,在个体同一认定和亲权鉴定上实现了从排除到认定的质的飞跃,开辟了法医物证鉴定的新纪元。目前已经建立以 STR 分析技术和线粒体DNA 测序为主的两大主要技术。

技术的发展与新遗传标记的开发推动了 DNA 在法医领域的应用。近三十年来,法医 DNA 检验技术在国际及国内都得到了迅速的发展及普及,达到了准确、快速、微量的目标。由于特殊检材及案例的需要,SNP、插入/缺失多态性、单倍型模块及 DNA 芯片技术已成为法医学应用中的有效补充。随着我国法制建设地不断完善和基因组技术的发展使得能够进行 DNA 检验的案件越来越多,法医 DNA 技术如今已成为法医物证检验的常规技术。

法医基因组学是法医学的一个分支,主要是通过人类基因组多态性理论技术与个体识别联系起来,确定分析样品的一致性与遗传关系,为侦查破案和司法审判提供证据的一门科学。法医基因组涉及分子遗传学、群体遗传学、生物化学、分子生物学、生物统计学等学科,是多门学科的交叉和综合应用。

法医基因组分析的最大优势就是它的高识别率,能进行个体同一认定与亲缘鉴定(亲子鉴定、财产继承、刑事案件中的身份鉴定、大规模灾害中受害者识别及失踪人员识别等),这也是生物物证鉴定的主要目的。因此,人及动物的个体识别与亲子鉴定是法医基因组分析的主要任务。由于基因组多态性位点非常丰富,Y 染色体遗传标记具有父系遗传的特点,线粒体基因具有母系遗传的特点,因此可以进行几代,甚至多代的亲缘关系鉴定,使既往根据常染色体遗传标记的亲子鉴定的有限范围得到扩大。基因决定着生物的个体性状、特征及生理状况等,因此,确定个体的其他特征,也将是未来法医基因组学分析的任务。

4.3.1 短串联重复序列

短串联重复序列(STR)是人类基因组中一类很短的重复序列,比 VNTR 序列更小,重复序列之间直接相连,核心序列只有 2～6bp,且通常只存在于非编码的内含子区。STR 是人类基因组中广泛分布的一类具有高度多态性和遗传稳定性的遗传标记。目前,约占人类基因组的 5%,人类基因组中识别出的 STR 序列已经超过了 100000 个。由于这些核心序列重复的次数和频率不同表现出多态性,而且这种多态性呈孟德尔共显性遗传。

4.3.1.1 STR 多态性产生的机制

短串联重复序列包括 2～6 个碱基重复单位的 DNA 区域成为微卫星或短串联重复序列(STR)。一般认为微卫星的产生机制是,在 DNA 复制过程中,DNA 链滑动或 DNA 复制和修复过程中滑动链与互补链碱基错配,导致一个或几个重复单位的插入或缺失。在 DNA 复制合成的过程中,新生链和模板链之间在微卫星重复区

域可能发生错配,使得一个或者几个重复单位形成环状,未能参与配对。如果未配对的重复单位位于新生链,则最终得到的新生链未配对重复单位数目比模板链多。反之,如果未配对的重复单位位于模板链,则最终得到的新生链未配对重复单位数目比模板链少。图4-2表示链滑动模型的过程。

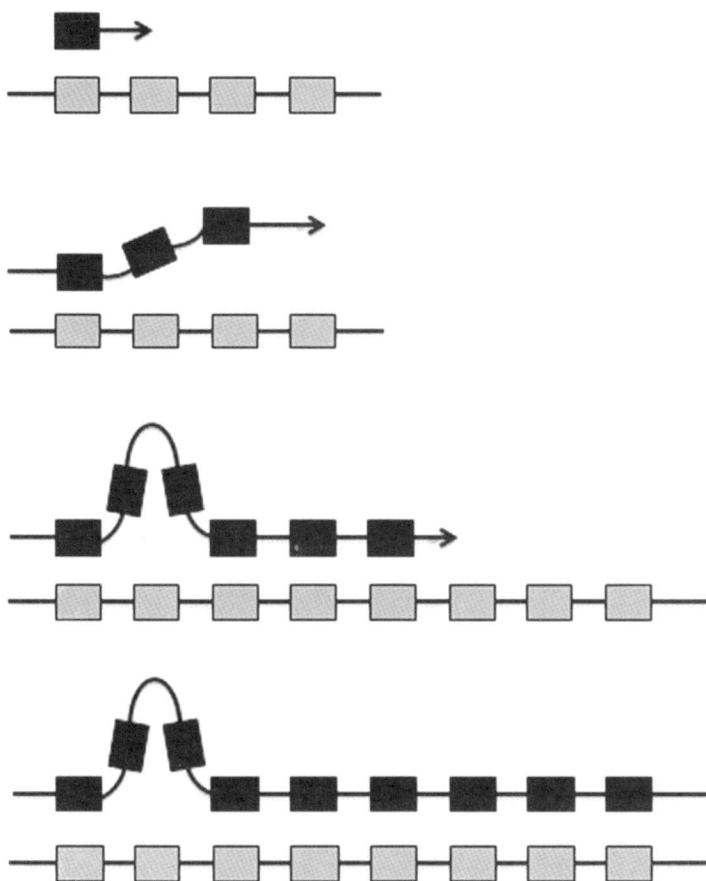

图 4-2　DNA 复制过程中的链滑动

　　目前对于微卫星 DNA 的突变模式普遍认为是"逐步突变"(step wise mutation),即某一等位基因总是容易突变成比原先等位基因多或少一个重复单位的等位基因,而一次突变获得或失去两个重复单位的几率则小得多。每一次突变都增加一个或数个重复顺序,产生一个新的等位基因。按此模型计算微卫星的突变率

为 $10^{-5} \sim 10^{-4}$，且核心序列碱基数越小，突变率越低。小卫星顺序多样性的产生则主要通过重组机制，即有丝分裂或减数分裂过程中，染色体不等交换的结果。小卫星 DNA 的自发突变率高达 5×10^{-2}，小卫星串联重复可采用无限突变模式(infinite mutation model，IMM)，即每一次突变都产生了一个在以往群体中未被发现的新的等位基因。因此，小卫星具有更高的多态性。STR 中出现频率最高的是二核苷酸重复，如 $(AC)_n$ 和 $(AT)_n$，其次为三核苷酸重复，如 $(AAT)_n$ 和 $(AAC)_n$。图 4-3 所示为四核苷酸重复 $(AATG)_n$ 构成的 TH01 位点结构示意图。

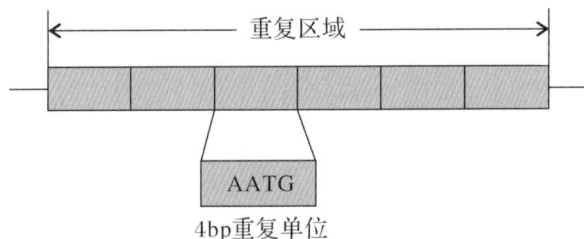

图 4-3　TH01 位点结构示意图

4.3.1.2　STR 序列结构类型

STR 由 2~6 个碱基组成特异序列，重复单位碱基的组成形式称为核心序列或基序(motif)。STR 基因座根据重复单位的核苷酸数目可分为二核苷酸重复(dinucleotide repeat)即不间断重复的两个核苷酸重复，以 $(CA)_n$，$(CT)_n$，$(AA)_n$，$(GG)_n$ 常见；三核苷酸重复(trinucleotide)指重复单位为三个核苷酸的重复序列，以 $(CXG)_n$ 常见；还有大量的四核苷酸重复(tetranucleotide)、五核苷酸重复(pentanucleotide)和六核苷酸重复(hexanucleotide)序列，其核心序列重复单位分别为 4、5 和 6 个核苷酸。理论推算，STR 重复单位的基序有 4^n 种，二、三、四、五和六核苷酸重复单位碱基组成形式应分别有 16、64、256、1024 和 4096 种。人类基因组 STR 的核心序列以串联重复形式出现，有些基因序列表面上不同，但实际上是一种核心序列，例如[AGGG]与[GAGG]、[GGAG]、[GGGA]重复单位实质上是相同的。考虑到碱基互补的因素，与[AGGG]基序相同的还有 4 种：[TTTC]、[TTCT]、[TCTT]和[CTTT]，所以实际上的基序数比随机组合数要少。在上述核心序列类型中，由十四核苷酸重复序列突变率更低，法医基因组学鉴定常用四核苷酸 STR 基因座，最常见的基序是[AGAT]和[GATA]。

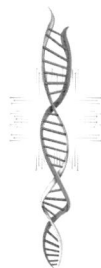

理想应用于法医基因组学检验的 STR 基因座要求重复单位为相同的四核苷酸,但多数 STR 基因组不具备此条件,根据重复核心序列的构成与分布,把 STR 基因座分为三种类型。

(1)简单重复序列(simple repeats)　具有相同的重复单位长度和重复单位组成,只有少数基因出现微小的差异。例如 TPOX 基因座,即人类甲状腺过氧化物酶(human thyroid peroxidase),重复单位为[AATG],重复次数 6～14 次。其他 STR 基因座例如 D7S820、D5S818 等。此类 STR 座位,重复单位的基序是均一的。CSF1PO、D5S818、D13S317、D16S539 基因座属于此类型。

在简单重复序列中有部分 STR 基因座,只有个别或少数基因的核心序列有微小差异,也归纳在简单重复序列中,也称为含不一致等位基因的简单重复序列。例如 TH01,基因序列为[AATG]$_{5\sim11}$,其中只有长度 173bp 等位基因的结构为[AATG]$_4$ ATG[AATG]$_5$,属于不规则等位基因。D18S51、D7S820 基因座也有此类现象。

(2)复合重复序列(compound repeats)　同基因座等位基因的重复单位由两种或两种以上的基序组成,但重复单位的长度基本是一致的,即长度多态性内存在序列多态性。vWA、FGA、D3S1358、D8S1179 均属于此类型。

(3)复杂重复序列(complex repeats)　同一基因座中等位基因之间既有序列差异,也有长度上的差异。例如四核苷酸 STR 基因座 D21S11,重复序列 TCTA/TCTG,基因片段长度 172～264bp。序列分析证实等位基因由 3 个可变区和一个恒定区组成。

4.3.1.3　STR 基因座的特点

STR 序列高度分散、垂直遗传,遵循孟德尔遗传规律,重复单位小,杂合子个体的两个等位基因大小相似,易于进行 PCR 扩增,成为目前广泛应用的 DNA 重复遗传标记。STR 遗传标记的核心序列重复次数在个体间有很大差异,使 STR 可有效地进行法医学个体识别。STR 目前广泛应用于法医基因组学的个人识别、亲权鉴定以及法医人类学研究。

在人类的常染色体、X 和 Y 性染色体上都分布有 STR。常染色体 STR 呈共显性遗传。STR 基因座的特点,表现在以下几个方面。

(1)已发现的 STR 基因座数目多,每个 STR 基因座上有多个等位基因。

(2)STR 在基因组中分布广泛、等位基因多、杂合度高,多个 STR 基因座联合检测时,个体识别力、非父排除率很高。

（3）STR 基因座扩增后基因型之间相差碱基数目少，一般小于 5bp，易同时有效扩增，提高了微量生物性样本的有效利用。

（4）多个 STR 基因座，扩增条件大致相同，可以复合扩增。

（5）PCR-STR 扩增成功率高，扩增的灵敏度很高，所需的模板 DNA 量少，STR 扩增片段短，一般小于 500bp，尤以 300bp 以下的扩增片段居多，易于扩增。因此陈旧、降解的检材也可以得到很好的扩增，适合法医基因组学检验现场所提取微量样本 DNA 分析。

（6）PCR-STR 的检测程序易实现全部自动化，有利于 DNA 分型标准化后计算机存储、联网等一系列标准化管理的实施，建立 DNA 数据库，成为各类刑事案件串、并案的有效手段之一。

4.3.1.4 STR 基因座的筛选方法

目前已确定了数百万 STR 遗传标记，这些遗传标记散布于整个基因组中，平均每 10000 个核苷酸就有一个。STR 的筛选目前有以下两种方法。

（1）传统的 STR 的筛选，采用 M13 噬菌体文库，基因组 DNA 先经一种或数种具 4 碱基识别位点的内切酶切割，通过琼脂糖凝胶电泳，回收 300～500bp 的片段，与载体相连。选择适当 DNA 片段是为了使得整个插入片段能同时进行测序分析，确保包含微卫星的任何阳性克隆被发现。一个适用的微卫星 DNA 位点应有完整的重复顺序，侧翼区应 ≥15bp，并适于作为 PCR 的扩增引物。当一个新的微卫星 DNA 或小卫星 DNA 被发现后，需进行多态性分析和杂合度测定，并通过与已知多态性标记的连锁分析来确定其在染色体上的位置。

（2）人类基因组计划完成后，通过筛选基因组上的重复序列区域（核心序列为 3～4 个碱基，重复次数 ≥14），根据侧翼序列设计引物，采用 PCR-硝酸银染色方法检测目的重复序列区域的等位基因数目，统计位点的人群多态性分布。

4.3.1.5 STR 命名原则

1993 年，国际法医血液遗传学 DNA 鉴定委员会（DNA Commission of the International Society of Forensic Haemogenetics，ISFH）建议用核心序列重复的次数命名 STR 的等位基因，用小数点后的数字表示不完整核心序列的碱基数，这样命名会使作者在报道 STR 基因座时可使用两条互补链中的任意一条，由于阅读序列的起始点不同，使对同一重复序列的核心序列命名不同。1997 年，ISFH 再次召开

国际会议讨论 STR 基因座命名。ISFG 推荐原则如下。

1. 命名链的选择

(1)位于蛋白质编码区的 STR，用编码链命名，如 VWA、TPOX、CSF1PO。

(2)与蛋白质编码基因无关的序列，如 D♯S♯♯♯，首次发表的序列即定为命名的参考标准链。(如 D16S539，D：DNA；16：16 号染色体；S：单拷贝序列；539：第 539 号基因座)

(3)如果命名已在法医领域确立，但没遵循上述原则，保留原名。

2. 核心序列的选择和等位基因的命名

(1)核心序列定义从第一个重复单位的 5′端开始。

(2)定义不完全重复单位时，应包含完全重复的数目和小数点隔开的不完全重复的碱基数。如 TH01 基因座的等位基因 9.3，表示包含 9 个 AATG 核心重复和一个 ATG 三核苷酸不完全重复。

(3)对未知样本的等位基因命名时应该使用等位基因分型标准物作为分型参照物，其中包含根据上述推荐原则命名的已测序的等位基因。

4.3.1.6 适用于法医基因组学 DNA 分型的 STR

法医基因组学检验中经常遇到不同程度降解的生物样本，PCR 扩增这些样本时，更易得到较小的产物片段，因此相对于 VNTR 等位基因(400～1000bp)，STR 等位基因(100～400bp)有优势，长度短的 STR 更有优势。法医 DNA 分型中常用的 STR 为四核苷酸重复，不含有插入的非重复单位碱基。其优势在于：①等位基因片段小，可进行多个基因座的复合扩增；②等位基因片段范围小，可减少小片段优势扩增造成的等位基因丢失；③PCR 扩增片段较小，PCR 产物应小于 300bp，有利于检验降解 DNA；④stutter 产物少于 2 核苷酸重复，利于混合样本分析。

目前，大量的四核苷酸重复被用于个体识别，用于人类个体识别的候选 STR 基因座的选择原则如下：①这个遗传标记是否符合孟德尔遗传规律；②染色体定位是否清楚；③与其他 STR 标记是否连锁；④复合 PCR 扩增这些 STR 遗传标记是否容易完成；⑤电泳分型结果是否准确，这些 STR 遗传标记的 PCR 产物有无异常电泳行为；⑥基因型在群体中的分布是否符合 Hardy-Weinberg 平衡定律；⑦群体的等位基因频率分布是否阐明；⑧突变率是否足够低；⑨同一个体不同的组织器官 STR 分型结果是否一致；⑩个体识别力和非父排除率是否足够高；⑪分析陈旧斑痕检材的能力等。

美国 FBI 使用的联合 DNA 检索系统（combined DNA index system,CODIS）中,包含了 13 个常染色体核心 STR 基因座:TPOX、D3S1358、FGA、D5S818、CSF1PO、D7S820、D8S1179、TH01、VWA、D13S317、D16S539、D18S51、D21S11,适合全世界各大洲的人群使用。而且,为满足案件侦查需求,还加入 1 个性别鉴定 STR 基因座 AMEL,可以用来鉴定性别,两个人具有完全相同的 13 个基因座 STR 基因型的匹配概率大约为十亿分之一。

4.3.1.7 法医基因组学常用的常染色体 STR 位点

STR 广泛分布于人类染色体上,常染色体上的 STR 基因座是法医基因组学检验最常用的遗传标记,其中以美国联邦调查局建立的 CODIS 所必需的 13 个核心 STR 位点,即 CSF1PO、D3S1358、D5S818、D7S820、D8S1179、D13S317、D16S539、D18S51、D21S11、FGA、TH01、TPOX、和 vWA 为主,再增加其他适合本地区本民族的具有高度多态性的其他非 CODIS 基因座位点和 Amelogenin 基因座可以进行性别检验。这样获得的数据可以满足 ENFSI(欧洲法医学网)与 Interpol(国际刑警组织)的要求。STR 基因座在法医基因组学分析使用前需要用一系列指标进行评估,需要做群体调查,获得各种群体遗传学参数,如个体识别能力(DP)、非父排除率(PE)、杂合度(H)、多态信息含量(PIC)等即本书第六章所讲的各类法医基因组学遗传统计参数,并进行遗传平衡检验。还需要进行家系调查,了解基因突变率。另外,如 STR 座位的种属特异性,个体同一性,扩增稳定性,检测灵敏度等,都要作相关的应用研究。

表 4 - 1 为常用 STR 位点等位基因的遗传特征。

表 4 - 1 常用 STR 位点等位基因的遗传特征

位点命名	相关基因	染色体定位	核心序列	等位基因大小	已知等位基因
Amelogenin	HUMAMEL 人 Y 染色体基因	Xp22.3 - 22.1 Yp11.2	NA	107～113	NA
D3S1358	D3S1358	3p21	AGAT/AGAC	103～147	9,10,11,12,13,14,15,15.2,16,17,18,19
D5S818	D5S818	5q22 - q31	AGAT	135～171	6,7,8,9,10,11,12,13,14,15,16,

位点命名	相关基因	染色体定位	核心序列	等位基因大小	已知等位基因
vWA	HumvWA 冯·威布朗因子基因	12p12 - pter	TCTA	157~197	13,14,15,16,17,18,19,20,21
D13S317	D13S317	13q22 - q31	TTAC	206~234	7,8,9,10,11,12,13,14
THO1	HUMTPGA 人酪氨酸羟化酶基因	11p15 5	AATG	179~203	5,6,7,8,9,9.3,10,11
TPOX	HUMTPOX 人甲状腺过氧化酶基因	2p23 - 2per	AATG	220~252	6,7,8,9,10,11,12,14
FGA	HUMTPOX 人纤维蛋白基因	4q28	TCTT	219~267	18,19,20,21,22,23,24,25,26,27,28,29,30
D7S820	D7S820	7q11. 21 - 22	GATA	215~247	5,6,7,8,9,10,11,12,13,14,15,
CSF1PO	HumCSF1PO 人c-fos 原癌基因	5q33. 3 - 34	AGAT	295~327	6,7,8,9,10,11,12,13,14,15
D21S11	D21S11	21q11. 2 - q21	TCTA	172~264	24,24. 2,25,26,27,28,28.2,29,29. 2,30,30. 2,31,31. 2,32,32. 2,33,33.2,34,34. 2,35,35. 2,36,37,38
D16S539	D16S539	16q24 - qter	AGAT	264~304	5,8,9,10,11,12,13,14,15
D2S1338	D2S1338	2q35 - 37.1	TGCC/TTCC	160~212	15,16,17,18,19,20,21,22,23,24,25,26,27,28
D19S433	D19S433	19q12 - 13.1	(AAGG)(AAAG)(AAGG)(TAGG)	182~214	10,10. 2,11,11. 2,12,12.2,13,13. 2,14,14. 2,15,15. 2,16,16. 2,17,17.2
D18S51	D18S51	18q21.3	AGAA	271~343	9,10,10. 2,11,12,13,13.2,14,14. 2,15,16,17,18,19,20,21,22,23,24,25,26,27

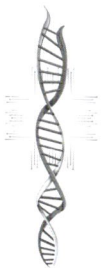

位点命名	相关基因	染色体定位	核心序列	等位基因大小	已知等位基因
D6S1043	D6S1043	6q16.1	ATCT/ATGT	64~162	8,9,10,11,12,13,14,15,16,17,18,18.2,19,19.3,20,20.3,21,21.3,22,22.3,23,23.3,24,24.3,25,
D12S391	D12S391	12p13.2	（AGAT）（AGAC）（AGAT）	191~251	13,14,15,16,17,17.1,17.3,18,18.3,19,19.1,19.3,20,20.3,21,22,23,24,25,26,27,28
Penta D	NA	21q	AAAGA	376~441	2.2,3.2,5,7,8,9,10,11,12,13,14,15,16,17
Penta E	NA	15q22.3	AAAGA	379~474	5,6,7,8,9,10,11,12,13,14,15,16,17,18,19,20,21,22,23,24

表 4-2 为常用常染色体 STR 位点引物序列及中国汉族人群遗传统计参数。

表 4-2　常用常染色体 STR 位点引物序列及中国汉族人群遗传统计参数

位点命名	正向引物	反向引物	杂合度	个体识别能力	非父排除率
D3S1358	5′-ACTGCAGTCCAATCT-GGGT-3′	5′-AGTAAATCAACAGAGGC-TTG-3′	0.7219	0.9243	0.4803
D5S818	5′-GGGTGATTTTCCTCT-TTGGT-3′	5′-TGATTCCAATCATAGCCA-CA -3′	0.7667	0.9284	0.5671
vWA	5′-CCCTAGTGGATAAGA -ATAATC -3′	5′-GGACAGATGATAAATAC -ATAGGATGGATGG -3′	0.8701	0.9367	0.6092
D13S317	5′-ACAGAAGTCTGGGAT-GTGGA-3′	5′-GCCCAAAAAGACAGAC-AGAA-3′	0.7930	0.9259	0.6000
THO1	5′-GTGGGCTGAAAAGCT-CCCGATTAT -3′	5′-ATTCAAAGGGTATCTG -GGCTCTGG-3′	0.665	0.8319	0.4046

位点命名	正向引物	反向引物	杂合度	个体识别能力	非父排除率
TPOX	5'-ACTGGCACAGAACAG-GCACTTAGG-3'	5'-GGAGGAACTGGGAACC-ACACAGGT-3'	0.6618	0.8878	0.3701
FGA	5'-GCCCCATAGGTTTTGA-ACTCA-3'	5'-TGAATTTGTCTGTAATT-GCCAGC -3'	0.8412	0.9562	0.7068
D7S820	5'-TGTCATAGTTTAGAA-CGAACTAACG-3'	5'-CTGAGGTATCAAAAACT-CAGAGC 3'	0.7421	0.9026	0.5576
CSF1PO	5'-AACCCTGAGTCTCCCC-AAGCACTAGC-3'	5'-TTCCACACACCACTGGC-CATCTTC-3'	0.7532	0.8921	0.5001
D8S1179	5'-TTTTTGTATTTCATGT-GTACATTCG -3'	5'-CGTAGCTATAATTAGTT-CATTTTC-3'	0.8367	0.9642	0.6882
D21S11	5'-ATATGTGAGTCAATTC-CCCAA -3'	5'-TGTATTAGTCAATGTTV-TCCAG-3'	0.8433	0.9416	0.6502
D16S539	5'-GATCCCAAGCTCTTC-CTCTT-3'	5'-ACGTTTGTGTGTGCAT-CTGT-3'	0.765	0.9153	0.5749
D2S1338	5'-CCAGTGGATTTGGAA-ACAGA-3'	5'-ACCTAGCATGGTACCTG-CAG -3'	0.8513	0.9624	0.6950
D19S433	5'-CCTGGGCAACAGAATA-AGAT -3'	5'-TAGGTTTTTAAGGAAC-AGGTGG-3'	0.8314	0.9423	0.6554
D18S51	5'-CAAACCCGACTACCAG-CAAC-3'	5'-GAGCCATGTTCATGCC -ACTG-3'	0.8551	0.9603	0.7184
D6S1043	5'-CAAGGATGGGTGGAT-CAATA -3'	5'-TTGTATGAGCCACTTC-CCAT -3'	0.8421	0.9723	0.7310
D12S391	5'-AACAGGATCAATGGAT-GCAT -3'	5'-TGGCTTTTAGACCTGG-ACTG-3'	0.8471	0.9501	0.6790
Penta D	5'-GAAGGTCGAAGCTGA-AGTG-3'	5'-ATTAGAATTCTTTAATC-TGGACACAAG-3'	0.8321	0.9341	0.5907
Penta E	5'-ATTACCAACATGAAAG-GGTACCAATA -3'	5'-TGGGTTATTAATTGAGA-AAACTCCTTACAATTT -3'	0.9233	0.9912	0.7325

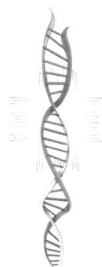

4.3.1.8　X染色体在法医基因组学中的应用

X染色体多态性遗传标记只能以单倍体形式由母亲传递给儿子、女儿,是儿子、女儿继承父母双方的遗传标记。通过分析特定X染色体等位基因以及等位基因联合构成的单倍型在不同人群中的分布,可以勾画出X染色体的进化树,为现代人类群体进化关系的研究提供分子生物学证据。研究X-STR在法医基因组学领域也有其独特的优势,特别适合用于缺乏母亲的兄弟姐妹间的亲缘关系鉴定。

1. X染色体结构与遗传特征

在人类基因组中,女性性染色体是两条X染色体,而男性是X染色体和Y染色体各一条。人类X染色体是一个中等大小的亚中着丝粒染色体,短臂较长,中央部有一个大的深带(p21),长臂近侧有一个很宽的着色深的带(q21),随后有3个较小的着色中度的带q23、q25、q27。

1945年Barr发现雌性细胞间质核中有一深染小体,称Barr小体,又称X染色质或X小体。1961年提出X染色体失活假说,即雌性哺乳动物细胞内有2条X染色体,一条染色体有活性,另一条失活且固缩,后者在间期表现为X染色质。X染色体失活发生在胚胎的早期(囊胚期),约在妊娠后16天左右,X染色体失活是随机的,失活的X染色体既可来自父亲又可来自母亲,但一个细胞内某一条X染色体一旦失活,由该细胞繁衍而来的子细胞都具有一条失活的X染色体。女性个体含有两条X染色体,即XX型,男性个体只有一条X染色体,即XY型。因此X染色体特异遗传标记在遗传过程中具有伴性遗传的特征,表现为性连锁遗传,以单倍体形式遗传给子代,即母亲可将两条X染色体上的等位基因随机地遗传给她的子女,而父亲的X染色体上的等位基因则只能也必须遗传给女儿。

X染色体上人类性激素受体基因(human androgen receptor,HumAR)基因座是较早应用于法医学的X染色体STR基因座,为存在于人类X染色体上的串联重复序列在人类遗传学及法医学中的研究开辟了一条新途径。随后,人们逐渐认识到X染色体STR基因座的高信息含量,开始探索其在法医学亲权鉴定中的应用,但由于种种原因进展缓慢。到20世纪末,只发现9个STR基因座(HumAR、HPRTB、DXS102、DXS1068、DXS7132、DXS6804、DXS6799、DXS6807、DXS101),且只有其中几个应用于法医学实践。此后对X染色体STR基因座在法医学中的应用性研究逐步开展,越来越多的X染色体STR基因座被开发利用。目前已应用

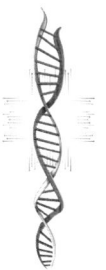

于法医检验的 STR 位点基本能满足法医实践的需要,但对于一些特殊的案件,需要更多位点信息,人类 X-STR 基因座作为一个特殊的遗传标记以其独特的优势发挥着重要作用,是常染色体 STR 分型及线粒体基因组 DNA 的重要补充,因此开发新的多态性好的位点,有重要的法医学意义。X 染色体因其独特的遗传方式,对于同父异母姊妹认定等案件具有特殊意义,其新位点开发有重要的法医学应用价值。

2.X 染色体法医基因组学中的应用

X-STR 的开发和利用可以作为其他 DNA 遗传标记的补充,用于法医学的个体识别和亲子鉴定。X 染色体 STR 基因座的最大应用价值就在于可以解决一些特殊的亲子鉴定案件,如缺乏双亲的同父异母姐妹亲缘关系的认定或涉及父女关系的单亲亲权鉴定等方面。

X 染色体的 STR 基因座广泛分布于真核细胞基因组中,具有高度稳定且有较高的遗传多态性。但迄今为止发现和应用的 X-STR 基因座数量不多,群体分布、突变率、连锁平衡和基因结构变异等方面的信息尚不够丰富,因此,其在法医学中的应用还存在局限性。

3.X 染色体常见的 STR 位点

X 染色体从 p22 到 q28 的 STR 位点,可以划分为四个连锁群:第一连锁群为 Xp22.11-Xp22.33,包括 DXS6707、DXS7130、DXS9895、DXS8378、DXS9902 等位点;第二连锁群为 Xq11.2-Xq24,包括 DXS7132、ARA、DXS6800、DXS9898、DXS6789、DXS6799、DXS6804、DXS101、DXS7424、DXS7133 等位点;第三连锁群为 Xq26,包括 HPRTB等位点;第四连锁群为 Xq27.3-Xq28,包括 DXS7423、DXS8377、DXS6806、DXS10011 等位点。DXS8378 与 Amelogenin 基因紧密连锁,虽然 HPRTB 与 DXS7423 位点轻微连锁,但可忽略。DXS7424 与 DXS101 位点存在明显的连锁不平衡($P<0.001$)。只有明确了 X 染色体 STR 位点的连锁关系,才能很好地应用它们。X-STR 的法医基因组学群体遗传学统计与常染色体不同,或可依据样本的男性或女性分别计算,或计算其平均值,若存在有连锁关系的基因座位点则应计算其单倍型频率。常见的 X-STR 基因座见表 4－3、表 4－4。

表 4 - 3　常用 X 染色体 STR 基因座遗传特征

位点	重复序列	等位基因数	片段大小（bp）	染色体位置（Mb）
DXS7130	TATC	10	168～203	4.15
DXS1214	CA	8	208～222	34.98
DXS1068	CA	9	247～261	53.21
DXS6799	TATC	6	232～260	92.65
DXS7424	TAA	12	147～180	99.39
DXS7133	ATAG	7	102～126	107.8
DXS6804	ATAG	7	189～228	110.8
DXS8378	CATA	7	191～219	8.78
DXS7132	CATA	8	271～299	60.8
DXS6789	TATC	13	110～162	91.95
DXS101	CTT-ATT	16	185～233	100.08
HumHPRTB	AGTA	8	271～299	123.8
DXS7423	TCCA	6	179～203	148.35
DXS6800	TAGA	7	194～218	74.2
DXS8377	$(GAA)_x$-$(GAG$-$GAA)_y$	21	204～261	148.21
DXS9895	AGTA	9	139～161	8.76
DXS8380	GATA	—	226～288	76.69
DXS6806	TATC	—	—	148.09
HumARA	CAG	16	177～267	63

注：DXS7130 代表位于 X 染色体非编码区入库数据中第 7130 号 STR 序列；其他以此类推；HumHPRTB 是 X 染色体上人类雌黄嘌呤核糖转移酶（human hypoxanthine phosphoribosyltransferase），HumARA 是 X 染色体上人类性激素受体基因（human androgen receptor）。

表 4 - 4　常用 X 染色体 STR 基因座引物参考序列

位点	上游引物(5′→3′)	下游引物(5′→3′)
DXS7130	CTGCAAGCCATTTGGAATAT	TCCTAGGACTGGGAAAGGAC
DXS1214	TAGAACCCAAATGACAACCA	AAGATAGCAGGCAACAATAAGA
DXS6799	ATGAATTCAGAATCCTCATACC	GAACCAACCTGCTTTTCTGA
DXS7424	CTGCTTGAGTCCAGGAATTCA	GAACACGCACATTTGAGAACATA
DXS7133	GCTTCCTTAGAGGGCATTCA	CTTCCAAGAATCAGAAGTCTCC
DXS6804	CCCAGATATTTTGACCACCA	GGCATGTGGTTGCTATAACC
DXS8378	CACAGGAGGTTTGACCTGTT	AACTGAGATGGTGCCACTGA
DXS7132	AGCCCATTTTCATAATAAATCC	AATCAGTGCTTTCTGTACTATTGG
DXS6789	TTGGTACTTAATAAACCCTCTTTT	CTAGAGGGACAGAACCAATAGG
DXS101	ACTGACAGCACTAAGCCTTTGTT	AGCTACATCCTATACATTATTCT
HumHPRTB	ATGCCACAGATAATACACATCCCC	CTCTCCAGAATAGTTAGATGTAGG
DXS7423	TAGCTTAGCGCCTGGCACATA	GTCTTCCTGTCATCTCCCAAC
DXS8380	GAATGGTCAACTGGTGAAGG	AAGTGAAGTGTGCTGGCTTC
DXS6806	GTAGGAATGCAGTAGGCCTC	CCTCTCCTTAATCCTCAGCC
HumARA	AGGAAAGCGACTTCACCGCA	GAGCTCCATAGTGACACCCA
DXS8377	CACTTCATGGCTTACCACAG	GACCTTTGGAAAGCTAGTGT
DXS9895	TTGGGTGGGGACACAGAG	CCTGGCACAAGGAATTACAA

4.3.1.9　Y 染色体法医基因组学中的应用

自报道 Y 染色体上具有高信息含量的基因座以来,人们便不断探索如何将其充分地应用于法医学和其他研究领域。Y 染色体为性染色体,只有正常男性拥有,女性没有。Y 染色体除拟常染色体区外,在减数分裂的过程中不与 X 染色体发生交换重组。其遗传结构作为一个整体能够稳定地由父亲遗传给儿子,具有单倍体、父系遗传的特性。因此,通过研究 Y 染色体 DNA 遗传标记可以追溯父系迁移历史以及重构同一父系家族(家谱),为群体遗传学、人类学研究提供了新的路径。Y-STR 与常染色体 STR 同样具有扩增片段短、等位基因多、分型方法简单方便、多

第 4 章　法医基因组学理论

态信息含量高的优点,为法医学实践及群体遗传学研究提供了一种新的工具。尤其适用于法医学实践中父方缺如(去世或失踪)的亲权鉴定及强(轮)奸案中混合斑的个人识别,在研究人类起源、进化、迁移及部族关系等方面也同样具有重大的应用价值。

1. Y染色体结构

Y染色体是人类G组的近端着丝粒染色体,Y染色体是人类基因组最小的染色体之一,仅大于21和22号染色体,只存在于男性之中,由长臂(Yq)和微小的短臂(Yp)两部分组成。Y染色体长度大小约60Mb碱基,仅占人类基因组的2%,大约24Mb与常染色质区域相关联,而大约30Mb与异染色质区域关联,结合区域被称为非重组区域,现在更名为男性特定区域,它们大约占了Y染色体的95%。根据遗传方式的不同,可以将Y染色体分为两个区域。一个是Y染色体两端的拟常染色体区,该区域在减数分裂时可以与X染色体进行交换重组,约占Y染色体的5%。在减数分裂的过程中可参与和X染色体的联会、交换、同源重组和分离。另一个则是占据Y染色体95%的特异区,该区域专门负责男性性别的决定和生育能力,在减数分裂时不和其他染色体(包括X染色体)发生重组,因此也称作非重组区域,该区域内部包含大量重复序列,并且绝大部分STR基因座都在该区域。非重组区域的DNA序列可以记录发生在前代的突变事件,这些突变就是形成Y染色体非重组区域DNA多态性的根源。除非发生突变,起源于同一男性家系中的男性个体的非重组区应该是相同的。另外,非重组特性还保证了性别决定的染色体基础不被破坏。Y-STR的这些特点决定了其多态性研究与母系遗传的mtDNA的研究可以互补。

2. Y染色体遗传特征

(1)父系遗传 Y染色体是男性所独有染色体,与常染色体相比较,Y染色体具有独特性呈稳定的父系遗传位于Y染色体非重组区的Y-DNA,除发生基因突变外,起源于同一父系下的所有男性Y-DNA序列相同,父亲的Y染色体毫无变化地传递给儿子,这也就是人们所说的父系血统。所以在进行单亲的父子对亲权鉴定、同父异母的兄弟鉴定,以及叔侄关系、爷孙关系甚至相隔几代以上的父系亲缘关系鉴定时,Y染色体上的遗传标记具有独特的应用价值。

(2)单倍型遗传 每个男性个体的染色体中只有一个Y染色体,这意味着Y染色体作为Y染色体单倍型遗传给子代。单倍型一词是单倍体和基因型浓缩而成。在遗传学上,一个单倍型等位基因在同一染色体上的多个位点结合在一起作为一个遗传单位遗传给子代的现象,称为单倍型遗传。对 Y 染色体基因座组成的单倍型进行群体遗传学调查表明,Y-STR 单倍型频率较等位基因频率更具有研究和实际应用价值,所以分析建立 Y 染色体 STR 基因座单倍型频率群体遗传数据十分必要。

(3)单倍体群　Y 染色体单倍群与人类群体遗传学和基因家谱密切相关。在 Y 染色体上,Y-DNA 单倍型群体的差异或标记,有助于区别于其他 DNA 单倍型群体。通常这些特异多态性,或者遗传标记用于定义 Y 染色体单倍群,例如 SNP 突变。

Y 染色体单倍群所有形式的系谱图或系统发育树,其分支或亚分支的分叉处提示他们来源于一个共同的祖先单倍群,从一个系谱图可以追溯至今共享的父系 Y 染色体单倍群,也被称为所谓的 Y 染色体亚当或人类最近的共同的祖先。在人类遗传学上,一种人类 Y 染色体 DNA 单倍群是由 Y 染色体上非重组部分 DNA 差异来定义单倍群,称为 Y-DNA。Y 染色体祖系单倍型是研究人员在理论上从现代人群判定共同父系祖先。

3. Y 染色体 STR 遗传标记

Y 染色体上第一个微卫星 DNA(microsatellite DNA)命名为 DYS19,核心序列为 GATA,它的等位基因即核心序列重复次数范围为 10—19,突变率为 0.00151。到目前为止,已经发现具有多态性的 Y-STR 的数量 260 多个,与常染色体 STR 相比要少得多,有可能是因为重组机制诱导突变,而 Y 染色体特异区由于在减数分裂中没有和 X 染色体发生重组交换,所以突变也较少,多态性基因座自然就少。大多数 Y 染色体特异性 STR 基因座具有复杂的串联重复结构,一个基因座内常含有两种以上不同的核心重复单位或恒定重复序列和可变重复序列同时存在。随着分子生物学技术的发展和各个实验室对 Y 染色体多态性研究地不断深入,越来越多的 Y-STR 基因座将会被发现和应用。目前常用的 Y-STR 基因座有 DYS19、DYS385 a/b、DYS389 Ⅰ、DYS389 Ⅱ、DYS390、DYS391、DYS392、DYS393、DYS437、DYS438、DYS439、DYS448、DYS456、DYS458、DYS635、Y-GATA -H4 等。Y 染色体 STR 与常染色体 STR 基因座相同,等位基因多、多态信息含量高、PCR-STR 扩增片段短、扩增效率高,可多基因座复合扩增,适合微量、陈旧和腐败的生物样本的检验。Y-STR 是法医基因组学个体识别和父权鉴定强有力的工具,作为常染色体

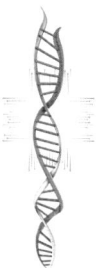

STR 多态性的补充,父系 Y-STR 多态性分析为阐明现代人类群体间的关系及人类进化的时间和地点提供了新的分子生物学证据。

Y-STR 基因座均位于 Y 染色体的非重组区,男性只有一条 Y 染色体,其 PCR 产物只有一个等位基因,Y-STR 基因座一对引物的扩增产物只有一条扩增带。可能是基因复制或突变的原因,Y 染色体上 STR 位点存在基因重复现象,即有相同的侧翼序列,扩增时有两条带。例如,DYS385a/b 的两个等位基因是来源于 Y 染色体上的一段重复部分,这两段序列相互背离,相距大约 40775 个碱基对。DYS385a/b 基因座的一对引物在该基因座有两个结合部位,可以扩增出两个大小不一的等位基因片段,片段大小在 357～405bp 之间,因而在 DYS385a/b 基因座的扩增产物有一条或者两条扩增带。而且这两个扩增片段相互交叉,相互之间无法区分,在男性个体中显示为双带模式,表现出典型的常染色体双等位基因基因型。但由于这些片段是连锁的,只能看作一个"单倍型或基因型",故称作等位基因对。在已知的 Y-STR 基因座中,还有 DYS459、YCA Ⅰ、YCA Ⅱ、YCA Ⅲ 和 DYS464 基因座也具有两个或两个以上的等位基因。此外,某些 Y-STR 位点,如 DYS391、DYS393 与 X 染色体和常染色体具有同源序列,故女性 DNA 也可能有扩增产物。

人类基因组中的 DNA 多态性是人类个体的良好标记,在进化过程中,新的突变被快速消除,产生基因的独特性。常染色体、X 染色体上的标记与 Y 染色体上的标记形成明显对比,Y 染色体上的表现为单倍型及缺少重组。因此,Y 染色体是由男性亲本传递给男性后代并且保持不变由一代传给一代,同时建立稳定的父系遗传,除非 Y 染色体单倍型发生突变。因此,通过 Y 染色体 DNA 多态性的分析,可以精确区别样本属于哪一谱系,但不能确认个体。Y-DNA 变异是沿着连续的"父亲—儿子"的传代模式累积的突变产物,依据父系遗传去追溯相同的祖先。

常用 Y 染色体 STR 基因座遗传特征见表 4-5。

表 4-5 常用 Y 染色体 STR 基因座遗传特征

Y-STR 基因座	等位基因范围	核心序列	GenBank 收录号
DYS19(DYS394)	10—19	TAGA	AC017019
DYS385 a/b	7—28	GAAA	AC022486

Y-STR 基因座	等位基因范围	核心序列	GenBank 收录号
DYS389 I	9—17	(TCTG)(TCTA)(TCTG)(TCTA)	AC004617
DYS389 II	24—34	(TCTG)(TCTA)(TCTG)(TCTA)	AC004617
DYS390	17—28	(TCTA)(TCTG)	AC011289
DYS391	6—14	TCTA	AC011302
DYS392	6—17	TAT	AC011745
DYS393	9—17	AGAT	AC006152
YCAII a/b	11—25	CA	AC015978
DYS388	10—18	ATT	AC004810
DYS425	10—14	TGT	AC095380
DYS426	10—12	GTT	AC007034
DYS434	9—12	TAAT(CTAT)	AC002992
DYS435	9—13	TGGA	AC002992
DYS436	9—15	GTT	AC005820
DYS437	13—17	TCTA	AC002992
DYS438	6—14	TTTTC	AC002531
DYS439	9—14	AGAT	AC002992
DYS441	12—18	TTCC	AC004474
DYS442	10—14	$(TATC)_2(TGTC)_3(TATC)_{12}$	AC004810
DYS443	12—17	TTCC	AC007274
DYS444	11—15	TAGA	AC007043
DYS445	10—13	TTTA	AC009233
DYS446	10—18	TCTCT	AC006152
DYS447	22—29	TAAWA	AC005820
DYS448	20—26	AGAGAT	AC025227
DYS449	26—36	TTTC	AC051663

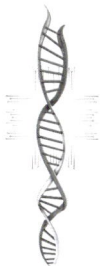

第4章 法医基因组学理论

Y-STR 基因座	等位基因范围	核心序列	GenBank 收录号
DYS450	8—11	TTTTA	AC051663
DYS452	27—33	YATAC	AC010137
DYS453	9—13	AAAT	AC006157
DYS454	10—12	AAAT	AC025731
DYS455	8—12	AAAT	AC012068
DYS456	13—18	AGAT	AC010106
DYS458	13—20	GAAA	AC010902
DYS459 a/b	7—10	TAAA	AC010682
DYS460	7—12	ATAG	AC009235
DYS461	8—14	(TAGA)CAGA	AC009235
DYS462	8—14	TATG	AC007244
DYS463	18—27	AARGG	AC007275
DYS464 a/b/c/d	11—20	CCTT	X17354
DYS490	12—16	TTA	AC019058
DYS495	12—18	AAT	AC004474
DYS497	13—16	TTA	—
DYS504	11—19	TCCT	AC006157
DYS505	9—15	TCCT	AC012078
DYS508	8—15	TATC	AC006462
DYS520	18—26	ATAS	AC007275
DYS522	8—17	GATA	AC007247
DYS525	9—12	TAGA	AC010104
DYS532	9—17	CTTT	AC016991
DYS533	9—14	ATCT	AC053516
DYS534	10—20	CTTT	AC053516
DYS540	10—13	TTAT	AC010135
DYS549	10—14	GATA	AC010133

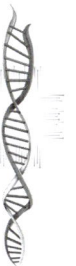

Y-STR 基因座	等位基因范围	核心序列	GenBank 收录号
DYS556	8—12	AATA	AC011745
DYS565	9—14	ATAA	AC010726
DYS570	12—23	TTTC	AC012068
DYS575	8—12	AAAT	AC007247
DYS576	13—21	AAAG	AC010104
DYS594	9—14	AAATA	AC010137
DYS635	17—27	$(TCTA)_4(TGTA)_2(TCTA)_2(TGTA)_2$ $(TCTA)_2(TGTA)_2(TCTA)_n$	AC004772
DYS641	7—11	TAAA	AC018677
DYS643	7—15	CTTTT	AC007007
Y-GATA-H4	8—13(25—30)	TAGA	AC011751
Y-GATA-A10	13—18	$(TCCA)_2(TATC)_{13}$	AC011751

注：DYS7130 代表位于 Y 染色体非编码区入库数据中第 19 号 STR 序列；其他以此类推；DYS385a/b、DYS459 a/b、YCAII a/b、DYS464 a/b/c/d 是该 STR 基因座上在染色体上有多个拷贝，无法区分采用单一基因座命名，如为双区或多区基因座，则分别命名，中间用"/"隔开；Y-GATA-H4 和 Y-GATA-A10 以核心重复序列相同时附加顺序号命名的 STR 基因座。

4.3.1.10 miniSTR 在法医学中的应用

STR 检验是目前法医 DNA 分析中最常用、最有效的技术，已经广泛应用于各类案件，但是应用于极微量、高度降解的生物性样本如陈旧性骨骼、牙齿、腐败性生物检材时会出现分型失败或由于优势扩增而导致大片段丢失的现象。STR 检验得到的分型不完整，因而影响到对案件结果的判断。为了解决这一问题，重新设计引物，使其引物结合位置更靠近核心序列的侧翼序列，减小扩增产物片段长度，进一步提高分型的灵敏度和成功率，是目前解决 DNA 高度降解检材检验问题的一个新方向，被称为短片段 STR 分型或 minSTR 分型。miniSTR 技术通过设计更靠近重复序列的引物，使其结合在更靠近核心重复序列的侧翼序列，得到更短一些的 STR 基因座，提高了降解和微量生物样本的 DNA 分型成功率。由于 miniSTR 扩增片断更小,从而明显提高了降解 DNA 样品分型的成功率。但由于扩增片段长度的限制,在一个复合扩增体系中只可以同时扩增较少的位点,一种荧光物质能标记 STR 位点较少。

miniSTR 技术存在的问题有以下几点。①在 miniSTR 引物结合位置和 STR 引物结合位置之间的 STR 位点侧翼序列上,如果发生碱基缺失或者插入,那么用两个引物都可以扩增出完整的 STR 位点,但是得到不同的等位基因分型结果。②在复合扩增的时候,每一种颜色的荧光标记的位点很有限,一般不超过 2 个。③当PCR扩增产物的长度小于150bp的时候,剩余在引物上的染料分子或者叫做"染料污斑",就会使扩增产物的检测峰更宽并且信号更弱。当 DNA 量比较少的时候,这些杂质对电泳图谱的影响更为明显。④内标最小片段长度只设定到75bp,如果 miniSTR 等位基因出现小于 75bp 的情况,那么 GeneScan 软件就无法确定其片段长度。⑤某些基因座的核心序列上游或下游侧翼序列存在嘌呤和嘧啶碱基堆积现象,不利于 miniSTR 引物设计。

miniSTR 引物设计原理见图 4 - 4。常用 miniSTR 新引物 PCR 产物长度见表 4 - 6。

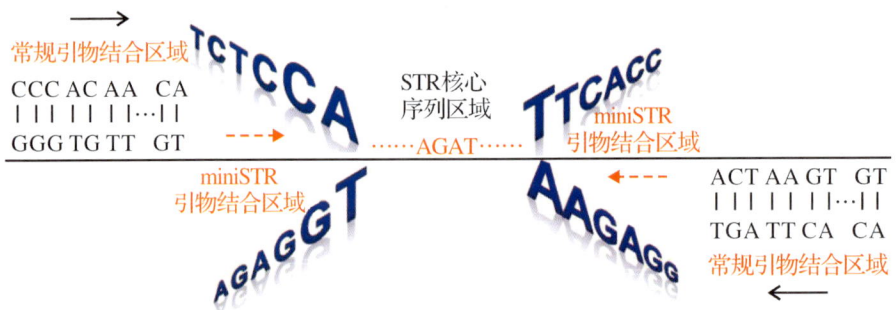

图 4 - 4 miniSTR 引物设计原理

D5S818 基因座 miniSTR 正向引物 5'-CAGAAGTTTGCTGCA-3',反向引物 5'-TTCACCCTCCTTAG-3'。常规 STR 引物:正向引物 5'-GGGTGATTTC-CTCTTTGGT-3',反向引物 5'-TGATTCCAATCATAGCCACA-3'。

表 4-6 常用 miniSTR 新引物 PCR 产物长度

位点	miniSTR 片段长度 (等位基因范围)	与常规引物比较产物 长度缩减情况
TH01	51~98bp(等位基因 3—14)	−105bp
TPOX	65~101bp(等位基因 5—14)	−148bp
CSF1PO	89~129bp(等位基因 6—16)	−191bp
VWA	88~148bp(等位基因 10—15)	−64bp
FGA	125~281bp(等位基因 12.2—51.2)	−71bp
D3S1358	72~120bp(等位基因 8—20)	−25bp
D5S818	81~117bp(等位基因 7—16)	−53bp
D7S820	136~176bp(等位基因 5—15)	−117bp
D8S1179	86~134bp(等位基因 7—19)	−37bp
D13S317	88~132bp(等位基因 5—16)	−105bp
D16S539	81~121bp(等位基因 5—15)	−152bp
D18S51	113~193bp(等位基因 7—27)	−151bp
D21S11	153~211bp(等位基因 24—38.2)	−33bp
PentaD	94~167bp(等位基因 2.2—17)	−282bp
PentaE	80~175bp(等位基因 5—24)	−299bp
D2S1338	90~142bp(等位基因 15—28)	−198bp

4.3.2　SNP 在法医基因组学中的应用

2007 年,国际法医遗传学会代表会议在丹麦首都哥本哈根召开,由 Neils Morling(哥本哈根大学,丹麦)、John Butler(国家标准技术研究院,美国)、Bruce Budowle(联邦调查局,美国)、Peter Gill(法庭科学服务部,英国)、Kenneth Kidd(耶鲁大学,美国)、Chris Phillips(圣地亚哥-德孔波斯特拉大学,西班牙)、Peter Schneider(科隆大学,德国)和 Peter Vallone(国家标准技术研究院,美国)8 位法医学领域知名教授组成的国际专家组,对 SNP 遗传标记检测技术和应用前景进行了

深入的讨论。这次会议上,基于法医学应用的角度,专家组将 SNP 遗传标记分成 4 种类型:个体识别 SNP(individual identification SNP,IISNP)、连锁信息性 SNP(lineage-informative SNP,LISNP)、祖先信息性 SNP(ancestry-informative SNP,AISNP)和表型信息性 SNP(phenotype-informative SNP,PISNP)。SNP 在人类基因组更常见,但不如 STR 多态性好。表 4 - 7 是 STR 与 SNP 遗传标记的比较。

表 4 - 7　STR 与 SNP 遗传标记的比较

特性	STR	SNP
基因组分布	约每 15kb 出现 1 个	约每 300bp 出现 1 个
多态信息含量	高	低,仅为 STR 信息量的 20%～30%
突变率	10^{-3}～10^{-5}	10^{-8}
遗传标记类型	2～5 个核苷酸的重复序列,多等位基因	绝大多数为 2 等位基因遗传标记,有 6 种变化类型:A/G、C/T、A/T、C/G、T/G、A/C
单位点等位基因数目	一般 5～20 个	典型的为 2 个,存在 3 或 4 等位基因的 SNP
检测方法	凝胶/毛细管电泳	测序、微芯片杂交、飞行质谱
多重检测能力	多种荧光染料检测大于 10 个基因座	难以很好的扩增超过 50 个 SNP,一张微芯片检测超过 1000 个位点
扩增子大小	约 75～400bp	能够小于 100bp
种族预测的能力(生物地理学祖先)	有限的	一些 SNP 与种族相关
表型信息	无	可能预知头发、瞳孔颜色等
法医学应用的主要优点	多等位基因提供了高分辨率和混合样本的鉴别	PCR 产物短,提高了降解生物样本的成功率;低突变率适合亲子鉴定;表型推测

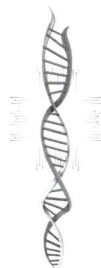

特性	STR	SNP
法医学应用的局限性	结果分析要排除染料斑、stutter、渗透等人造峰的干扰	无广泛使用的核心位点;需要大量位点的复合分析;混合样本的解决问题与解释;多样化的检测平台使通用 SNP 系统的选择较为困难;低突变率导致了群体亚结构分化

4.3.2.1 个体识别 SNP

2001 年 9 月 11 日,美国世贸中心被飞机撞毁,接近 3000 人遇难。法医工作组需要将遇难者残骸逐一进行识别,并返还给其家庭。但是,由于许多样品损毁严重,使一开始的标准 CODIS STR 分型结果的成功率相对较低。随后,工作组推荐使用线粒体 DNA(mtDNA)检测,因 mtDNA 拷贝数远远超过细胞核 DNA,但是其分型结果不足以达到个体识别的程度,仅限与常规 STR 分型图谱联合使用;miniSTR扩增的基因座相同,且扩增片段更短,可以提高对降解 DNA 分型的成功率;而 SNP 分型方法由于扩增片段最短,被作为严重降解 DNA 样品最终的分型手段。分析方法改进后,mtDNA 与 miniSTR 联合使用成功识别了大量的样品,但仍有部分样品无法完成识别。最后,通过常染色体 SNP 分析,单独完成了超过 10 例个体的识别,而这些样品 STR 图谱仅能提供部分基因座的分型。

目前,法医学 SNP 研究的主要内容是利用常染色体 SNP 遗传标记进行个体识别的工作。IISNP 位点集合,需要满足两个无关个体出现相同基因型的概率尽可能低,以 13 个 CODIS 基因座的随机匹配概率作为参考,该值应至少低于 10^{-13}。筛选可用于个体识别的 SNP 位点要以大规模多群体 SNP 分型数据库作为参考,考察单位点的遗传稳定性、基因多态性、不同群体间等位基因频率变异程度和位点两两之间的遗传独立性。

4.3.2.2 祖先信息 SNP

祖先信息性遗传标记(ancestry-informative markers,AIMs)是一类能够用于推断 DNA 样品来源个体祖先或地域来源的遗传标记,在遗传性疾病关联分析和法医学实践中有重要的应用价值,STR 和 SNP 均可作为 AIMs 位点。推断未知个体的祖先或地域来源,能够为案件的侦破提供指导性线索,缩小搜索嫌疑人的目标范围。常染色体和 Y 染色体 STR、mtDNA 突变均可用于筛选 AIMs,但都有局限性。STR 遗传标记因其突变的不稳定性,多态性信息含量丰富,所以在不同群体间的频率变化差异不够显著,祖先信息含量低;Y 染色体遗传标记和 mtDNA 虽然含有丰富的谱系地理信息,能够重建群体的迁移和蔓延过程,但是单倍型分析需要非常庞大的数据库支持,而且存在纳入非典型群体集合的风险。

常染色体 SNP 能够作为筛选 AIMs 位点最理想的遗传标记,因为它们具备遗传稳定性高、分布密度大、等位基因频率分布变化范围广,以及二态性等位基因变化类型的统计学计算优势。SNP 作为 AIMs 可以有以下两种类型:①群体特异性遗传标记,这些位点在 1 个或 2 个群体中有多态性,但在其他群体中则缺乏多态性;②等位基因频率偏移的位点,SNP 在一个群体中以一种常见的等位基因为主,而在另外的群体中该等位基因则较为罕见,这种位点以群体间的等位基因频率分布差异计量 δ 值、F_{ST} 值或 Jensen&Shannon's 背离度,3 个值之间具备相关性,$\delta > 0.7$ 相当于背离度 > 0.4,$F_{ST} = 0.5$。

基因组常染色体 AISNP,能够进行 STRUCTURE 主成分分析,估计个体的基因组成分来源与组成结构,控制表型关联研究中的群体分层现象,增加关联分析结果的把握度,常用于全基因组关联分析(genome-wide association study,GWAS)的前期样品筛选。在法医学中,通过祖先来源分析可以估计个体的主要群体性外形特点。代表性的 AISNP 组合包括 Seldin 等人的 128 个位点,Kidd 实验室挑选出的 39 个位点,以及 Phillips 等人的 34plex 复合扩增检测系统。

4.3.2.3 连锁信息 SNP

一组紧密连锁的 SNP,各个位点的等位基因之间会以单倍体的形式传递,每种单倍型可以作为一种等位基因,因此,LISNP 能比单纯的二等位基因 SNP 位点提供更多的等位基因信息,具有更高的识别能力。LISNP 可以作为辅助性亲属关系推断的工具,研究这些位点并建立区域范围内的数据库,能够将嫌疑人与某个特定家族相关联,从而缩小侦查范围,大大降低侦查工作量,提高办案效率,快速反应。线粒体、Y 染色体和 X 染色体 LISNP 均为单亲遗传,因此可以用于不同目的的个体身份识别。而且,因为 SNP 比 STR 的突变率低、连锁紧密,LISNP 多态性水平高,因此能够显著提高群体常见单倍型的分辨能力,使亲属关系分析结果更为可靠。目前,应用最多的是 Y 染色体和线粒体 LISNP 位点,除父系与母系亲缘认定

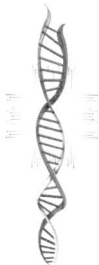

以外,还可以进行生物地理学祖先的推断。

4.3.2.4　表型信息 SNP

当证据来源的 DNA 分型图谱没有比中已知的个体,如嫌疑人比对或数据库比对,这种情况下调查人员会试图扩大排查范围或使用家系排查,以提高比中的几率。可是,如果这种努力也未能发现目标个体,则案件无法通过 DNA 结果侦破。事实上,人类基因组 DNA 内蕴含着大量的生物遗传信息,通过对双胞胎的外形体貌特征研究,已经得出了基因决定主要外形特征的结论。因此,在无匹配目标个体的情况下,可以通过分析 DNA 序列的多态性,获取个体的表型特征和生存状态信息。SNP 是影响基因表达和功能的最主要遗传标记类型,能够预测个体特异性表型特征的 SNP 位点被称作 PISNP。科学家们经过多年的努力,尝试挖掘 DNA 中的个体表型信息。例如位于 15 号染色体上的黑色素指数相关基因 SLC24A5,其第 3 外显子上 dbSNP 编号 rs1426654 的位点,影响人体内的色素沉着。因为不同祖先来源的群体存在显著的肤色差异,如非洲黑色人种、欧洲白色人种和东亚黄色人种,所以这个 SNP 位点对祖先来源估计有重要的作用。

皮肤、头发及虹膜颜色是目前法庭科学中研究和应用较多的人物特征性表型。科学家们研究发现了大量与色素沉着相关的基因,如:MC1R、HERC2 和 OCA2 基因等。英国法庭科学服务部(Forensic Science Servise,FSS)最早开发和使用了检测红色头发表型相关联的 MC1R 基因上 SNP 的分型技术。最近,又研发了 6 个 SNP 的 IrisPlex 虹膜颜色分析系统,能够区分蓝色和棕色的眼睛,现正处于有效性验证阶段。身高是一种复杂的人体特征,受遗传因素的影响比较大,目前已有一些相关染色体区域和基因位点的报道,如 HHIP、HMGA2、ZBTB38 等基因。此外,一些常见疾病相关 SNP 位点检测(如:心脑血管病、糖尿病)对于犯罪嫌疑人及其家族成员的生存状况推测也有重要作用。

随着科学家对人类基因组信息研究的不断深入,将会有越来越多的 PISNP 被识别并将用于相关表型特征的推断,特别是那些有助于法医学应用的表型,以期为罪案调查提供更多的有利信息。法医学专家们希望在未来,能够仅仅依靠基因分型结果实现对未知个体面部特征的完整预测。

4.3.3　插入/缺失多态性

插入/缺失多态性(insertion/deletion polymorphisms,InDel)是指基因组中插入或缺失不同大小的 DNA 片段所形成的多态性遗传标记。InDel 多态性是人类基因组中一种特殊类型的二等位基因遗传标记,表现为基因组中插入或缺失了不同大小的小片段 DNA 产生等位基因长度的差异。一个 Indel 可能是插入或缺失范围包括一个到数百个核苷酸的 DNA 片段(例如 Alu 序列插入)。

4.3.3.1　InDel 的类型

根据插入/缺失 DNA 片段的不同分成以下 5 大类。

(1)单碱基对的插入/缺失;

(2)单一碱基的插入/缺失;

(3)多碱基对的扩增,重复单元为 2～15 碱基的多碱基对插入/缺失;

(4)转座子插入/缺失;

(5)任意 DNA 序列的插入/缺失多态性。

在法医 DNA 鉴定中被选作鉴定用遗传标记的 InDel 通常是第 3 种。Indels 中约有 71% 是 2 个、3 个或 4 个核苷酸长度的差异,而只有 4% 的超过 16 个核苷酸长度的差异。InDel 遗传标记易于分型,在法医基因组学中成为新的遗传标记检验项目。

4.3.3.2　InDel 法医基因组学应用的特点

InDel 作为新一代的法医遗传学鉴定标记,兼具 STR 和 SNP 的优点。从法医基因组学应用的角度来看,InDel 标记作为一种特殊类型的二态遗传标记,具有以下特点。

(1)与单核苷酸多态性具有相近的自然突变率,突变率显著低于短串联重复序列,约为 10^{-8},比 STR 小几个数量级,在基因组中相对比较稳定。

(2)在人类基因组中分布广,数量多,仅次于 SNP。2006 年创建的第一个人类基因组 InDel 图谱,该图谱中包含有 415000 多个具有特异性的多态性位点,平均密度为每 7.2kb 一个 InDel 位点。2011 年的又报道了在 79 种不同人群的基因组中发现了近 200 万个小 InDel 多态性标记,其长度从 1bp 到 10000bp 不等。

(3)与 STR 相比,InDel 本质上属于长度多态性,InDel 的两个等位基因表现为片段长度多态性,可采用简单的电泳分离显色技术检测,也可以法医 DNA 鉴定领域常用的复合荧光多重 PCR 扩增联合毛细管电泳分型技术进行检测提高检验效率。

(4)InDel 的扩增片段可以设计更短,既有利于多个位点进行复合扩增,又可以增加 DNA 降解检材分型的成功率。

(5)InDel 位点亦存在显著的人群和种族差异,可以作为祖先信息标记(ancestor informative markers,AIM)用于人类迁移进化的研究。

4.3.3.3 法医基因组学 InDel 位点

随着人类基因组多样性计划的完成,我们也绘制出了人类插入/缺失基因图谱,大量的插入/缺失基因位点被发现。人类学家利用插入/缺失基因多态性研究世界不同群体,法医基因组学也从基因组中筛选出适合不同群体的插入/缺失基因多态性位点。特别是 DNA 小片段 InDel 中,大部分是随机的 DNA 序列,其等位基因长度也在较大的范围内发生变异,适合法医学检验使用,引起了法医基因组学领域的关注。目前已建立了综合性强、适用性广的包含有 30 个 InDel 位点的多重 PCR 扩增体系作为法医基因组学个人识别和亲权鉴定使用的遗传标记。表 4-8 是 30 个 InDel 位点的遗传信息。

表 4-8 30 个 InDel 位点的遗传信息

名称	染色体位置	dbSNP 编号	InDel 序列
HLD39	1p22.1	rs17878444	CCTAAACAAAAATGGGAT
HLD40	1p32.3	rs2307956	GGGACAGGTGGCCACTAGGAGA
HLD128	1q31.3	rs2307924	ATTAAATA
HLD48	2q11.2	rs28369942	GACTT
HLD45	2q31.1	rs2307959	CACG
HLD133	3p22.1	rs2067235	CAACCTGGATT
HLD56	4q25	rs2308292	TAAGT
HLD64	5q12.3	rs1610935	GACAAA
HLD58	5q14.1	rs1610937	AGGA

名称	染色体位置	dbSNP 编号	InDel 序列
HLD67	5q33.2	rs1305056	CTACTGAC
HLD70	6q16.1	rs2307652	AGCA
HLD81	7q21.3	rs17879936	GTAAGCATTGT
HLD77	7q31.1	rs1611048	TAAG
HLD131	7q36.2	rs1611001	TGGGCTTATT
HLD83	8p22	rs2308072	AAGG
HLD84	8q24.12	rs3081400	CTTTC
HLD88	9q22.32	rs8190570	CCACAAAGA
HLD92	11q22.2	rs17174476	GTTT
HLD93	12q22	rs2307570	ACTTT
HLD97	13q12.3	rs17238892	AGAGAAAGCTG AAG
HLD99	14q23.1	rs2308163	TGAT
HLD101	15q26.1	rs2307433	GTAG
HLD6	16q13	rs1610905	GCAGGACTGG GCACC
HLD111	17p11.2	rs1305047	CACA
HLD114	17p13.3	rs2307581	TCCTATTCTACT CTGAAT
HLD118	20p11.1	rs16438	CCCCA
HLD124	22q12.3	rs6481	GTGGA
HLD136	22q13.1	rs16363	TGTTT
HLD122	21q22.11	rs8178524	GAAGTCTGAGG
HLD125	22q11.23	rs16388	ATTGCC

4.3.4 DNA 甲基化在法医学中的应用

与经典遗传学以研究基因序列决定生物学功能为核心相比,表观遗传学主要研究这些"表观遗传密码"的建立和维持的机制,以及其如何决定细胞的表型和个体的发育。因此,表观遗传密码构成了基因(DNA 序列)和表型(由基因表达和环境因素所决定)间的关键信息界面。它使经典的遗传密码中所隐藏的信息发生了意义非凡的扩展。表观遗传学在法医学中的应用目前主要涉及以下五个方面。

第一,表观遗传学在同卵双生子个体区别中的应用。尽管同卵双生子拥有完全相同的 DNA 序列,处于同样的成长环境,但有时却显示出了巨大的个体差别。对于同卵双生子来说,由于二者具有完全相同的 DNA 序列,DNA 鉴定亦不能发挥甄别作用。对同卵双生子对和异卵双生子对表型差异的研究发现,"表观遗传修饰"是导致遗传物质一致的同卵双生子出现个体差异的主要原因。先前对同卵双生子表型差异的可能机制研究表明,同卵双生子在 DNA 甲基化水平、X 染色体失活以及组蛋白位点特异性乙酰化上存在明显差异,这种差异随着年龄的增长而显著增加。同卵双生对在某些 CpG 岛区域的甲基化程度的差异甚至超过了无关个体间的差异。这些研究成果侧重于同卵双生子表型差异与 DNA 甲基化的关系研究,但为采用 DNA 甲基化这一表观遗传学标记进行同卵双生子个体甄别提供了强有力的理论支撑。

第二,表观遗传学在亲权鉴定和个体识别中的应用。在二联体亲子鉴定中,当父/母和子代为相同的杂合子时,亲代的必需等位基因(生父基因、生母基因)可能无法确定,使基因座的鉴别能力下降,而通过检测亲缘特异性甲基化 SNP 则可以直接判定等位基因的亲源。另外,在法医学个体识别中,如果使用亲缘特异性甲基化 SNP,则匹配将不仅仅是基因型相同,还应该是等位基因的亲代来源一致。相对于单独检测该遗传标记,其鉴别能力将明显提高。因此,亲缘特异性甲基化 SNP 可提供更为丰富的信息量,是一种新的强有力的遗传分析工具,在法医遗传学中具有非常重要的应用价值。

第三,表观遗传学在伪造 DNA 证据鉴定中的应用。采用"全基因组扩增"技术,将 DNA 样本数量成倍扩大或采用分子克隆技术,在事先获得某一个体的 STR 基因型之后,克隆出这 16 个 STR 片段,进行连接组合,即可伪造出任意一份已知基因型所对应的样本。正如 D. Frumkin 在文章中所指出的,并非没有方法对伪造 DNA 证据进行鉴别。事实上,Nucleix 公司已发明了一种检测 DNA 样本真伪的方法,即通过 DNA 甲基化的不同,对天然 DNA 和人工合成 DNA 样品加以区分。目前,法医 DNA 标准分析方法中尚不包含甲基化内容,而一旦纳入,就有望区分

DNA 真伪。

第四，表观遗传学在肿瘤组织鉴定中的应用。在司法鉴定实践中，通常有两类案件涉及肿瘤组织的身源认定。一类是患者诉医院对其术后组织管理不当出现调错，导致误诊，要求鉴定医院所提供的肿瘤组织是否来自于原告自身；第二类是保险公司诉患者所提供的肿瘤组织不是其自身的术后组织，要求鉴定被告所提供的肿瘤组织是否来自于被告自身。肿瘤组织的身源认定是司法鉴定领域中有待解决的难题之一，其主要原因在于肿瘤组织中常用 STR 基因座存在高变异发生率。并且这些变异通常伴随着 STR 基因型改变，这使得常规个体识别的判别标准不再适用。表观遗传学的发展为肿瘤组织身源鉴定的难题带来了希望。DNA 的甲基化可以耐受常见的组织处理过程，因此经过了甲醛或乙醛固定、石蜡包埋的组织都可用来进行甲基化分析，这为疑难检材的 DNA 检验提供了新的检测手段。

第五，表观遗传学与年龄推断鉴定。目前实际工作中，个体年龄推断主要依据人类学方法，通过测量与年龄相关的骨骼、牙齿标志等。根据相关模型进行推算。近年来，许多研究者发现表观遗传学为个体年龄推断的研究提供了一种新的思路。已有研究提示，可以从众多的甲基化标记数目中，筛选出一组适合于法医学应用的、年龄变化有规律的基因座应用于微量检材的年龄推断。

4.4 法医基因组遗传标记的种族、民族差异

任何应用于法医基因组学的遗传标记在分析技术上要满足上述要求之外，在应用时必须有被鉴定人所属种族、民族、地域群体的群体遗传学资料，通过群体遗传学检验其是否符合遗传平衡定律，从而反映群体样本资料的可靠性。在进行群体遗传学调查研究时往往会发现同一遗传标记位点基因频率在不同种族、不同民族、同一民族不同地域群体存在较大差异，某些位点在一些人群中具有较高的多态性，但在其他民族中多态性较差就不适用于该群体，往往会降低检验系统的效能。因此，法医基因组学 STR、SNP、InDel 等遗传标记的选择既要易于分型、具有高度多态性，又要符合本民族、本地区群体遗传特征的检验系统，同时建立本民族、本地区群体的群体遗传学资料，以供法医基因组学作为群体遗传学基础数据在个体识别和亲权鉴定似然比算时应用。任何一种多态性遗传标记在应用前，必须获得本地区本民族群体遗传学的有关资料，调查群体各种基因及基因型的频率及其变化

规律。由于同一种遗传标记在不同的种族、民族、地区的人群中的多态性分布情况存在着差异,因此有必要对我国不同民族和地区的群体多态性分布进行调查,以获得详细可靠的群体遗传学资料。我国法医基因组学 STR 检验系统的建立最初是援引国外的成熟检验系统。法医基因组学工作者为我国法医基因组学做了大量的群体遗传学基础数据研究工作,建立起中华民族群体遗传学数据库,为法医基因组学 DNA 检验和相关研究提供了大量、丰富的基础群体遗传学数据资料。

【参考文献】

[1] Fraga M F，Ballestar E，Paz M F，et al. Epigenetic differences arise during the lifetime of monozygotic twins[J]. Proc Nat Acad Sci USA，2005，102 (30):10604 - 10609.

[2] Kaminsky Z A，Tang T，Wang S C，et al. DNA methylation profiles in monozygotic and dizygotic twins[J]. Nat gene，2009,41(2):240 - 245.

[3] Frumkin D，Wasserstrom A，Davidson A，et al. Authentication of forensic DNA samples[J]. Forensic Sci Int Genet，2010,4(2):95 - 103.

（朱永生）

第 4 章 法医基因组学理论

第5章 法医基因组分型技术

法医基因组学是应用现代基因组学理论与分析技术解决法医学个人识别和亲权鉴定的一门新兴交叉学科。法医基因组 DNA 分析技术的发展伴随着基因组学、分子遗传学和现代分子生物学技术的发展而不断发展。法医基因组 DNA 分析作为一项应用性技术，始终将现代分子生物学技术研究的最新成果应用于法医学实践中，使得法医基因组 DNA 分析技术日新月异，迅猛发展和广泛应用，并推动其他学科例如群体遗传学、人类学等相关学科的发展。本章节着重介绍目前法医基因组学常用的遗传标记 STR、SNP 的分型技术。

5.1 STR 分型

法医 DNA 分析技术从问世至今，经过了 30 多年的发展，已经由 RFLP 检测方法完全过渡到了荧光复合 STR 分析（图 5-1）。STR 基因组易通过聚合酶链式反应进行扩增，因此成为法医基因组学、人类遗传学等学科十分理想的 DNA 遗传标记，广泛应用于人类个人识别、亲权鉴定、人类学、群体遗传学研究、基因作图、疾病相关性研究等领域。分析过程首先是法医基因组学生物样本细胞核 DNA 的提取，然后使用荧光标记引物对多个 STRs 多态性区域进行复合扩增，最后将扩增产物通过聚丙烯酰胺凝胶电泳结合银染或毛细管电泳实现不同大小的片段分离与荧光检测，根据片段的大小决定基因型并计算等位基因频率。荧光复合 STR 检测系统具备识别能力强、分析速度快、灵敏度高等特点，能够很好地识别混合 DNA 样品，而且 miniSTR 对降解生物样本也有较好的识别能力。另外，复合 STR 检测过程操作简便，易于实现流程的自动化与标准化，因此特别适合于法医学大量案件生物样本的分析及大规模比对数据库的建立。

聚丙烯酰胺凝胶电泳的
单位点银染法

聚丙烯酰胺凝胶电泳的
复合位点银染法

单色荧光基因扫描法

复合荧光基因扫描法

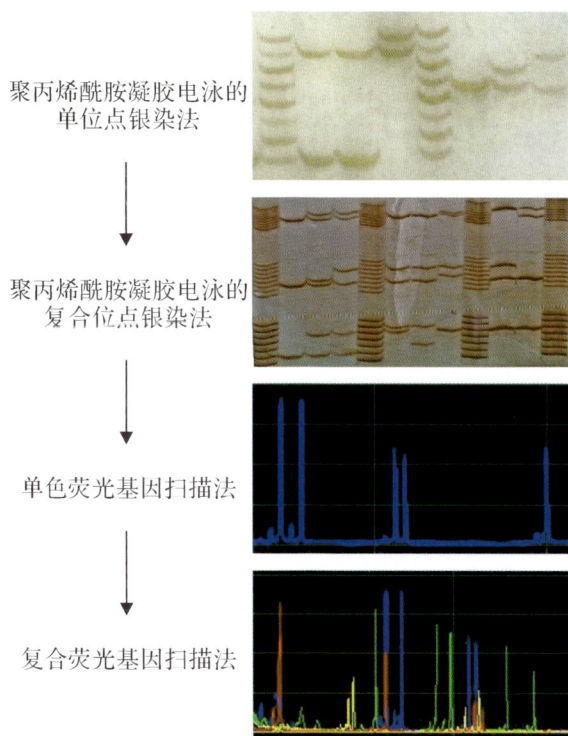

图 5−1　STR 的分型方法的发展

5.1.1　STR 基本分型方法

STR 分型采用 PCR 为基础的分型方法,其基本过程包括样本 DNA 制备、PCR 反应、电泳分离、电泳谱带显带与基因型判定。

第一,样本模板 DNA 的制备:首先需要从各种生物学样本中分离提取基因组 DNA。法医基因组学常规样本采用 Chelex®—100 法来提取基因组 DNA,简单、快速。对于一些微量、特殊的法医学生物样本还可采用其他相应的方法提取基因组 DNA,以适应法医基因组学检验对模板 DNA 的要求,从而达到准确检验的目的。

第二,PCR 扩增:根据所要分析的 STR 基因座位点设计、合成相应的 PCR 引物,常规 PCR 扩增。

第三,电泳分离:采用变性聚丙烯酰胺凝胶电泳分离 PCR 产物。平板凝胶电

泳通常用 6％聚丙烯酰胺凝胶、5％胶联度、约 1mm 厚度、分辨率达到 1bp 片段长度的变性聚丙烯酰胺凝胶,1×TBE 缓冲液以恒定功率的条件电泳 2～3 小时。目前主要采用毛细管凝胶电泳分离 PCR 产物。

第四,电泳谱带的显带与基因型判定:平板凝胶电泳常用硝酸银染色法显示 PCR 产物电泳谱带,通过与等位基因分型标准物的比对确定分型样本的基因型。

5.1.2 STR 多基因座复合扩增

离体蛋白质在自然界中的稳定性远不如核酸分子,DNA 分型技术的应用解决了许多以往血清学方法无能为力的问题。PCR 技术改变了法医基因组学分析 RFLP 技术需要足量的生物样本 DNA 的要求,解决了 RFLP 技术因被检验生物样本基因组 DNA 量不足而无法分析的难题,以 PCR 技术为基础的 DNA 分析技术具有独到的优越性。法医基因组学的发展也促进了 PCR 技术的进步与发展。由于法医基因组学检验要求能够快速、准确、多个基因位点同时检测以达到个人识别和亲权鉴定的目的,使得发展出了可以在一个 PCR 管中同时进行几个到几十个 PCR 反应的复合扩增技术,检出效率大大提高,这种在一个 PCR 反应体系中混合多对引物,同时扩增多个靶基因的方法称为复合扩增。并且发展出了生物素、荧光染料等标记引物技术使得 PCR 产物检测方法更加灵敏、多样。复合扩增可以提高单次检验的效率,一次检验多个 STR 基因座,提高系统效能,例如在一个复合扩增体系中同时检查 9～24 个 STR 基因座,个人识别能力可到达甚至超过 RFLP 技术,成为现代的 DNA 指纹技术,更重要的是还可以减少样本的使用量,缩短检验周期。STR 基因座多态性是 DNA 长度多态性,因此在组合复合 PCR 反应体系时必须考虑基因座位点 PCR 产物片段长度范围不能重叠(基因座间等位基因片段长度范围相差 20bp 左右)。

复合扩增 PCR 反应体系与普通 PCR 反应体系没有区别,只是引物为多对。在设定复合扩增反应体系的循环参数时要考虑实际选用的复合扩增条件不会绝对适合每一个基因座,需要对 PCR 反应体系和循环参数进行调整和优化,力求尽可能保证每一个基因座间扩增效率的均衡。

法医基因组学常用的常染色体 STR 复合扩增系统见表 5-1。

表 5 - 1　法医基因组学常用的常染色体 STR 复合扩增系统

名称	基因座数	包含的 STR 基因座
AmpFlSTR® Identifiler	16	D8S1179、D21S11、D7S820、CSF1PO、D3S1358、TH01、D13S317、D16S539、D2S1338、D19S433、vWA、TPOX、D18S51、Amelogenin、D5S818、FGA
AmpF/STR® Sinofiler™	16	D8S1179,D21S11,D7S820,CSF1PO,D3S1358,D13S317、D16S539、D2S1338、D19S433、vWA、D18S51、Amelogenin,D5S818,FGA,D12S391,D6S1043
AmpFlSTR® Profiler Plus	10	D3S1358、vWA、FGA、Amelogenin、D8S1179、D21S11、D18S51、D5S818、D13S317、D7S820
AmpFlSTR® Profiler	10	D3S1358、vWA、FGA、Amelogenin、TH01、TPOX、CSF1PO、D5S818、D13S317、D7S820
AmpFlSTR® SGM Plus	11	D8S1179、D18S51、D21S11、FGA、TH01、vWA、D2S1338、D3S1358、D16S539、D19S433、Amelogenin
AmpFlSTR® SEfiler	12	D3S1358、vWA、D16S539、D2S1338、Amelogenin、D8S1179、SE33、D19S433、TH01、FGA、D21S11、D18S51
PowerPlex 16	16	D18S51、D21S11、FGA、TH01、TPOX、vWA、Amelogenin、PentaD、PentaE
DNA Typer 15	15	Amelogenin、D6S1043、D21S11、D7S820、CSF1PO、D2S1338、D3S1358、D13S317、D8S1179、D16S539、vWA、D5S818、PentaE、D18S51、FGA
Goldeneye 16A	16	CSF1PO、D3S1358、D5S818、D7S820、D8S1179、D13S317、D16S539、D18S51、D21S11、FGA、TH01、TPOX、vWA、Amelogenin、PentaD、PentaE
PowerPlex 21	21	D1S1656、D2S1338、D3S1358、D5S818、D6S1043、D7S820、D8S1179、D12S391、D13S317、D16S539、D18S51、D19S433、D21S11、CSF1PO、FGA、Penta D、Penta E、TH01、TPOX、vWA 、Amelogenin

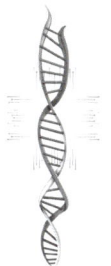

续表 5-1

名称	基因座数	包含的 STR 基因座
Microread 21	21	FGA、D8S1179、D3S1358、CSF1PO、TH01、TPOX、Penta E、Penta D、D2S1338 、D19S433、D12S391、D6S1043、D2S441、Amelogenin
Microread 23sp	23	D6S477、 D18S535、 D19S253、 D15S659、 D11S2368、 D20S470、 D1S1656、 D22-GATA198B05、 D16S539、 D7S3048、 D8S1132、 D4S2366、 D21S1270、 D13S325、 D9S925、 D3S3045、 D14S608、 D10S1435、 D12S391、 D2S1338、D17S1290、D5S2500、Amelogenin

5.1.3 STR 扩增产物的分离与检测

5.1.3.1 DNA 片段的分离

DNA 片段的分离可以采用多种方法,常用的方法包括电泳技术:琼脂糖凝胶电泳、聚丙烯酰胺凝胶电泳、毛细管电泳;色谱技术:高压液相色谱、高压变性液相相色谱;其他如基质辅助激光解析电离-飞行时间质谱(MALDI-TOF)等。STR 基因座通过 PCR 扩增产生目的 DNA 片段后需要通过一定的方法来检测。由于 STR 基因座的重复单位通常为 2~6bp,重复单位短,等位基因片段间的差异小,相邻等位基因间最小相差 2bp,通常选用高分辨的变性聚丙烯酰胺电泳来分离 STR 基因组扩增产物。

根据 PCR 反应中引物或反应底物是否进行表决或修饰,STR 扩增产物通常在片段电泳分离后采用以下三种检测方法。

第一,硝酸银染色法用于常规聚丙烯酰胺凝胶电泳分离 STR 扩增产物后的 DNA 谱带显示,该方法目前应用广泛。PCR 反应中引物、反应底物均不作任何标记和修饰,STR 扩增产物不带有任何标记物。

第二,同位素、非同位素标记法在 PCR 反应体系中引物或反应底物核苷三磷酸(dNTPs)采用放射性同位素标记,电泳分离后放射自显影显示结果。该方法灵敏度高,结果显示在 X 光胶片上,谱带清晰,结果易于保存,但存在同位素污染。随着辣根过氧化物酶、碱性磷酸酶、生物素等非同位素标记物的出现,电泳分离 STR 扩增产物化学谱带显色取代了同位素标记放射自显影的方法。

第三,荧光标记法在 PCR 反应体系中引物或反应底物 dNTPs 采用荧光染料标记,STR 扩增产物则带有不同颜色的荧光,电泳分离 STR 扩增产物通过荧光扫描仪检测,结果以扫描荧光谱带和扫描峰的形式显现,该方法灵敏、准确、直观,需要配备相应的荧光检测设备。

目前法医基因组学 PCR-STR 的分离检测方法主要采用垂直聚丙烯酰胺凝胶电泳银染法和垂直聚丙烯酰胺凝胶电泳或毛细管凝胶电泳荧光标记法检测。

5.1.3.2 变性垂直聚丙烯酰胺凝胶银染法

单丙烯酰胺单体和交联剂 N,N-亚甲双丙烯酰胺,在催化剂过硫酸铵(APS)和加速剂四甲基二乙胺(TEMED)的存在下产生聚合反应,形成长链聚合成凝胶。凝胶的网孔大小取决于聚合链的长度及交联的程度。聚丙烯酰胺凝胶电泳(polyacrylamide gel electrophoresis,PAGE)根据电泳样品的电荷,分子大小及形状的差别分离物质,这种介质既具有分子筛效应,又具备静电效应,所以分辨率高于琼脂糖凝胶电泳,PAGE 可以将只有 1 个 bp 差异的 DNA 片段分辨出来。银染法是用于常规的聚丙烯酰胺凝胶电泳分离扩增产物谱带的显示系统,银染液中的银离子可以与 DNA 形成稳定的复合物,在甲醛的作用下,银离子被还原成银颗粒,谱带呈黑褐色。许多因素可以影响染色显像的成败与优劣,如胶的厚度、试剂的浓度、冲洗次数和反应温度,特别是终止时间的掌握等。胶的浓度低于 4% 时,分辨力降低,难以分辨出 2bp 的差别;浓度过高时,不仅电泳时间需延长,而且银染后的条带不甚清晰。如果制备的是小于 1mm 的薄胶,染色时间需适当延长,如染色不足,由水漂洗后从染色的步骤开始,再试染一次。在染色过程中应小心操作,以保证聚丙烯酰胺凝胶的完整性,银染过程中所用的塑料容器应用去离子水清洗干净,以减少银离子的附着。

银染分析检验系统根据电泳银染图谱显现的 DNA 条带与对应基因座位点的等位基因分型标准物(等位基因 ladder)比对,与对应的等位基因在相同的位置即可判断其为对应的等位基因。荧光标记 STR 自动检验系统通过计算机软件分析荧光电泳图谱,直观得到检验结果,依据 STR 命名原则,与等位基因分型标准物比对,与对应等位基因分型标准物在相同的电泳位置即为同一等位基因,数字化命名等位基因。

多基因座复合扩增产物电泳分离后,聚丙烯酰胺凝胶直接用银染法显带。PCR 反应中引物或底物 dNTPs 不经任何修饰,PCR 扩增产物不带任何标记,银染结果各基因座等位基因没有基因座特异性,所以复合扩增体系中多个基因座的基因长度范围必须互不重叠。因受片段长度范围选择的限制,能够同时扩增的基因座个数有限或者仅用于单位点扩增,通常采用单引物扩增或 3～4 对引物复合扩增。聚丙烯酰胺凝胶电泳银染法具有操作简便、灵敏和成本低等优点。图 5 - 2 为 CFS1PO,TPOX,TH01 三基因座复合扩增银染分型结果图。常用的三基因座 STR 复合扩增银染系统有 D14S306、D1S518、D3S1358;D2S1338、D8S1179、D18S535;CFS1PO、TPOX、TH01 和 D16S539、D7S820、D13S317 等三基因座组合。

图 5 - 2　CTT(CFS1PO、TPOX、TH01)三基因座复合扩增银染分型结果

变性垂直聚丙烯酰胺凝胶银染法能够同时扩增的基因座个数有限或者仅用于单个基因座扩增。由于受到银染分型的技术单次检验 STR 基因位点数量较少、实验费时、准确率较低的限制,银染法逐渐不为法医基因组学实验室检验所使用,但由于价格低廉等原因,银染法在新 STR 基因座的开发研究中发挥着重要作用,对于开发新的或者需要复合扩增的 STR 基因座,实验前期大多以银染为基础进行研究。例如当研究开发新的 STR 基因座时可以先采用银染法技术检测该基因座的多态性,若该基因座在群体中多态性较好可进一步采用荧光标记法基因扫描或者 DNA 序列测定分析。

5.1.4　STR 基因扫描自动分型

为了达到适合法医基因组学检验的目的,提高单次实验检验 STR 基因座数目和准确率,逐步发展出了荧光标记 STR 基因扫描技术(Genescan 技术),并从单色荧光发展到多色荧光。荧光自动测序技术的发展使人们可以在不同位点的引物上标记不同的荧光物质,这些荧光物质在激光的激发下发出不同波长的光,它们能被检测器区分开来,应用此原理可区分不同位点的扩增片段,还可将荧光标记的分子量标准物加入每个需要电泳的扩增样品中,通过计算机分析处理可精确测定各扩增片段的大小,避免了因电泳过程中带的漂移及检测过程中胶的变形而造成的片段对比困难和错误。GeneScan 的技术流程主要包括 DNA 提取、PCR 扩增、测序凝胶电泳分离、基因扫描和基因分型(图 5－3)。

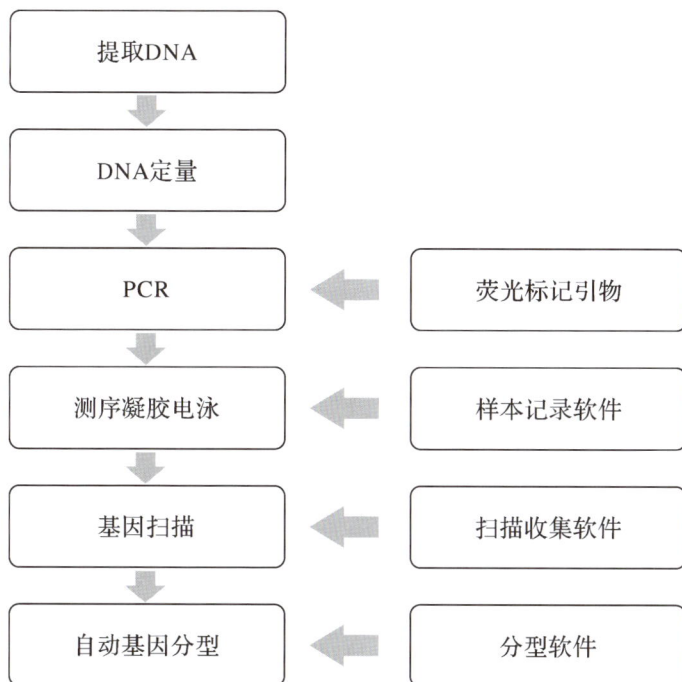

图 5－3　STR 基因扫描自动分型方法流程

STR 自动分析技术具有自动化程度高、快速、灵敏、准确、稳定、重复性好的优点。STR 自动分析技术是基于 DNA 片段分析技术,即通过荧光标记引物生成得到荧光标记的 DNA 片段,利用电泳技术分离 DNA 片段,分析其片段大小,进一步数据分析得到 DNA 片段的基因型。其技术核心是:建立多基因复合扩增体系时采用 3～5 种荧光染料分别标记不同的 STR 基因座引物,同一种荧光染料标记的 STR 基因座扩增产物大小不重复。另一种荧光染料标记一系列的不同分子量的 DNA 片段组成的分子量内标,复合扩增产物的片段分离识别及各个基因座等位基因命名由自动化设备软件分析完成。该技术是利用电泳的方法分析 DNA 片段大小,也称为片段分析技术,因此,插入/缺失同样作为长度多态性遗传标记也可采用该分型方法分析其多态性。

5.1.4.1　荧光 STR 多基因座复合扩增

荧光 PCR 技术(fluorescence PCR,F-PCR),是 1995 年由美国 PE 公司首先研制成功。目前应用的 STR 自动分型复合扩增系统可以是商品化的试剂盒,也可以自行设计所要使用 STR 基因座的引物,或根据公开的 STR 基因座引物序列合成荧光标记引物,优化复合扩增条件,建立复合扩增体系。

荧光复合扩增的实质是采用 4、5 或 6 种荧光染料,其中一种用于染料与复合扩增产物混合后同步电泳的分子量内标 DNA 片段,剩下的 3、4 或 5 种染料颜色标记 STR 基因座。经典的寡核苷酸合成是从 3′端到 5′端,因此通常在 5′端连接荧光染料。修饰 5′端的试剂通常与寡核苷酸 5′端的羟基反应。荧光染料标记在引物的 5′端,扩增后使相应 PCR 产物的一条链均携带标记引物的荧光染料。同一荧光标记的不同 STR 的等位基因片段范围不能重叠,前一个 STR 最大的等位基因与后一个 STR 最小的等位基因相距最少 10bp。与 STR 硝酸银染色同理,受制于胶板长度或毛细管长度和检测技术的限制,所选用的胶板或毛细管长度能够检测 DNA 片段大小范围通常在 100～500bp 内,可以区分长度相差 1 个碱基的两个 DNA 片段。通常每一种荧光染料所标记的 STR 基因座数目在 4～6 个范围内,已达到良好的检测结果。为了区分不同的基因座,可以通过设计不同的引物使引物 DNA 序列结合位点不同,PCR 产物大小不同因而不同基因座片段范围产生差异。

常用的荧光染料主要有 6-FAM、5-FAM、TET、VIC、HEX、NED、PET、JOE、TAMRA、LIZ、ROX 等(表 5－2),LIZ、ROX 荧光染料通常用于标记分子量内标。荧光染料标记引物不影响 PCR 的效率,在一个荧光复合扩增体系中,组合荧光染料的发射波长相差越大越好,使扩增产物在检测设备上易识别,更容易进行光谱校正。染料的化学性质越稳定越好,例如 VIC 染料稳定性较 HEX 好。尽可能选择合成容易的荧光染料,例如 JOE 和 5-FAM 合成较困难。荧光标记引物需要避光保存(棕色管),并且荧光标记引物容易吸附在管壁,使用前应振荡混匀。

表 5 - 2　法医基因组学 STR 荧光基因扫描常用的荧光染料

荧光染料	最大吸收光谱波长(nm)	最大发射光谱波长(nm)	颜色
5-FAM	494	530	蓝
6-FAM	494	522	蓝
TET	521	538	绿
JOE	528	554	绿
HEX	535	553	黄
VIC	538	554	绿
NED	546	575	黄
TAMRA	560	583	红
ROX	587	607	红
PET	558	595	红
LIZ	638	655	橙

5.1.4.2　荧光 STR 基因扫描分型方法

1.荧光标记垂直聚丙烯酰胺凝胶电泳检测

该方法采用传统的垂直变性聚丙烯酰胺电泳结合荧光基因扫描技术,通常采用 ABI 377DNA 遗传分析仪。荧光染料含有共轭双键易吸收激光而变成不稳定的高能态(激发态),当跃迁回基态时,多余的能量会以发射光的形式释放出来。在 PCR 反应时将荧光染料标记在引物上,使得扩增产物片段带有荧光信号基团,电泳分离时用荧光扫描检测 DNA 片段,再转换成波峰。采用不同颜色的荧光可对扩增片段重叠的 STR 位点复合扩增,由于扩增片段重叠的 STR 位点 PCR 产物带有不同颜色的荧光,从而提高检测的效率。片段在凝胶中从阴极向阳极迁移,按片段长度大小排列,当迁移到阳极端的激光扫描仪的扫描窗口时,荧光染料受到激发,发出一定波长的光,按荧光强度记录下来,每一个带荧光染料的 DNA 片段电泳轨

迹按各自通过激光扫描窗口的实际时间被记录下来,以荧光吸收峰来表示每一个片段。峰值越高,表示该片段量越多;峰出现的时间与片段大小有直接关系,片段越小,峰越早出现。计算机保存所有片段通过扫描窗口的实际时间及其荧光特征。然后,根据同一泳道内标准分子量的迁移率得到每一泳道迁移的特征,根据同一泳道内标的迁移率得到每一泳道迁移的标准曲线,计算出待测样品的分子量大小,其精确度为 0.5bp。利用基因分型软件(Genotyper)将测定样品片段大小与同一凝胶的等位基因分型标准物(ladder)进行比对,从而进行基因分型 ABI 377DNA 遗传分析仪是最早应用于法医基因组学 STR 基因扫描的仪器,采用垂直板凝胶电泳,结合四色荧光标记,激光检测的方法,准确度高。需要人工制备凝胶,手动上样,根据样本量需要可以采用 36、48、96 孔不同的梳齿,自动软件分析,数字化命名等位基因。ABI 377DNA 遗传分析仪采用的是聚丙烯酰胺凝胶垂直板电泳,聚丙烯酰胺凝胶的制备与银染法聚丙烯酰胺凝胶的制备相似,制备凝胶的玻璃板必须清洗干净特别是激光扫描区域。

2. 荧光标记毛细管凝胶电泳

毛细管电泳(capillary electrophoresis,CE)又称高效毛细管电泳(high performance capillary electrophoresis,HPCE),是一类以毛细管为分离通道、以高压直流电场为驱动力的新型液相分离技术。毛细管电泳实际上结合了电泳、激光扫描及其交叉内容。荧光 STR 基因扫描采用的是毛细管凝胶电泳,在毛细管中装入单体,引发聚合形成凝胶,主要用于测定蛋白质、DNA 等大分子化合物。

毛细管电泳通过电泳技术分离 DNA 片段,其机制是毛细管中的聚合物溶液在一定的浓度下形成筛网状结构,DNA 片段在溶液中泳动时,不同片段 DNA 受到的阻力不同,小片段较大片段受到阻力小,易通过。变性的 DNA 片段电泳迁移率与片段的大小表现为线性关系。荧光标记 STR 基因分析技术是利用荧光标记的引物在 PCR 扩增 STR 基因座时,使 PCR 产物的一条链带上荧光标记。这种带有荧光分子的 DNA 片段在凝胶中从阴极向阳极迁移,按片段长度大小排列,当迁移到阳极端的激光扫描仪的扫描窗口,荧光染料受到激发,发出一定波长的光,按荧光强度记录下来,每一个带荧光染料的 DNA 片段电泳轨迹按各自通过激光扫描窗口的实际时间被记录下来,以荧光吸收峰来表示每一个片段。峰值越高,表示该 DNA 片段的量越多;峰出现的时间与片段大小有直接关系,片段越小,峰越早出现。计算机保存所有片段通过扫描窗口的实际时间及其荧光特征。毛细管电泳仪的基本结构

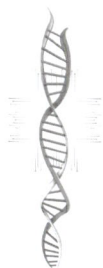

包括高压直流电源、荧光激发光源、荧光检测器、自动样品盘和控制进样、电泳、检测与记录的计算机。ABI310、3130、3730 等型号的 DNA 遗传分析仪采用毛细管电泳，采用液体凝胶、自动灌注，结合激光扫描技术，提高了 DNA 分型速度和自动化水平，各型号的 DNA 遗传分析仪主要区别在于毛细管的数量和使用的液体凝胶型号不同。主要操作过程包括样本准备、上机电泳、数据软件分析等步骤。

图 5-4 为毛细管凝胶电泳 STR 基因扫描原始图谱。

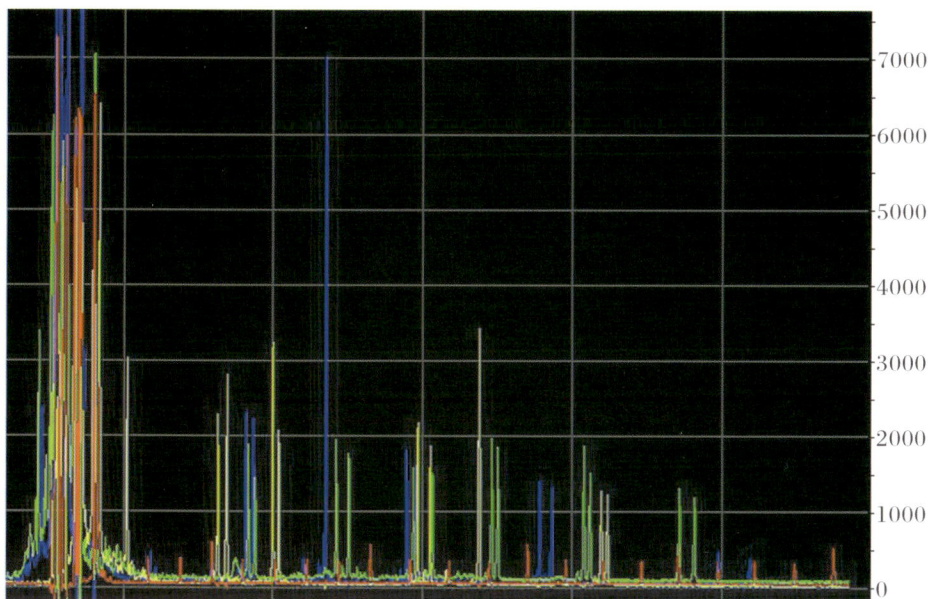

图 5-4　毛细管凝胶电泳 STR 基因扫描原始图谱

5.1.4.3　STR 基因扫描结果分析

荧光标记 STR 自动扫描检测系统通过运行分型软件进行基因分型，首先电泳对荧光颜色不同的 DNA 片断的峰进行长度检测，并对应不同的颜色，与各自泳道内的分子量内标比对确定每个位点等位基因的 DNA 片段长度，再与以同样方式确定的等位基因 ladder 比较，等位基因 ladder 比对转化为数字化的等位基因，确定每个样本的 STR 基因座的基因型。实验结果直观，常染色体 STR 基因组图谱纯合子显现一个峰，杂合子出现两个不同长度片段的峰，并且等位基因的命名均按照核心序列重复次数命名。

毛细管凝胶电泳 STR 基因扫描分型图谱见图 5-5。

第 5 章　法医基因组分型技术

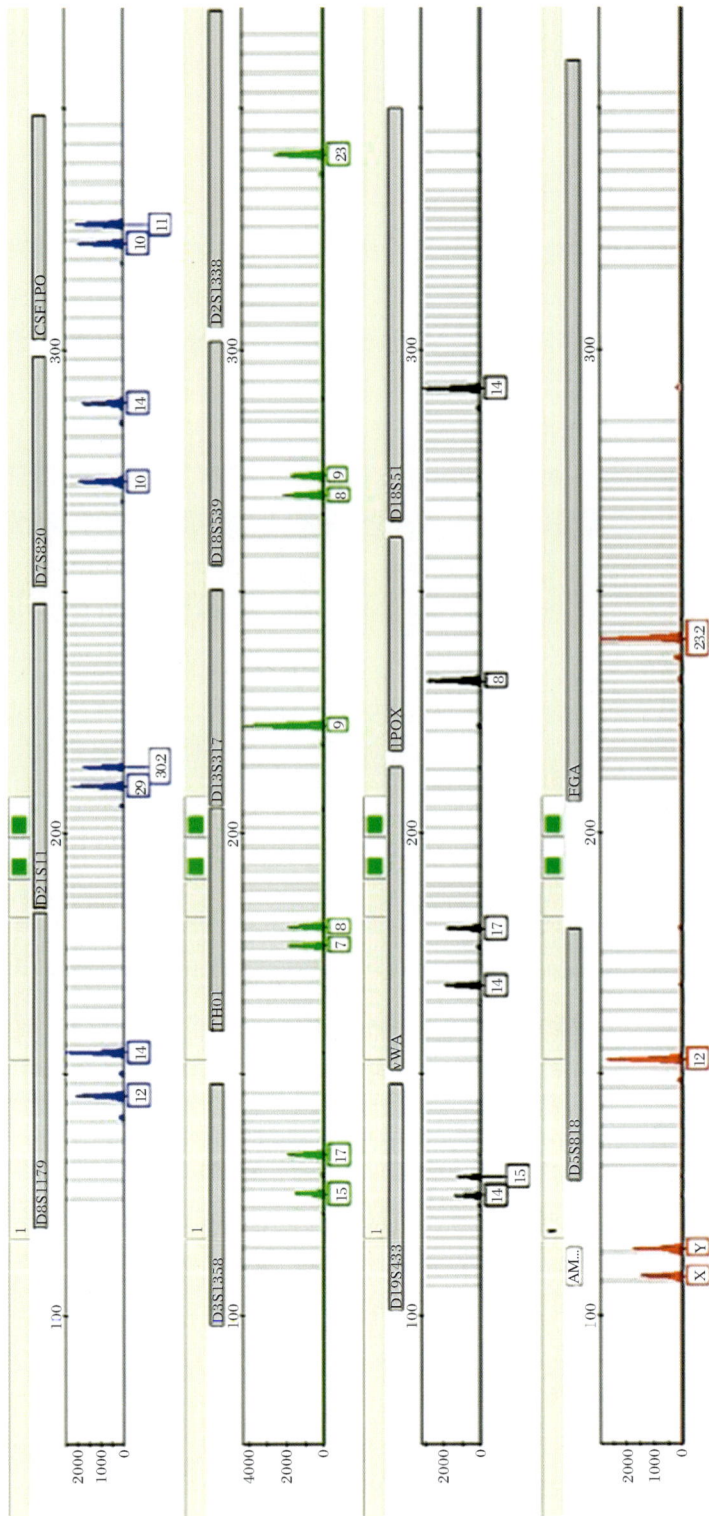

图 5 – 5　毛细管凝胶电泳 STR 基因扫描分型图谱

1. 光谱分离

每种荧光染料标记的特殊颜色的一系列片段峰单独区分出来,同时消除不同颜色间的干扰峰,为电泳时不同颜色的分离标准,这个处理过程就叫光谱分离,也称光谱校正。

由于每一种荧光染料的发射光谱不是锐线光谱,而是一种有一定宽度分布的光谱带,每种荧光染料都有不同波长的最大发射光谱,被用来分离各种颜色的滤光片显示在不同染料光谱中央。所以一个纯荧光染料除在它自己光谱的中心波长处有荧光信号外,在其他荧光信号光谱的中心波长处亦能检测到信号而产生信号重叠,在滤光片波长范围内可明显观察到这几种染料的重叠。不同的荧光染料间存在明显的光谱交叉重叠,荧光检测器对多色荧光信号进行检测时,荧光染料间的发射波长差值越小,光谱交叉重叠形成的干扰信号就越强。当干扰信号达到和超过数据分析设定的阈值时,一个荧光标记在不同荧光的相同位置上显示大小不同的伪峰,无法识别片段,就被误判为一个片段峰。为了校准信号重叠,需要知道一种荧光信号在其他荧光信号处产生的重叠系数,所以,检测前必须用四(或五)条不同长度的 DNA 片段分别标记上对应的不同荧光染料来计算这些系数,得到这个染料组的光谱校正。当使用新的荧光染料组、激光或 CCD 被调节或更换、不同颜色的荧光间出现干扰(有拔起或下压峰)、参数的改变(荧光类型,胶类型和毛细管长度)需要重新做光谱校正。光谱校正建立的文件称为 Matrix 文件。Matrix 数值表用来定量表现荧光片段峰中各种颜色信号强度相对的比例关系的数值表,在 STR 荧光标记检测分析技术中称为 Matrix 数值表。Matrix 文件是在电泳 Matrix 标准品时,计算各种颜色峰之间的平均干扰强度值而获得。Matrix 在稳定的环境条件下是相当精确的,通常建议的做法是每隔 3～6 个月重新做一次 Matrix,以有利于得到准确的分析结果。在做光谱校正时必须采用与所使用的 STR 荧光标记组合相同的不同长度荧光染料标记的 DNA 片段校正标准样品建立光谱校正文件,不同的 STR 复合扩增体系具有相依的光谱校正标准样品,建立相依的 Matrix 文件,因此 STR 荧光复合扩增结果分析是必须选用对应的 Matrix 文件,否则数据结果无法分析。

光谱校正的步骤:①设定一个判断信号峰的信号强度阈值。根据一个峰信号最强的颜色,将该峰归到相对应的颜色组中,就可以把不同峰信号归到不同的颜色组中。②消除一种颜色峰中的存在的其他的干扰信号。③建立 Matrix 文件。根据 Matrix 数值表,消除干扰信号,只保留单一、最强的颜色峰。该峰的峰高和面积在处理前后无变化。

图 5 - 6 为五色荧光毛细管电泳 Matrix 文件。

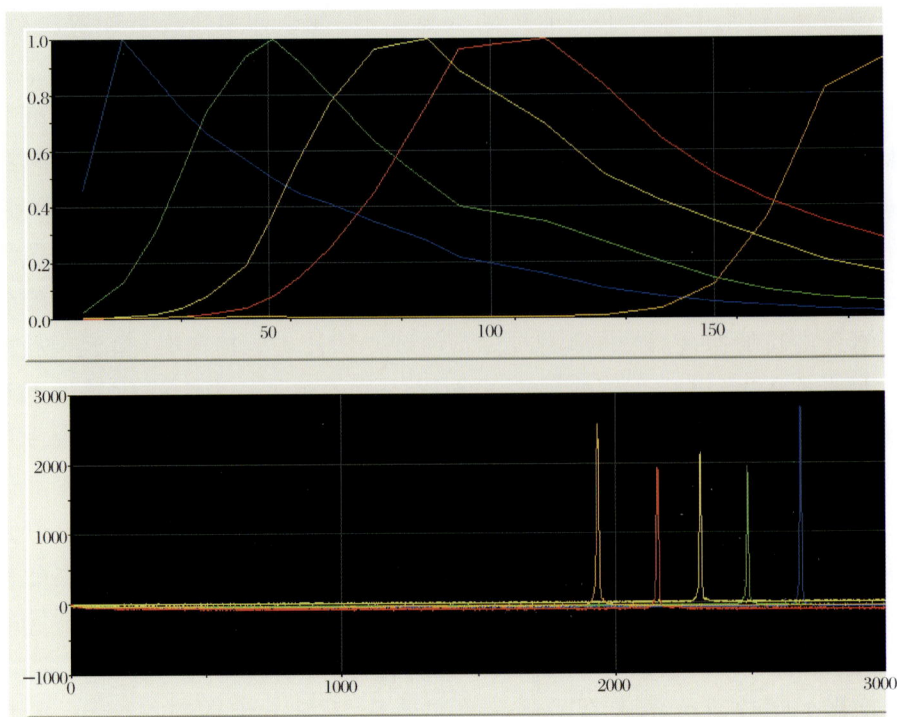

图 5 - 6　五色荧光毛细管电泳 Matrix 文件

2. DNA 片段分子量计算

STR 遗传标记是一种 DNA 片段长度多态性，其分析方法采用的是片段长度分析技术。荧光复合扩增产物通过光谱分离，扩增产物通过毛细管电泳系统激光检测系统产生的荧光染料峰被记录下来，每一个峰代表一个 DNA 片段，需要测定计算每个峰的 DNA 片段大小。在每一个复合扩增样本的电泳上样体系中均含有分子量内标。分子量内标是含有一系列已知碱基数的标记 DNA 片段，又称分子量内对照（internal lane standards）。内标片段的电泳相对时间数据，描述了各个已知碱基数的内标 DNA 片段电泳迁移速度与片段大小的关系。利用已知碱基数的分子量内标 DNA 片段与电泳时间获得的 DNA 片段大小与时间的相对关系，可建立一个直线回归方程。获得一个未知片段电泳的相对时间值，可通过所建立的回归方程软件计算出未知 DNA 片段的分子量大小，未知 DNA 片段长度应在内标长度的范围内。不同的 STR 复合扩增系统采用不同的分子量内标，例如 ROX-500 分子量内标由 16 条带有 ROX 荧光素标记的双链 DNA 片段组成，分子量分别是：70bp、80bp、100bp、120bp、140bp、160bp、180bp、200bp、240bp、280bp、320bp、360bp、400bp、450bp、490bp、500bp，小于 70bp、大于 500bp 的 DNA 片段则不能测定其片段大小；LIZ-500 分子量内标由 15 条带有 LIZ 荧光素（橙色）标记的双链 DNA 片段组成，分子量分别是：50bp、75bp、100bp、139bp、150bp、160bp、200bp、250bp、300bp、340bp、350bp、400bp、450bp、490bp 和 500bp。这样，复合扩增 STR 的每一个基因座的等位基因的 DNA 片段长度均被计算得出。对于不同的 STR 复合扩增体系或其他的片段分析实验技术可以根据片段分析所要分离的 DNA 片段大小范围选择适当的分子量内标，常用的分子量内标见表 5-3。根据分子量内标已知碱基数的 DNA 片段与电泳获得的相对时间值，建立的直线回归方程所计算得出的未知 DNA 片段的长度只是一种相对分子量而非绝对分子量，因此常常计算结果是带有小数点的数值，例如 258.22bp。分析的未知 DNA 片段大小是根据分子量内标计算得出，同一荧光染料标记的 DNA 片段由于所采用的分析仪器不同、分离胶不同、毛细管长度不同、选用的分子量内标不同而有所区别。

表 5-3　常用的不同类型的分子量内标

分子量内标	分子量范围	峰的数目
GeneScan LIZ-120	15～120bp	9
GeneScan LIZ-500	35～500bp	16
GeneScan LIZ-600	20～600bp	36
GeneScan ROX-500	35～500bp	16

图 5-7 和图 5-8 分别为 GeneScan LIZ-500 及 ROX-500 分子量内标电泳峰图。

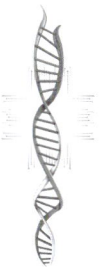

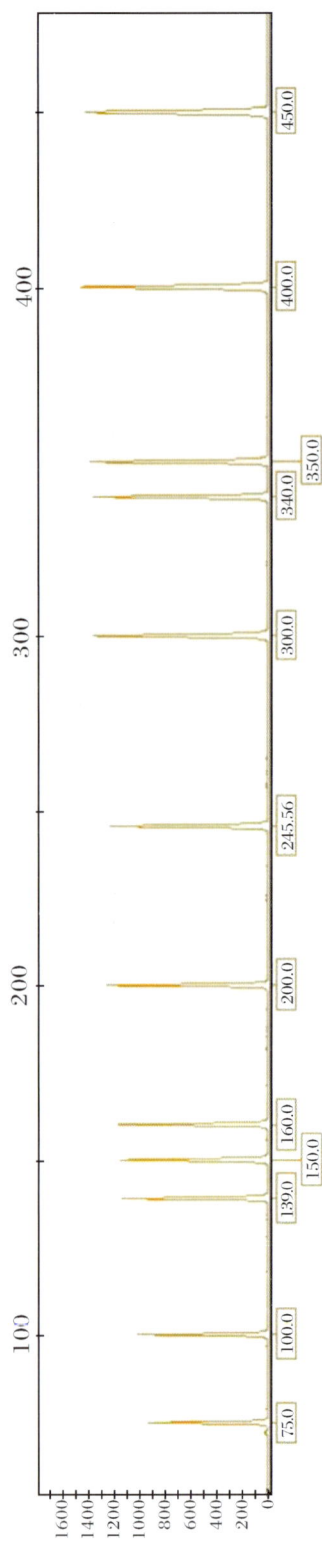

图 5 - 7　GeneScan LIZ-500 分子量内标电泳峰图

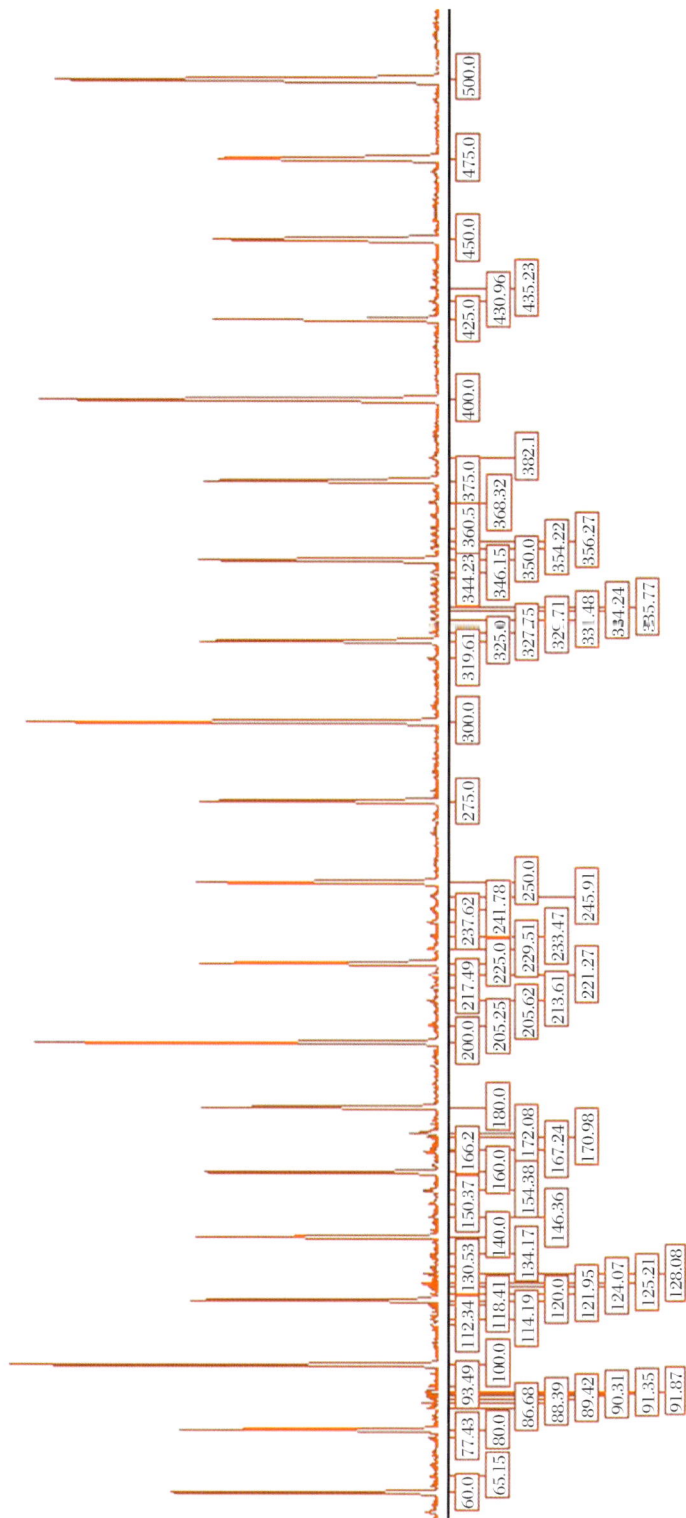

图 5 - 8　ROX-500 分子量内标电泳峰图

151

3.等位基因分型

STR 的命名是采用核心序列重复次数来命名的,荧光复合 STR 扩增产物与分子量内标比对建立的直线回归方程计算出了等位基因的片段长度,但未得到 STR 核心序列的重复次数。采用不同设计的引物序列,所得到的同一基因座位相同等位基因的扩增片段大小也有所不同,因此必须转换为 STR 命名要求的核心序列重复次数,使得数据才具备可比性。等位基因分型标准物(allelic ladder)是人群中常见的 STR 基因座等位基因混合物,包含扩增体系中每个基因座全部的已知等位基因。通过与等位基因分型标准物的比对数字化命名每个所检测到 STR 基因座的等位基因,用来与未知样品比对确定基因型。尽管可以采用不同的荧光标记引物、不同的引物序列的设计,但只有具备了一套精确的、国际标准化命名的标准参照物,才能对 STR 基因座等位基因分型结果作出正确的判型和命名,STR 数据才能在各实验室之间进行交流和合作,这有利于 DNA 数据库的标准化建立。

标记引物的荧光染料分子的大小和形状会改变 DNA-染料结合物的总体大小,存在于荧光染料上的离子电荷,会改变结合物的电荷质量比,DNA 片段上的荧光染料将影响 STR 等位基因的电泳迁移率。因此,用于分型的等位基因分型标准物(allelic ladder)需标记同样的荧光染料,使荧光染料对迁移率的影响不会影响等位基因的准确分型。ladder 经颜色分离和计算分子量大小后,程序对 ladder 中的等位基因进行命名,每一批样本 STR 复合扩增分型时必须同时电泳等位基因分型标准物,只有等位基因分型标准物得到准确的分型结果,软件才能对样本准确的分型。不同的 STR 基因座复合扩增体系由于其 STR 基因座组合的不同、荧光染料使用的不同,应采用对应的等位基因分型标准物,图 5-9 和图 5-10 分别是不同的 STR 基因座组合所使用的不同的等位基因分型标准物。获得准确的等位基因分型标准物的数字化(核心序列重复次数)命名后,分型样本与之比对得到样本的等位基因分型结果,例如图 5-11 为一个样本 16 个 STR 基因座分型结果的峰图,数据结果可以转化为表格形式输出(表 5-4)。

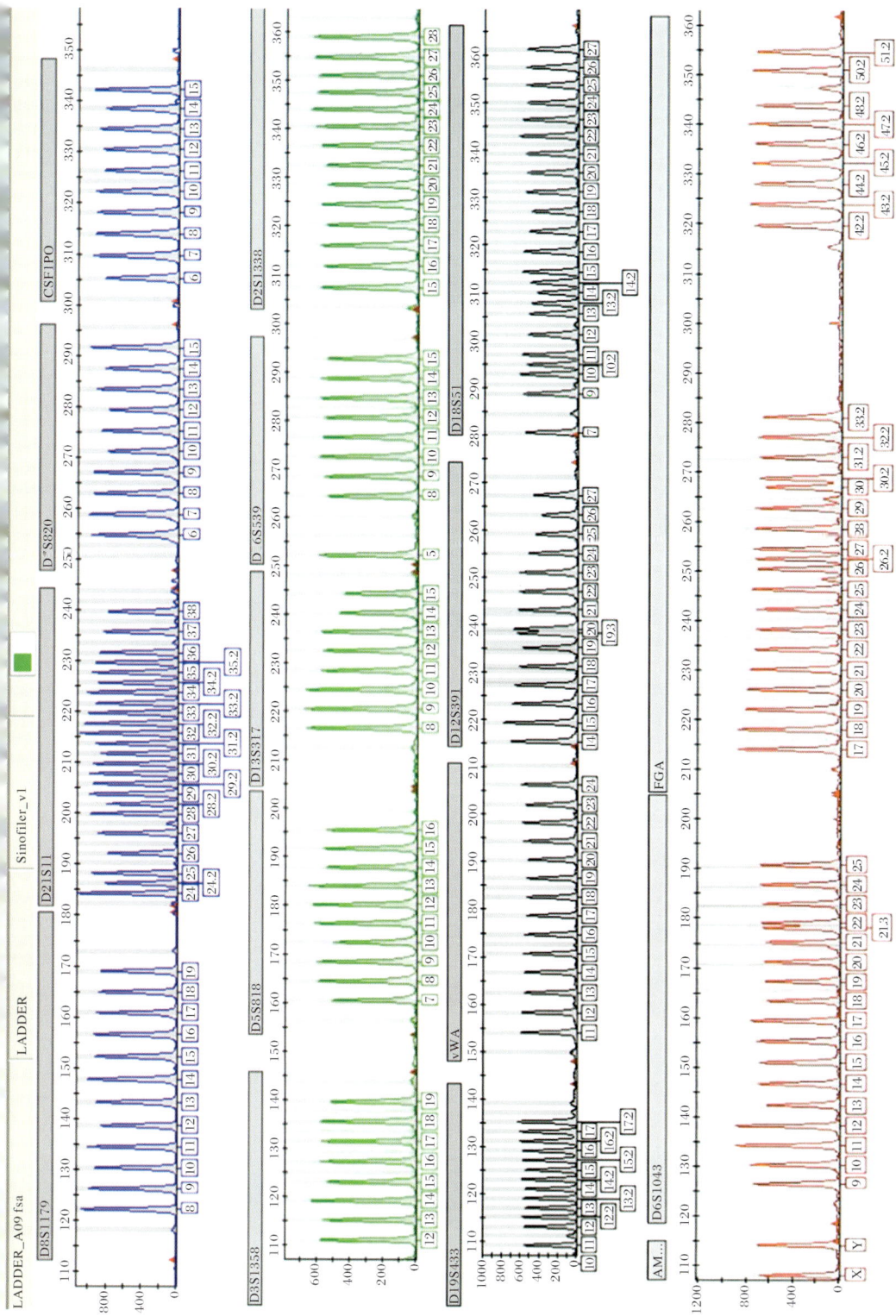

图 5 - 9 AmpF/STR® Sinofiler™ 组合 16 个 STR 基因座等位基因 ladder(黄色荧光染料软件识别后为黑色峰图)

153

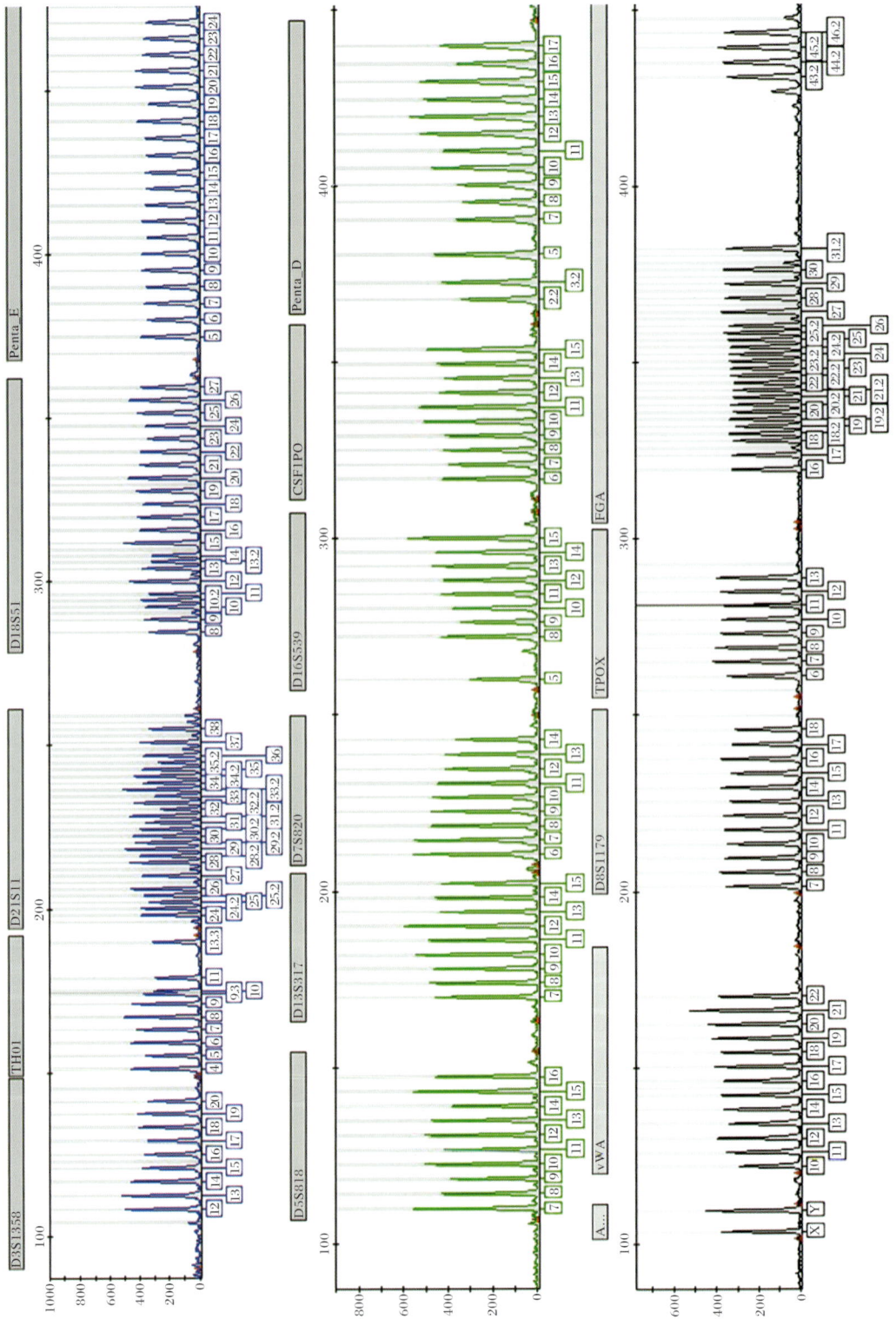

图 5 - 10　PowerPlex16 组合 16 个 STR 基因座等位基因 ladder (黄色荧光染料软件识别后为黑色峰色图)

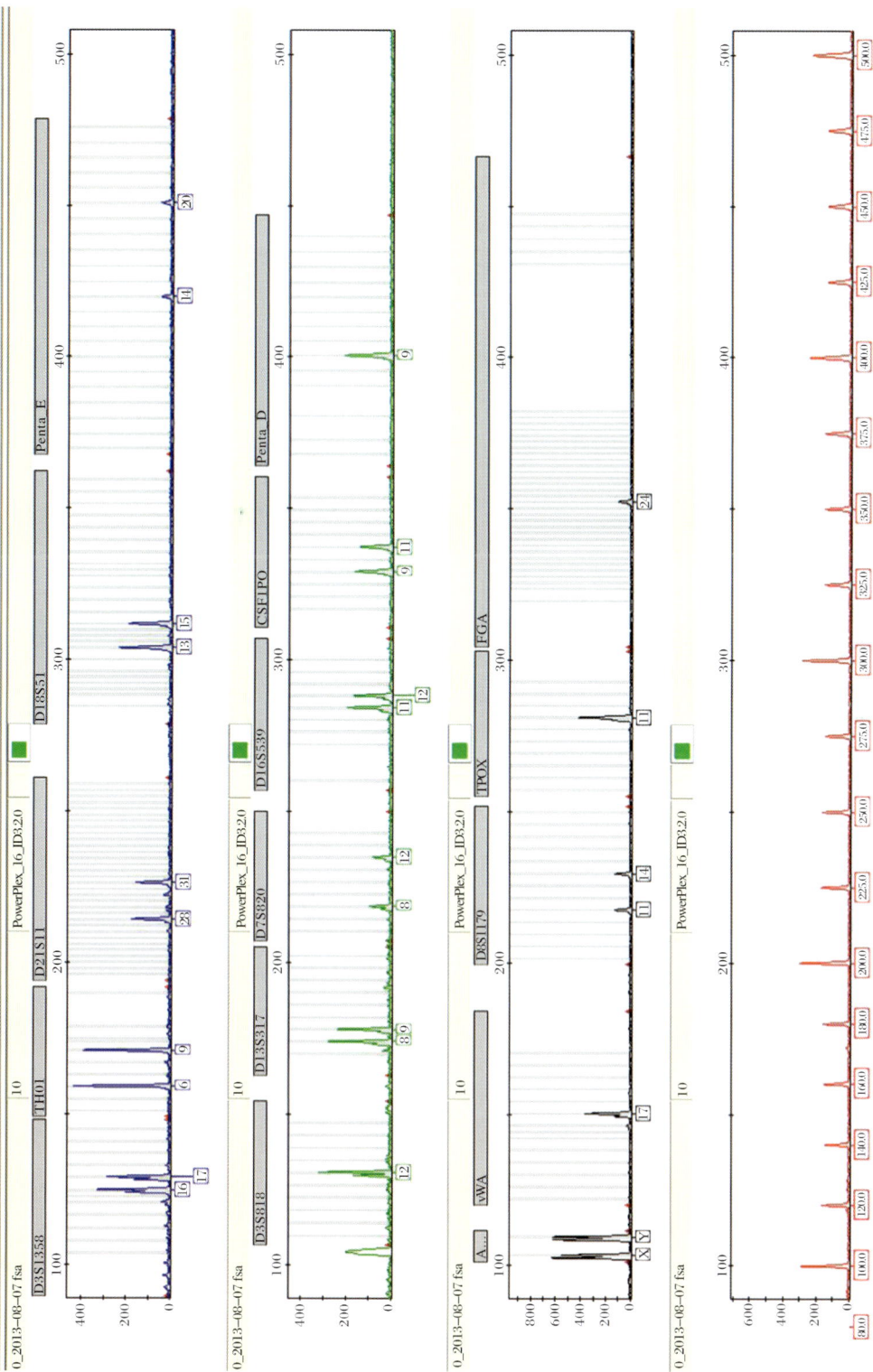

图 5 - 11　16 个 STR 基因座样本分型结果峰图

155

表 5 - 4　16 个 STR 基因座样本分型结果软件分析输出结果

染料/样本峰	样本文件名	遗传标记	等位基因	片段长度	峰高	峰面积	出峰点
B,5	10_2013 - 08 - 07.fsa	D3S1358	16	124.94	330	3938	4970
B,7	10_2013 - 08 - 07.fsa	D3S1358	17	129.19	282	3162	5044
B,8	10_2013 - 08 - 07.fsa	TH01	6	159.07	435	5206	5560
B,10	10_2013 - 08 - 07.fsa	TH01	9	170.95	391	4588	5765
B,12	10_2013 - 08 - 07.fsa	D21S11	28	214.33	175	2220	6508
B,15	10_2013 - 08 - 07.fsa	D21S11	31	226.34	156	2115	6709
B,16	10_2013 - 08 - 07.fsa	D18S51	13	303.99	235	3469	7962
B,17	10_2013 - 08 - 07.fsa	D18S51	15	311.83	189	2896	8087
B,18	10_2013 - 08 - 07.fsa	Penta_E	14	419.98	46	745	9770
B,19	10_2013 - 08 - 07.fsa	Penta_E	20	450.86	47	770	10226
G,4	10_2013 - 08 - 07.fsa	D5S818	12	130.74	321	3627	5071
G,12	10_2013 - 08 - 07.fsa	D13S317	8	173.97	275	3412	5817
G,14	10_2013 - 08 - 07.fsa	D13S317	9	177.97	237	2914	5886
G,20	10_2013 - 08 - 07.fsa	D7S820	8	218.61	94	1204	6580
G,22	10_2013 - 08 - 07.fsa	D7S820	12	234.79	80	1014	6847
G,24	10_2013 - 08 - 07.fsa	D16S539	11	284.16	197	2708	7641
G,25	10_2013 - 08 - 07.fsa	D16S539	12	288.1	169	2350	7705
G,26	10_2013 - 08 - 07.fsa	CSF1PO	9	329.13	161	2652	8359
G,27	10_2013 - 08 - 07.fsa	CSF1PO	11	337.33	138	2179	8486
G,28	10_2013 - 08 - 07.fsa	Penta_D	9	400.51	209	3504	9468
Y,2	10_2013 - 08 - 07.fsa	AMEL	X	103.44	548	6369	4598
Y,4	10_2013 - 08 - 07.fsa	AMEL	Y	109.42	623	7298	4702
Y,8	10_2013 - 08 - 07.fsa	vWA	17	150.22	363	4531	5408
Y,9	10_2013 - 08 - 07.fsa	D8S1179	11	217.54	134	1692	6562

染料/样本峰	样本文件名	遗传标记	等位基因	片段长度	峰高	峰面积	出峰点
Y,10	10_2013 - 08 - 07.fsa	D8S1179	14	229.46	128	1652	6760
Y,11	10_2013 - 08 - 07.fsa	TPOX	11	281.03	421	7307	7590
Y,12	10_2013 - 08 - 07.fsa	FGA	24	352.34	103	1628	8719

5.1.4.4　STR 电泳图谱分析

人类 DNA 荧光标记 STR 复合扩增经电泳后得到的图谱,若能够准确分析得到样本正确的基因分型结果就要求样本分型图谱清晰,每一样本的分子量内标峰标定正确;ladder 的每个基因坐的等位基因峰均在规定范围之内,等位基因命名正确无误;已知阳性对照物样本的基因分型结果正确,阴性对照物无基因峰;样本峰的峰高要求大于 100 相对荧光单位;等位基因的碱基数与 ladder 相应等位基因的碱基数偏差介于 ±0.5bp 之间;每个基因座都有一个基因峰(纯合子)或两个基因峰(杂合子)。纯合子时,一个基因座基因峰的峰面积约为相邻基因座杂合子基因峰的一倍;杂合子时,一个基因座的两个基因峰的峰面积比值大于 70%。达到以上要求的分型图谱分析时会得到准确的 STR 分型结果,由于各种原因的影响,在图谱分析时需要注意以下内容。

1.分子量内标识别错误

当各种原因导致分子量内标信号太低时,标准品峰值太低而引起数据分析不通过,自动分型系统软件将无法识别分子量内标,不能建立线性回归方程,在这种情况下,该毛细管电泳泳道内的样本即便 PCR 扩增效果很好,软件系统也无法分析 DNA 片段长度,系统不能有效分辩相邻的两个等位基因的情况下,自动分型系统将不能完成对分型标准品的数字化命名。内标识别错误的常见原因是信号太低、分析范围设置错误和电泳数据不全。电泳通常所选用的分子量内标的峰高为 PCR 产物峰高的 30%～100% 为宜。当信号峰值过低时可以通过调整阈值正确识别内标,以手动修正内标的数值使数据分析通过,若通过调整峰的阈值仍不能正确完全识别分子量内标就必须重新配置样本,增加内标量重新电泳分析;分析范围设置错误可以通过调整分析范围纠正;电泳数据不全时通过修改分子量内标参数可以正确识别内标,如内标包含 DNA 片段范围在 80～500bp,由于电泳速率慢只收

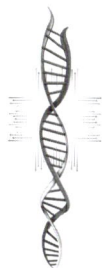

集到了 450bp 范围内的片段电泳即被终止,此时可通过修改分子量内标参数,正确识别 450bp 范围内的片段并分析。

环境温度对电泳速率有显著的影响,电泳对环境温度要求较恒定为好,如 3130 遗传分析仪,一般工作环境温度要求 20～30℃。环境温度的波动过大,常常引起电泳结果异常导致结果无法分析。毛细管使用次数过久、缓冲液错误或过期、机器电流等也可能是导致电泳迁移率改变的因素,产生分辨率下降和严重漂移等因素也会影响分子量内标,应做相应的调整,例如要考虑重新灌胶或更换新胶、更换新缓冲液。

2.分型标准品等位基因命名错误

在 ladder 中,每个基因座的各个等位基因的量不是完全相等,电泳检测时,其相应的信号强度也不同。若某个基因座的某个等位基因片段相对较少,电泳时上样量又偏少,峰的阈值设置过高,会导致 ladder 中该等位基因未能被正确识别。在对 ladder 进行等位基因命名时,相应基因座的等位基因就会全部或部分不能被命名或错误命名。如果这个未识别的等位基因是 ladder 中某个基因座的第一个等位基因,计算机系统就会把第 2 个等位基因错误的命名为等位基因 1,该基因座的样本的等位基因也必然减少 1 个等位基因命名。如果在某一个基因座的第 1 个等位基因前出现伪峰,这峰是由于 PCR 扩增滑脱造成的。当上样量过大或峰阈值设置过低时,这伪峰就被误认为是该基因座的等位基因 1,该基因座的样本的等位基因也必然增加 1 个等位基因命名。为防止这种错误出现,要求 STR 分析中,每次 PCR 扩增、电泳检测时需要同时分析一个已知对照 DNA 样本。对照样本可以是标准 DNA 对照分型样本,也可以使用实验室保存的有足够量 DNA 并且由其他法医基因组学 DNA 实验室检验复核其基因型结果的样本。

3.基线跳跃或摆动

电泳基线即为电泳自身发射出的线谱。基线跳跃或摇动可使基线太高,超过阈值峰,程序将把这些超过阈值的基线识别为无数个峰片段,在图谱分析上识别为 off-ladder。产生基线跳跃或摆动的主要原因是峰图分析调用的 Matrix 文件错误或者不适合,尤其是信号过强时。避免盲目增加电泳上样量使得信号过强,应适当减少 PCR 样本的上样量或稀释 PCR 产物重新电泳。理想的峰型数据峰值信号强度在 1000～3000 之间,当信号强度过强时,可以通过减少上样量(减少 PCR 产物加样量或稀释 PCR 产物)重新上样电泳分析。电泳基线不平的主要原因是电泳系

统中存在荧光物质干扰。及时更换水和电极缓冲液;用水、凝胶冲洗毛细管;更换凝胶、更换毛细管;养成良好的仪器维护习惯,保持电泳系统干净可以解决电泳基线不平。

4. 等位基因峰的均衡性

一般情况下,纯合子的峰高和面积比杂合子的高,但相差不会超过 30%。两个杂合子的峰高和面积相当。实际上,在两个杂合子等位基因中,小片段的峰高大于大片段的。原因是扩增不平衡。模板 DNA 过量是引起峰高不平衡的原因之一,如果扩增的模板量大于 1ng 时,会引起小基因座的产量远远高于大基因座,即小基因座的优势扩增,由于 STR 自动化分析采用的是多基因座复合扩增,对模板 DNA 的量有一定要求,通常要求模板 DNA 量为 0.5~1ng。通过减少模板 DNA 的量,或将扩增程序中的循环数减少 2~4 个循环,可改善基因座间的峰高平衡;DNA 样本降解或 DNA 模板量不足也可引起峰高不平衡,DNA 样本降解,大长度片段基因座产量减少,需要对模板 DNA 重新纯化。有些样本所检测的 STR 位点等位基因均与对照样品一致,但样本中每个位点内等位基因之间峰高相差远远大于 30%,这主要是因为 DNA 模板量太少,等位基因不平衡扩增所致,这时应重新或加大模板量后再进行 PCR 扩增,或者用有机法重新提取 DNA 后再进行扩增,可以解决问题获得满意的结果。当扩增时模板量过低,会产生随机效应,此时建议使用推荐量的模板 DNA;模板 DNA 纯度不够时可引起峰高不平衡,由于案件现场的样本可能存在抑制物,同样会导致位点缺失或峰高不平衡;此外,PCR 反应混合物平衡问题也会导致峰高不平衡,PCR 时引物混合液、扩增混合液必须充分解冻震荡混匀,不要离心,并且定期校准热循环仪及加样器。

5. 部分或全部 STR 位点扩增失败

当所检测的 STR 基因座全部无荧光扩增信号时可能原因如下。

第一,PCR 扩增未成功。此种情况表现为 GeneMapper 软件分析数据能通过,同一泳道内的分子量内标能正常显示,但无特异性 STR 基因座位点的峰,且原始数据图中也无目的峰。可以将 PCR 产物进行普通凝胶电泳再作验证。解决的办法是检查 PCR 体系中的各种成分以确保 PCR 扩增有效。

第二,引物上标记的荧光素衰竭。表现形式与前一种情况一致,但经凝胶电泳检查发现 PCR 扩增是有效的。此时需要更换荧光标记引物,荧光标记引物必须存放在棕色管子中避光保存。

第三,电泳迁移率发生改变(过快或过慢)导致分子量内标尺寸发生错误,而使数据分析不能通过。可以手动修正分子量内标的数值使数据分析通过。但有时分子量内标的偏差过大,要考虑重新灌胶或更换新胶。此外 buffer、机器电流等也可能是导致迁移率改变的因素,应做相应的调整。

第四,分子量内标峰值太低导致电脑无法识别,引起数据分析不通过。此种情况可能是毛细管电泳前分子量内标的加样比例过低或分子量内标的荧光发生衰减。此时在毛细管电泳体系中增加分子量内标的加样比例或更换新的分子量内标重新电泳可使问题解决。

扩增目标位点荧光信号低及不均衡也可以引发错误数据,从而干扰 STR 基因座等位基因分型分析。所有位点荧光强度普遍偏低首先需要考虑 PCR 复合扩增的效率。在电泳体系中 PCR 产物加样比例不变的情况下主要取决于扩增的效率。荧光标记多重 PCR 反应是将多对引物放入同一管中进行扩增。与单个 PCR 反应相比,多重 PCR 有更多的干扰因素,且多重 PCR 的特异性及产量亦有所降低,因此在多重 PCR 中获得每个位点高效且均衡的扩增并不容易。相应地,复合 PCR 产物电泳的荧光信号更容易出现偏低或不均衡现象。当所有位点荧光强度普遍偏低时,可以通过两个途径加以改善。

第一,适当增加 PCR 产物的电泳上样量。

第二,对多重荧光 PCR 的某些反应参数进行优化。多重 PCR 中的退火温度应比单独扩增时退火温度低 2～4℃,且增加延伸时间和降低延伸温度均可以增加 PCR 产物的产量。

引物上标记的荧光素脱落及衰减也是常见的原因。荧光标记引物在储存上要求避光,避免反复冻融,可进行分装。引物用 TE 溶解较稳定。PCR 产物未及时上机电泳,随着时间延长,不仅荧光衰减,PCR 产物也可能发生降解。因此,通常 PCR 结束后就应立即进行基因扫描检测。最后还要考虑检测仪器的老化问题,由于仪器采用激光作为光源,而激光发射器的使用寿命为数千小时,当发现检测的荧光信号逐渐降低,应与仪器厂商联系解决。

各个 STR 基因座等位基因扩增的荧光强度由相应的 PCR 产物浓度决定,个别基因座荧光强度偏低可能是由于个别位点的荧光信号过低或没有,此时首先要考虑此位点是否有效扩增。不同引物对之间的相对浓度是重要的调节因素,因为在多重 PCR 反应中使用相等物质量的引物,扩增并非均一的。通过调整 PCR 反

应体系中各对引物的浓度,使各位点主峰的荧光强度基本一致,即增加荧光信号相对较低的位点的引物浓度,或减少其他相对荧光信号较强的位点的引物浓度,而使原本在多重体系中较弱的位点优先扩增。在吸收值较高时,小片段 STR 位点等位基因结果明确,而大片段 STR 位点比如 D18S51、D7S820 则未检见 PCR 产物。显然主要原因不是因为模板量太少,如果排除了 DNA 降解因素,则可能为模板内存在 PCR 抑制剂,此时在扩增体系中调整模板 DNA 用量或者用其他方法重新提取基因组 DNA,减少或者去除 PCR 抑制剂,以使复合扩增体系中的所有 STR 基因座均能检出。有条件的实验室最好在 PCR 扩增前进行 DNA 纯化。由于常规法医基因组学 DNA 提取方法 Chelex - 100 法在提取 DNA 时,DNA 纯度较差,所以如果未检见谱带或者谱带不全时,可以采用其他方法重新提取样本 DNA 或对 Chelex - 100 法在提取 DNA 做进一步纯化可获得满意分型结果。DNA 模板的长度也能影响个别位点的扩增,对于法医基因组学检验常常遇到的降解的生物性样本,在复合扩增体系中,随着等位基因片段由小到大复合扩增产物在电泳峰图上的信号逐渐衰弱,由于基因组 DNA 的降解,尤其是对相对大片段的 STR 基因座的影响更明显,当降解严重时部分小片段基因座检出,甚至全部基因座分型失败,此时可以选用 miniSTR 进行分型,以解决样本基因组 DNA 降解问题。

6. 影子峰的分析

在 STR 分型图谱中,常常在一个目标 STR 等位基因峰前少一个重复单位的位置出现一个信号较弱的峰,这种额外的峰就是由于 PCR 过程中的复制滑脱形成的扩增片段,称为影子峰(stutter peak)。stutter 峰形成原因是 DNA 复制过程中,重复序列区域的 DNA 容易分开;PCR 扩增时有时 Taq 酶滑脱,在延伸时,新合成链突出一个重复单位,会在下一轮复制过程中增加一个重复单位形成插入;如果模板链突出一个单位,则在下一轮复制少了一个重复单位,导致某些 PCR 产物比正常 PCR 产物少一个重复序列。图 5 - 12 为有 stutter 产物(箭头所示)的 STR 等位基因峰。

stutter 带峰高一般是正常 PCR 峰高的 15% 以下,对于非混合样品,stutter 带很易区分,stutter 带总是位于阴极侧,量少(峰低)且少于主峰一个重复单位。在同一位点,stutter 带的出现概率随着等位基因片段的增大或者扩增体系中 DNA 量的增加而增加。对于怀疑可能是混合物的样品,尤其是随机混合的现场样本,则判断混合等位基因时应慎重,对于两个以上样本的混合物检测则多个 STR 基因座均

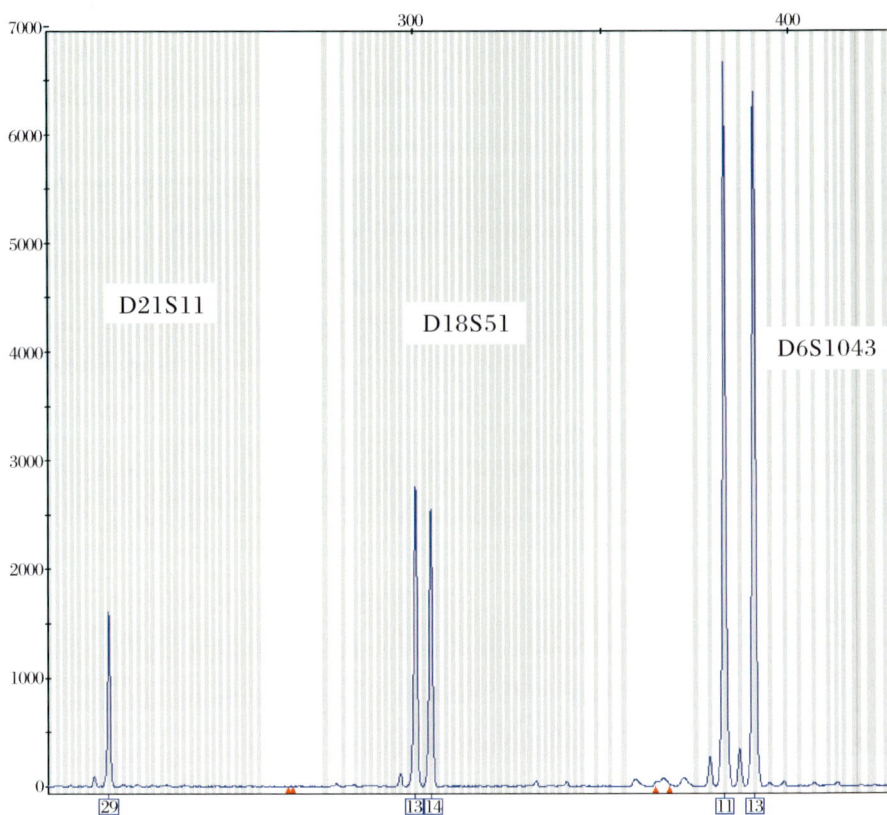

图 5 - 12 有 stutter 产物(箭头所示)的 STR 等位基因峰

会出现多个峰。

　　第一,在复制过程中重复区域 DNA 双链很容易彼此解开。由于每个重复单位相同,在双链重新复性时可能会不按照配对顺序,从而发生一个重复单位的错位。

　　第二,如果在延伸过程中新合成链凸出一个重复单位,则会在下一轮复制过程中增加一个重复单位形成插入。

　　第三,反过来讲,如果在模板链凸出一个重复单位,则新合成的链就比全长 STR 等位基因短一个重复单位。这种情况发生的频率与侧翼序列、重复单位及待扩增等位基因的长度有关。

　　总的来说,四核苷酸 STR 基因座 stutter 产物出现频率小于 15%,在分型图谱中表现为一个比 STR 等位基因短一个重复单位的小峰。stutter 产物电泳时表现为以下特点。

第一,通常比相应的主要等位基因小一个重复单位,或多一个重复单位;

第二,一般小于相应等位基因峰高的 15%;

第三,stutter 的量取决于基因座、PCR 条件及所用的聚合酶;

第四,随重复单位的增长 stutter 产物有减少的倾向;

第五,在一个基因座内较大等位基因的 stutter 产物量更多;

第六,序列重复不完全时,stutter 产物量减少。

减少样本 DNA 模板,或者减少电泳的上样量以降低峰信号强度。提高峰阈值或采取锋信号过滤,就可以消除 stutter 带。应用重复单位较长的 STR 标记(4 或 5 个碱基重复);含有不完全重复单位的 STR 等位基因(TH01 9.3);选用扩增活性强的 DNA 聚合酶(如 C-Taq 酶);优化扩增条件等方法可尽量减少 stutter 产物。

7. 杂合性丢失或 3 个扩增峰

正常情况下,单个 STR 基因座经 PCR 扩增和电泳图谱分析表现为纯合子个体只有一条带或一个基因峰而杂合子有两条带或两个基因峰,不会出现三条带或三个基因峰的现象。然而由于基因突变的原因可能出现样本杂合性缺失(loss of heterozygosity,LOH)或三个等位基因的现象。

杂合性丢失是指在杂合子中,只出现了一个等位基因即基因扫描图谱出现单峰,但它的峰高和面积与其他的杂合子的等位基因相似。正常等位基因的缺失,包括正常等位基因的染色体臂缺失或整个染色体缺失是 LOH 发生的主要原因。肿瘤组织常常发生 LOH,因此,在分析肿瘤组织样本时要注意 LOH 现象。对于单一的 STR 基因座图谱很难发现这种杂合性丢失现象,对同一基因座重新设计不同的引物或检测系统,或与亲权鉴定出现矛盾结果时能够提示有杂合性丢失的存在。在法医基因组学 STR 复合扩增体系中通常包含识别的 Amelogenin 基因座,应用于鉴定样本的性别。当 Amelogenin 基因座区域的基因变异或缺失(杂合性丢失),出现错误结果,往往出现男性样本只检出 X 峰或 Y 峰,仅检测出 X 峰将会把样本判断为女性样本,此时可以检测 Y-STR 基因座消除此类影响。

如果有多个基因座出现 3 个或 4 个等位基因,说明样本污染或者是混合样本。若是样本污染或者是混合样本往往是多个基因座同时出现 3 个或 4 个等位基因,如果在法医基因组学 STR 复合扩增体系中仅仅一个基因座出现 3 等位基因,则不

符合混合样本的特点,说明是基因突变的原因造成的。也有可能是由于其他荧光引起的 pull-up 峰或两个等位基因的 stutter 峰恰好重叠,导致 stutter 峰叠加偏高。目前三带型等位基因产生的确切机制尚不十分明确,可能的机制有两个方面:一是父系或母系同源染色体在减数分裂时不分离而整体遗传给子代,即三体综合征。二是同源染色体在减数分裂时出现不等价交换。

8. 不完整的非模板添加 A(＋A 不全或－A 峰)

Taq DNA 聚合酶在复制模板链时在 PCR 产物的 3′末端具有不依赖于模板 DNA 添加一个额外的核苷酸,通常是腺苷酸(＋A),故 PCR 产物比实际靶序列长一个碱基,而当酶在 DNA 复制过程中没有在所有复制链上添加腺苷酸,则产生－A 峰。同一个等位基因形成加 A PCR 产物片段和未加 A PCR 产物片段,在电泳分析时被识别为两个峰,两个峰基部融合为一个峰,这种尖部分叉形成两个峰尖,称为双尖峰。形成原因主要是由于模板过多会使 PCR 扩增产物部分等位基因未加 A,电泳结果也可表现为双峰,此外,含有 PCR 抑制剂、酶过少或酶活性减低也可引起不完整的非模板添加 A。一般小片段的等位基因内多见,如果大片段出现双尖峰,可能是该基因座出现等位基因变异。＋A 添加的效率与 PCR 产物 3′端处 DNA 的特定序列有关。PCR 最终延伸步骤可以给 DNA 聚合酶以额外的时间来完成添加＋A 到所有双链 PCR 产物上,比较同一样品是否省略 PCR 程序 60℃延伸 45 分钟的检验结果,分型无差异,但 FGA23.2、FGA23.3、FGA24 及 D21S11 30.2、D21S11 30.3、D21S11 31 及 TH01 9.3、TH01 10 等位基因分型时应慎重。尚未为＋A 添加而优化的 STR 复合扩增系统可能会有双尖峰。

9. 其他伪峰

当设备电流输出出现短暂跳动时,在数据峰图上会出现信号基线的突然跳动,表现为图峰突然抬高的断层式图峰,可能识别为片段峰。表现为左侧近似直线抬高,达到峰尖后稍慢回落,呈现楔形。每种颜色在相同的位置都会出现类似的峰。当电极缓冲液中有带负电的固体颗粒,信号峰上会出现棒状图形(直线上升,直线下降)。通过过滤电极缓冲液或更换新的缓冲液可以解决。

10. 出峰延迟及出峰提前

出峰延迟主要是由于各种原因导致电泳迁移率变慢,电泳迁移率变慢后就会导致在设置的电泳时间内出峰不完全而软件无法分析数据。其主要原因有:电极缓冲液长时间不换,缓冲能力变差;胶过期或室温放置时间过长;遗传分析仪 oven

温度过低;室内环境温度过低等。因此需要及时更换溶液槽中的缓冲液和水,确认槽的外围是干燥的;确保胶的质量,pop 胶放置在仪器上不要超过 1 周;控制环境温度在 22℃左右。电泳迁移率变快则会出峰提前,其主要原因是 buffer 长时间不换,缓冲能力变差;胶过期或室温放置时间过长;pop 胶的类型与仪器不匹配;不同型号的遗传分析仪所选用的 pop 胶的类型有所不同,如 pop-4 胶适用于 3130 遗传分析仪,pop-7 胶适用于 3730 遗传分析仪;oven 温度过高;室内环境温度过高等。

11. 数据分析时出现 off ladder 峰

未知样本数据中的各种颜色及每种颜色各片段与 ladder 中的相应的颜色和等位基因范围相比较,通过比较样本中的片段与 ladder 中等位基因相同,就用该等位基因命名,若不同,就识别为 off-ladder(OL)。off-ladder 峰在 STR 分型图谱中,常会遇到部分样本的少量片段峰未被程序化数字命名,在分型图谱中被识别为 off-ladder(OL)峰。

大多数由于扩增产物在电泳过程中发生漂移,远离了原来的位置,系统无法识别。室温不同,电泳的速度不同。在一定范围内温度越低,电泳结果越好。可以通过分析已判定的等位基因分别于各自等位基因漂移的情况,对 OL 峰漂移进行校正,人工命名该等位基因。当所有基因座均为 OL 峰时可能是由于电泳时未加 ladder 或分析时忘记选择 sample type 或 ladder 中内标迁移率与样品中内标迁移率差别过大所导致的,可以加 ladder 重新电泳、分析时改回"ladder"重新分析。有时会出现小片段基因座正常,大片段基因座出现 OL 峰的情况,则是由于内标定义不完全造成的,手动更改设置,将后面的"size"添上去重新分析。

偶尔 DNA 样本中会包含某个等位基因,它位于与 ladder 上相应基因座 0.5bp 范围之外。这些等位基因则被定义为"off-ladder"等位基因或微变异。off-ladder 等位基因可能位于等位基因 ladder 之外,也可能位于等位基因 ladder 的两个峰之间。在进行基因分型时,如果等位基因小于 ladder 范围,将其定义为小于 ladder 中最小的等位基因。例如,一个 CSF1PO 等位基因小于 ladder 中最小的等位基因 6,就会被定义为 CSF1PO<6。同样,如果一个等位基因大于 ladder 中最大的等位基因 15,就会被定义为 CSF1PO>15。位于 ladder 两个相邻峰之间的等位基因,通常根据它与距离最近的下游等位基因间的碱基数定义。例如:一个 TH01 等位基因比等位基因 8 的长度多出三个碱基,就被定义为 TH01 8.3,也可以非特指定为 TH01 8.x。

off-ladder 等位基因可以通过将扩增产物再次电泳、重新扩增样本或用单基因座引物扩增得到确证。含有一个"正常"等位基因和一个微变异等位基因的杂合子样本很容易确定微变异等位基因。在这种情况下,拥有完整重复序列的正常等位基因和 ladder 等位基因相对应,而拥有部分重复序列的微变异等位基因则位于 ladder 中不同等位基因间。此时可通过与 ladder 或相应的 size 值计算其峰值。

因等位基因微变异而产生的 off-ladder(OL)峰,不能对出现的 OL 等位基因以片段大小或其他来代替,也不能没有依据的为 OL 命名。应该根据该 OL 峰与 ladder 对应峰大 1 bp、2 bp、3 bp,进行人工修正命名为".1"、".2"、".3"。以 D7S820 基因座出现的 OL 峰为例修正方法如下。

某样本电泳图谱分析显示 D7S820 基因座中紧邻等位基因 11 有一个形状相同的 OL 峰,OL 峰命名的计算方法如下步骤。

(1)软件分析显示同时电泳的 ladder 在该基因座等位基因 11、12 的 bp 值分别为 274.68 和 278.70;

(2)软件分析显示样本等位基因 11 和 OL 峰的 bp 值分别为 274.70 和 275.43;

(3)样本等位基因 11 的 bp 值减去 ladder 等位基因 11 的 bp 值:274.70－274.68＝0.02,表明样本等位基因 11 相对于 ladder 漂移了 0.02bp;

(4)OL 峰的 bp 值扣除漂移,减去 ladder 等位基因 11 的 bp 值:275.43－0.02－274.68＝0.73,表明 OL 峰比 ladder 等位基因 11 大了 0.73bp;

(5)ladder 等位基因 12 的 bp 值减去 OL 峰的扣除漂移后的 bp 值:278.69－(275.43－0.02)＝3.28 表明 OL 峰的比 ladder 等位基因 12 小了 3.28bp。

该样本的 OL 峰较等位基因 11 大 0.73bp、较等位基因 12 小 0.328bp。因此,可以将该样本 OL 峰命名为 11.1。该样本等位基因型为 11,11.1。

随着检测样本数的增加,各 STR 基因座中不断发现新的微变异等位基因被称为稀有等位基因。通常是指等位基因标准分型物未包含的等位基因,由于等位基因标准分型物是在群体遗传学调查的基础之上建立的,随着检验人群数量的不断扩大,会发现许多稀有等位基因。

5.1.4.5 STR 自动分析影响因素

法医基因组学检验的人体生物性样本通常是离体后得到的,常常不能得到足量的样本、样本 DNA 发生降解、受到周围环境污染、含有 PCR 抑制剂等因素的影响,使得 STR 基因扫描技术遇到困难。

1.甲酰胺及分子量内标对检验结果的影响

PCR 产物需要和甲酰胺、分子内标按照一定的比例混合变性后上样。甲酰胺可以有效地使 DNA 变性,并在电泳过程中一直维持 DNA 分子变性状态,有利于检测,是 DNA 上样缓冲液的首选。STR 基因扫描采用毛细管电泳技术,根据不同大小带负电荷的 DNA 分子在电场作用下由负极向正极移动的速度不同,从而对不同大小的 DNA 分子进行分离和检测,若样本或上样缓冲液中存在其他带电离子就会影响 DNA 分子的检测。电泳时,应使用去离子甲酰胺,推荐使用 Hi-Di 甲酰胺效果更好,可增加毛细管电泳检测灵敏度。但是长期存放于甲酰胺中的扩增样品会发生降解,故使用新鲜的甲酰胺制备样品是 STR 自动分型所必需的。去离子甲酰胺长久暴露于空气中易被氧化成甲酸盐,后者在电泳上样时有两个不利作用,一是甲酸盐会与 PCR 产物中的 DNA 竞争吸附于毛细管上,减少 PCR 产物中 DNA 上样量;二是甲酸盐本身会淬灭荧光,这两个作用的结果是降低毛细管电泳检测灵敏度,检测样本所有基因位点的信号模糊或无信号,使本应能检测到 PCR 扩增产物的结果表现为阴性。PCR 扩增后模板 DNA 量会成千上百万倍增长,有时分析结果时虽可以看到很高的 PCR 峰,但无法分析这些结果,原因是甲酸盐竞争的结果使分子量内标用量进样量很少(甲酸盐也能降解 DNA),无法比对分析。因此,新购买的去离子甲酰胺应分装于 1.0mL 离心管内,冰冻保存于冰箱中,防止发生氧化,每次使用一管,剩余的不再保留重复使用。

电泳时分子量内标的用量应合适,太多则浪费,分子量内标峰值过高,而复合扩增由于优势扩增效应的影响,大片段基因座位点扩增效率较低,影响样本数据分析,特别是大片段基因座的分型;太少则由于分子量内标峰值过低,无法全部准确识别不能建立起内标出峰时间与分子量大小的回归方程,故无法分析样本。

2.PCR 污染物的影响

由于模板量极其微量,所以在样本提取和检验过程中特别是 PCR 反应中极易受到外源性 DNA 样本污染。污染最可能导致得出错误的排除结论,因为污染的 DNA 样本会抑制案件中微量的样本 DNA(出现随机效应),或者掩盖所形成的混合斑中罪犯的基因型。PCR 具有高灵敏性,可扩增小量 DNA,但是如果不采取正确的防护措施,它的灵敏性同时就会带来麻烦,尤其是微量样本,特别是随着接触性样本 DNA 提取技术的涌现,大量接触性样本需要进行检验。因此一定要严格遵守实验认可的操作程序,才能避免高浓度 DNA 的污染。例如来自实验室人员的 DNA 的污染。一旦发生污染,可能导致"排除"或"不确定"的结论。污染是在试验的过程中偶尔发生的 DNA 的转移。PCR 过程存在三个可能的污染源:环境中基因组 DNA 造成的样本污染;DNA 提取时造成的污染;前一次扩增产物的污染。第一种污染来源取决于现场样本的采集和证据采集人员的防护措施,只能在一定程度上应用载体对照的方法进行监控。后两者可以通过遵守规范的实验管理操作程序和划分工作区域来控制。阴性对照是指整个法医案件样本检测过程中同时检测一个空白样本。设置阴性对照,检测 PCR 反应试剂和试管是否污染,就可检测是否存在实验室的污染。如阴性对照中有 PCR 产物,须找出污染源。实验研究证明:遵守规范的实验操作程序,则不会出现实验室样本污染。只有严重违反规范的实验操作程序,才可能检测到污染。简单的操作不慎不会引起污染的发生。为了防止在实验室工作人员的 DNA 污染,法医 DNA 实验室常常都保存有工作人员的 DNA 样本基因分型数据,以供比对。

为法医 DNA 分型提取生物样本时,防止 DNA 模板的降解和去除 PCR 反应的抑制物都十分重要。抑制物或降解 DNA 的存在会导致 PCR 反应的彻底失败或对大片段 PCR 产物样本的灵敏度减低。STR 分型成功需要样本 DNA 分子中包括引物结合区和其下游的完整 DNA 分子。对于降解样本,STR 基因座等位基因片段越短越容易分型。在复合扩增体系中,随着等位基因片段由小到大复合扩增产物在电泳峰图上的信号逐渐衰弱,当降解严重时部分小片段基因座检出,甚至全部基因座分型失败。DNA 通过很多机制降解,包括酶解和化学反应。在细胞死后,其中的 DNA 分子面临细胞核酸酶,以及周围环境中的细菌、真菌分解。水解作用和氧自由基的破坏作用可限制 DNA 的成功修复和扩增。水解作用的主要对象是糖骨架的寡糖基。这里的裂解会导致核酸的丢失,然后单链终止。如果有一条足够长的 DNA 链在引物退火时或者在正反引物之间断裂,PCR 扩增的效率就会下降或目的片段扩增失败。所以高温和潮湿这些能加速水解的因素,是破坏 DNA 分子完整的最大的因素。紫外线照射可使 DNA 分子发生胸腺嘧啶交联,抑制 PCR 反应中酶的活性。

在现场提取 DNA 样本时面临的一个难题是样本中含有抑制剂干扰 PCR 扩增过程。抑制剂抑制扩增的方式包括:第一,干扰 DNA 提取中的细胞溶解过程。第二,通过降解和结合核酸发挥抑制作用。第三,抑制聚合酶活性。在法医基因组学

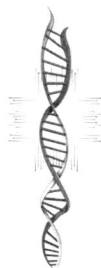

DNA 检验中,通常有两种 PCR 抑制物:血色素和棉布的靛青染料。在进行线粒体DNA 扩增时毛发的黑色素也是 PCR 的抑制剂。这些抑制剂在 PCR 扩增时可结合于 Taq 酶的活性位点上,抑制酶的扩增功能。

3.低拷贝数模板

标准复合 STR 分型方法使用最低的模板 DNA 量应在 250pg 左右,PCR 循环数应在 28~30 以下,通常可以获得最佳效果的 DNA 量应为 1ng。DNA 模板量太少可表现为:等位基因的丢失,因 PCR 反应没能扩增到 DNA 片段;模板量太多则表现为:分析中分裂峰型或者峰超出分析范围。要想得到满意 DNA 检验图谱,PCR 反应时模板 DNA 的用量应严格定量在一定范围内。

当模板 DNA 的量极少时,PCR 扩增就会发生随机效应,即当 DNA 模板量低于 100pg 时,在 PCR 中的前几个循环会对姊妹染色体上 DNA 分子的一个等位基因随机选择进行扩增,随机扩增的分子在以后会被优先扩增,对杂合子样品的检验结果会造成明显不对称扩增,甚至造成等位基因丢失。所以,在 PCR 要使用规定最小的 DNA 模板量,以避免随机扩增的发生。随着微量 DNA 检测技术的发展,在实际案件中常常遇到许多微量、超微量生物性样本进行 DNA 检验,例如,骨骼、牙齿、汗液以及耳机、牙刷、眼镜鼻架、乳胶手套内面、汽车手闸、工具手柄、电话听筒、钥匙衣物、提包手柄、鼠标等与人体短暂接触物体表面提取到接触者的 DNA 等。法医基因组学分析工作者一直努力探索对微量 DNA 进行分析的方法。对模板 DNA 含量少于 100pg 的生物样本进行分析的各种 DNA 检测方法统称为低拷贝模板(low copy number,LCN)分析技术。近年来,许多最新的检测技术纷纷用于 LCN 基因组 DNA 分析,例如增加 PCR 扩增循环次数、扩增后产物纯化、全基因组扩增技术、激光捕获显微切割技术等技术方法,显著提高了检测的灵敏度和成功率,极大拓展了 DNA 技术在刑事司法领域的全面利用。

LCN-STR 分型的成功率较低,有时获得的检验结果可能与案件无关,在实际检验中利用 LCN-STR 分型必须十分的谨慎,需充分注意以下一些方面。

一般不作出排除的结论;要进行重复性检验,比较结果;必须设置相应的空白对照;分析结果时没有最小的阈值,必须注意随机效应的存在;等位基因的增多是LCN-STR 中不可避免的问题;必须充分考虑到 DNA 一级转移及二级转移的情况;杂合子峰的不对称增加(≥30%);影子带的强度相对增强(≥15%);无法对混合样品进行分析;在 LCN 分型条件下,试剂的质量控制难于进行;必须建立相关的统计学方法对结果进行解释;检验结果的数据不能录入数据库。

对 LCN 检验结果进行客观准确的分析解释是保证该结果成功用于法庭举证至关重要的环节。

5.2　SNP 分型

单核苷酸多态性(single nucleotide polymorphism,SNP),主要是指在基因组水平上由单个核苷酸的变异所引起的 DNA 序列多态性。它是人类可遗传的变异中最常见的一种。占所有已知多态性的 90% 以上。SNP 在人类基因组中广泛存在,平均每 500~1000 个碱基对中就有 1 个,估计其总数可达 300 万个甚至更多。

STR 分型分析是迄今为止,应用最为广泛的 DNA 个人识别方法,而且全世界范围内的 DNA 数据库正在以极快的速度增长,因此,该方法在法医学中的首要地位在未来很长一段时间内将是不可动摇的。然而,针对一些特殊的疑难生物样本,使用标准的 STR 分型方法分析失败,或者分型图谱无嫌疑人或数据库信息比中结果时,法医基因组学家希望能够通过使用额外的 DNA 遗传标记进一步挖掘对案件侦破有价值的 DNA 相关信息。SNP 遗传标记已经越来越多地被应用于法医学DNA 领域的研究中,与 STR 相比,具备较多的优势,有良好的应用前景。

首先,SNP 位点为单碱基置换,PCR 扩增子的片段长度能够小于 100bp,优于STR 的扩增子片段 100~400bp,这就意味着我们可以从高度降解的 DNA 生物样本中重新获得完整的分型结果。

第二,因为 SNP 的多种检测方法(如芯片杂交法、飞行质谱法)不受电泳空间间隔(4 色荧光染料标记和 75bp 至 450bp 电泳检测范围)的限制,因此其复合位点的数目水平要高于 STR。

第三,SNP 检测技术的通量不断提高,且分型检测方法可以不需要进行片段分离,因此其样品处理和数据分析过程能够更进一步实现自动化。

第四,双等位基因的遗传模式,使 SNP 位点等位基因分析结果的质量更高,且由于检测方法的不同,简化了等位基因的识别过程,而且双等位基因更容易实现对分布频率的准确估计,实验样本数量也越少。

最后,SNP 位点更大的潜能在于对个体信息的推断,包括祖先或地理来源、外形特征、疾病易感性等。

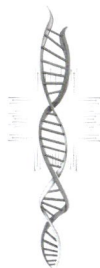

5.2.1 个人识别 SNP 位点筛选

2007 年,国际法医遗传学会(International Society for Forensic Genetics, ISFG)代表会议在丹麦首都哥本哈根召开,法医学领域知名教授组成的国际专家组,对 SNP 遗传标记检测技术和应用前景进行了深入的讨论。在这次会议上,基于法医基因组学应用的角度,专家组将 SNP 遗传标记分成 4 种类型:个人识别 SNPs(individual identification SNPs,IISNPs)、连锁信息性 SNPs(lineage-informative SNPs,LISNPs)、祖先信息性 SNPs(ancestry-informative SNPs,AISNPs)和表型信息性 SNPs(phenotype informative SNPs,PISNPs)。个人识别 SNPs 位点集合,需要满足两个无关个体出现相同基因型的概率尽可能低,以 13 个 CODIS 基因座的随机匹配概率作为参考,该值应至少低于 10^{-13}。筛选可以用于个人识别的 SNPs 位点要以大规模多群体 SNP 分型数据库作为参考,考察单位点的遗传稳定性、基因多态性、不同群体间等位基因频率变异程度和位点两两之间的遗传独立性。连锁信息性 SNPs 是一组紧密连锁的 SNPs,各个位点的等位基因之间会以单倍体的形式传递,每种单倍型可以作为一种等位基因,因此,连锁信息性 SNPs 能比单纯的二等位基因 SNP 位点提供更多的等位基因信息,具有更高的识别能力。祖先信息性遗传标记是一类能够用于推断 DNA 样品来源个体祖先或地域来源的遗传标记,在遗传性疾病关联分析和法医学实践中有重要的应用价值,STRs 和 SNPs 均可作为祖先信息性遗传标记位点。SNP 是影响基因表达和功能的最主要遗传标记类型,表型信息性 SNPs 是指能够预测个体特异性表型特征的 SNP 位点。

SNPs 在人类基因组更常见,但不如 STRs 多态性好。虽然 SNP 分型不能在短时间内替代 STR 分型用做案件分析和数据库建立,但是对研究人员而言,识别一组备用的 SNPs 位点用于人类的个人识别和亲子鉴定是十分必要的。大规模网络公用群体遗传学数据库的建立,如 HapMap、HGDP 和 ALFRED,为 IISNPs 的挑选奠定了重要的基础。通用个人识别 SNPs 遗传标记应满足哈德温伯格平衡、高杂合度、不同人群间等位基因频率差别要小和极低连锁不平衡,再将筛选出的位点构建成复合 SNP 分析体系,最后检测实验群体样本的等位基因频率,验证其有效性。

通常 40~45 个杂合度大于 0.4 的 SNPs 位点能够提供低于 10^{-15} 的随机匹配概率。经过群体遗传学实验样品的验证,42 个统计学上独立的 IISNPs($r^2 <$

0.05),随机匹配概率达到 9.5×10^{-18},累积非父排除率为 0.99982。此外,结合了 ABO 基因型 SNP 位点,这样的检验实际的随机匹配概率比 9.5×10^{-18} 还要低。

5.2.1.1　SNP for ID:52-plex SNP 复合检测系统

2003 年,欧洲法医 DNA 分型协会启动了 SNP for ID 计划,目的在于研发辅助法医基因组学 DNA 分析的 SNP 分型方法。

第一,选出至少 50 个 IISNPs,确定主要人群的等位基因频率;

第二,开发一种高效的 DNA 扩增策略,一次性同时分析达到 50 个 SNPs 位点;

第三,评估不同的自动化、高通量 DNA 分型平台,用于准确且可靠的复合 SNP 分型;

第四,评估该高通量 SNP 分型方法的法医学应用指标。

SNP for ID 协会于 2006 年发表了基于 SNaPshot™ 分析技术构建的 52-plex 复合 SNP 检测分析系统,系统完整地阐述了该复合体系的各项性能与指标,以使该系统能够适用于全部法医基因组学实验室。全部 52 个常染色体 SNPs 被分成 2 组进行 PCR 扩增,一组 23 个 SNP、一组 29 个 SNP,扩增产物由 AB 公司毛细管电泳分析仪检测。通过 SNP 延伸片段的长度大小来区分和判断各位点的等位基因分型结果。扩增子长度范围在 59～115bp,500pg DNA 获得完整的 SNP 分型图谱,对仅获得部分 STRs 基因座分型图谱的降解 DNA 能够进行有效的扩增。

SNP for ID 52-plex 复合 SNP 检测系统已经进行了全世界范围内大规模的群体性样本检测,通过收集到的群体遗传学数据,检验系统的识别能力及变异程度(表 5-5)。通过分析来自 9 个不同群体的 700 份样品,得到欧洲人、索马里人和亚洲人的平均杂合度分别为 0.44、0.41 和 0.38,平均随机匹配概率分别为 5.0×10^{-21}、1.1×10^{-19} 和 5.0×10^{-19};F_{ST} 值分布在 0.003 至 0.217,且各位点之间无显著性关联。然而,随着检测群体数量的逐步增多,52 个统计学独立的 IISNPs 位点的随机匹配概率变异范围逐渐增大,达 $10^{-9}\sim10^{-21}$。

表 5 – 5　SNPforID 52-plex 复合检测 SNPs 位点列表

编号	NCBI SNP 编号	染色体	核苷酸位置	扩增片段大小(bp)	SNP 等位基因	等位基因频率		
						非裔美国人	亚洲人	欧洲人
1	rs1490413	1	4,037,521	68	A/G	0.59/0.41	0.46/0.54	0.47/0.53
2	rs876724	2	104,974	83	C/T	0.72/0.28	0.46/0.54	0.69/0.31
3	rs1357617	3	936,782	90	A/T	0.85/0.15	0.80/0.20	0.65/0.35
4	rs2046361	4	10,719,942	79	A/T	0.65/0.35	0.70/0.30	0.80/0.20
5	rs717302	5	2,932,133	86	A/G	0.92/0.08	0.83/0.17	0.45/0.55
6	rs1029047	6	1,080,939	100	A/T	0.61/0.39	0.27/0.73	0.37/0.63
7	rs917118	7	4,201,341	87	C/T	0.10/0.90	0.50/0.50	0.50/0.51
8	rs763869	8	1,363,017	100	C/T	0.48/0.52	—	0.56/0.44
9	rs1015250	9	1,813,774	95	C/G	0.55/0.45	0.40/0.60	0.15/0.85
10	rs735155	10	3,328,178	100	A/G	0.38/0.62	0.82/0.18	0.41/0.59
11	rs901398	11	11,060,530	70	C/T	0.39/0.61	0.29/0.71	0.34/0.66
12	rs2107612	12	741,262	93	A/G	0.64/0.36	0.75/0.25	0.70/0.30
13	rs1886510	13	20,172,700	86	C/T	0.85/0.15	—	0.50/0.50
14	rs1454361	14	23,840,960	73	A/T	0.57/0.43	0.62/0.38	0.47/0.53
15	rs2016276	15	22,119,157	90	A/G	0.91/0.09	0.59/0.41	0.79/0.21
16	rs729172	16	5,606,490	60	A/C	0.23/0.77	0.06/0.94	0.38/0.62
17	rs740910	17	5,907,188	87	A/G	0.92/0.08	0.92/0.09	0.57/0.43
18	rs1493232	18	1,117,986	59	A/C	0.44/0.56	0.39/0.61	0.56/0.44
19	rs719366	19	33,155,177	105	C/T	0.24/0.76	0.15/0.85	0.38/0.62
20	rs1031825	20	4,442,483	98	A/C	0.60/0.40	0.41/0.59	0.30/0.70
21	rs722098	21	15,607,469	81	A/G	0.17/0.83	0.50/0.50	0.86/0.14
22	rs733164	22	26,141,338	68	A/G	0.26/0.74	0.16/0.84	0.34/0.66

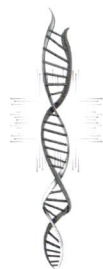

法医基因组学

中华民族基因组多态现象研究

编号	NCBI SNP 编号	染色体	核苷酸位置	扩增片段大小(bp)	SNP 等位基因	等位基因频率		
						非裔美国人	亚洲人	欧洲人
23	rs826472	10	2,360,631	85	C/T	0.70/0.30	0.66/0.34	0.44/0.56
24	rs2831700	21	28,601,558	62	A/G	0.42/0.58	0.50/0.50	0.62/0.38
25	rs873196	14	96,835,572	63	C/T	0.30/0.70	0.19/0.81	0.37/0.63
26	rs1382387	16	79,885,888	69	G/T	0.55/0.45	0.40/0.60	0.25/0.75
27	rs2111980	12	104,830,721	72	A/G	0.69/0.31	0.60/0.40	0.56/0.44
28	rs2056277	8	139,370,172	73	C/T	0.70/0.30	0.75/0.25	0.55/0.45
29	rs1024116	18	73,559,363	76	A/G	0.37/0.63	0.12/0.88	0.50/0.50
30	rs727811	6	164,954,622	78	A/C	0.30/0.70	0.66/0.34	0.61/0.39
31	rs1413212	1	239,753,521	84	A/G	0.61/0.39	0.47/0.53	0.41/0.59
32	rs938283	17	78,065,617	85	C/T	0.09/0.91	0.17/0.83	0.30/0.70
33	rs1979255	4	191,013,970	86	C/G	0.38/0.62	0.33/0.67	0.35/0.65
34	rs1463729	9	122,257,493	87	A/G	0.79/0.21	0.48/0.52	0.56/0.44
35	rs2076848	11	134,205,198	89	A/T	0.38/0.62	0.58/0.42	0.49/0.51
36	rs1355366	3	192,127,021	90	A/G	0.40/0.60	0.95/0.05	0.70/0.30
37	rs907100	2	239,850,329	91	C/G	0.74/0.26	－	0.48/0.52
38	rs354439	13	104,636,412	93	A/T	0.50/0.50	0.58/0.42	0.64/0.36
39	rs2040411	22	46,048,653	94	A/G	0.75/0.25	0.08/0.92	0.71/0.29
40	rs737681	7	154,850,085	96	C/T	0.56/0.44	0.80/0.20	0.58/0.42
41	rs2830795	21	27,530,034	97	A/G	0.88/0.12	0.45/0.55	0.67/0.33
42	rs251934	5	174,759,601	98	C/T	0.26/0.74	0.16/0.84	0.42/0.58
43	rs914165	21	41,336,325	100	A/G	0.66/0.34	0.27/0.73	0.49/0.51
44	rs10495407	1	235,480,457	102	A/G	0.11/0.89	0.42/0.58	0.29/0.71

编号	NCBI SNP 编号	染色体	核苷酸位置	扩增片段大小(bp)	SNP 等位基因	等位基因频率		
						非裔美国人	亚洲人	欧洲人
45	rs1360288	9	124,344,108	103	C/T	0.70/0.30	0.50/0.50	0.50/0.50
46	rs964681	10	132,172,819	106	C/T	0.37/0.63	0.23/0.77	0.41/0.59
47	rs1005533	20	40,172,539	107	A/G	0.55/0.45	0.60/0.40	0.45/0.55
48	rs8037429	15	51,332,965	108	C/T	0.58/0.42	0.42/0.58	0.62/0.38
49	rs891700	1	236,923,075	109	A/G	0.53/0.47	0.53/0.47	0.57/0.43
50	rs1335873	13	18,699,724	110	A/T	0.91/0.09	0.28/0.72	0.36/0.64
51	rs1028528	22	46,574,531	113	A/G	0.35/0.65	0.65/0.35	0.74/0.26
52	rs1528460	15	52,926,761	115	C/T	0.65/0.35	0.36/0.64	0.29/0.71

目前,该系统已经通过了法医学个人识别和亲子鉴定的有效性验证,而且 52 个 SNPs 位点通过了美国国家标准技术研究院的标准参考材料 2391bp 基于 PCR 的 DNA 分型标准的测试。大范围的应用研究已经展开。SNP for ID 网站包含了 52-plex SNP 系统的全部位点信息、出版物和群体遗传数据的全部链接。

5.2.1.2 Kidd 实验室:86 个不连锁的通用 IISNPs

耶鲁大学的 Kenneth K. Kidd 教授实验小组定义了 IISNPs 的筛选标准:

第一,SNPs 应该在人群之间有极低的等位基因频率改变;

第二,全世界范围的高信息性;

第三,不连锁。

以上这 3 点特征分别由 F_{ST} 值、期望杂合度 H 值和 LD 的 r^2 值来衡量。该小组基于 AB 公司提供的 4 个群体基因组分型数据、Shriver 等人研究的 14 个群体数据和 HGDP-CEPH 的 52 个群体数据,筛选出了超过 500 个备选的 SNPs。然后,使用 TaqMan® 技术分型备选的 SNPs,分析来自世界范围内的 44 个群体的遗传数据。最后,选出一组最理想的 IISNPs,能够用于构建 SNP 复合检测体系。该研究的 SNPs 位点信息、群体样本数量和等位基因频率结果,均公布在耶鲁大学的 ALFRED数据库。

IISNPs 的挑选主要基于两条核心标准:第一,每个 SNP 位点全体人群的平均杂合度要大于或等于 0.4,用来保证每个位点的个人识别效力;第二,所有群体计算得到的 F_{ST} 值必须小于 0.06,用来保证所选位点应用于不同群体时,识别力维持稳定。依照以上两点选出的 IISNPs 能够在世界范围内通用,而无需考虑个体的民族或祖先来源。而基于随机匹配概率的乘法法则,一组 IISNPs 位点之间应保持独立性遗传,通过连锁不平衡参数 r^2 值的计算,挑选出统计学上相互独立的位点组成最终的法医学 IISNPs 组合。由 Kidd 实验室挑选出来的 86 个无显著性连锁不平衡关系(r^2 中位数为 0.011)的 IISNPs 位点,平均 $H>0.4$,$F_{ST}<0.06$,在 44 个群体中的随机匹配概率分布在 $10^{-35}\sim10^{-31}$,包含 45 个推荐的不连锁的 re-IISNPs。

Kidd 实验室挑选出来的 86 个 IISNPs 的信息列表见表 5-6。

表 5-6　Kidd's Lab 86 个 IISNPs 的信息列表

IISNP 编号	NCBI SNP 编号	平均 杂合度	F_{ST} 值	染色体	核苷酸 位置	平均距离 (cM)
1	rs10488710	0.442	0.0217	11	114,712,386	111.6
2	rs2920816	0.459	0.0232	12	39,149,319	57.9
3	rs6955448	0.421	0.0298	7	4,276,891	7.6
4	rs1058083	0.464	0.03	13	98,836,234	84.6
5	rs221956	0.462	0.031	21	42,480,066	54.6
6	rs13182883	0.472	0.0314	5	136,661,237	140.6
7	rs279844	0.484	0.0316	4	46,024,412	61.8
8	rs6811238	0.484	0.0319	4	169,900,190	166.9
9	rs430046	0.441	0.0321	16	76,574,552	94.1
10	rs576261	0.472	0.0352	19	44,251,647	63.6
11	rs2833736	0.46	0.0356	21	32,504,593	32.2
12	rs10092491	0.459	0.0364	8	28,466,991	52.5
13	rs560681	0.434	0.0364	1	159,053,294	167.3
14	rs590162	0.482	0.0366	11	121,701,199	124.6
15	rs2342717	0.423	0.0367	16	5,808,701	10.1

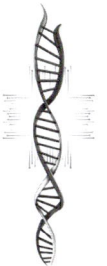

IISNP 编号	NCBI SNP 编号	平均杂合度	F_{ST} 值	染色体	核苷酸位置	平均距离（cM）
16	rs4364205	0.458	0.0372	3	32,392,648	56.3
17	rs445251	0.464	0.0386	20	15,072,933	36.8
18	rs7041158	0.439	0.0389	9	27,975,938	51.3
19	rs9546538	0.429	0.0395	13	83,354,736	69.6
20	rs1294331	0.457	0.0396	1	231,515,036	247.4
21	rs159606	0.442	0.0396	5	17,427,898	23.8
22	rs740598	0.462	0.0406	10	118,496,889	139.1
23	rs464663	0.462	0.041	21	26,945,241	25.7
24	rs1821380	0.465	0.0413	15	37,100,694	38.2
25	rs1336071	0.472	0.0418	6	94,593,976	102.3
26	rs1019029	0.474	0.0419	7	13,860,801	23
27	rs9951171	0.475	0.042	18	9,739,879	31.4
28	rs8078417	0.402	0.0426	17	78,055,224	130
29	rs1358856	0.474	0.043	6	123,936,677	121.3
30	rs6444724	0.469	0.0435	3	194,690,074	217.4
31	rs13218440	0.458	0.0436	6	12,167,940	24.6
32	rs2270529	0.421	0.0443	9	14,737,133	28.9
33	rs1498553	0.477	0.0446	11	5,665,604	11.4
34	rs7520386	0.477	0.0447	1	14,027,989	29.7
35	rs1523537	0.472	0.0447	20	50,729,569	79.4
36	rs1736442	0.438	0.045	18	53,376,775	79.4
37	rs1478829	0.474	0.0459	6	120,602,393	119.8
38	rs3780962	0.476	0.0462	10	17,233,352	42.7
39	rs7229946	0.464	0.0466	18	20,992,999	49.8
40	rs9866013	0.419	0.0468	3	59,463,380	77.4

第 5 章 法医基因组分型技术

IISNP 编号	NCBI SNP 编号	平均 杂合度	F_{ST}值	染色体	核苷酸 位置	平均距离 （cM）
41	rs2567608	0.473	0.0469	20	22,965,082	49.8
42	rs2399332	0.435	0.0472	3	111,783,816	124.5
43	rs987640	0.476	0.0476	22	31,889,508	34.9
44	rs4847034	0.445	0.0476	1	105,519,154	134.1
45	rs2073383	0.456	0.0479	22	22,132,171	15.8
46	rs3744163	0.43	0.048	17	78,333,148	130
47	rs10500617	0.404	0.0481	11	5,055,969	9
48	rs993934	0.45	0.0482	2	123,825,683	134.2
49	rs2291395	0.473	0.0486	17	78,119,428	130
50	rs10773760	0.444	0.0487	12	129,327,649	165.1
51	rs12480506	0.403	0.0492	20	16,189,416	39.1
52	rs4530059	0.406	0.0495	14	103,840,194	126.5
53	rs8070085	0.437	0.0498	17	38,595,510	66.4
54	rs12997453	0.44	0.0503	2	182,121,504	188.1
55	rs4606077	0.421	0.0503	8	144,727,897	164.2
56	rs214955	0.474	0.0511	6	152,739,399	155.7
57	rs2272998	0.467	0.0511	6	148,803,149	148.6
58	rs5746846	0.464	0.0515	22	18,300,646	9
59	rs4288409	0.415	0.0515	8	136,908,411	152
60	rs2269355	0.473	0.0521	12	6,816,175	17
61	rs1027895	0.433	0.0524	17	43,865,696	69.4
62	rs321198	0.459	0.053	7	136,680,378	143.5
63	rs901398	0.441	0.0531	11	11,052,797	18.2
64	rs338882	0.469	0.0532	5	178,623,331	195.8
65	rs10776839	0.463	0.0533	9	136,557,129	152.6

IISNP 编号	NCBI SNP 编号	平均 杂合度	F_{ST} 值	染色体	核苷酸 位置	平均距离 (cM)
66	rs521861	0.473	0.0534	18	45,625,012	70.7
67	rs1109037	0.47	0.0534	2	10,003,173	21.5
68	rs4796362	0.471	0.0536	17	6,752,253	14.2
69	rs315791	0.472	0.0539	5	169,668,498	176.3
70	rs891700	0.471	0.0541	1	237,948,549	261.3
71	rs1004357	0.411	0.0541	17	39,047,052	67.1
72	rs7205345	0.469	0.0544	16	7,460,255	14.2
73	rs6591147	0.451	0.0545	11	105,418,194	106.3
74	rs2503107	0.458	0.0548	6	127,505,069	125.9
75	rs1410059	0.47	0.0551	10	97,162,585	117.6
76	rs1872575	0.472	0.0552	3	115,287,669	128.2
77	rs1554472	0.472	0.0552	4	157,709,356	155.7
78	rs2046361	0.462	0.0559	4	10,578,157	23.1
79	rs9905977	0.419	0.0561	17	2,866,143	7.9
80	rs7704770	0.449	0.0567	5	159,420,531	163
81	rs13134862	0.453	0.0571	4	76,644,920	84.2
82	rs2811231	0.458	0.0579	6	55,263,663	78.9
83	rs985492	0.469	0.058	18	27,565,032	58.6
84	rs1490413	0.469	0.0583	1	4,267,183	8.3
85	rs2255301	0.463	0.0587	12	6,779,703	16.9
86	rs722290	0.468	0.0596	14	52,286,473	47.6

而在这 86 个 IISNPs 中，有 45 个位点分布在 22 条常染色体上，显示出分布间隔非常疏松，无遗传连锁。研究报道这 45 个 IISNPs 在 44 个群体间的随机匹配概率变化情况，群体排列从左至右按照非洲—中东—欧洲—中亚—西伯利亚—太平

洋岛屿—东亚—美国本土的排列顺序。可见,不同群体的随机匹配概率均<
10^{-15},较目前法医学常用的标准 STR 分型方法的随机匹配概率还要低。所以,
Kidd 实验小组推荐使用这 45 个不连锁的 IISNPs(re-IISNPs),作为理想的法医基
因组学个人识别和亲权鉴定的 SNPs 位点组合(表 5-7)。

5.2.1.3 ABO 基因型 SNPs

ABO 血型系统是最早被认识的血型系统,曾被广泛的应用于临床输血和法医
学鉴定领域。由于其识别效力低,所以随着近年来 DNA 技术的快速发展与普及,
法医血清学方法在办案工作中的应用越来越少。但是,ABO 血型分析是一种简
便、快速的识别方法,在法医学实践中,可以用来进行大规模人群个人识别和亲子
鉴定排查,节约大量的人力、物力和时间。

常规的血型检验方法不仅受血清效价、特异性、亲和性和指示细胞的限制,还
由于主观因素和人为干扰较大,标准化难度高,而导致不同的实验室、不同的检验
人员的检验结果出现不一致的可能性。1990 年成功的对编码糖基转移酶的基因
进行了克隆和测序,这使 ABO 血型系统从血清学水平步入到基因水平。ABO 基
因型分析无组织特异性,可以不受生物样本类型和量的限制,不但识别率更高,而
且基因序列具有相对的种属特异性。基因型分析使 ABO 血型在法医学个人识别
和亲子鉴定中的应用获得了进一步的发展。

人体的 ABO 基因位于 9 号染色体 q34.2 区域,其基因编码产物是一类糖基转
移酶,这些酶控制着 ABO 血型抗原的合成证实了 ABO 血型系统的不同表型是由
于基因水平上几个核苷酸碱基的变化引起的。位于该基因第 6 和第 7 外显子上的
4 个 SNPs 位点,核苷酸位置依次为 261、297、467 和 803,确定了 A101、A102、
B101、O01、O02 和 cis-AB01 六种等位基因分型,是目前最常用的 ABO 基因型分析
位点(表 5-7)。

表 5-7 ABO 血型等位基因与第 6、第 7 外显子 4 个 SNPs 分型关系对照表

等位基因	第 6 外显子核苷酸位置碱基		第 7 内含子核苷酸位置碱基	
	261	297	467	803
A101	G	A	C	G
A102	G	A	T	G

等位基因	第 6 外显子核苷酸位置碱基		第 7 内含子核苷酸位置碱基	
	261	297	467	803
B101	G	G	C	C
O01	—(A)	A	C	G
O02	—(A)	G	C	G
cis-AB01	G	A	T	G

注：O01、O02 等位基因在第 6 外显子 261 位置核苷酸鸟嘌呤（G）缺失，括号中的 A 为下一核苷酸腺嘌呤。

5.2.1.4　性别 SNPs

性别鉴定是法医学 DNA 个人识别的一个重要环节，通过一个性别遗传标记的纯合或杂合分型，即可判定样品来源个体的性别。研究分析牙釉质蛋白基因和锌指蛋白基因 X 染色体与 Y 染色体高度同源区（AMELX 与 AMELY；ZFX 和 ZFY）的核苷酸序列，发现了 6 处 X 与 Y 染色体之间的 SNPs 位点：AMEL-1、AMEL-2、AMEL-3 和 ZF-1、ZF-2、ZF-3。通过群体样本分型，对其中 AMEL-1、AMEL-2、ZF-1 和 ZF-2 这 4 个位点的有效性进行了验证。最终，仅 ZF-2 的分析结果失败，其余 3 个 SNPs 位点的分析结果（男性—杂合子；女性—纯合子）与个体的性别信息完全相符，因此 AMEL-1、AMEL-2 和 ZF-1 中的任意一个均可作为有效的性别识别 SNP 位点，用于性别检测。

5.2.2　SNP 分型方法

SNP 位点是当今法医基因组学研究的重要内容之一，因此在方法学上产生了许多检测 SNP 位点分型的技术，而每种技术都有自己的优势和不足。二态性的单碱基置换基础，使 SNP 的检测与依靠长度多态性区分的多等位基因 STR 检测存在着本质性的区别。由于法医基因组学 DNA 检测，经常受到案件样品低模板量的影响，因此限制了测序和 TaqMan 等单位点 SNP 检测技术的应用。SNP 检查方法众多，目前没有标准的适用于法医基因组学检验的 SNP 检测方法。以下就微测序技术、MassARRAY®、SNPstream®、变性高效液相色谱技术和测序这五种常见的具有复合 SNP 检测的方法进行介绍。

5.2.2.1　微测序技术

微测序技术也称引物延伸法,是基于毛细管电泳分析仪检测原理,研制的一种复合 SNP 分型技术,利用的是 DNA 片段分析技术,虽被称为微测序但并非真正测定扩增片段的 DNA 序列,通过片段长度区分不同的 SNPs 位点,其优点是能够应用于目前所有的法医学 DNA 实验室,在片段长度多态性分析平台上进行检验。

整个实验过程分为目的片段扩增、SNP 单碱基引物延伸和毛细管电泳检测三个主要步骤。首先,扩增 SNP 位点所在区域两侧的 DNA 序列,可以单位点扩增后混合扩增产物,或直接进行多重 PCR 复合扩增;在扩增产物中加入核酸外切酶(exonuclease,Exo)和虾碱磷酸酶(shrimp alkaline phosphatase,SAP)分别去除多余的单链引物和 dNTP 聚合物,防止它们干扰后续的引物延伸反应;向 Exo 和 SAP 处理过的 PCR 产物中加入 SNP 延伸引物、4 种不同颜色荧光标记的 ddNTPs 即 SNaPshot 荧光染料 ddNTPs 和 DNA 聚合酶,进行单碱基引物延伸反应;再向 SNP 延伸反应产物中加入 SAP,去除未结合的荧光 ddNTPs,以避免染料峰干扰电泳图的判读;最后将 SAP 处理过的延伸产物与分子量内标混合上样进行毛细管电泳分析。

SNaPshot 试剂盒仅包括通用的荧光标记 ddNTPs、buffer 和聚合酶。SNP 延伸引物设计为退火时 3′端紧邻 SNP 位点,所以再延伸一个 ddNTP 即可获得 SNP 位点的信息。SNP 延伸反应采用 25 个加热与冷却循环,此时荧光 ddNTPs 由聚合酶添加到 SNP 引物 3′端会呈现出线性增长。然而,如果还存在有 dNTPs,则 SNP 引物延伸将会超过一个碱基;同理,如果残留 PCR 引物,则会出现竞争性的副反应,干扰 SNP 引物的延伸反应。

AB 公司的遗传电泳分析仪是 5 色荧光的毛细管电泳片段分析检测平台,除了 4 种核苷酸的荧光标记外(A—绿色;C—黄色;G—蓝色;T—红色),加入了第 5 色荧光内标,以矫正每次电泳产生的误差。在进行多重 SNPs 位点检测时,通过在引物的 5′端加上 3~5 个碱基的聚合 T 尾巴,使各个位点能够通过长度实现区分。电泳结果分析时,峰的位置代表不同的位点,峰的颜色表示不同的核苷酸,纯合子为单一峰,杂合子为两个紧邻的峰。Genotyper 和 GeneMapper 能够实现峰颜色和位置的自动分析,输出位点与分型结果。图 5 - 13 为 4 个 SNPs 位点的分型结果与片段长度设计图,4 个位点分别来自 1、6、14、20 号染色体,SNP 引物 5′端添加多聚 T 尾,引物之间相差 5 个碱基。

(B)

(TTTTT)–引物1(20号染色体)–ddT/ddT

(TTTTT)–(TTTTT)–引物2(6号染色体)–ddC/ddT

(TTTTT)–(TTTTT)–(TTTTT)–引物3(14号染色体)–ddC/ddT

(TTTTT)–(TTTTT)–(TTTTT)–(TTTTT)–引物4(1号染色体)–ddC/ddC

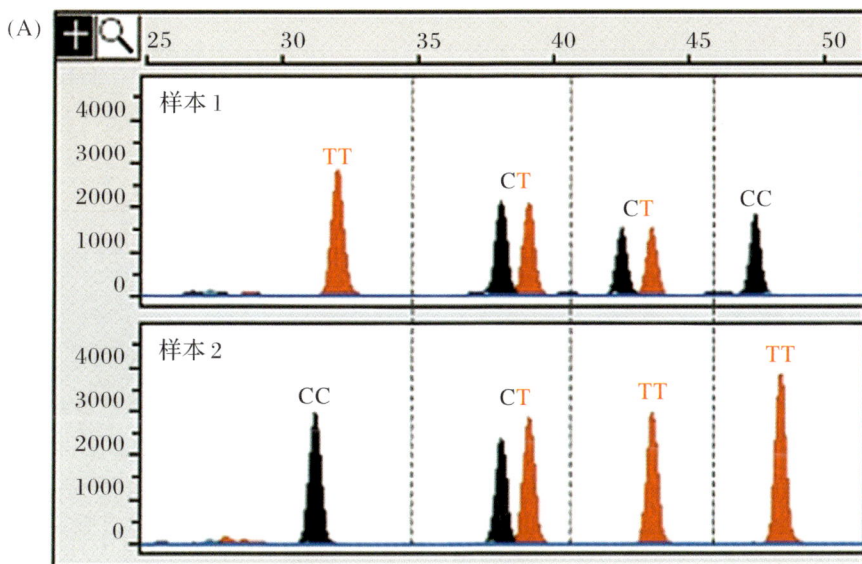

图 5–13　4 个 SNPs 位点分型结果与片段长度设计图

（A）2 个样品的 4 个常染色体 SNPs 位点分型图；（B）SNP 引物 5′端添加多聚 T 尾。

SNaPshot 是一种简单、快速的 SNP 检测方法，灵敏度高，适合法医学基因组学实验室应用，不需要增加新的设备。SNPforID 组织的 52-plex 和 34-plex SNPs复合检测体系均基于此方法建立。

5.2.2.2　MassARRAY

SEQUENOM®公司研发的 MassARRAY®分子阵列技术，结合了简单、可靠的单碱基引物延伸反应和先进的 MALDI-TOF 质谱检测技术。基于 MassAR-RAY®分子量阵列平台的 iPLEX™ GOLD 技术可以便捷的设计多达 29-plex 的SNPs 基因型检测，实验设计软件为多重反应自动设计 PCR 和 MassEXTEND®延伸引物，MassEXTEND®可以在单个核苷酸水平上发现序列差别。

iPLEX™基因型检测分析方法,对整体的实验设计、PCR 扩增条件、SNP 引物延伸条件和溶液组成成分(ddNTP/DNA 聚合酶/循环数)、SpectroCHIP® 生物芯片转移速度、质谱时间-飞行参数、基因型检测算法和 TYPER 软件数据分析这些环节进行了优化,使其能够适应日常最高 29-plex SNP 位点的检测。

在 iPLEX™GOLD 实验中,所有 SNPs 位点均使用同一终止反应配方和通用的反应条件,延伸产物具有位点特异的分子量(表 5 – 8)。

表 5 – 8　iPLEX™产物的分子量差异

终止子	A	C	G	T
A	0	−24	16	55.9
C	24	0	40	79.9
G	−16	−40	0	39.9
T	−55.9	−79.9	−39.9	0

MALDI-TOF 质谱仪可以实施测量每个等位基因型的分子量,分析软件能根据分子量的差距决定其基因型。

5.2.2.3　SNPstream

GenomeLab™SNPstream® 高通量复合 SNP 分型系统,是曾在美国 9·11 事件个人识别中应用的 SNP 分析技术,用于检测 STR 分型不理想或无结果的高度降解 DNA 样品。该方法集合了固相芯片技术、通用标签-探针技术和单碱基引物延伸技术,分为 12-plex 和 48-plex 两种可变通量通用标签微阵列芯片。该系统采用 384 孔杂交板,实现芯片扫描与结果分析自动化。

SNPstream® 是一种适用于中、高通量 SNP 研究的分型检测系统,特点是快速、灵活、准确、高效。实验操作流程分为:引物设计,多重 PCR,扩增产物纯化,单碱基引物延伸,芯片杂交与荧光扫描(双色 CCD 成像系统)和自动化数据分析。

杂交过程利用标签与探针结合法。SNP 引物是一条单链 DNA,包含一段模板特异性序列和一段 5′端非模板特异性序列(标签)。这段链接在 SNP 引物上的标签序列能够与玻璃芯片孔底固定的特异性探针进行杂交,从而使 SNP 延伸反应的产物固定在芯片的相应点阵上,进行荧光扫描。此外,每个 12-plex 或 48 plex 点阵上还包含 4 个质控对照,包括一个阴性空白对照,以衡量每次实验结果的可靠性。

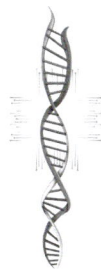

检测结果分析由 SNPadmin、Image 和 GetGenos 这 3 款软件联合完成,分型结果自动生成。

基于微测序原理的实验流程设计,使 SNPstream® 检测结果与 Sanger 法测序结果保持了良好的一致性。蓝、绿双色荧光标记 ddNTPs,将 6 种 SNP 突变类型 A/C、A/G、A/T、C/G、C/T、G/T 分组检测,显著降低了扫描时背景荧光信号的噪声干扰,有效控制了假阳性率。12-plex 和 48-plex 的分型准确率均超过了 99%。

考虑到 SNPstream® 检测技术对 SNP 位点突变类型的要求,每组 12 个 SNPs 位点的突变类型必须相同。在 Kidd 实验室筛选出的 86 个统计学上相互独立的通用 IISNPs 中,选择了 42 个位点,用以个体识别目的,其中 37 个为推荐的 re-IISNPs。而针对 ABO 基因分型,选择了 rs8176719(261del/A>G)、rs8176720(297A>G)、rs1053878(467C>T)、rs8176747(803G>C)4 个 SNPs 位点,可以对 A101、A102、B101、O01、O02 和 cis-AB01 这 6 种等位基因分型进行鉴定。性别鉴定位点选自 X、Y 染色体 amelogenin 基因的 AMEL-1 位点。共选出 47 个 SNPs 位点,包括 42 个 IISNPs、4 个 ABO 位点和 1 个性别位点,组成个体识别 SNP 复合分析系统(表 5-9)。

表 5-9　47 个 SNPs 位点信息表

编号	SNP 号	等位基因	染色体	染色体上核酸位置	类型
1	rs7520386	A/G	1	14155402	re-IISNP
2	rs560681	A/G	1	160786670	re-IISNP
3	rs1294331	A/G	1	233448413	re-IISNP
4	rs1109037	A/G	2	10085722	re-IISNP
5	rs12997453	A/G	2	182413259	re-IISNP
6	rs993934	C/T	2	124109213	re-IISNP
7	rs6444724	C/T	3	193207380	re-IISNP
8	rs338882	C/T	5	178690725	re-IISNP
9	rs13182883	A/G	5	136633338	re-IISNP
10	rs159606	A/G	5	17374898	re-IISNP
11	rs13218440	A/G	6	12059954	re-IISNP
12	rs1336071	A/G	6	94537255	re-IISNP

编号	SNP 号	等位基因	染色体	染色体上核酸位置	类型
13	rs214955	A/G	6	152697706	re-IISNP
14	rs2272998	C/G	6	148761456	IISNP
15	rs321198	C/T	7	137029838	re-IISNP
16	rs6955448	C/T	7	4310365	re-IISNP
17	rs4606077	C/T	8	144656754	re-IISNP
18	rs10092491	C/T	8	28411072	re-IISNP
19	rs7041158	C/T	9	27985938	re-IISNP
20	rs3780962	C/T	10	17193346	re-IISNP
21	rs740598	A/G	10	118506899	re-IISNP
22	rs10488710	C/G	11	115207176	re-IISNP
23	rs1498553	C/T	11	5709028	re-IISNP
24	rs2269355	C/G	12	6945914	re-IISNP
25	rs10773760	A/G	12	130761696	re-IISNP
26	rs1058083	A/G	13	100038233	re-IISNP
27	rs722290	C/G	14	53216723	re-IISNP
28	rs4530059	A/G	14	104769149	re-IISNP
29	rs1821380	C/G	15	39313402	re-IISNP
30	rs430046	C/T	16	78017051	re-IISNP
31	rs2342747	A/G	16	5868700	re-IISNP
32	rs7205345	C/G	16	7520254	IISNP
33	rs9905977	A/G	17	2919393	re-IISNP
34	rs8078417	C/T	17	80461935	re-IISNP
35	rs3744163	C/G	17	80739859	IISNP
36	rs1736442	A/G	18	55225777	re-IISNP

编号	SNP 号	等位基因	染色体	染色体上核酸位置	类型
37	rs9951171	A/G	18	9749879	re-IISNP
38	rs521861	C/G	18	47371014	IISNP
39	rs445251	C/G	20	15124933	re-IISNP
40	rs1523537	C/T	20	51296162	re-IISNP
41	rs221956	C/T	21	43606997	re-IISNP
42	rs5746846	C/G	22	19920646	IISNP
43	rs8176747	803G＞C	9	136131315	ABO
44	rs8176719	261del(A)＞G	9	136132908：136132909	ABO
45	rs8176720	297A＞G	9	136132873	ABO
46	rs1053878	467C＞T	9	136131651	ABO
47	AMEL-1	C	XY	chrX：9198433	Sex
		T		chrY：4086980	

注：re-IISNP 代表个人识别 SNP 位点；ABO 代表 ABO 血型 SNP 位点；Sex 代表性别检验 SNP 位点。

5.2.2.4　变性高效液相色谱技术

变性高效液相色谱（denaturing high performance liquid chromatography，DHPLC）技术是由美国斯坦福大学的 P. J. Oefner 和 P. A. Underhill 共同发明的。DHPLC 是一种新型遗传变异筛查技术，可用于单碱基替换，小片段缺失或插入等多种基因突变的检测。DHPLC 这种准确高效的基因筛查技术的发展，极大地促进了新的突变位点的发现。

DHPLC 突变检测原理是依据异源双联 DNA 的形成。通过 DNA 同源双链和杂合双链从色谱柱上的洗脱时间不一进行分离。纯合突变产物与野生型 PCR 产物的 DHPLC 色谱图峰型相似，不被识别鉴定，只有杂合双链 DNA 分子（即 DNA 分子一条单链含突变碱基，另一条单链为野生型），才能被灵敏地检出。DHPLC 分析样品是未经纯化的 PCR 扩增产物，杂合突变样品可直接用于分析，含纯合突变的样品需与野生型样品等量混合,以形成杂合双链。

WAVE 核苷酸片段分析系统是一种商品化的 DHPLC 分析仪器,WAVE 核苷酸片段分析系统作为一种常规分析工具正在被越来越多的实验室所采用。目前商业销售和实际应用最多的 DHPLC 主要是 Transgenomic 公司的 WAVE 核苷酸片段分析系统。分析软件为用户提供了完全自动化的仪器操作、数据采集和处理等功能。只需按照软件应用界面的提示输入相应的样品信息,并选择样品分析模式后,系统便自动生成样品分析方法,自动进行样品分析。此外,系统也提供了强大的数据处理功能。

WAVE 核苷酸片段分析系统中 DNASep 柱是其核心部件,柱中基质为聚苯乙烯二乙烯基苯交联聚合物微球体,固定相为 18 个碳的烷烃链,两者之间形成碳碳共价键共同组成柱填料,填料为电中性、疏水性,不易与核酸发生反应。三乙基铵醋酸盐(TEAA)是一种离子对试剂,其带正电荷的氨基能与核酸中带负电荷的磷酸基团相互作用,同时其烷基端又与固定相碳链的疏水基团发生反应,从而在柱基质和核酸分子之间发挥桥梁作用,使 DNA 吸附于固定相。双链 DNA 在分离柱的滞留主要取决于流动相中 TEAA 所带正电离子和 DNA 中带负电离子的结合力。DNA 链越长,带有的磷酸基团就越多,故有较多的 TEAA 结合使其在柱中滞留的时间越长,通过增加流动相中具有亲水性的乙腈的浓度使其将 DNA 置换造成 DNA 和 TEAA 的脱离,核酸片段就会按分子量从小到大的顺序被洗脱而获得分离。

温度是变性高效液相色谱分离核苷酸片段的关键因素,DNA 分子为双螺旋结构,升高温度双链 DNA 分子会逐渐解开双链(变性),根据双链 DNA 分子所处温度范围的不同,高效液相色谱法有 3 种操作方式,见表 5 - 10。DHPLC 能以三种方式操作,不同的操作方式采用的原理不同,其适用的范围也不同。

第一,不变性温度条件下(50℃),色谱仪类似凝胶电泳仪,可分离分子量不同的双链 DNA 分子或分析具有长度多态性的片段,类似 RFLP 分析,也可进行定量 RT-PCR 及微卫星不稳定性测定(MSI)。

第二,在充分变性温度条件下(80℃),单链 DNA 或 RNA 分子能被区分,适用于寡核苷酸探针合成纯度分析和质量控制。

第三,在部分变性的温度条件下,变异型和野生型的 PCR 产物经过变性复性过程,不仅分别形成同源双链,同时也错配形成异源双链,根据柱子保留时间的不同将同源双链和异源双链分离,从而识别变异型。

根据这一原理,可进行基因突变检测、单核苷酸多态性分析(SNPs)和短片段串联重复序列分析(STRs)。

表 5 - 10　变性高效液相色谱三种操作模式

工作条件	温度范围	DNA 状态	应用范围	分离原理
非变性	50℃	完全的双链	鉴定双链 DNA 片段长度 PCR 产量检查和产物纯化 定量分析(Q-RT-PCR)	按片段长度分离,与序列无关
部分变性	52~75℃ (平均范围)	部分双链	突变检测 单核苷酸多态性(SNP)研究	依靠片段大小和序列分离
完全变性	75~80℃ (平均范围)	完全解链单链	鉴定单链 DNA 片段长度 RNA 分析 寡核苷酸分析和纯化	依靠片段大小和序列分离

DHPLC 是一种灵敏的突变检测技术,对 PCR 扩增的严谨性、特异性要求较高。PCR 产量不足,且特异性差时,DHPLC 的色谱图常不易判断;PCR 过度扩增时,一方面增加碱基错误掺入的可能性,导致假阳性;另一方面,非特异性扩增产物含量增加,往往导致 DHPLC 分辨能力的下降,或形成异常峰型,容易导致检测失败。DHPLC 仪器的峰吸收值大于 3mV。在能满足检测所需量的前提下,减少扩增循环数,比如 30 个循环。

图 5 - 14 为同源双链与异源双链的洗脱峰。

用 DHPLC 筛查 SNPs 的操作流程一般包括三个步骤。

第一,PCR 反应,以杂合子或纯合子个体基因组为模板扩增 DNA 片段;

第二,DHPLC 检测 PCR 产物:在部分变性的条件下,用高压液相检测扩增的 DNA 片段;

第三,对 DHPLC 发现的双峰(存在 SNPs)标本进行测序:确定 DHPLC 检测发现的多态性的突变类型。

图 5 - 15 为典型的野生型 DHPLC 色谱图。

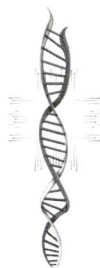

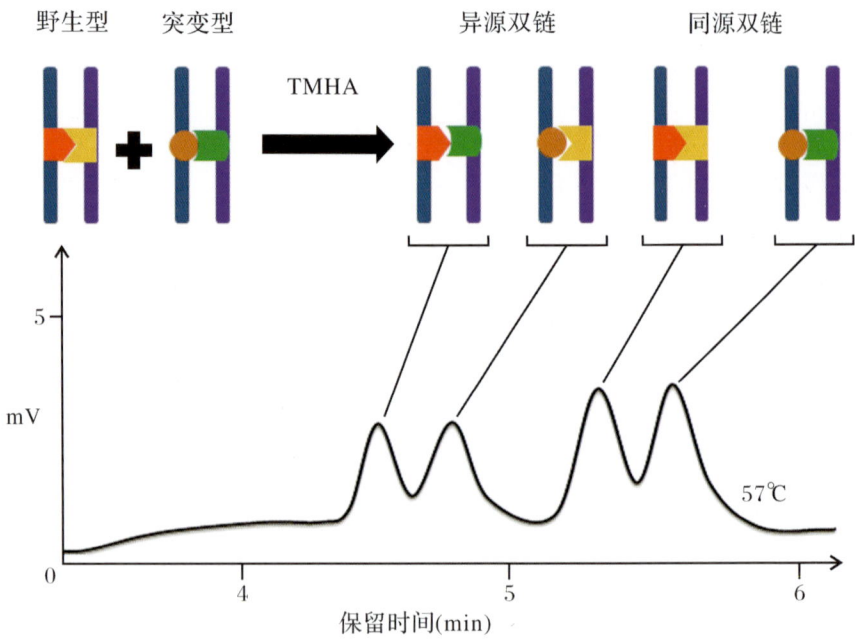

图 5-14 同源双链与异源双链的洗脱峰图

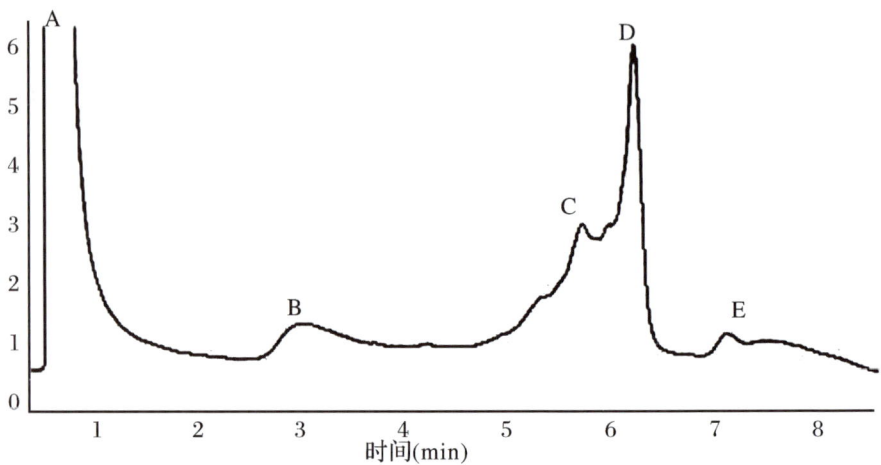

图 5-15 典型的野生型 DHPLC 色谱图

Danielson 博士是首先将 DHPLC 技术应用于线粒体 DNA 法医个体识别的专家。该技术在美国 2001 年 9·11 事件中鉴定失踪人员残骸起到了很大作用。它为线粒体 DNA 在法医上的应用开辟了新的前景。mtDNA 多态性多表现为单碱基的改变、插入或缺失,故 DHPLC 这种灵敏高效的突变筛选技术非常适于 mtDNA 多态性分析。DHPLC 直接通过异源双链的形成来检测变异的存在。进行 mtDNA 分析时直接将未知样本和已知样本或需要比对的两个样本(如现场样本和嫌疑人或被害人血样)的 PCR 产物混合,变性后再缓慢复性,若两者序列完全一致,将只出现一个单一的同源双链峰;若序列不同,则除了形成同源双链峰外还会形成异源双链峰,以此来判断两个样本是否匹配。如有必要,还可根据保留时间的差异将不同的片段各自收集后测序。LaBerge 等先用 PCR 技术扩增出 mtDNA D 环 HVR Ⅰ和 HVR Ⅱ片段,再用 DHPLC 方法对 144 份扩增产物的配对混合样品(38 份为相同序列片段混合,106 份为含 1～12 处碱基差异的不同序列片段混合)进行分析,均获得成功分辨,表明 DHPLC 是一种快速筛选 mtDNA 变异的有效工具,并可望发展成分辨 mtDNA 混合物的标准方法。尽管初步的研究表明 DHPLC 用于 mtD-NA 分析显示了良好的前景,但还必须进行改进并就其法医学应用的有效性进行详细研究。

DHPLC 是一种简单,快速,非凝胶的核酸分析方法,应用离子对反相液相色谱原理进行 DNA 变异检测,该技术灵敏度和特异性非常高,另一个优点是 PCR 产物在 DHPLC 分析前不需要进一步的纯化。DHPLC 主要用于 PCR 产物质量检测和纯化、微卫星不稳定分析、杂合性缺失分析和基因定量分析等。DHPLC 技术目前在法医学中的应用主要在线粒体突变的研究,线粒体 DNA 的高变区Ⅰ(HVR Ⅰ)和高变区Ⅱ(HVR Ⅱ)序列经 PCR 扩增后与已知或未知的样品混合,对 PCR 产物进行变性和复性处理以形成同源和异源双链,然后经 DHPLC 进行温度介导的异源双链分析。DHPLC 技术为法医学研究提供了一个快速和强有力的筛查线粒体 DNA 的工具,并且可成为线粒体 DNA 混合样品鉴定的标准方法。

高效变性液相色谱技术的优点是加样和分析的自动化,引物延伸后不需要进行纯化过程,是比较简便的 SNP 分析方法,而且多个 SNP 可以复合在一起扩增,提高检测效率。

5.2.2.5　DNA 序列测定

SNP 是由于 DNA 核苷酸链碱基排列次序不同而产生的多态性,因此,直接测定 DNA 分子的序列成为分型 SNP 最直接的方法。

随着计算机软件技术、仪器制造和分子生物学研究的迅速发展,DNA 测序自动化技术取得了突破性的进展,并以其简单(自动化)、安全(非同位素)、精确(计算机控制)和快速(流程化操作)等优点,成为今天 DNA 序列分析的主流。ABI 自动测序仪是由 ABI 公司推出的 DNA 自动化测序仪,其特点是采用专利的 4 种荧光染料分别标记终止物 ddNTP 或引物,经 Sanger 测序反应后,反应产物 3′端(标记终止物法)或 5′端(标记引物法)带有不同的荧光标记。一个样品的 4 个测序反应产物可在同一泳道内电泳,从而降低了测序泳道间迁移率差异对精确性的影响。通过电泳将各个荧光标记片段分开,同时激光检测器同步扫描,激发的荧光经光栅分光,以区分代表不同碱基信息的不同颜色的荧光,并在 CCD(charge-coupled device)摄影机上同步成像。电脑可在电泳过程中对仪器运行情况进行同步检测,结果能以电泳图谱、荧光吸收峰图或碱基排列顺序等多种方式输出。

图 5-16 为荧光自动测序仪原理示意图。

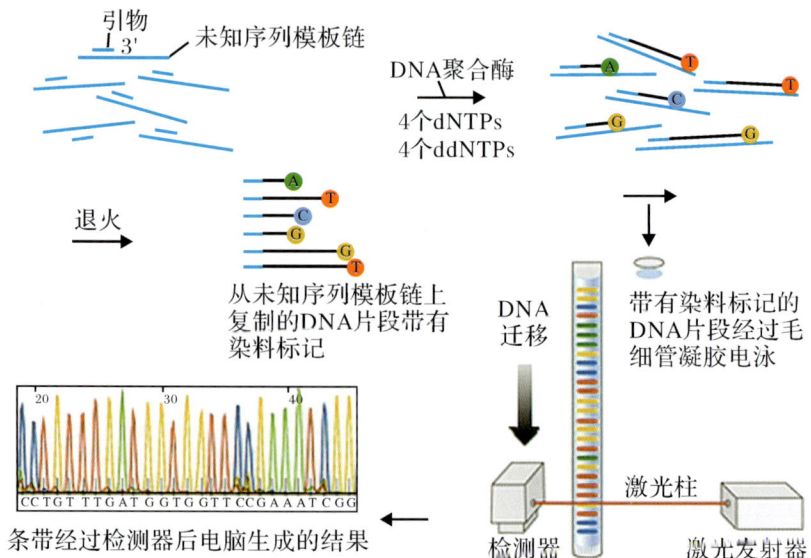

图 5-16　荧光自动测序仪原理示意图

法医基因组学常常需要测定线粒体 DNA 序列,特别是其非编码区具有较高的多态性。目前,国内外法医实验室主要采用序列分析方法对人类线粒体 DNA 非编码控制区中的高变区Ⅰ和高变区Ⅱ进行分型。高变区Ⅰ是从 16024 位点到 16383 位点的碱基序列,高变区Ⅱ是从 57 位点到 372 位点的碱基序列。也因为这一段的多态性很好,突变率很高,因此扩增时的引物选择要慎重,才能保证 PCR 扩增产物较好,测序的成功率较高。采用 1F&R 来扩增高变区Ⅰ,2-1F&R 和 2-2F&R 来扩增高变区Ⅱ(引物序列和扩增条件参见第 3 章)。使用 Sequence Analysis 5.1 软件(美国应用生物系统公司)处理电泳扫描结果,得到碱基序列文件。将 3 对 PCR 引物测序获得的碱基序列文件拼接起来即可得到样本线粒体高变区序列的文件。将样本碱基序列与线粒体标准序列比对即可获得样本碱基序列差异,从而完成线粒体高变区的分型。

图 5-17 为毛发 mtDNA 高变区Ⅰ测序结果峰图。

目前的法医基因组学分型技术主要是以毛细管电泳为基础的分析技术平台的建立,法医学数据库均是以 STR 遗传标记为基础,STR 技术的成熟以及技术的标准化在很长一段时间内都将是国内外法医学领域的主流技术。随着基因组学研究的兴起,测序技术的进步,大规模多种高通量、低成本的新一代测序技术(next generation sequencing,NSG)应运而生,并广泛应用到生命科学研究的各个领域,例如精准医学的出现等,新一代测序技术展现出巨大的发展空间和生命力。新一代测序技术应用于法医基因组学研究和 DNA 研究迎来了全新的发展阶段。

NSG 技术原理完全不同于基于毛细管电泳的一代测序技术,由于读长普遍较短,并不完全适合 STR 遗传标记的检测。在法医基因组学实践中新一代测序技术需要解决与传统 STR 分型技术的兼容性即数据的一致性问题,实际案件中样本的质量与数量的特殊性要求,以及新一代测序技术获得的更多的信息的分析应用问题。随着新一代测序技术的快速发展,高通量、低成本、高灵敏度的 STR 分型技术将很快成为现实。

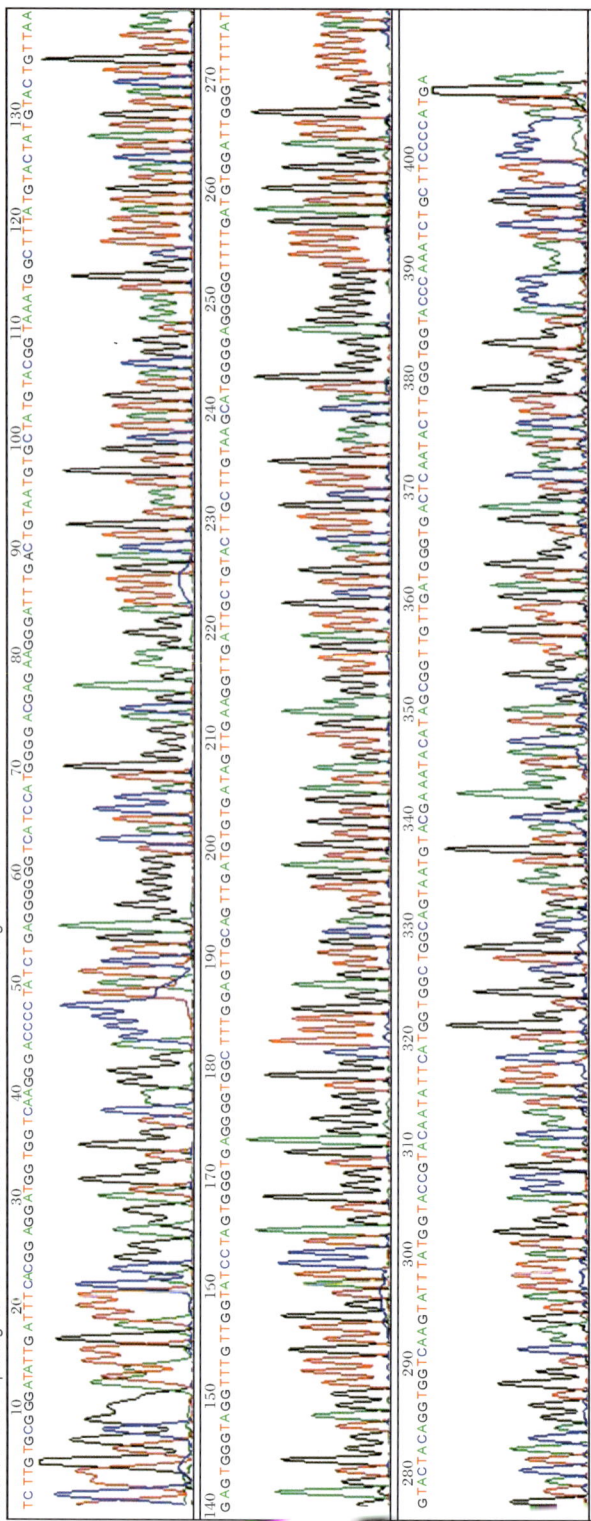

图 5 - 17　毛发 mtDNA 高变区 I 测序结果峰图

未来法医基因组学 DNA 分析仪器将向着实现现场化、微型化、集成化方向发展,实现法医基因组学现场检验、网络数据比对。利用新一代测序技术可以同时检验多个样本,利用生物信息技术分析序列数据转化为与 STR 相同的数据,从而与传统毛细管电泳技术 STR 分型数据共享、比对。新一代测序技术在分析 STR 遗传标记的同时检验分析 SNP,将两大类遗传标记系统进行有机融合在同一检验平台之上进行检测,一次可以分别或同时检测出多种遗传标记,这是传统 STR 分析技术平台所不具备的优势。在 SNP 的应用中首先对线粒体全基因组序列(而非以往只对高变区)进行分析,大大提高数据的识别能力,得到完整的家系分析数据并建立线粒体数据库。在核基因组 SNP 分析时建立个人识别 SNP 系统、祖先 SNP 系统、外部特征 SNP 系统,全方位地刻画个人特质及样本种族来源推断问题。由于得到的是序列数据可以进一步分析 STR 内部的差异,从而提高个人识别能力,并且可以区分混合样本。此外,随着新一代测序技术而诞生的法医微生物分析技术等非人源 DNA 鉴定、分析组织来源进行样本溯源研究、药物代谢基因组技术分析死亡原因等将为现代法医带来革命性的突破。

法医基因组学将进入信息最大化的大数据时代,向着技术精确稳定的方向发展,同时这也是学科间贯通交叉的结果。基因组学、遗传学、微生物学、生物信息学等其他相关基础学科的理论和技术方法充分融入传统法医学科中,DNA 数据库等法医基因组信息的系统化将在法庭科学领域中发挥重要作用,促进法医学科的发展。

【参考文献】

[1] Tamaki K，Jeffreys A J. Human tandem repeat sequences in forensic DNA typing[J]. Leg Med (Tokyo),2005,7(4):244 – 50.

[2] Coble M D,Butler J M. Characterization of new miniSTR loci to aid analysis of degraded DNA[J]. J Forensic Sci,2005,50 (1)：43 – 53.

[3] Butler J M. Short tandem repeat typing technologies used in human identity testing[J]. Biotechniques,2007,43 (4)：2 – 4.

[4] Butler J M. Forensic DNA typing：biology,technology and genetics of STR markers[M]. Amsterdam；Boston：Elsevier Academic Press,2005.

[5] Amorim A,Pereira L. Pros and cons in the use of SNPs in forensic kinship

investigation: a comparative analysis with STRs[J]. Forensic Sci Int,2005, 150 (1): 17 - 21.

[6] Fang R,Pakstis A J,Hyland F C,et al. Multiplexed SNP detection panels for human identification[J]. Forensic Science International: Genetics Supplement Series,2009,2 (1): 538 - 539.

[7] Budowle B. SNP typing strategies[J]. Forensic Sci Int, 2004, 146 Suppl: S139 - S142.

[8] Butler J M,Coble M D,Vallone P M. STRs vs. SNPs: thoughts on the future of forensic DNA testing[J]. Forensic Sci Med Pathol,2007,3: 200 - 205.

[9] Ku C S,Loy E Y,Salim A,et al. The discovery of human genetic variations and their use as disease markers: past,present and future[J]. J Hum Genet, 2010,55 (7): 403 - 415.

[10] Butler J M,Budowle B,Gill P,et al. Report on ISFG SNP panel discussion [J]. Forensic Science International: Genetics Supplement Series, 2008, 1: 471 - 472.

[11] Budowle B,van Daal A. Forensically relevant SNP classes[J]. Biotechniques, 2008,44 (5): 603 - 608,610.

[12] Einum D D,Scarpetta M A. Genetic analysis of large data sets of North American Black,Caucasian and Hispanic populations at 13 CODIS STR loci [J]. J Forensic Sci,2004,49 (6): 1381 - 1385.

[13] Kidd K K,Pakstis A J,Speed W C,et al. Developing a SNP panel for forensic identification of individuals[J]. Forensic Sci Int,2006,164 (1): 20 - 32.

[14] Hartl D L, Clark A G. Principles of population genetics[M]. Sunderland, Mass: Sinauer Associates, 2007.

[15] Ge J,Budowle B,Planz J V,et al. Haplotype block: a new type of forensic DNA markers[J]. Int J Legal Med,2010,124 (5): 353 - 361.

[16] Gill P,Werrett D J,Budowle B,et al. An assessment of whether SNPs will replace STRs in national DNA databases-joint considerations of the DNA working group of the European Network of Forensic Science Institutes (EN-

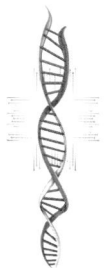

FSI) and the Scientific Working Group on DNA Analysis Methods (SWG-DAM)[J]. Sci Justice,2004,44 (1): 51 – 53.

[17] Sanchez J J,Phillips C,Borsting C,et al. A multiplex assay with 52 single nucleotide polymorphisms for human identification [J]. Electrophoresis, 2006,27 (9): 1713 – 1724.

[18] Borsting C,Tomas C,Morling N. SNP typing of the reference materials SRM 2391b 1-10,K562,XY1,XX74,and 007 with the SNPforID multiplex[J]. Forensic Sci Int Genet,2011,5 (3): e81 – 82.

[19] Amigo J,Phillips C,Lareu M,et al. The SNPforID browser: an online tool for query and display of frequency data from the SNPforID project[J]. Int J Legal Med,2008,122 (5): 435 – 440.

[20] Pakstis A J,Speed W C,Kidd J R,et al. Candidate SNPs for a universal individual identification panel[J]. Hum Genet,2007,121 (3 – 4): 305 – 317.

[21] Pakstis A J,Speed W C,Fang R,et al. SNPs for a universal individual identification panel[J]. Hum Genet,2010,127 (3): 315 – 324.

[22] Shriver M D,Mei R,Parra E J,et al. Large-scale SNP analysis reveals clustered and continuous patterns of human genetic variation[J]. Hum Genomics,2005,2 (2): 81 – 89.

[23] Conrad D F,Jakobsson M,Coop G,et al. A worldwide survey of haplotype variation and linkage disequilibrium in the human genome[J]. Nat Genet, 2006,38 (11): 1251 – 1260.

[24] Li J Z,Absher D M,Tang H,et al. Worldwide human relationships inferred from genome-wide patterns of variation[J]. Science,2008,319 (5866): 1100 –1104.

[25] Pemberton T J,Jakobsson M,Conrad D F,et al. Using population mixtures to optimize the utility of genomic databases: linkage disequilibrium and association study design in India[J]. Ann Hum Genet,2008,72 (Pt 4): 535 – 546.

[26] Rajeevan H,Soundararajan U,Kidd J R,et al. ALFRED: an allele frequency resource for research and teaching[J]. Nucleic Acids Res,2012,40 (Database issue): D1010 – 1015.

第 5 章 法医基因组分型技术

[27] Yamamoto F,Clausen H,White T,et al. Molecular genetic basis of the histo-blood group ABO system[J]. Nature,1990,345 (6272)：229 – 233.

[28] Yamamoto F,Marken J,Tsuji T,et al. Cloning and characterization of DNA complementary to human UDP-GalNAc：Fuc alpha 1-2Gal alpha 1-3GalNAc transferase (histo-blood group A transferase) mRNA[J]. J Biol Chem,1990, 265 (2)：1146 – 1151.

[29] Lee S H,Park G,Yang Y G,et al. Rapid ABO genotyping using whole blood without DNA purification[J]. Korean J Lab Med,2009,29 (3)：231 – 237.

[30] Kim J J,Han B G,Lee H I,et al. Development of SNP-based human identification system[J]. Int J Legal Med,2010,124 (2)：125 – 131.

[31] Tully G,Sullivan K M,Nixon P,et al. Rapid detection of mitochondrial sequence polymorphisms using multiplex solid-phase fluorescent minisequencing[J]. Genomics,1996,34 (1)：107 – 113.

[32] Phillips C,Salas A,Sanchez J J,et al. Inferring ancestral origin using a single multiplex assay of ancestry-informative marker SNPs[J]. Forensic Sci Int Genet,2007,1 (3 – 4)：273 – 280.

[33] Sanchez J J,Endicott P. Developing multiplexed SNP assays with special reference to degraded DNA templates[J]. Nat Protoc,2006,1 (3)：1370 – 1378.

[34] Haff L A,Smirnov I P. Single-nucleotide polymorphism identification assays using a thermostable DNA polymerase and delayed extraction MALDI-TOF mass spectrometry[J]. Genome Res,1997,7 (4)：378 – 388.

[35] Petkovski E,Keyser-Tracqui C,Hienne R,et al. SNPs and MALDI-TOF MS：tools for DNA typing in forensic paternity testing and anthropology[J]. J Forensic Sci,2005,50 (3)：535 – 541.

[36] Gabriel S,Ziaugra L,Tabbaa D. SNP genotyping using the Sequenom MassARRAY iPLEX platform[J]. Curr Protoc Hum Genet,2009,Chapter 2： Unit 2 12.

[37] Oefner P J, Underhill P A. Comparative DNA sequencing by denaturing high-performance liquid chromatography(DHPLC)[J]. Am J Hum Genet,

1995,57(Suppl)：A266.

[38] Oefner P J,Underhill P A. Detection of nucleic acid heteroduplex molecules by denaturing high-performance liquid chromatography and methods for comparative sequencing[P]. US Patent,1998, 5,795,976.

[39] LaBerge G S，Shelton R J，Danielson P B. Forensic utility of mitochondrial DNA analysis based on denaturing high-performance liquid chromatography [J]. Croat Med J,2003,44(3):281 − 288.

（张洪波）

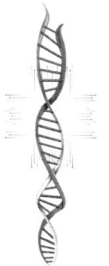

第6章 遗传标记数据的统计分析

法医 DNA 数据如何转化为实践应用中的数据,这将涉及数据的收集、加工、储存、传播、分析与解析等各个方面。本章将从数理统计基础、遗传标记位点频率的计算、群体遗传数据的统计分析、系统发育树的构建和进化分析、个人识别亲权鉴定中 DNA 证据的解释和个体识别中 DNA 证据的计算等方面进行介绍。

6.1 遗传标记计算的数理统计基础

数理统计学在法科学中扮演着非常重要的作用。近些年来,有关数理统计学在法科学及法庭中应用的书籍越来越多。而对于习惯并熟练掌握生物学实验的法医工作者而言,应用数理统计学方法解决现实中的法科学问题就显得不是那么容易。与此同时,近十年来随着计算机技术的迅猛发展,应用计算机程序和软件解决复杂的计算或统计推断问题变得可行。因此,了解法科学中与统计学相关基础和热点问题,并学习使用相关的专业计算机软件,对于新时期的法医工作者(尤其是法医 DNA 工作者)就显得非常必要。

6.1.1 概率论

概率是指某事件发生的实际次数与该事件可发生的机会次数的比值。概率的概念是比较难以掌握的,因为通常我们理解的是某件事情要不就是发生了,要不就是没有发生。而概率通常视为 0 到 1 之间的一个连续量,其下限的 0 值表示某事件不可能发生,也即不发生的判定是确定的;而对于上限的 1 值,表示被测量或计算的事件肯定发生了。然而,绝大多数的科学判定情况认为,某事件发生的概率不可能是 0 或 1。因此,科学中的判定,经常需要面对不确定形式,因此也就会不同程度地涉及概率论知识。

在法科学领域,当犯罪现场的样本与嫌疑人的 DNA 证据匹配时,其鉴定结果

是典型的概率语言,如"DNA 证据是某随机个体而非嫌疑人留下的可能性为0.000001"。

为了掌握概率的概念,下面我们引入概率论三大定理。

(1)概率值的范围在 0 到 1 之间,确定事件具有概率 1,而不可能事件为概率 0。

(2)事件是相互排斥的,即互斥定理(或加法原则)。指当某组事件中的某特定事件发生时,其他任何事件都不会发生。假如某两事件 A 和 B 是互斥的,假如我们想知道某种或其他事件为真的概率,则只需简单地把它们的各自概率相加。即

$$P(A \text{ 或 } B) = P(A) + P(B) \tag{6-1}$$

(3)当两事件 A 和 B 相互独立时,他们同时发生的概率是各自概率相乘,即独立定理(或乘法原则)。即

$$P(A \text{ 与 } B) = P(A) \times P(B) \tag{6-2}$$

法医学中一般使用的频率论与上述概率论很大程度上相关联,但是二者之间不可等同,法医学的频率论没有被公式化,因此,理解相对比较困难。如何将证据从复杂的数学概念中转化为实践应用,目前主要为逻辑法和贝叶斯充分判决方法。

6.1.2 统计学基础

与概率论一样,数理统计也是用来研究随机现象的统计规律。数理统计以概率论为基础,研究如何合理有效地收集受到随机性影响的数据,如何对所获得的数据进行整理和分析,并在此基础上对随机现象的本质、特点和统计规律做出推断和预测。

统计学经常涉及用部分样本代表总体。总体指一组兴趣对象,通常是无限的或在整体上不可能进行度量的;而样本指某总体的一个观测子集,而且其通常具有某种统计量,作为该样本的观测特征。如在 DNA 检测中,"总体"经常是指所考虑到的整个群体(例如,世界上的数十亿人口或居住在特定国家或地区的人群);而"样本"则是从大规模群体中随机抽取到的一组个体(例如,100 个男性个体),并且将对这些样本的某些特定遗传标记进行检测,从而建立一个该群体的可信代表;而考察的"统计量"指特定遗传标记检测到的等位基因或基因型频率的观察值。

1.假设检验

统计学的一个很重要的概念便是假设检验。假设检验是用统计学理念及方法

进行决策的正规步骤,其第一步便是构造两个相互对立的假设(分别成为原假设和备择假设),然后构造统计量(如法医 DNA 中经常用到的似然比),并用收集到的数据检验实际情况支持何种假设。

如在法医 DNA 证据检验领域中,起诉方提出的原假设认为辩护方是犯罪现场 DNA 证据的提供者;而辩护方提出的备择假设则认为是辩护人之外的某个人提供了犯罪现场的 DNA。这两种假设可用一似然比(LR)形式表达,$LR = H_p / H_d$(分子为起诉方假设,分母为辩护方假设)。然后,可用 DNA 分型得到的频率数据和计算得到的概率推断假设检验的结果。

2.卡方检验

卡方检验是一种"优度拟合"检验,换句话说,即衡量某事件观测结果与期望结果差异大小。卡方(χ^2)指观测值(obs)与期望值(exp)差异的平方值与期望值结果的商值的累加。

$$\chi^2 = \sum_{i=0}^{k} \frac{(\text{obs}_i - \text{exp}_i)^2}{\text{exp}_i} \tag{6-3}$$

然后用卡方检验的结果值与标准卡方数值表进行比较,从而判定是否存在对正常期望值的显著性偏离。高的卡方值表现观测值与期望值间存在较大的偏差。在法医 DNA 数据库的构建中,往往要对其目标样本或数据进行质量控制,而其中一个很重要的条件便是满足哈迪-温伯格平衡。该平衡往往便是用卡方检验来衡量实际的基因频率分布与预测的分布是否一致,即样本是否可以代表群体。

3.似然比

似然比(likelihood ratio,LR)又称似然率,是对于同一个证据的不同假设条件下得到的概率值的比值。例如,若犯罪现场中的 DNA 档案与嫌疑人 DNA 档案相互匹配,则对于匹配的原因有如下两种可能的假设:①嫌疑人的匹配是因为其在犯罪现场遗留下了生物样本;②真实的犯罪者另有其人,这种匹配仅是随机偶然发生的。数学表示如下:

$$LR = H_p / H_d \tag{6-4}$$

从文字上理解,似然比等于原告方假设条件下的概率除以被告方假设条件下的概率。因为原告方假设认为是被告方犯罪,所以 $H_p = 1$(认为 100% 的概率);而相反被告方假设(其档案来源于被告人之外的其他某个人)的概率可通过特定的遗传标记群体遗传学统计数据即该遗传标记的等位基因频率计算得到。假如似然比

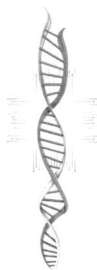

值大于 1,那么其支持原告方假设即控方假设;而当似然比值小于 1,则支持被告方假设即辩方假设。

6.2　群体遗传数据的统计分析

　　群体遗传研究遗传变异及其随着时间和空间的调控。它试图通过等位基因频率及基因频率来量化某群体内部或不同群体间的变异量。在个体核苷酸水平上,种族内部存在着巨大的遗传变异。以人为例,不同个体间大约有 1000 万个核苷酸差异。人类种族群体内部的个体间的遗传变异相对于种族间的平均差异而言,要大得多。群体数据的分析建立在一系列假设的理想模型上,即理想群体。最简单的群体遗传模型的建立方法是确定性的,前提是假设种群人口总量足够大,从而实现个体间随机交配。在绝对的随机交配群体中,等位基因比不会随着父代向子代的遗传所改变,这一假设基于哈迪-温伯格平衡(Hardy-Weinberg equilibrium,HWE),而等位基因频率发生变化是由于环境力作用,如选择、突变和迁移等。

6.2.1　理论基础

1.孟德尔遗传定律

　　孟德尔(1822—1884 年)曾经提出过许多遗传学的基本定律或法则,而这些都已形成 DNA 证据诠释的理论基础。孟德尔定律之一是说在性细胞形成过程中(减数分裂),基因对的两个成分将相互分离,因此其中半个性细胞携带该基因对的某个成分,而另半个性细胞将携带另外一个成分。换句话说,在减数分裂过程中,染色体对分离开来,从而性细胞(配子)变成单倍体,并且仅拥有该染色体的一个单拷贝。另一个孟德尔定律是说不同的分离的基因对之间彼此独立,这条定律通常亦称为自由组合定律,取决于重组。分离定律和自由组合定律是连锁平衡及哈迪-温伯格平衡的基础,而这两种平衡是检验 DNA 群体数据库时经常用到的两种检验方法。

2.哈迪-温伯格平衡

　　哈迪-温伯格认为代与代间等位基因及基因型频率保持稳定。而 HWE 检验的初始目的便是判断某位点内部的等位基因之间是否相互独立。假如位点在遗传学上是稳定的,则基因频率并不会由多代推移的原因而改变;然而,自然群体通常会在一定程度上偏离 HWE,因此也就会随着时间改变而引起等位基因频率的变化。对 HWE 的检验,通常是利用观测等位基因频率以及基于等位基因频率计算得到的期望基因型频率。假如观测基因型频率与从观测等位基因计算得到的期望基因型频率非常接近,则认为该群体处于 HWE,而且等位基因相互之间是独立的。

任何群体遗传数据的分析挖掘均应建立在哈迪-温伯格平衡的基础上,从而对样本的代表性或亚群体遗传特征进行初步判定。常用的检验方法有皮尔逊卡方检验以及基于 Markov 链的确切概率法。

随机婚配的大样本群体中,在没有自然选择压力以及新的突变产生的情况下,某遗传标记有两个等位基因 A 和 a,三个期望基因型 AA、Aa 和 aa,由旁氏表(Punnett square)得到各种基因型的频率是$(p+q)^2$的展开式,其理论频率分布应满足公式:

$$(p+q)^2 = p^2 + 2pq + q^2, p + q = 1 \qquad (6-5)$$

式中:

p——等位基因 A 的频率;

q——等位基因 a 的频率。

针对 STR 多等位基因的特征,假设有 n 个等位基因,得其理论频率分布公式:

$$\left(\sum_{i=1}^{n} x_i \right)^2 = \sum_{i=1}^{n} x_i^2 + 2 \cdot \sum_{i=1}^{n-1} \left(x_i \cdot \sum_{j=i+1}^{n} x_j \right), \left(\sum_{i=1}^{n} x_i + 1 \right), (i, j \in N) \quad (6-6)$$

式中:

x_i——该 STR 位点第 i 个等位基因的频率。

Hardy-Weinberg 平衡是一种将等位基因频率与基因型频率联系起来的计算方法。首先,通过群体调查获得等位基因频率的观察值,然后以群体内随机婚配为前提,利用等位基因频率的观察值计算基因型频率的期望值。如果基因型频率的观察值与期望值之间无显著性统计学差异,那么该群体即为 HWE 群体。HWE 定律的基本观点是等位基因频率与基因型频率在从亲代传递到子代的过程中保持不变,预示着遗传的稳定性。

3. 遗传漂变

遗传漂变(genetic drift)是指当一个族群中的生物个体的数量较少时,可能出现部分个体没有后代,或是后代未能全部继承全部等位基因,进而和亲代产生基因频率差异。一个等位基因可能(在经过一个以上的世代后)在这个族群中消失,或固定成为唯一的等位基因。

一般情况下,大样本群体的基因频率较为稳定,而族群的生物个体的数量越少其基因就越容易发生遗传漂变,它和基因突变、自然选择、近亲繁殖等都是影响等位基因频率的因素。

4. 连锁不平衡(linkage disequilibrium,LD)

在某一群体中,不同座位上某两个等位基因出现在同一条单倍型上的频率与预期的随机频率之间存在明显差异的现象,称连锁不平衡(LD)。如用于法医鉴定的 Y-SNP 标记,由于这些位点经常连锁在一起遗传,但是连锁的基因并非完全随机地组成单倍型,有些位点总是较多地在一起出现,致使某些单倍型在群体中呈现较高的频率,从而引起连锁不平衡。通过检验连锁不平衡,可以衡量男性 X 染色体或 Y 染色体上遗传标记的连锁关系,从而构造最合适的应用于不同人群的性染色体标记系统,更好地服务于 DNA 鉴定。计算随机匹配概率使用的是乘法法则,必须基于各个遗传标记之间相互独立遗传的假设。LD 反映了在位点之间相互独立的假设前提下,期望的单倍型频率与观察值之间的差距,用大写字母 D 表示(表 6-1)。

表 6-1　单倍型频率、等位基因频率与 D 之间的关系

等位基因	A_1	A_2	Total
B_1	p_1q_1+D	p_2q_1-D	q_1
B_2	p_1q_2-D	p_2q_2+D	q_2
Total	p_1	p_2	1

注:A_1/A_2 和 B_1/B_2 分别代表 2 个 SNPs 位点的两种等位基因,频率分别为 p_1/p_2 和 q_1/q_2。

相关系数 r^2 是目前最常用的度量 LD 的指标,表达公式:

$$r^2 = \frac{D^2}{p_1p_2q_1q_2} \tag{6-7}$$

r^2 值的变化范围可从 0 至 1。当 r^2 值为 0 时,表示位点之间完全独立;当 r^2 值为 1 时,表示位点之间完全连锁。因此,r^2 值越小,证明位点之间的独立性越好,计算结果也就越可靠。

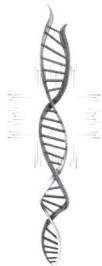

6.2.2 等位基因频率计算

对于建立某一群体的 DNA 数据库(如 STR 频率数据库)时,经过实验得到的基因分型数据,往往是通过直接计数法得到各种频率数据。建立不同人群的基因座等位基因频率数据库是进行法科学各种应用或服务的基础。对于不同民族或不同群体,通常需要使用相对应的频率数据,从而得到科学可靠的统计推断。

表 6-2 中所示,D3S1358 位点基因型 15/16 共出现 20 次,那么基因型 15/16 的频率等于 $20/190=0.1053$,依次类推可以得到其他各种基因型的频率。

表 6-2 西安汉族 D3S1358 位点的基因型频率(供示例,非真实数据)

位点	基因型		频数	频率
D3S1358	15	16	20	0.1053
	14	15	52	0.2737
	15	17	50	0.2632
	12	16	25	0.1316
	17	17	15	0.0789
	15	15	16	0.0842
	16	16	12	0.0632
检出样本数			190	1

据此方法,可以得到所检测的各个标记的基因型频率数据,仅需要得到每个等位基因出现的频数,并除以检出样本数的 2 倍(每个样本有两个等位基因)。比如,D3S1358 位点等位基因 15 的频率$=(20+52+50+16\times2)/(190\times2)=0.4053$,依据表 6-1 计算得到 D3S1358 位点等位基因频率数据见表 6-3。

表 6-3 西安汉族 D3S1358 位点的基因频率(供示例,非真实数据)

位点	等位基因	频数	频率
D3S1358	12	25	0.0658
	14	52	0.1368
	15	154	0.4053
	16	69	0.1816
	17	80	0.2105

对于性染色体的 DNA 分型数据,由于仅有一条染色体(如男性的 X 或 Y 染色体上的遗传标记),则频率的计算包括单倍型频率及基因频率,而没有基因型频率(举例见表 6-4)。

表 6-4 西安汉族男性 4 个位点的单倍型分型数据(供示例,非真实数据)

示例样本	DYS19	DYS389 I	DYS389 II	DYS392
1	13	12	31	8
2	13	13	29	11
3	13	13	29	11
4	13	13	29	11
5	14	12	28	14
6	14	12	28	14
7	14	12	28	15
8	14	12	28	14
9	14	12	28	14
10	14	12	28	13
...				

通过计数可以得到单倍型 13-12-31-8 的频数为 5,而检出的总样本数为 200,则该单倍型的频率为 0.025。由此可以得到 DYS19-DYS389I-DYS389II-DYS392 标记系统的单倍型频率分布见表 6-5。

表 6-5 西安汉族男性 4 个位点的单倍型频率(供示例,非真实数据)

单倍型	DYS19	DYS389 I	DYS389 II	DYS392	频数	频率
Hap1	13	12	31	8	5	0.0250
Hap2	13	13	29	11	10	0.0500
Hap3	14	12	28	13	15	0.0750
Hap4	14	12	28	14	20	0.1000
Hap5	14	12	28	15	10	0.0500
...						

在法医科学领域,经常遇见这样的问题——犯罪现场获得的 DNA 证据到底是来自某犯罪嫌疑人还是该群体中某随机个体？为了解决这个问题,通常要计算 DNA 证据的相应频率(或概率)。DNA 数据库中得到的基因频率数据便是计算 DNA 证据频率的基础。

例如,在犯罪现场获得除受害者之外的另一血痕,于是送实验室进行 DNA 分型和鉴定。实验结果显示,在 D3S1358-vWA-TH01 检测到的基因型为 15/16,16/17 以及 9/9,结合已建的西安汉族 DNA 数据库,我们可以得到该基因型组合由某随机个体提供的频率值。详见表 6 - 6。

表 6 - 6　DNA 证据的匹配概率的计算

位点	基因型	DNA 数据库中基因频率	计算公式	预测基因型频率
D3S1358	15	$p = 0.4053$	$2pq$	0.1472
	16	$q = 0.1816$		
vWA	16	$p = 0.2145$	$2pq$	0.1469
	17	$q = 0.3425$		
TH01	9	$p = 0.452$	p	0.2043
	9			

由于 D3S1358-vWA-TH01 标记系统遵循相互之间独立性原则,因此根据概率论中的乘法原则,可以计算得到某随机个体提供犯罪现场 DNA 证据的概率 $= 0.1472 \times 0.1469 \times 0.2043 = 0.0044$,约为 1/250。

另外,根据所提供的某嫌疑人的 DNA 样本,发现在 D3S1358-vWA-TH01 所有位点的基因分型与 DNA 证据相互匹配,及其耦合率为 1。由此,我们可以作出这样的统计学推断:嫌疑人提供 DNA 证据的概率是某随机个体概率的 250 倍。

通常在实际情况中,使用的 DNA 数据库的样本数通常在 1000 以上,从而获得更加准确的基因频率数据;随着样本所检验遗传标记数目的增加,使得样本的一系列表型或基因型组成一个稀有现象(广义的基因型),一个嫌疑人和现场遗留的生物性样本具有同样一种稀有的基因型,则支持现场发现样本为嫌疑人所留下的结论,即支持原告(控方)假说。因此法医基因组学通常联合使用多个 DNA 遗传标

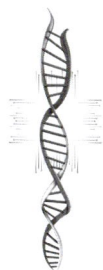

记,提高证据强度。

　　建立不同人群的DNA频率数据库是进行法科学各种应用或服务的基础。对于不同民族或不同群体,通常需要使用相对应的频率数据,从而得到科学可靠的统计推断。

　　在法医学领域,由于经常用到大量的基因分型、频率数据,从而进行亲权认定、个体识别以及法医遗传学或法医人类学研究,因此很多优秀的计算机程序被开发出来。如Promega公司开发的基于Excel界面的PowerStats程序,是一款专门针对于法医学中STR数据的频率计算和多态性估计的免费软件;而传统的经典群体遗传学软件如Arlequin和Genepop也被应用于法医学中大量频率数据的分析。此外,数据的分析挖掘过程需要借助多种软件工具来实现,在没有理想工具的情况下,基于特定计算需求自行编制了程序脚本,从而实现部分数据的批量自动化处理。表6-7列出了数据分析的软件工具。

表6-7　数据分析软件

工具软件	用途	支持的数据类型[a]	GUI[b]
Arlequin	HWE检验、人群差异性分析	DNA,SNP,STR,MULT,FREQ	Yes
Genepop	HWE检验、频率统计	STR,MULT	No
Powerstate	HWE检验、法医学参数计算	SNP,STR,MULT	Yes
Fstat	人群分化参数计算	STR,MULT	Yes
Structure	人群聚类分析	MULT	Yes
Phylip	遗传距离计算、系统发育树构建	DNA,SNP,STR,MULT,FREQ	No
Mega	系统发育树构建	DNA,DIST	Yes
Treeview	系统发育树查看	TREE	Yes
iTOL	系统发育树构建	DNA,DIST,TREE	Yes
Convert	部分数据类型转换	SNP,STR,MULT	Yes
PASSaGE	Mantel检验	DIST	Yes
GenAlEx	频率统计、Mantel检验	DNA,SNP,STR,MULT,FREQ	Yes

续表 6 - 7

工具软件	用途	支持的数据类型[a]	GUI[b]
SPSS	差异性分析、主成分分析等	NOR	Yes
R	数据矩阵的可视化	NOR	Yes
EXCEL	数据存储、整理	NOR	Yes
Origin	图表绘制	NOR	Yes
PAST	矩阵转换、主成分分析等	NOR	Yes
GeoDisCMacro	地理距离批量计算模块	NOR	Yes

注:a. DNA:DNA 序列;SNP:单核苷酸标记;STR:短串联重复标记;MULT:其他多等位基因标记;FREQ:频率数据;TREE:树形文件;DIST:数据矩阵;NOR:无特殊要求,适用于多种类型。b. GUI:图形窗口界面。

6.2.3 群体数据分析思路及参数指标

群体数据分析可以选择不同类型的遗传标记,目前采用国际通用的常染色体 STR 位点。首先对搜集的群体遗传资源的代表性以及数据完整性进行筛查,并针对新采集民族群体计算其遗传学参数,在确认符合哈迪-温伯格平衡(HWE)后,构建实际的等位基因频率分布矩阵,利用群体遗传学与生物信息学方法观察其在不同民族群体中的分布特征以及人群特异等位基因,计算固定指数(F_{ST})、遗传距离(D_A)等群体遗传学参数指标,构建基于邻接法(NJ)的系统发育树,借助主成分分析(PCA)对不同人群进行划分,并根据实际采样地定位经纬度信息编译模块批量计算地理距离矩阵,协同遗传距离矩阵做 Mantel 检验,最后综合考量遗传变异、地理分布、语系划分以及体质特征等多方面结果,验证其间是否存在关联性与一致性,尽可能多地揭示 DNA 中隐藏的遗传学信息。

根据 STR 基础频率数据的特征,构建基本的理论数学模型,条件如下:

(1)进行研究的群体具有确定且相对稳定的地理分布,彼此间存在明显的体质特征以及宗教文化差异,个数为 M;

(2)使用的 STR 位点为国际通用的标准系统,个数为 N;

（3）样本选取采用随机抽样原则，彼此互为无关健康个体；

（4）所有实验分型均符合操作规范，数据有效可靠。

同时，假设 N 个 STR 位点对应的基因型数分别为 $G_1,G_2,\cdots,G_N$，等位基因数分别为 $A_1,A_2,\cdots,A_N$，再将频数转化成频率，即可得到理论频率分布矩阵。

1）基因型频率分布矩阵。

$$\begin{bmatrix} F_{1,1_1} & \cdots & F_{1,1_{G_1}} & F_{1,2_1} & \cdots & F_{1,2_{G_2}} & \cdots & F_{1,1_N} & \cdots & F_{1,N_{G_N}} \\ F_{2,1_1} & \cdots & F_{2,1_{G_1}} & F_{2,2_1} & \cdots & F_{2,2_{G_2}} & \cdots & F_{2,1_N} & \cdots & F_{2,N_{G_N}} \\ \cdots & \cdots & \cdots & \cdots & \cdots & \cdots & \cdots & \cdots & \cdots \\ F_{M,1_1} & \cdots & F_{M,1_{G_1}} & F_{M,2_1} & \cdots & F_{M,2_{G_2}} & \cdots & F_{M,1_N} & \cdots & F_{M,N_{G_N}} \end{bmatrix} \quad (6-8)$$

其中，$F_{M,N_{G_N}}$ 表示编号为 M 的人群在编号 N 位点的 G_N 基因型的基因型频率。

2）等位基因频率分布矩阵（图 6-1）。

$$\begin{bmatrix} P_{1,1_1} & \cdots & P_{1,1_A} & P_{1,2_1} & \cdots & P_{1,2_A} & \cdots & P_{1,1_N} & \cdots & P_{1,N_A} \\ P_{2,1_1} & \cdots & P_{2,1_A} & P_{2,2_1} & \cdots & P_{2,2_A} & \cdots & P_{2,1_N} & \cdots & P_{2,N_A} \\ \cdots & \cdots & \cdots & \cdots & \cdots & \cdots & \cdots & \cdots & \cdots \\ P_{M,1_1} & \cdots & P_{M,1_A} & P_{M,2_1} & \cdots & P_{M,2_A} & \cdots & P_{M,1_N} & \cdots & P_{M,N_A} \end{bmatrix} \quad (6-9)$$

其中，$P_{M,N_{G_N}}$ 表示某人群在某位点某种等位基因的基因频率。

图 6-1 为等位基因频率矩阵结构示意图。

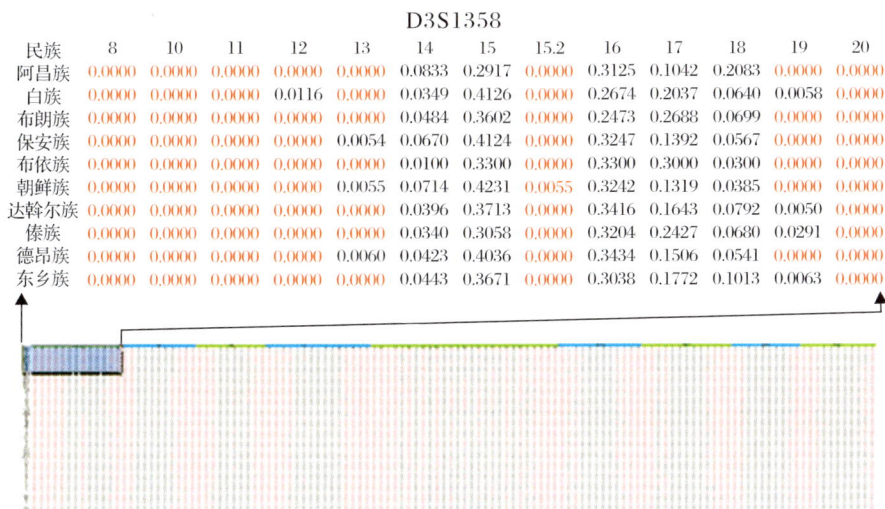

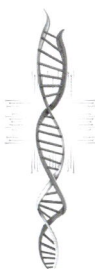

D3S1358

民族	8	10	11	12	13	14	15	15.2	16	17	18	19	20
阿昌族	0.0000	0.0000	0.0000	0.0000	0.0000	0.0833	0.2917	0.0000	0.3125	0.1042	0.2083	0.0000	0.0000
白族	0.0000	0.0000	0.0000	0.0116	0.0000	0.0349	0.4126	0.0000	0.2674	0.2037	0.0640	0.0058	0.0000
布朗族	0.0000	0.0000	0.0000	0.0000	0.0000	0.0484	0.3602	0.0000	0.2473	0.2688	0.0699	0.0000	0.0000
保安族	0.0000	0.0000	0.0000	0.0000	0.0054	0.0670	0.4124	0.0000	0.3247	0.1392	0.0567	0.0000	0.0000
布依族	0.0000	0.0000	0.0000	0.0000	0.0000	0.0100	0.3300	0.0000	0.3300	0.3000	0.0300	0.0000	0.0000
朝鲜族	0.0000	0.0000	0.0000	0.0000	0.0055	0.0714	0.4231	0.0055	0.3242	0.1319	0.0385	0.0000	0.0000
达斡尔族	0.0000	0.0000	0.0000	0.0000	0.0000	0.0396	0.3713	0.0000	0.3416	0.1643	0.0792	0.0050	0.0000
傣族	0.0000	0.0000	0.0000	0.0000	0.0000	0.0340	0.3058	0.0000	0.3204	0.2427	0.0680	0.0291	0.0000
德昂族	0.0000	0.0000	0.0000	0.0000	0.0000	0.0060	0.4036	0.0000	0.3434	0.1506	0.0541	0.0000	0.0000
东乡族	0.0000	0.0000	0.0000	0.0000	0.0000	0.0443	0.3671	0.0000	0.3038	0.1772	0.1013	0.0063	0.0000

图 6-1 等位基因频率矩阵结构示意图

针对通过实地采样和交换样本所获得的新的 DNA 样本，首先进行 STR 分型实验，并使用基于 Markov 链的确切概率法检验其是否吻合哈迪-温伯格平衡。

STR 遗传标记的法医学应用价值可由多种参数评价，主要包括以下几点。

1. 杂合度

杂合度(heterozygosity，H 或 h)指杂合个体在群体中的百分比。平均杂合度越高，意味着存在更高的等位基因多态性，随机样本匹配的概率就越低。

$$H = \frac{n}{n-1}\left(1 - \sum_{i=1}^{N_A} P_i^2\right) \tag{6-10}$$

式中：

n——样本个数；

P_i——等位基因 i 的频率；

N_A——该基因座的等位基因数。

2. 个体识别率

个体识别率(power of discrimination，DP)等于 1 减去基因型频率的平方和。

$$DP = 1 - \sum_{i=1}^{N_G} G_i^2 \tag{6-11}$$

式中：

G_i——基因型 i 的频率；

N_G——该基因座的基因型数。

3. 多态信息量

多态信息量(polymorphism information content，PIC)反映了某一基因座携带所能提供的遗传信息含量，其计算通过合计所有能够提供信息的子女概率相乘的交配概率来确定。一般认为当 $PIC \geqslant 0.5$ 时，该遗传标记携带遗传信息含量较高。

$$PIC = 1 - \sum_{i=1}^{N_A} P_i^2 - \left(\sum_{i=1}^{N_A} P_i^2\right)^2 + \sum_{i=1}^{N_A} P_i^4 \tag{6-12}$$

式中：

P_i——等位基因 i 的频率；

N_A——该基因座的等位基因数。

4. 匹配概率

匹配概率(matching probability，MP)也称随机匹配概率，或称耦合率。

$$MP = \sum_{i=1}^{N_G} Gi^2 \qquad\qquad (6-13)$$

式中：

G_i——基因型 i 的频率；

N_G——该基因座的基因型数。

5. 排除率

排除率（power of exclusion，EP）由著名统计学家 Fisher 率先提出，可通过杂合度计算得到。杂合度越大则排除率越高。

$$EP = H^2 \cdot [1 - 2 \cdot (1 - H) \cdot H^2] \qquad\qquad (6-14)$$

式中：

H——该基因座的杂合度。

通过确切概率法进行哈迪-温伯格平衡检验并计算法医学参数，结果见表6-8。

表 6-8　羌族 9 个 STR 位点多态信息（真实数据）

位点	匹配概率	个体识别率	多态信息量	排除率	杂合度	P 值
D3S1358	0.198	0.802	0.690	0.581	0.790	0.193
TH01	0.281	0.719	0.680	0.715	0.860	0.007 *
D5S818	0.221	0.774	0.550	0.206	0.520	0.178
D13S317	0.130	0.870	0.680	0.369	0.660	0.192
D7S820	0.131	0.869	0.730	0.562	0.780	0.838
CSF1PO	0.112	0.888	0.700	0.428	0.700	0.254
vWA	0.190	0.810	0.740	0.816	0.910	0.001 *
TPOX	0.289	0.711	0.480	0.155	0.460	0.159
FGA	0.056	0.944	0.820	0.328	0.630	0.000 *

注：* 表示 $P < 0.05$，有统计学意义。

主成分分析是一种分析、简化数据集的方法，从多个变量之间的相互关系着手，利用降维的思想减少数据集的维数，将多个变量转化为少数几个互不相关的综合变量，同时尽可能大的保持方差累积贡献率。

主成分分析的具体步骤包括以下几点。

（1）原始数据的标准化处理；

（2）计算协方差矩阵 R；

（3）求解特征根 $\lambda_1{}^* \geqslant \cdots \geqslant \lambda_p{}^* \geqslant 0$ 以及对应的特征向量 T_1^*, T_2^*, T_p^*；

（4）由累积方差贡献率确定主成分个数 m，确定因子载荷矩阵和主成分公式：

$$Y_i = (T_i^*)'X, i = 1, 2, \cdots, m \tag{6-15}$$

此外，Wright 提出的 F 统计量，包括三个彼此相关的检验系数，分别为 F_{ST}、F_{IS}、F_{IT}。其中，固定系数 F_{ST}，是衡量某个随机抽取的等位基因在亚群内部和整个群体中的多态性的参数指标，并据此估算亚种及人群间的分化差异。通过对 F_{ST} 的比较，可以探索影响群体遗传变异结构的进化过程，被广泛应用于群体遗传学中的进化研究。其计算公式：

$$F_{ST} = \frac{\Pi_{Between} - \Pi_{Within}}{\Pi_{Between}} \tag{6-16}$$

式中：

$\Pi_{Between}$——从不同群体抽样得到的配对差异均值；

Π_{Within}——从同一群体抽样得到的配对差异均值。

F_{ST} 的取值范围从 0 到 1，其中 0 表示两个人群间存在完全自由的婚配交融，而 1 则表示二者彼此间完全隔离。当群体间等位基因频率存在显著的分布差异时，F_{ST} 值通常较高。在实际应用中，Renolds、Slatkin 等人对计算模型做了轻度的线性转换修正。

民族特异等位基因的来源主要有两种可能：一是不同民族群体在各自的进化过程中产生新的突变并遗传给后代群体，二是祖先群体经历遗传漂变以及人口瓶颈，在随后的迁徙分化过程中，其个别等位基因仅在后代的少数个体中存在，进而演化成为拥有该等位基因的特异民族。

在共计 M 个群体的理论模型中，若编号为 m 的人群的编号在 N 个位点的 A_N 等位基因为其独有，则其频率应满足公式：

$$P_{m,N_{A_N}} = \sum_{i=1}^{M} P_i, N_{A_N} \tag{6-17}$$

式中：

m——编号为 m 的人群；

M——人群总数；

$P_{m,N_{A_N}}$——编号为 m 的人群在编号 N 位点 A_N 等位基因的频率；

$\sum\limits_{i=1}^{M} P_i , N_{A_N}$——所有人群在编号 N 位点 A_N 等位基因上的频率和。

6.3 构建系统发育树及进化分析

6.3.1 遗传距离计算

遗传距离是用来衡量不同物种或者同一物种不同群体之间的遗传差异与结构的参数。通过比较 DNA 之间差异的大小,并根据不同的模型进行计算,得到遗传距离,并用以构建系统发育树,从而推断不同群体之间的进化关系。

遗传距离建立在一定的基因突变理论模型之上,包括无限突变模型、逐步突变模型和核苷酸序列突变模型等,且针对不同资料类型其测度有很多种。例如 Nei 氏遗传距离(Nei's genetic distance)、Cavalli-Sforza 弦距(Cavalli-Sforza chord measure)、Reynolds 氏遗传距离(Reynolds's genetic distance)和 Slatkin 氏遗传距离(Slatkin's genetic distance)。Takezaki 和 Nei 在用不同距离指标重建种群分化拓扑结构的模拟研究中,发现几何距离在重构种群分枝的拓扑结构时更加准确。

Nei 氏遗传距离 D_A 基于无限突变模型的假设,这种模型认为有一种中性的突变率,而且每次突变产生完全新的等位基因。也就是说,这个模型假设所有位点的等位基因的突变率是一样的。Nei 氏遗传距离被认为是在不同进化条件下获得正确系统发育树的最有效的方法,而且受小样本的影响最小,计算公式为:

$$D_A = - \ln \frac{\sum x_i y_i}{\left(\sum x_i{}^2 \cdot \sum y_i{}^2 \right)^{\frac{1}{2}}} \quad (6-18)$$

式中:

D_A——Nei 遗传距离;

x_i——第一个群体的基因频率;

y_i——第二个群体的基因频率。

根据原始等位基因频率数据,计算 Nei 遗传距离矩阵,示意如下(图 6-2)。

与 F_{ST} 中使用的方法相同,绘制基于 Nei 遗传距离的矩阵热度图观察不同人群间遗传距离远近的分布趋势。将所得 Nei 距离依照升序排序,蓝色部分为前 33%,表示遗传距离相近,红色区域为后 33%,表示遗传距离较远,中间部分用白色表示,说明二者之间的亲缘关系以及推测是否存在基因交流(图 6-3)。

民族	阿昌族	白族	保安族	布朗族	布依族	朝鲜族	达斡尔族	傈族	德昂族	东乡族
阿昌族										
白族	0.100599									
保安族	0.086336	0.038376								
布朗族	0.101655	0.066886	0.062558							
布依族	0.107820	0.057720	0.040894	0.077294						
朝鲜族	0.095716	0.033061	0.034100	0.060279	0.058888					
达斡尔族	0.076178	0.036834	0.029248	0.070457	0.040594	0.035560				
傈族	0.100457	0.053262	0.043747	0.082897	0.036580	0.058585	0.040713			
德昂族	0.126811	0.062994	0.070990	0.082983	0.122963	0.079291	0.079641	0.115878		
东乡族	0.061509	0.032237	0.015347	0.050546	0.032944	0.026494	0.014298	0.042395	0.072076	

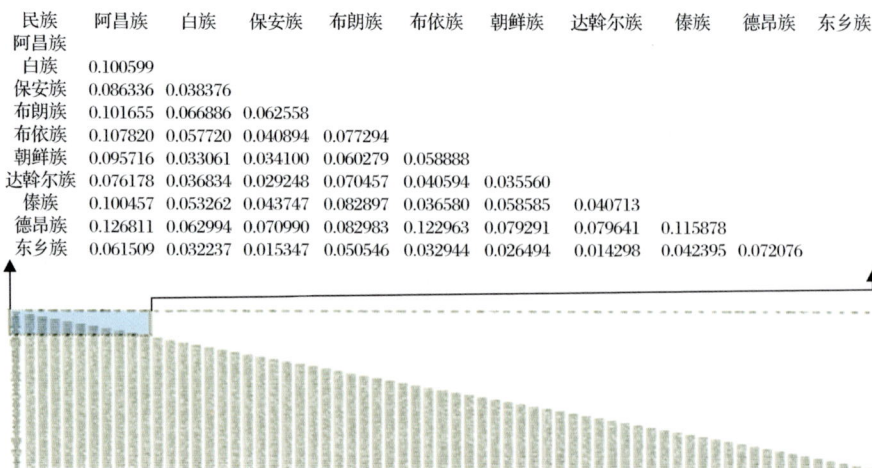

图 6-2 不同民族群体的 Nei 遗传距离矩阵示意图

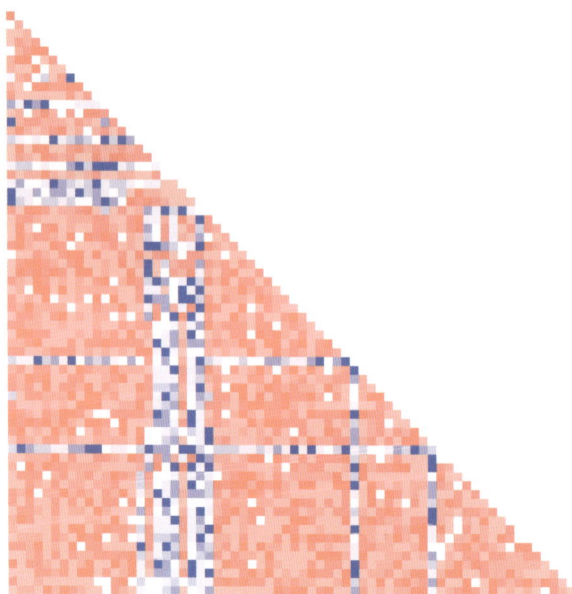

图 6-3 Nei 遗传距离矩阵热度图

蓝色区域,遗传距离较近;红色区域,遗传
距离较远,白色区域:遗传距离处于中等水平。

6.3.2 地理距离计算与 Mantel 检验

6.3.2.1 地理距离计算

鉴于是首次计算地理距离,缺乏针对各种地形的计算模型,同时由于我国疆土辽阔,采样地点彼此距离很远,地理特征影响相对很小,因此在计算时暂未对不同地貌特征进行加权,今后可针对不同的地形对模型进行改进,从而使结果更为真实可靠。

具体计算过程包括以下几个方面。

(1)根据实际采样地点,利用 Google Earth 定位其经纬度信息,示意如下(表6-9)。

表 6-9 高山族各分支采样地经纬度定位

民族	聚居地	采样地	纬度	经度
布农族	台湾中央山脉两侧,遍布于南投、高雄等县	台湾(南投县信义乡)	23°40′4.71″N	120°59′15.48″E
排湾族	台湾南部,包括高雄县市、屏东县、台东县内	台湾(屏东县来义乡)	22°30′49.02″N	120°41′20.42″E
赛夏族	北赛夏分布于鹅公髻山麓一带	台湾(新竹县五峰乡)	24°35′29.56″N	121°8′53.26″E
达悟族	台湾东南外海的兰屿	台湾(台东兰屿乡)	22°3′35.32″N	121°30′39.80″E
阿美族	分布于花莲县、台东县和屏东县境内	台湾(花莲县)	23°45′24.84″N	121°21′14.99″E
鲁凯族	分布于台东县、屏东县、高雄县等县境内	台湾(屏东县)	22°32′58.22″N	120°37′11.96″E
泰雅族	分布于北部中央山脉两侧	台湾(台北乌来乡)	24°47′38.40″N	121°33′35.40″E

民族	聚居地	采样地	纬度	经度
邹族	分布于南投县、嘉义县和高雄县境内	台湾（南投县）	23°42′49.63″N	120°54′7.31″E
巴宰族	台湾中部埔里盆地爱兰地区	台湾（埔里爱兰地区）	23°58′25.33″N	120°56′38.10″E
卑南族	分布在中央山脉以东,卑南溪以南的海岸地区	台湾（台东县）	22°45′18.54″N	121°6′49.24″E
客家人	台中、高屏地区棄"六堆客家"、新竹、嘉义等县	台湾（台中）	24°9′0.67″N	120°38′34.80″E
台湾汉族	台湾各地	台湾（台北）	25°5′27.87″N	121°33′35.40″E

（2）采用 Spherical Law of Cosines 地球模型,该模型不考虑地球椭球体所带来的误差,采用正球体进行计算,最大误差不超过 0.3%,该模型计算公式如下。

$$d = a \cdot \cos[\sin(lat_1) \cdot \sin(lat_2) + \cos(lat_1) \cdot \cos(lat_2) \cdot \cos(lon_2 - lon_2)] \cdot R$$

$$(6 - 19)$$

式中:

d——实际距离;

lat、lon——经、纬度信息;

R——地球半径取平均值,即 6378km。

（3）通过 Excel 函数将经纬度信息转换为可用于计算的小数格式:

$= [MID(An,1,3)]\&". "\&MID(An,5,2)\&MID(An,8,2)\&MID(An,11,1)$

（4）由于群体较多,手工计算费时且极易出错,因此根据计算所需,首先通过函数将经纬度转换为小数格式,再利用编写宏根据计算公式利用嵌套循环实现本地批量计算。

地理分布作为影响人群遗传结构和进化轨迹的首要环境因素,对民族群体的形成有着极为重要的作用。研究中的样本资源需要保证在各民族群体的聚居地内进行采样,从而保证遗传背景的稳定性,尽可能避免人口流动基因交融的影响(图 6 - 4)。

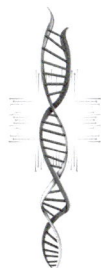

民族	阿昌族	白族	保安族	布朗族	布依族	朝鲜族	达斡尔族	傣族	德昂族	东乡族
阿昌族										
白族	95.15									
保安族	1321.85	1232.98								
布朗族	163.60	165.94	1345.23							
布依族	920.66	847.64	1141.04	795.32						
朝鲜族	3493.98	3400.00	2417.64	3429.42	2722.15					
达斡尔族	3507.58	3412.63	2268.43	3477.61	2878.58	731.63				
傣族	140.097	45.03	1192.73	181.91	812.34	3355.13	3368.08			
德昂族	185.02	90.00	1152.80	206.73	778.18	3310.32	3323.56	44.98		
东乡族	1332.19	1242.16	46.59	1349.96	1117.38	2379.58	2240.62	1201.18	1160.47	

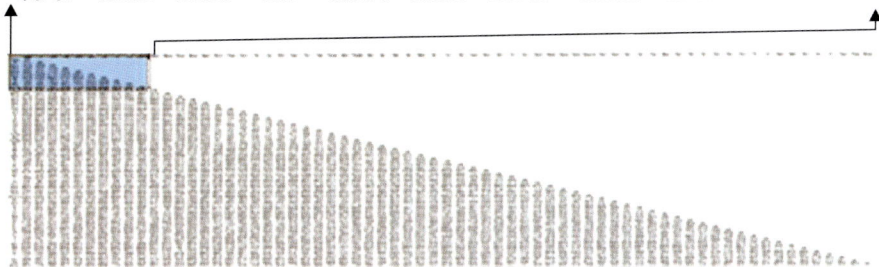

图 6 - 4　地理距离矩阵示意图(单位:km)

6.3.2.2　Mantel 检验

将获得的地理距离矩阵与遗传距离矩阵结合,进行 Mantel 检验观察其间是否存在关联,计算皮尔逊相关系数 r,之后进行随机置换检验(permutation test, $N=999$)对关联性进行重构计算,观察 r 值在置换检验中的分布位置,如果较近则表示相关性不大,如果差异明显则提示两个矩阵之间存在显著的关联性。置换检验的引入使矩阵之间的关联性检验无需建立在特定数据分布类型的基础上。

6.3.3　系统发育树

系统发育树,也被称为进化树,一般基于分子钟理论,即分子序列进化按照一恒定速率进行,因此积累突变的数量和进化时间成一定比例。基于这个基本假设,可以用树型的分支长度来估算基因分离的时间,常用来描述某些群体的拓扑结构,直观地展现之间的进化关系,追溯人类起源、人种分化、交融等遗传现象。表 6 - 10 对于系统发育树构建方法的优缺点进行比较。

表 6-10　常用的系统发育树构建方法比较

方法	思路	优点	缺点
简约法 Parsimony methods	对所有可能的拓扑结构进行计算,并计算出所需替换次数最小的拓扑结构,作为最优树	简单直观,易于实现; 部分数据(如 SINES、LINES)所适用的唯一算法框架	存在隐式假设; 缺乏适合与序列进化协同分析的模型; 当替换率高时其树型的分支长度可能被低估; 最大简约法容易将长分支中快速进化的世系判定为亲缘关系较近的世系
距离法 Distance methods	在进行类的合并时,不仅要求待合并的类是相近的,同时还要求待合并的类远离其他的类簇	计算速度快; 无需基于分子钟假设; 适用于任何可以明确定义遗传距离的数据类型; 可以选择适合于数据不同数据类型的距离计算模型	多数距离法,例如邻接法,均未考虑距离估算中的方差影响; 当出现序列分歧和比对间隔时容易导致距离计算错误; 分支长度为负数时是毫无实际意义的
似然法 Likelihood methods	选取一个特定的替代模型来分析给定的一组序列数据,使得获得的每一个拓扑结构的似然率都为最大值,然后再挑出其中似然率最大的拓扑结构作为最优树	可以选择多种复杂的替换模型模拟实际生物过程; 拥有良好的参数估算和假设检验的算法框架	最大似然法需要耗费大量的计算资源; 拓扑并非一个参数,因此最大似然法不适用于对其的估算,自引成分难以解释

方法	思路	优点	缺点
贝叶斯法 Bayesian methods	根据该参数在多种对齐条件下所产生数据的可能性,事先组成的一个参数,生成后验分布	与最大似然法一样,可以使用最为接近实际的替换模型;先验概率便于与其他信息协同分析;后验概率可以为树型提供简明的解释	马尔科夫链蒙特卡洛法计算量巨大;在大样本量的数据中,其收敛与混杂问题难以定位和校正;无意义的先验概率难以确定;没有适当的理论指导多维先验对后验可能产生不当影响;后验概率往往被高估;在模型的选择过程中计算量巨大

将频率分布特征、特异等位基因、人群分化参数、遗传距离与系统发育树等群体遗传学研究结果与不同群体的地理分布特征、语言语系划分与人群体质特征结合讨论,对其结果进行对比,验证其间是否存在关联性,从而全面准确地解读不同人群间群体结构,对进化过程中可能出现的特征事件作出解释。

6.4 亲权鉴定和个体识别 DNA 证据的解释

在刑事或民事案件中,使 DNA 分型得到的频率数据和计算得到的概率推断假设检验的结果转化为支持起诉方 H_p 或辩护方 H_d 的证据。在灾难遇难者鉴别、失踪人员鉴别等个体识别中通过数学算法将有形的证据转化为直观的数字概率。下面分别介绍 DNA 亲权鉴定和个体识别中涉及的算法及证据解释。

6.4.1 亲权鉴定中 DNA 证据的解释

对于证据结果的评估有三种方法,分别是父权指数(PI)、父权概率和排除概率。三种方法均使用特定的等位基因的频率。在案例中涉及三个人,一个母亲(M)、一个孩子(C)和一个声称是父亲的男性(AF)。他们的基因型分别为 G_M、G_C

和 G_{AF}，A_iA_i 表示纯合子，A_iA_j 表示杂合子，A_M 表示等位基因来自于母方，A_P 表示来自于父方。

6.4.1.1 父权指数

假设 H_p：AF 是 C 的父亲；H_d：C 的父亲不是 AF。

用 I 表示非基因证据（如指纹等），用 E 表示 DNA 证据，通过 Bayes'理论得到公式为

$$\frac{Pr(H_p|E,I)}{Pr(H_d|E,I)} = \frac{Pr(E|H_p,I)}{Pr(E|H_d,I)} \times \frac{Pr(H_p|I)}{Pr(H_d|I)} \quad (6-20)$$

或者

$$后验概率比 = LR \ 先验概率比$$

父权指数（paternity index，PI）或被称为似然率（LR），二者在简单的案例中可以互换。父权概率（probability of paternity）指父权的后验概率或后概率。排除概率（probability of exclusion，PE）定义为"不具有父辈等位基因男性的概率"，其与下一节中讲到的混合物评估中的排除概率类似。

因为

$$Pr(H_d|E,I) = 1 - Pr(H_p|E,I), Pr(H_d|I) = 1 - Pr(H_p|I)$$

Bayes'理论公式可以转化为

$$Pr(H_p|E,I) = \frac{LR \times Pr(H_p|I)}{LR \times Pr(H_p|I) + [1 - Pr(H_p|I)]} \quad (6-21)$$

假设先验概率比为 1，即父权的前概率为 0.5，则父权的后概率为

$$Pr(H_p|E,I) = \frac{LR}{LR+1} \quad (6-22)$$

以此类推，给定先验概率和父权指数时，父权概率的值是确定的（表 6-11）。

表 6-11 不同父权指数和先验概率值对应下的亲权概率

先验概率	PI			
	1	10	100	1000
0	0	0	0	0
0.001	0.001	0.00991	0.09099	0.5002501
0.010	0.010	0.09174	0.50251	0.9099181

先验概率	PI			
	1	10	100	1000
0.100	0.100	0.52631	0.91743	0.9910803
0.500	0.500	0.90909	0.99009	0.9990010
0.900	0.900	0.98901	0.99889	0.9998889
0.990	0.990	0.99899	0.99989	0.9999899
0.999	0.999	0.99989	0.99999	0.9999990
1	1	1	1	1

最后,我们推导出父权概率的计算公式:

$$PI = \frac{Pr(A_M|G_M)Pr(A_p|G_{AF},H_p)}{Pr(A_M|G_M,H_d)Pr(A_p|A_M,G_M,G_{AF},H_d)} \qquad (6-23)$$

根据公式 6 - 23,在表 6 - 12 中给出了孩子、母方和可疑父亲不同基因型排列组合,对应的亲权指数的值的计算公式,并且举例说明了当 A_i 和 A_j 基因频率为 0.1 时,亲权指数所对应的值。

表 6 - 12　孩子不同基因型概率对应的亲权指数

G_C	G_M	G_{AF}	PI	PI(如果 $p_i = p_j = 0.1$)
A_iA_i	A_iA_i	A_iA_i	$1/p_i$	10
		$A_iA_j, j \neq i$	$1/2p_i$	5
		$A_jA_k, k \neq i,j$	0	0
	$A_iA_j, j \neq i$	A_iA_i	$1/p_i$	10
		$A_iA_j, j \neq i$	$1/2p_i$	5
		$A_jA_k, k \neq i,j$	0	0
$A_iA_j, j \neq i$	A_iA_i	A_jA_j	$1/p_j$	10
		$A_jA_k, k \neq j$	$1/2p_j$	5
		$A_kA_l, k,l \neq j$	0	0

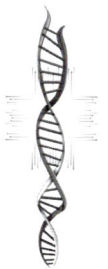

G_C	G_M	G_{AF}	PI	PI(如果 $p_i=p_j=0.1$)
	$A_iA_j, j\neq i$	A_iA_i	$1/(p_i+p_j)$	5
		A_iA_j	$1/(p_i+p_j)$	5
		$A_jA_k, k\neq i,j$	$1/2(p_i+p_j)$	2.5
		$A_kA_l, k,l\neq i,j$	0	0
	$A_iA_k, k\neq i,j$	A_jA_j	$1/p_j$	10
		$A_jA_l, l\neq j$	$1/2p_j$	5
		$A_kA_l, k,l\neq j$	0	0

以上公式为母亲、孩子和可疑父亲三联体的计算,下面我们进行另外一种假设。

6.4.1.2 叔伯指数

H_d:被控父亲相关的人为孩子的父亲。

公式 6 - 23 的分母可以写为

$$Pr(A_p|A_M,G_M,G_{AF},H_d)=Pr(A_p|G_{AF},H_d)=\frac{Pr(A_p,G_{AF})}{Pr(G_{AF})} \quad (6-24)$$

三个等位基因分别为 a,b 和 c,为说明血源相同(identify by descent,IBD),c 为真正父亲的等位基因,a 和 b 为被疑父亲的等位基因,得到以下公式:

$$\begin{cases} \gamma_{abc}=\gamma_{AT} \\ \frac{1}{2}(\gamma_{ac}+\gamma_{bc})=\theta_{AT}-\gamma_{AT} \\ \gamma_{ab}=F_A+\gamma_{AT} \\ \gamma_0=1-2\theta_{AT}-F_A+2\gamma_{AT} \end{cases} \quad (6-25)$$

式中 A 和 F 分别 AF 和 TF 的缩写,γ_{AT} 为 AF 的两个等位基因和 TF 的一个等位基因均是 IBD,AF 和 TF 的同祖系数 θ_{AT} 和 AF 的近交系数 F_A。

Morris 等认为无法对被疑父方进行分型但可以对其亲戚 R 分型时,假设

H_p:孩子 C 的父亲是亲戚 R;

H_d:孩子 C 的父亲与亲戚 R 无关。

则有

$$LR = \frac{Pr(G_C \mid G_M, G_R, H_p)}{Pr(G_C \mid G_M, G_R, H_d)} = \frac{Pr(A_M \mid G_M) Pr(A_p \mid G_R, H_p)}{Pr(A_M \mid G_M) Pr(A_p \mid H_d)} \quad (6-26)$$

即通过表 6-13 对公式 6-25、公式 6-26 进行举例说明。

表 6-13　H_d 假设父方和被疑父方关联下 LR 值(按 θ_{AT} 计算)

G_C	G_M	G_{AF}	LR	$LR(\theta_{AT}=0.25, p_i=p_j=0.1)$
A_iA_i	A_iA_i	A_iA_i	$1/[p_i(1-2\theta_{AT})+2\theta_{AT}]$	1.82
		$A_iA_j, j\neq i$	$1/2[p_i(1-2\theta_{AT})+2\theta_{AT}]$	1.67
		$A_jA_k, k\neq i,j$	0	0
	$A_iA_j, j\neq i$	A_iA_i	$1/[p_i(1-2\theta_{AT})+2\theta_{AT}]$	1.82
		$A_iA_j, j\neq i$	$1/2[p_i(1-2\theta_{AT})+2\theta_{AT}]$	1.67
		$A_jA_k, k\neq i,j$	0	0
$A_iA_j, j\neq i$	A_iA_i	A_jA_j	$1/[p_j(1-2\theta_{AT})+2\theta_{AT}]$	1.82
		$A_jA_k, k\neq j$	$1/2[p_j(1-2\theta_{AT})+2\theta_{AT}]$	1.67
		$A_kA_l, k,l\neq j$	0	0
	$A_iA_j, j\neq i$	A_iA_i	$1/[(p_i+p_j)(1-2\theta_{AT})+2\theta_{AT}]$	1.67
		A_iA_j	$1/[(p_i+p_j)(1-2\theta_{AT})+2\theta_{AT}]$	1.67
		$A_jA_k, k\neq i,j$	$1/[2(p_i+p_j)(1-2\theta_{AT})+2\theta_{AT}]$	1.43
		$A_kA_l, k,l\neq i,j$	0	0
	$A_iA_k, k\neq i,j$	A_jA_j	$1/[p_j(1-2\theta_{AT})+2\theta_{AT}]$	1.82
		$A_jA_l, l\neq j$	$1/2[p_j(1-2\theta_{AT})+2\theta_{AT}]$	1.67
		$A_lA_k, k,l\neq j$	0	0

Morris 等给出了叔伯指数(avuncular index, AI)与父权指数 PI 的关系式为

$$AI = (1-2\theta_{AT}) + 2\theta_{AT}PI \quad (6-27)$$

6.4.1.3　乱伦父权

如果被疑父亲 AF 也是母亲的父亲,则

H_p:母亲 M 的父亲是孩子 C 的被疑父亲 AF;

H_d:母亲 M 的另一个亲属是孩子 C 的真正父亲 TF。

$$LR = \frac{Pr(G_C \mid G_M, G_{AF}, H_p)}{Pr(G_C \mid G_M, G_{AF}, H_d)} \quad (6-28)$$

假设 $G_M=A_iA_j, G_C=A_iA_k, G_{AF}=A_iA_k$,则 $A_M=A_i, A_P=A_k$,即式 6-28 为

$$LR = 2/(1+p_k)$$

6.4.1.4 结构化种群

在结构化种群(structured populations)中,母亲、被疑父亲和父亲虽然不是来自同一个家庭,但是属于同一个亚群,在已知亚群的等位基因频率时,父权指数结果与表6-9中一样,但是,亚群的基因频率未知时,我们需要考虑亚群间的基因多态性。

假设 H_p:AF 是 C 的父亲;H_d:C 的父亲不是 AF。

$$LR = \frac{\sum_{A_M,A_P} Pr(A_M|G_M)Pr(A_P|G_{AF},H_P)}{\sum_{A_M,A_P} Pr(A_M|G_M)Pr(A_P|G_M|G_M,G_{AF},H_d)} \qquad (6-29)$$

下面我们在表6-14列出了 PI 值计算公式。

表6-14 结构化种群中 PI 值的计算

G_M	G_C	A_M	A_P	G_{AF}	PI
A_iA_i	A_iA_i	A_i	A_i	A_iA_i	$(1+3q)/[4q+(1-q)p_i]$
				A_iA_j	$(1+3q)/2[3q+(1-q)p_i]$
	A_iA_j	A_i	A_j	A_jA_j	$(1+3q)/[2q+(1-q)p_i]$
				A_iA_j	$(1+3q)/2[q+(1-q)p_i]$
				A_jA_k	$(1+3q)/2[q+(1-q)p_i]$
A_iA_k	A_iA_i	A_i	A_i	A_iA_i	$(1+3q)/[3q+(1-q)p_i]$
				A_iA_k	$(1+3q)/2[2q+(1-q)p_i]$
	A_iA_j	A_i	A_j	A_jA_j	$(1+3q)/[2q+(1-q)p_i]$
				A_iA_j	$(1+3q)/2[q+(1-q)p_i]$
				A_jA_l	$(1+3q)/2[q+(1-q)p_i]$
A_iA_j	A_iA_j	A_j	A_i	A_iA_i	$(1+3q)/[4q+(1-q)(p_i+p_j)]$
				A_iA_j	$(1+3q)/[4q+(1-q)(p_i+p_j)]$
				A_iA_k	$(1+3q)/2[3q+(1-q)(p_i+p_j)]$

注:p_i表示群体基因频率,PI值表示当母亲,父亲和被疑父亲属于同一亚群时,被疑父亲是或者不是孩子的父亲的亲权指数;i,j,k 和 l 表示不同的等位基因。

值得注意的是利用有关结构化种群的亲权系数计算公式,根据母亲、被疑父亲及真正父亲是否属于同一群体或亚群,需要选择不同的 PI 计算公式。

6.4.1.5 排除概率

排除概率用 Q 来表示,有以下公式:

$$Q = \sum_i P_i (1 - P_i)^2 - \frac{1}{2} \sum_i \sum_{j \neq 1} P_i{}^2 P_j{}^2 (4 - 3P_i - 3P_j) \qquad (6-30)$$

用 Q_l 表示位点 l 的排除概率,如果 Q_l 是独立的,则

$$Q = 1 - \prod_l (1 - Q_l) \qquad (6-31)$$

对于两个位点,每个位点有 5 个相同频率的等位基因,公式(6-31)的 Q 值为 0.84,若有 5 个位点时,Q 值为 0.99。

6.4.1.6 失踪人口

从失踪人 X 中获取基因证据 E,结合 X 的配偶 M 和孩子 C 的基因型,则

H_p:样本来源于 X;

H_d:样本不是来源于 X。

$$LR = \frac{Pr(G_C, G_M, G_X \mid H_p)}{Pr(G_C, G_M, G_X \mid H_d)} \qquad (6-32)$$

我们来总结失踪人口案件中的概率计算公式(表 6-15)。

表 6-15　失踪人口案件中的概率计算公式

孩子 G_C	配偶 G_M	样本 G_X	$Pr(G_C, G_M, G_X \mid H_p)$	$Pr(G_C, G_M, G_X \mid H_d)$
$A_i A_i$	$A_i A_i$	$A_i A_i$	1	p_i
	$A_i A_j$	$A_i A_j$	0.5	p_i
		$A_i A_k$	0.25	$0.5 p_i$
$A_i A_j$	$A_i A_i$	$A_j A_j$	1	p_j
		$A_i A_j$	0.5	p_j
	$A_i A_k$	$A_j A_j$	0.5	$0.5 p_j$
		$A_j A_k$	0.25	$0.5 p_j$

亲权鉴定、尸体鉴定和继承纠纷都采用父母遗传给子女等位基因的遗传规律,法医学应用中,DNA 证据的解释联合似然比解决诉讼请求,概率的评估依赖于亲本基因型背景下的基因型概率。

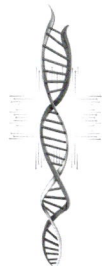

6.4.2 个体识别中 DNA 证据的解释

个体识别能力(discrimination power,DP)指从群体中随机抽取两个个体,其遗传标记表型不相同的概率。

$$DP = 1 - \sum_{i=1}^{n} P_i^2 = 1 - Q \qquad (6-33)$$

公式 6-33 中,n 为一个遗传标记的表型数目,P_i 为群体中第 i 个表型的频率,$\sum_{i=1}^{n} P_i^2$ 为人群中随机抽取两个样本,Q 为纯粹由于机会而一致的概率。

累计个体识别能力(TDP)计算公式:

$$TDP = 1 - Q_1 \times Q_2 \times \cdots Q_k = 1 - \prod_{i=1}^{k} Q_i \qquad (6-34)$$

Q_i 为第 i 个遗传标记的 Q 值,总 Q 值是 k 个遗传标记 Q 值的乘积。

耦合率(matching probability,MP)也称随机匹配概率,通常当耦合率越小时,说明该位点多态性较高,即人群中某两个个体具有相同基因型的概率较低。计算公式为 6-13。

个体识别计算中需要考虑的另一个重要问题是 DNA 遗传标记在不同群体间会出现等位基因频率的变化,因为随机匹配概率的计算依赖于每个位点的等位基因频率值,所以不同群体间的分布差异将最终导致所选位点的个体识别效力下降。特别对于双等位基因的 SNP 位点,其单个等位基因在不同群体间的频率变化范围可从 0 到 1,如此大的变异程度也成为 SNP 用于个体识别的最关键性问题。

怀特氏 F 统计是对群体亚结构的一种度量方法,其固定系数 F_{ST} 是通过杂合度的计算,分析每一个位点在所有亚群体之间的变异程度。F_{ST} 的计算是在假设 HWE 的前提下,得到计算公式(见公式 6-16),F_{ST} 值的大小反映了每个位点的等位基因频率在不同群体间的变化程度,F_{ST} 值越小,说明变异程度越小;相反,F_{ST} 值越大,说明变异程度越大。因此,从群体遗传学角度,选择不同群体间等位基因频率变化最小的一类 SNPs,能够保证位点的高信息性,维持随机匹配概率的群体间稳定性。

【参考文献】

[1] Excoffier L, Lischer H E. Arlequin suite ver 3.5: a new series of programs to

perform population genetics analyses under Linux and Windows[J]. Mol Ecol Resour, 2010, 10 (3): 564 – 567.

[2] Excoffier L, Laval G, Schneider S. Arlequin (version 3. 0): an integrated software package for population genetics data analysis[J]. Evol Bio-inform online, 2005, 1: 47 – 50.

[3] Rousset F. Genepop'007: a complete re-implementation of the genepop software for Windows and Linux[J]. Mol Ecol Resour, 2008, 8 (1): 103 – 106.

[4] Goudet J. FSTAT (Version 1. 2): a computer program to calculate fstatistics [J]. J Hered, 1995, 86(6): 485 – 486.

[5] Retief J D. Phylogenetic analysis using PHYLIP[J]. Methods Mol Biol, 2000, 132: 243 – 258.

[6] Sohpal V K, Dey A, Singh A. MEGA biocentric software for sequence and phylogenetic analysis: a review[J]. Int J Bioinform Res Appl, 2010, 6 (3): 230 – 240.

[7] Kumar S, Nei M, Dudley J, et al. MEGA: a biologist-centric software for evolutionary analysis of DNA and protein sequences[J]. Brief Bioinform, 2008, 9 (4): 299 – 306.

[8] Page R D. Visualizing phylogenetic trees using TreeView[J]. Curr Protoc Bioinformatics, 2002, Chapter 6: Unit 6 2.

[9] Letunic I, Bork P. Interactive Tree Of Life v2: online annotation and display of phylogenetic trees made easy[J]. Nucleic Acids Res, 2011, 39 (Web Server issue): W475 – 478.

[10] Letunic I, Bork P. Interactive Tree Of Life (iTOL): an online tool for phylogenetic tree display and annotation[J]. Bioinformatics, 2007, 23 (1): 127 – 128.

[11] Reynolds J, Weir B S, Cockerham C C. Estimation of the coancestry coefficient: basis for a short-term genetic distance[J]. Genetics, 1983, 105 (3): 767 – 779.

[12] Slatkin M. A measure of population subdivision based on microsatellite allele frequencies[J]. Genetics, 1995, 139(1): 457 – 462.

［13］Goldstein D B，Pollock D D. Launching microsatellites：a review of mutation processes and methods of phylogenetic interference［J］. J Hered，1997，88（5）：335 - 342.

［14］田钊. 中华民族遗传结构与进化轨迹的 DNA 印证［D］.西安交通大学，2012.

［15］Evett I W，Weir B S. Interpreting DNA evidence：statistical genetics for forensic scientists［M］. Sunderland：Sinauer Associates，1998.

（张　哲）

第 7 章　群体 DNA 数据库

随着 DNA 分型技术的发展及应用,建立群体 DNA 数据库已成为法医遗传学最主要的发展方向之一。群体 DNA 数据库是 DNA 检验与计算机技术的联合应用。生物样品进行 DNA 分析后,DNA 分型结果输入计算机网络系统构建 DNA 数据库,通过计算机网络系统,将 DNA 数据连接起来,实现数据共享,进行样品间的比对,通过网络技术实现异地查询、跨地区协作,迅速而有效地识别可能逃逸的暴力犯罪嫌疑人,为侦查破案服务(如图 7-1 所示)。群体 DNA 检验能够做到直接认定或否定个人,国内外实践证明这一技术具有强大的生命力,是案件侦破工作不可缺少的手段。

群体 DNA 数据库主要包括在罪犯人群中构建的前科库及由现场检材的 DNA 分析结果构成的现场库,目的在于有案件发生时,从现场采集罪犯遗留的血痕、精斑或唾液等检材进行 DNA 分型,与前科库内数据比较,为侦查提供犯罪嫌疑人可能是何人的线索;两者不吻合时,排除库内人员是犯罪嫌疑人,缩小侦查范围,提高破案效率。同时,现场检材的 DNA 分析结果还可与现场库中的数据比较,进行串并案,为系列案件及以往未破案件提供科学证据与侦破线索。此外,还有一些为某种特殊目的而建立的数据库,如失踪人员父母及子女数据库,进而可通过网络查询认定失踪人员,并对一些无名尸体、碎尸、空难、交通事故等受害者进行身源认定。我国群体 DNA 数据库自 2006 年开始正式运行,在刑事案件的侦破和起诉中,以及失踪人员的查找中都发挥了巨大的作用。

7.1　数据库技术概述

随着信息社会的发展,要求计算机不但能进行科学计算,而且能进行大量数据的简单处理(如数据的查询和更新),使计算机的应用从科学研究部门逐步扩展到企业、行政部门,因而产生了数据库技术。数据库技术是计算机应用领域的重要分

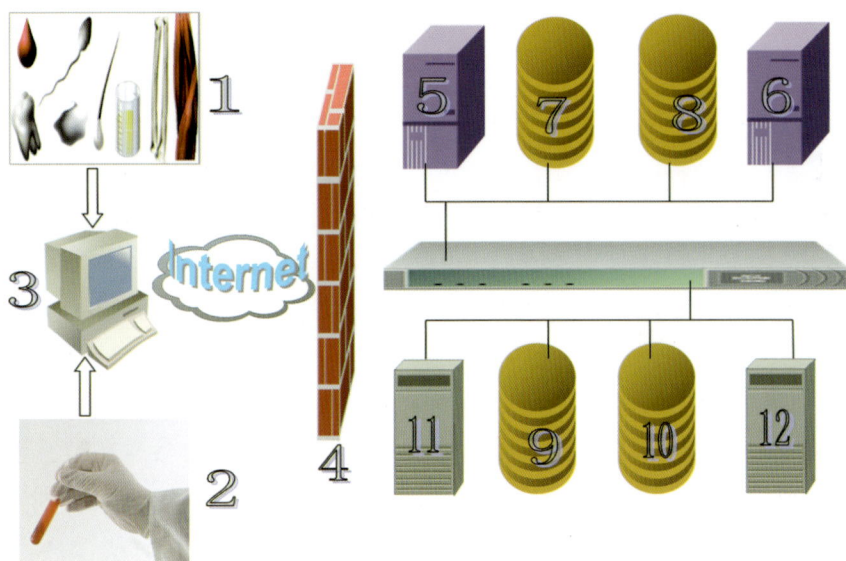

图 7 - 1　群体 DNA 数据库系统

1—现场不同生物样本,包括血、牙齿、毛发、骨头、组织、精斑等;2—嫌疑人样本,通常为静脉血;3—客户端计算机,用于录入数据,调用后台数据库进行比对,并返回结果;4—防火墙,防止基于网络传播的病毒、木马程序;5—Web 服务器,保证不同实验室或单位之间的数据联网共享;6—CA 证书服务器,对使用用户证书进行验证;7—现场库,储存不同现场获得的法医证据信息和 DNA 数据;8—档案库,又称前科库,储存具有犯罪前科的罪犯的证据信息和 DNA 数据;9—群体库,储存不同人群的整体信息及基础基因频率数据;10—流动库,储存失踪人员及其亲属信息;11—黑客入侵检测系统,用于防止黑客攻击;12—用户访问控制系统。

支,其核心任务是进行数据管理。数据库技术产生于 20 世纪 60 年代末,现已形成相当规模的理论体系和使用技术。

数据管理技术的发展经历了人工管理、文件系统、数据库系统三个阶段,这三个阶段中数据与程序的联系,系统设计各有特点,从总体上来说数据管理方式可分

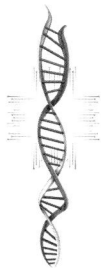

为传统管理方式和数据库管理方式,其中人工管理方式和文件系统为传统管理方式,数据库系统为数据库管理方式。

数据管理技术发展的三个阶段最明显的特征是数据与应用程序联系程度的不同,数据管理技术发展的目标是增加数据与应用程序的独立性,减少数据和应用程序的联系,从而增强数据的共享性,减少数据的冗余;增强数据之间的联系,保证数据的一致性和安全性。数据人工管理阶段的特点:应用程序和所处理的数据之间的关系是一一对应的,而且数据之间没有联系,数据是由程序员设计,应用程序管理的。相比之下,文件系统阶段数据管理的特点:应用程序和处理的数据之间的关系是多对多的关系,即一个应用程序可以操作多个数据文件中的数据,一个数据文件可以被多个应用程序操作;数据文件,应用程序由操作系统统一管理,数据对应用程序具有一定程度的共享性。但是,在文件系统阶段,数据文件之间没有任何的关系,使得数据的共享性、一致性及冗余度受到一定的限制。进一步而言,数据库系统阶段数据管理的特点:应用程序和所处理的数据之间的关系是多对多的;应用程序和数据由数据库管理系统统一管理;用数据库中的数据既可以描述数据也可以描述数据之间的联系;数据库系统中的数据由 DBMS 提供简单的数据接口,可以使应用程序方便地对数据库中的数据进行操作。数据库系统中,数据的共享性和一致性提高,数据冗余度降低,系统可扩展性增强。

数据管理技术发展的三个阶段,从计算机系统设计的角度看可以分为传统方式和数据库方式,其中人工管理阶段和文件系统阶段属于传统方式,数据库管理阶段属于数据库方式。在传统方式下,系统设计的中心任务是算法的设计;数据库系统阶段,系统设计是以数据为中心,数据的建立、操作、维护都由数据库管理系统完成,用户的中心任务就是设计出能反映现实实际的数据,并将这些数据组织成数据库的形式存储在计算机中,所以数据库系统的设计实际上是数据的设计。

数据管理技术从传统方式到数据库方式的演变是一个重大的变化。传统方式系统的设计以程序、算法为中心,数据的逻辑结构、存储结构在应用程序中定义,而应用程序的设计较为困难;数据库方式系统的设计以数据为中心,数据的逻辑结构、存储结构由数据库管理系统定义,数据的定义、操作、维护也由数据库管理系统提供的用户接口(命令)实现,系统设计的中心任务是数据的设计。

数据库技术的产生使计算机的应用深入到人类社会生活的各个领域,如企业管理、银行业务、商业系统、邮电通讯系统及行政管理等。数据库技术还在不断地発展,不断地与其他计算机技术相渗透。数据库技术与网络通讯技术相结合,产生了分布式数据库系统;数据库技术与面向对象技术相结合,产生了面向对象数据库系统等。

7.2　群体 DNA 数据库的发展历程

英国是世界上最早建立 DNA 数据库的国家,于 1995 年建立的 DNA 数据库现已发展为全球规模最大的数据库。根据英国内政部 2015 年 12 月公布的最新数据,截止 2015 年 3 月底,英国国家 DNA 数据库现已拥有 5766369 人份及 486691份现场生物检材的 DNA 数据。英国的 DNA 数据库在运作方面已形成一套完善的体系,这个体系由三个部分组成:决策机构、管理机构和执行部门。决策机构的成员来自内政部、警务部的高级警官及专家;管理机构隶属于英国内政部,其主要职责是制定实验操作标准及 DNA 数据的分析标准,确保来自实验室的数据真实有效,符合数据库的要求;执行部门即法庭科学服务中心(FSS),它隶属于英国政府部门的一个商业机构,负责生物样本的 DNA 检测、数据分析和录入,同时负责具体案件的比对。2014 年至 2015 年,英国内政部和警务部投资 3.9 百万英镑用于数据库的维护。而 2013 年至 2014 年投资 2.2 百万英镑。新增加的经费主要用于 IT 方面。由于数据库规模不断扩大,其在犯罪侦查中的作用也越来越明显。2001 年 4 月至 2015 年 3 月,DNA 数据库已帮助匹配成功 578000 例未解决的案件。

与此相对应,自 1995 年开始许多欧盟国家也陆续建立了 DNA 数据库并且已经应用到犯罪侦查实践中,部分国家如波兰、葡萄牙、西班牙、希腊、爱尔兰的犯罪DNA 数据库处于构建阶段(表 7-1)。

表 7-1　英国及其他欧洲国家群体 DNA 数据库建设情况

	英国	荷兰	奥地利	德国	芬兰	瑞典
建库起始时间	1995	1997	1997	1998	1999	2000
统计截止时间	2006.2	2004.8	2004.3	2004.7	2004.4	2004.7
数据库样本量	3450000	23100	98800	385700	19700	21200

続表 7 - 1

	英国	荷兰	奥地利	德国	芬兰	瑞典
人员库比例	92%	25%	80%	86%	64%	34%
是否含嫌疑人	是	否	是	是	是	否
现场库比例	8%	75%	20%	14%	36%	66%
已匹配案件数	393600	6450	1900	13200	1480	2620

美国的 DNA 数据库始于 1994 年《DNA 鉴定行为规范》颁布之后,美国联邦调查局(Federal Bureau of Investigation,FBI)设计和制定了美国 DNA 数据库的质量控制标准和实验要求,并负责该数据库的管理。该数据库由 173 个实验室(包括国家、州、军队及波多黎各的实验室)组成。美国研发的联合 DNA 检索系统(CODIS)软件已被其他 18 个国家采用。美国的 DNA 数据库主要由两部分组成:罪犯库和现场库。罪犯库是被判有罪者的 DNA 数据库,又称个人数据库。在美国大多数州均以法律的形式明文规定罪犯将被采集生物样本用于建库,部分州、地方还允许采集被警方拘留者的生物样本用于 DNA 数据库构建。现场样本 DNA 数据库的信息来源于犯罪现场的物证如精斑、唾液、毛发、血迹等,特别是未破案件的检材,通过 DNA 检测后输入数据库可备用于今后检索和串并案。美国的 DNA 数据库发展迅速,据 2016 年 6 月 FBI 统计的数据,包含 12517059 人份犯罪数据,2462335 份被捕者数据和 726709 人份法医数据。该数据库除了含有 STR 信息外,对一些特殊对象(如失踪人员等)还增加线粒体 DNA(mtDNA)和单核苷酸多态性(SNP)等遗传数据。该数据库在打击犯罪中取得了巨大成功,据 2016 年 6 月统计现已通过该数据库匹配成功 329460 起案件,另外还澄清了 100 多起冤假错案。

美国 DNA 数据库建设情况见表 7 - 2。

表 7 - 2   美国 DNA 数据库建设情况

数据库组成	样本量
罪犯 DNA 数据库	1900000
现场物证 DNA 数据库	80000
失踪人员 DNA 数据库	172

第7章 群体DNA数据库

数据库组成	样本量
失踪人员亲属 DNA 数据库	348
遗骸 DNA 数据库	116

相比于欧美国家,中国群体 DNA 数据库经历了一个曲折的发展过程。目前仅限于公安机关内部的 DNA 实验室,数据采集及应用仅限于与公安职能相关的范畴。但我们根据中国国情我们也摸索出一条符合发展规律尤其是要适应实际工作需要的路子,建设成了初具规模具有中国特色的群体 DNA 数据库(表 7 - 3)。

表 7 - 3　中国群体 DNA 数据库建设情况

时间	进展
1989 年	提出"DNA 指纹数据库"的设想和建议;但没有具体实施
1998 年	建成 2500 名罪犯 13 个 STR 基因座的遗传数据;完成"中国犯罪 DNA 数据库模式库"项目
2000 年	建立"打拐 DNA 信息库",包含 39000 多名被拐儿童,9000 多名被拐儿童亲属;而且网上比中 418 名儿童
2005 年	公安部下发"全国公安机关 DNA 数据库建设任务书";开始统一领导、统一规划
2006 年	现已储存全国 DNA 数据信息 50 多万条(物证近 8 万条,前科库近 30 万条)
2010 年	全国公安机关共建立了 312 个 DNA 实验室,其中 283 个与国家库联网,DNA 数据总量达 700 余万份
2015 年	数量位居世界第一;2015 年利用 DNA 检测技术破获各类案件 17 万余起

7.3　群体 DNA 数据库的组成与功能

群体 DNA 数据库包含三个基本的数据库,分别是前科库、现场库和失踪人员库。前科库建设对象包括抢劫、杀人和性犯罪等暴力犯罪人员,为适应侦查破案的

需要,具有盗窃、伤害和劣迹行为人员样本也逐步被纳入前科库建设。前科库建设是群体 DNA 数据库建设的关键,来自现场上提取的生物学检材经 DNA 检测后可与前科库人员 DNA 结果进行比对,当比对成功时,将为侦查破案提供极其重要的线索。现场库是来自现场勘验中提取到的血迹、烟头、毛发等生物学物证样本的 DNA 检验数据结果。失踪人员库来自于无名尸体、失踪儿童、失踪儿童父母的 DNA 检验结果。

我国群体 DNA 数据库为三级运行模式,分别为国家库、省级库和市级库。国家库中心机构负责数据库信息的全面管理,可以查询、录入、修改数据库中的信息;各分支的技术检验机构可以查询、录入数据库中的信息,不能修改数据库中的信息。我国已制定了《法庭科学 DNA 数据库建设规范》的国家标准(GB/T 21679—2008)。

建立全国群体 DNA 数据库,能够储存、检索、对比物证检材及特定人群的检验结果。已入库的任何个体一旦犯罪,通过网络查询将可直接得以比中。数据库做到了实验室间和鉴定人员之间的信息共享,使有关信息资源得到最大限度的应用。特别在解决流窜作案、串并案、异地查询以及提高工作效率等方面都是现有技术所无法取代的。

7.3.1　DNA 数据存档

1.前科库

采用血液标本,标本来源于羁押场所及有留档必要的人员,从上述血液标本中提取 DNA,经 STR 基因座复合扩增、全自动荧光核酸分析仪电泳分析,得到各基因座的基因型,以数据的形式与数据库统一编号一起储存入计算机构成"群体 DNA 数据库-前科库"。

2.现场库

提取罪犯遗留在现场的血痕、精斑、毛发及其他含有细胞核的生物学液体(痕),从上述标本中提取 DNA 经 STR 基因座复合扩增、全自动荧光核酸分析仪电泳分析,得到各基因座的基因型,以数据的形式与数据库统一编号一起储存入计算机构成"群体 DNA 数据库-现场库"。

3.失踪人员库

提取失踪人员父母的血样以及怀疑为失踪人员(包括被拐卖儿童和无名尸体)

的血样、肌肉等，从上述样本中提取 DNA 经 STR 基因座复合扩增、全自动荧光核酸分析仪电泳分析，得到各基因座的基因型，以数据的形式与数据库统一编号一起储存入计算机构成"群体 DNA 数据库-失踪人员库"。

7.3.2　查询犯罪嫌疑人

将犯罪嫌疑人遗留在现场的生物物证的 DNA 分型数据输入群体 DNA 数据库进行比对，如果出现与库内某一个体的 DNA 基因型结果一致，则查出了该案件的犯罪嫌疑人。如果现场的生物物证的 DNA 分型数据与库内所有个体的 DNA 基因型结果都不相同，则排除库内个体与此案件相关。

7.3.3　串并案件

将犯罪嫌疑人遗留在现场的生物物证的 DNA 分型数据输入群体 DNA 数据库进行比对，如果出现与库中某一现场检材的 DNA 基因型结果一致，则提示两个案件与同一个体具有相关性，可以串并案件。

7.3.4　查询失踪人员

将失踪人员（无名尸或丢失的孩子）的 DNA 分型数据或失踪人员家属（父母或配偶及子女）的 DNA 分型数据输入群体 DNA 数据库，与库内个体的 DNA 基因型进行比较，根据遗传定律对双方的 DNA 基因型计算，可以为无名尸找到身源，为丢失的孩子找到父母或为父母找到丢失的孩子。

7.3.5　质量控制

实验室质量控制按照中华人民共和国公共安全行业标准《法庭科学 DNA 实验室规范》(GA/T 382—2014)执行，DNA 检验的质量控制按照中华人民共和国公共安全行业标准《法庭科学 DNA 实验室检验规范》(GA/T 383—2014)执行。凡经"法庭科学 DNA 数据库"检索查中的嫌疑人，必须对该嫌疑人的原始血样进行复验确认，以纠正检验过程中可能出现的错误；凡经"法庭科学 DNA 数据库"检索查中的嫌疑人抓获后，必须对该嫌疑人采取血样进行再检验确认，以纠正采样过程中可能出现的错误。

7.3.6 案例

实验室质量控制按照中华人民共和国公共安全行业标准《法庭科学DNA实验室规范》执行。

案例1　凶杀案:2001年4月22日,某镇一歌舞厅发生一起凶杀案,被害人陈某系该歌舞厅女服务员。检验人员成功地分析留档了被害人大腿根部极少量精斑DNA基因型。案发后,先后检验了一百多名犯罪嫌疑人,DNA检验结果均排除了其犯罪嫌疑,案件始终未破。

2002年4月12日,检验人员在对某看守所2002年4月9日送检数据库留档的血样进行留档比对时发现某编号血样(徐某,男,46岁)的DNA基因型与上述精斑相一致。经对原始血样进行复验正确无误后,即将信息反馈给该公安局。经查,此次犯罪嫌疑人徐某因涉嫌盗窃被拘留,在DNA的证据面前不得不交代了2001年4月22日在该歌舞厅因嫖资而杀害女服务员陈某的犯罪事实。

案例2　团伙抢劫案:2002年1月28日下午5时30分许,被害人肖某被4名陌生男子以出售手机为由,骗至某处进行殴打并被抢走人民币1500元、手机1只和戒指1枚。案发后,及时送检了被害人的血样和现场烟蒂4枚,DNA检验结果表明现场4枚烟蒂为被害人以外的3名男性所留,并留档于"群体DNA数据库-现场库"。

事隔1个月后,检验人员在对2002年3月1日送检数据库留档的血样进行留档比对时发现犯罪嫌疑人李某兄弟(某无业人员)的基因型与该团伙抢劫案的现场烟蒂相一致。DNA检验技术和"群体DNA数据库"为侦破此案起到了关键作用。

案例3　串并强奸案:2001年11月16日晚,被害人张某下班途径某隧道时,旁边绿化带中窜出一人抢劫其背包并把她强行拉入绿化带强奸了两次。案发后,"群体DNA数据库"留档了罪犯遗留的精斑DNA基因型。

事隔半年后的2002年5月23日晚11时30分许,某区发生一起拦路抢劫强奸案,被害人袁某被劫手机一部及现金900余元。在留档罪犯遗留的精斑DNA基因型,并按常规经"群体DNA数据库"进行查询比对时发现上述两起抢劫强奸案为同一人所为。

2002 年 8 月 5 日,被害人夏某在某村荒地遭到抢劫强奸。案发后,提取了被害人的阴道拭子检验和分析,并进行"群体 DNA 数据库"进行比对,认定该被害人阴道拭子中的精子与上述两起抢劫强奸案中的精子为同一人所留,即三起抢劫强奸案为同一人所为。"群体 DNA 数据库"的串并为侦查员提供了侦查方向,并于 2002 年 8 月 17 日抓获涉嫌抢劫强奸的犯罪嫌疑人方某(男,33 岁,无业人员),DNA 检验结果表明上述三起抢劫强奸案正是犯罪嫌疑人方某所为。

实践表明,DNA 检验技术和"群体 DNA 数据库"不仅能迅速准确地排除嫌疑或认定罪犯和串并案件,而且节省了大量的警力和财力,及时为案件侦查提供线索和方向,确实是侦查破案强有力的科技支撑。

"群体 DNA 数据库"在实际应用中的显著优势,有力地说明了以 DNA 检验技术和"群体 DNA 数据库"为代表的刑事科学技术在侦破犯罪中的突出作用,解决了许多靠传统工作方法难以解决的问题,拓宽了刑技勘验工作新领域,增强了侦查工作的科技含量,大大提高了刑侦部门攻坚克难的能力。随着"群体 DNA 数据库"的建设在全国铺开和联网,"群体 DNA 数据库"必将发挥更大的作用。

7.4 群体 DNA 数据库建设的应用技术

7.4.1 入库人员血样及相关信息的采集

入库人员范围:因经济实力不同,入库人员范围各地差异较大,但多数省是按照公安部规定的范围进行入库人员血样采集。

血样采集卡:主要有滤纸卡和 FTA 卡两种,其中滤纸卡价格便宜,操作简单,获得的 DNA 分型结果符合建库标准,国内较常用;而国外常用的 FTA 卡具有防护作用利于样品长期保存,但价格较滤纸卡贵,国内主要在经济发达地区采用。

信息采集:和血样卡一同采集的入库人员相关信息是血样检验入库和查询管理的重要依据。目前,信息采集存在的主要问题是信息重复采集。重复采集率一般为 10%,严重的可达 20% 以上。造成重复采集的原因有以下三方面:

第一,信息登记不完整;

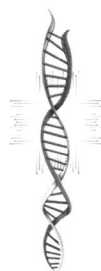

第二,同一人因以不同姓名登记、多次涉及犯罪、关押不同场所、多警种或跨省市采集等原因被重复采集;

第三,个别虚假登记。

重复采集造成信息录入与DNA检验的巨大浪费及工作量增加的解决方法包括:严格管理措施;科学规范采集制度;在数据库软件中增加查重功能;DNA数据库与警务综合平台等信息系统链接。

7.4.2　入库样本的DNA提取

DNA提取:目前,血样DNA提取(模板制备),通常采用DNA工作站批量提取法,少数使用手工操作,采用的方法有Chelex-100法和磁(硅)珠法等。前者操作简单、成本低、时间短,基本满足分型要求,但提取的模板保留时间短;后者成本略高、操作稍长时间,但具有半定量作用,模板质量好、可长期保留,分型成功率高,应推荐使用。

血痕样本直接扩增:对血痕样品进行直接扩增已取得成功并已有商品化试剂盒。其特点是无需提取模板DNA,将血样本加入扩增体系中直接扩增,该方法的优点有以下几点。

第一,减少操作步骤,最大限度地防止污染和操作错误;

第二,在获得准确数据的同时加快获得结果的速度;

第三,省略提取和纯化步骤降低成本、减少工作量。

因此该方法对DNA数据库建设十分实用。

7.4.3　入库样本基因座及其数量的选择

样品信息数量与质量是DNA数据库的核心与基础,因此基因座及其数量的选择非常重要。选择依据主要有两方面,一是良好的遗传多态性;二是足够的基因座数量。中国是多民族国家且人口数量众多,需要兼顾群体及遗传两个方面。目前常用基因座的多态性无显著群体差异,故保证足够的识别能力是确定基因座数量的前提,而技术方法则是一次检验更多基因座数量的关键,这方面国外经历了从6个到9个,再到13个、16个基因座一次检验的发展过程。在理论上,只要检验技术支持,检验基因座的数量应尽可能多。我国在数据库建设规划时已预见到这个问题,在软件控制系统中确定了必须具备6个核心基因座为入库基础,而基因座选择标准中则规定了可选择使用的 21 个基因座。目前常用的试剂盒一般含有 13 个 CODIS 基因座中的 11 个或全部。如何科学合理的确定核心基因座及最低入库标准基因座数量是影响数据库质量和发挥作用的关键。入库基因座的数量可由数据库软件控制,随着试剂盒的研制发展,每个试剂盒均可能含有 15～20 个基因座或更多。基因座数量逐渐增加是数据库发展方向,在数据库规模达到千万级时,数量的多少则更显重要,一般达到 19 个以上时,两两随机匹配数将远远小于 1。目前我国已经出现由于核心基因座数量少,造成数据库 DNA 信息比对效能低及部分亲缘关系比对无法应用的问题,需要引起重视。

我国制定的《法庭科学 DNA 数据库建设规范》规定 DNA 数据库选用的常染色体基因座有:D3S1358、D5S818、D7S820、D8S1179、D13S317、D16S539、D18S51、D21S11、CSF1PO、TPOX、TH01、vWA、FGA、D6S1043、D2S1338、PentaE、PentaD 和 D19S433,以 D21S11、D3S1358、D13S317、D8S1179、D5S818、vWA 为核心基因座,并包括性别基因座。

7.4.4　试剂盒及检验方法

1995 年,AppledBiosystems(AB,美国)公司生产的 AmpFSTRProfiler Plus 及 Promega 公司的试剂盒成为当时数据库建设选择的主要试剂。之后经过十几年的发展,DNATyperTM 15 和 Goldeneye 等国产试剂盒(公安部物证鉴定中心、基点认知技术有限公司等)陆续问世,为数据库建设提供了更多的选择。目前不同试剂盒包含的基因座数从 15 到 20 个不等,但两两试剂盒之间最少只有 11 个相同,即在不同试剂盒检测结果比对时,可相互比对的基因座数目少于试剂盒所含的基因座,可能会有 3～9 个基因座无法参与比对。这种由于使用不同试剂盒造成数据不统一,比对效能下降,对打拐、无名尸及失踪人员等数据的比对查询将造成较大影响。

为了提高检验灵敏度、降低成本、加快速度,各试剂盒生产商在技术方法上不断改进。扩增体系为 1～20μL,一般以 5μL 为最经济体积;PCR 时间 1～3h 不等,循环次数在 28～30 次,同时建立了血痕直接扩增方法。从实践情况看,在确保基因型结果的前提下,增加基因座数量、减小反应体积、缩短检验时间是试剂盒获得持续发展的关键。

国内建库使用的试剂盒虽然至少包含 15 个基因座,但由于不同试剂盒的部分兼容,造成样品可比对信息量不足,这是今后我国DNA数据库建设的最大问题。

7.4.5　STR基因型的检测及数据分析

STR基因型检测的仪器均为AB公司毛细管电泳仪系列产品,除价格较高外,仪器对各种试剂盒有广泛适应性,自动化程度高,收集分析软件成熟,为DNA数据库建设提供了良好的设备支持。

目前,对批量样本STR检测结果的分析是DNA数据库建设的瓶颈之一。GeneMapper ID软件虽能够对分型结果进行初步分析,但需要人工确认是否符合入库条件,这是制约入库速度和影响数据准确性的主要原因。近年,AB公司研制的GeneMapperID-X软件,Promega公司研制的FSSTM软件可以自动将结果判别为符合、不符合及疑似,解决了判型速度和准确性问题。其中ID-X软件只对AB公司的试剂盒适用,FSS软件则对多种试剂盒适用。但由于使用习惯适合欧美国家,且软件价格较高,国内检测机构中仍较少配备。因此,研制适合中国DNA数据库使用的分析软件及专家系统是当务之急且非常必要。

7.4.6　群体DNA数据库应用系统软件

群体DNA数据库软件是群体DNA数据库建设中的关键问题。国家"十五"科技攻关项目"DNA数据库关键技术的研究"开发研制了群体DNA数据库建设应用系统,即网络化DNA数据库软件,并经招标考核已被公安部确定在全国群体DNA数据库建设中使用。该软件为数据库建设提供了关键技术。从2004年应用以来,已在国家、省、市三级300多个实验室系统中稳定运行,在全国群体DNA数据库的发展建设中发挥了巨大作用。国内外数据库应用软件在功能上有明显不同,国外软件只进行数据检索,而根据公安部的要求,我国数据库使用的软件除检索功能外,还需兼备管理功能。由于相关规范化文件、管理标准和制度匮乏或滞后,且各地对管理功能的要求不同,不可能一一兼顾,势必造成软件功能不能充分有效利用。

开发软件重点需要解决:

第一,千万级以上数据量检测结果比对功能;

第二,实验室管理系统与DNA检验过程的有效衔接;

第三,DNA信息应用的管理与监控等。

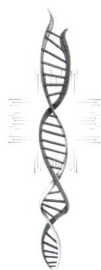

此外,还需进一步对数据结构分类,增加 DNA 信息项(如 Y-STR、mtDNA),强化遗传比对分析功能,系统管理的响应与流畅;完善科学化管理方式及安全保障等方面进行深度开发以满足破案需求。软件发挥预定作用的保障,制定并实施适用于 DNA 信息化建设全程各环节的规范、统一的标准和规则,并坚持对使用者进行培训,提高软件使用的熟练性和正确性。

7.4.7　数据库检验技术的综合集成

随着科学技术的发展,各种分析仪器的集成在专业分析技术中越来越普遍。为了加快群体 DNA 数据库建设速度、提高能力、严格标准化操作,提高信息质量,专业技术厂商在建库技术方面积极参与探索。首先是建立自动化工作站,除了建立 DNA 提取、PCR 反应体系构建等自动化程序外,还将从样品取样到 STR 分型进行系统连接集成,有效地将分液提取与扩增分离分析等多个操作部分,综合集成为全自动样品 DNA 信息检验系统。但由于该系统体积庞大,构造复杂及费用昂贵,目前还在尝试使用阶段,尚未被广泛接受。但技术集成理念,将为 DNA 信息全自动检测技术的发展带来启迪或借鉴。

7.5　群体 DNA 数据库的应用前景

在欧美一些国家,群体 DNA 数据库已经广泛应用于侦查破案,我国群体 DNA 数据库的发展才刚刚开始,但不可否认,其突出的作用在实践中会逐步显现出来,具有良好的发展前景,未来的发展将主要集中在如下几个方面:进一步提高建库效率;研究发展新技术;拓展应用范围,特别是与其他分析方法相结合提高物证的应用价值等。

在提高建库效率方面,关键在于提高自动化程度,如 FSS1997 年的报道年检验能力为 130000 左右,1998 年部分环节上采用机器人之后,年检验能力提高了一倍,达 250000 份样本。

在新技术方面,目前已建立了稳定的线粒体 DNA(mtDNA)测序技术,可检验 STR 分析无法检验的检材,如毛干、陈旧骨骼及排泄物等。而这类检材在作案现场是经常遇到的,应用 STR 很难进行分析鉴定,mtDNA 检验则可很好地对这类检材进行检验。针对区域内的犯罪人群建立 mtDNA 序列数据库,依据 mtDNA 呈母

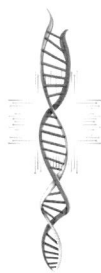

系遗传的特征可通过与现场检材 mtDNA 序列的对比揭示罪犯的家族特征。尽管 mtDNA 统计数据不能按乘法原则计算，鉴别能力不及 STR，可能使不止一个家庭与某案件相关联，但这至少可指导侦查人员选定正确的侦查方向。

新技术的另一发展方向是建立起可鉴别个体外观特征的标记系统，如鉴定皮肤颜色、毛发颜色、身高等，这些标记系统可能是基于点突变或缺失，更适合于自动化分析。

群体 DNA 数据库与其他分析技术的结合，将为侦查人员提供综合的不可让予的证据。这包括鞋印鉴定、面貌辨认以及影像确认等。已能够从鞋内的皮屑提取 DNA 进行 DNA 检验，将人与鞋联系在一起，而鞋又与现场痕迹联系在一起，所以尽管现场物证没有 DNA，群体 DNA 数据库也可发挥认定作用。日益增多的强有力的法医学技术正被应用于刑事侦查，寻找这些技术间的联系，并结合应用必将进一步提高其应用价值，解决目前刑侦技术领域的众多难题。

尽管如此，群体 DNA 数据库建设速度和规模与打击犯罪对 DNA 信息采集利用和需要之间发展的不平衡影响其发挥应有的作用。我国还有个别省相当一部分市、地没有建立群体 DNA 数据库的计划，而全国符合入库条件的违法犯罪人员只有很少一部分得到检验进入数据库；主要原因是需要巨额投资及资金保障或技术力量的缺乏。因此非常有必要通过改进技术，采取自动化检测和降低消耗材料、试剂成本，鼓励国产化试剂来解决问题。

与此同时，DNA 检测多偏重于现案，与前科人员库建设发展不平衡影响群体 DNA 数据库的效果。部分省、市的检测能力只能或只把检验重点放在应付现案检验，从而忽视甚至放弃前科人员库的建设，导致二者失衡直接影响了利用前科查犯罪的应用效果。我国群体 DNA 数据库信息匹配率（2％～5％）远远低于发达国家水平（40％～50％），可能的原因一是现场物证提取质量不高，有时不加区别就入库造成质量不高；二是只重视大案、命案的现场物证，不重视一般案件的现场物证，据报道有 80％的罪犯往往被查出有与最初被逮捕或拘留罪行不同的罪行，且小案件容易留下物证，国内外已有许多小案件带出大案件的实例；三是违法犯罪人员数据少。因此，急需在规范采集范围和提高物证质量上认真采取相应的措施。

尽快制定现场物证入库标准是当务之急。国家群体 DNA 数据库建设应扩展到监狱系统管理的刑满释放人员以提高 DNA 数据库的应用效能。目前入库的前科人员并不包括刑满释放人员，仅可与前期犯罪相关联从而破些积案，由于被审判处理后这些人在相当长的时间内无机会犯罪;而刑满释放人员再犯罪率可达 30%～40%。国外经验证明采集刑满释放人员样品入库不仅可以震慑犯罪,而且能够大大提高现案查中率。

当然,在 DNA 数据库建设的过程中还存在着立法的相关问题。对于这一点,国外大部分国家均以法律形式给予 DNA 数据库全方位的保障。尽管如此,构建罪犯 DNA 数据库的重要挑战之一是储存在数据库中信息的隐私和安全所引发的伦理问题。血液样本包含有个人的遗传信息,处置不当,会对个人和家庭不利。我们选用的不同 DNA 遗传标记的遗传信息与疾病无关,与遗传体质无关,仅用于对不同个体的识别。对这方面立法需要解决的是 DNA 分型数据的使用权限问题,即什么人在什么情况下才可以调用库内数据。目前,我国仅靠公安系统的部门规定来建设 DNA 数据库,仍然会遇到法律上的麻烦和实际应用中的困难,还不能使 DNA 数据库作为一个社会性的基础建设工程使其得到完善和发展,保证发挥其全部的社会效应。因此尽快立法是促进 DNA 数据库发展的根本条件。

因此,预计在未来的一段时间内,我国 DNA 数据库的建设发展将主要表现在以下几个方面。

第一,将尽可能地进一步扩大数据库的数据容量,如英国将现占全国人口总量 5.2% 的数据库扩大到 10%。

第二,DNA 检测标准将日趋严格,检测技术方面将更加自动化,以减少人工误差,提高准确性,缩短检测比对时间,提高办案效率。

第三,在立法方面,将进一步扩大进入数据库的人员范围,同时又将保证数据库的信息不被滥用,以保护公民的正当权利和隐私权不受侵犯。

第四,将进一步利用现场生物检材的其他遗传信息来预测犯罪嫌疑人的生理特征,如种族、肤色、头发颜色、性别、健康状况及行为特征等,以提供侦查线索,缩小侦查范围。

第五,将进一步加强国际性的交流与合作,统一检测标准。在各国大力发展自己的法庭科学 DNA 数据库的同时,运用 DNA 数据库打击跨国犯罪将成为现实。

7.6 中华民族群体 DNA 数据共享平台的构建

7.6.1 数据库运行设计

7.6.1.1 数据库管理系统

本系统 DBMS 采用 PostgreSQL(7.3.2)，PostgreSQL 是一种非常复杂的对象-关系型数据库管理系统(ORDBMS)，也是目前功能最强大，特性最丰富和最复杂的自由软件数据库系统。有些特性甚至连商业数据库都不具备。事实上，PostgreSQL 的特性覆盖了 SQL-2/SQL-92 和 SQL-3/SQL-99，它包括了可以说是目前世界上最丰富的数据类型的支持，PostgreSQL 是唯一支持事务、子查询、多版本并行控制系统、数据完整性检查等特性的唯一的一种自由软件的数据库管理系统。

从技术角度来讲，PostgreSQL 采用的是比较经典的 C/S(client/server)结构，也就是一个客户端对应一个服务器端守护进程的模式，这个守护进程分析客户端发来的查询请求，生成规划树，进行数据检索并最终把结果格式化输出后返回给客户端。为了便于客户端程序的编写，由数据库服务器提供了统一的客户端 C 接口。而不同的客户端接口都是源自这个 C 接口，比如 ODBC，JDBC，Python，Perl，Tcl，C/C++，ESQL 等，同时也要指出的是，PostgreSQL 对接口的支持也是非常丰富的，几乎支持所有类型的数据库客户端接口。这一点也可以说是 PostgreSQL 的一大优点。

在我们建设中华民族等位基因库的时候，选择 PostgreSQL 的目的就是为了利用它强大的数据关联功能来实现我们对复杂数据信息的存放，另外通过安装 postgreSQL 的图形化控制界面，可以大大减少数据管理的复杂度，即使一个经验不多的管理员也可以很快的掌握，有效地利用数据库资源。图 7-2 为 PostgreSQL 的一个图形化管理工具 phpPgAdmin 的登录界面，图 7-3 为 PostgreSQL 的一个图形化管理工具 phpPgAdmin 管理界面，管理员可以通过网页远程对数据库进行查询、删除、备份、恢复等操作。

phpPgAdmin 3.4 Login

Username: _____

Password: _____

Server: PostgreSQL ▾

Language: English ▾

[Login]

图 7 – 2　PostgreSQL 的管理工具 phpPgAdmin 登录界面

phpPgAdmin

PostgreSQL 7.3.2 running on :5432 -- You are logged in as user "afdb", 14th Sep, 2005 4:24PM

Account | Reports | SQL | Find | Logout

📁 PostgreSQL
　🗀 afdb
　🗀 cgp
　　🗀 public
　　　🗀 Tables
　　　　▦ alleles
　　　　▦ contribsample
　　　　▦ contributors
　　　　▦ country_provin
　　　　▦ datafile
　　　　▦ dnadata
　　　　▦ frequencies
　　　　▦ loci
　　　　▦ locus_url
　　　　▦ news
　　　　▦ pop_url
　　　　▦ populations
　　　　▦ pub_freq
　　　　▦ pub_locus
　　　　▦ pub_pop
　　　　▦ pub_sample
　　　　▦ pub_sites
　　　　▦ publications
　　　　▦ rollingnews
　　　　▦ samples
　　　　▦ site_url

cgp: Tables: alleles: Browse

1 2 3 4 5 6 7 8 9 10 11 12 13 14 15 16 17 18 19 20 Next > Last >>

Actions		allele_id	site_id	allele_name	allele_symbol	description	visible
Edit	Delete	6877	3178		78	null	TRUE
Edit	Delete	6878	3182		82	null	TRUE
Edit	Delete	6879	3186		86	null	TRUE
Edit	Delete	6880	3190		90	null	TRUE
Edit	Delete	6881	3194		94	null	TRUE
Edit	Delete	6882	3198		98	null	TRUE
Edit	Delete	5075	632		2	null	TRUE
Edit	Delete	5074	631		1	null	TRUE
Edit	Delete	3493	95	Codon 47 Arg	R	MslI site absent: 5'- ctgtaggaatctgt C G C acaga...	TRUE
Edit	Delete	3499	95	Codon 47 His	H	MslI site present: 5'- ctgtaggaatctgt C A C acaga...	TRUE
Edit	Delete	3487	127	301	301	Secondary ladder allele with 11 repeats of the TA...	TRUE
Edit	Delete	3485	127	297	297	Secondary ladder allele with 10 repeats of the TA...	TRUE
Edit	Delete	3483	127	293	293	Secondary ladder allele with 9 repeats of the TAA...	TRUE
Edit	Delete	3481	127	289	289	Secondary ladder allele with 8 repeats of the TAA...	TRUE
Edit	Delete	3479	127	285	285	Secondary ladder allele with 7 repeats of the TAA...	TRUE
Edit	Delete	3480	127	286	286	8 repeats of the TAAA sequence	TRUE
Edit	Delete	3478	127	282	282	7 repeats of the TAAA sequence	TRUE
Edit	Delete	3477	127	278	278	6 repeats of the TAAA sequence	TRUE
Edit	Delete	3475	127	274	274	5 repeats of the TAAA sequence	TRUE
Edit	Delete	3488	127	302	302	12 repeats of the TAAA sequence	TRUE
Edit	Delete	3486	127	298	298	11 repeats of the TAAA sequence	TRUE
Edit	Delete	3484	127	294	294	10 repeats of the TAAA sequence	TRUE

图 7 – 3　PostgreSQL 的管理工具 phpPgAdmin 管理界面

7.6.1.2 数据库软件平台

本数据库软件的操作系统采用 Redhat Linux 9.0。

由于 Unix 操作系统众所周知的稳定性、可靠性，用来提供各种 Internet 服务的计算机运行的操作系统占很大比例的是 Unix 及 Unix 类操作系统。目前比较常见的运行在 PC 机上的 Unix 类操作系统有：Linux、BSD Unix、Solaris x86、SCO Unix 等。

Linux 是遵循 POSIX 规范开发的操作系统，保持了与 BSD Unix 和 Unix System V 的兼容。Linux 有很多发行版本，较流行的有：RedHat Linux、Debian Linux、SuSe Linux、Mandrake Linux、RedFlag Linux 等。

Linux 具有 Unix 的优点：稳定、可靠、安全，有强大的网络功能。在相关软件的支持下，可实现 WWW、FTP、DNS、DHCP、E-mail 等服务，还可作为路由器使用，利用 ipchains/iptables 可构建 NAT 及功能全面的防火墙。

7.6.1.3 数据库硬件平台

实验环境包括 CERNET 西北地区中心、校园网、国家高性能计算（西北）网点。服务器包括曙光 3000 超级服务器、浪潮英信服务器、IBM、SUN 工作站几十台分别用以数据库服务器、Web 服务器以及应用服务器等。国家高性能计算中心（西安）的 IBM RS6000 工作站集群系统等为本数据库的研究和应用提供了良好的试验平台。

7.6.1.4 数据库开发技术

本数据库使用 JAVA/JSP 开发数据共享页面，及采用 Delphi 开发数据的录入和分析程序。Delphi 在编好程序后自动转换成.EXE 文件，它运行时速度比 VB 快，而且编译后不需要其他的支持库就能运行。它的数据库功能非常强大，是开发中型数据库软件理想的编程工具。Delphi 适用于应用软件、数据库系统、系统软件等类型的开发。而且它拥有和 VB 差不多一样的功能，而且一样能应用 API 函数，这在控制 Windows 很有用。Delphi 是全新的可视化编程环境，为我们提供了一种方便、快捷的 Windows 应用程序开发工具。它使用了 Microsoft Windows 图形用户界面的许多先进特性和设计思想，采用了弹性可重复利用的完整的面向对象程序语言（object-oriented language）、当今世界上最快的编辑器、最为领先的数据库技术。对于广大的程序开发人员来讲，使用 Delphi 开发应用软件，无疑会大大地提高编程效率。

7.6.2　数据库共享机制

7.6.2.1　民族样本资源的共享

本数据库的民族样本信息资源不但收集了西安交通大学法医学重点实验室的民族样本资料,还收集了中华民族群体DNA数据整合共享平台的合作单位的民族样本资料,并且详细地记录了各民族样本的采集地点、采集时间、采集单位、样本数量、男女比例以及保存地点和保存方式,为各个研究单位的样本交换与共享提供了一个可靠的平台保障,本着互惠互利、公平的原则进行样本的交流。非平台合作单位也可以向本数据库提交样本信息资源而加入到本平台的合作单位中来。图7-4为数据平台的样本信息浏览界面。

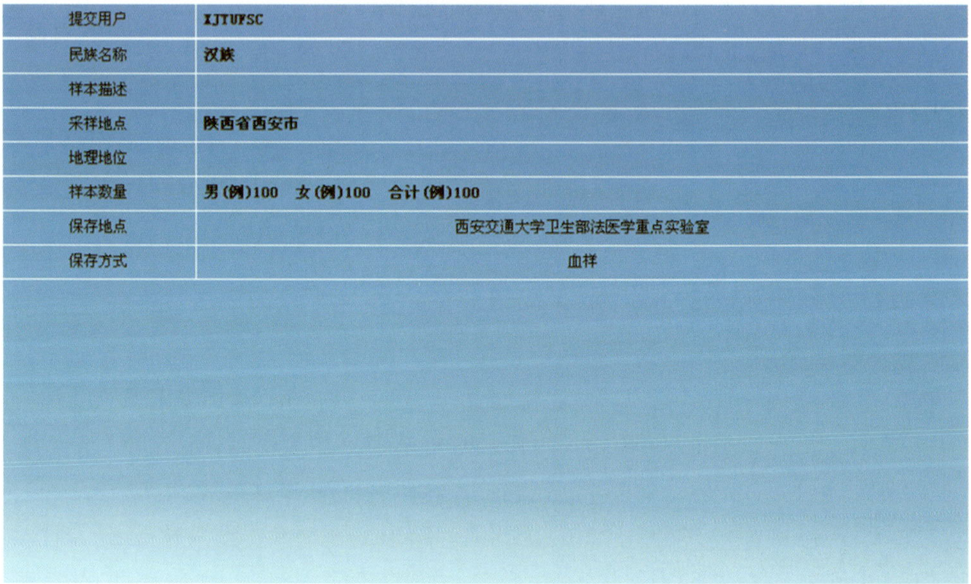

提交用户	XJTUFSC	
民族名称	汉族	
样本描述		
采样地点	陕西省西安市	
地理地位		
样本数量	男(例)100　女(例)100　合计(例)100	
保存地点		西安交通大学卫生部法医学重点实验室
保存方式		血样

图 7 - 4　数据库平台民族样本信息界面

7.6.2.2　原始数据的共享

平台的合作单位以及其他非合作单位的民族基因多态性原始的分型资料提交到本数据库的原始数据平台,用户登录后就可以浏览原始数据平台的民族资源,原始数据平台的每条记录详细地记录了产生原始数据的样本信息,包括民族样本的采集地点、采集时间、采集单位、样本数量、男女比例、分型方法、位点信息等,并通过附件等形式上传原始数据(图7-5),平台采取分级授权的管理方式,授权用户可以下载原始数据及相关的信息来进行深入研究工作。

提交用户	XJTUPSC
民族名称	撒拉族
样本描述	
采样地点	青海省西宁市 循化县
地理地位	
样本数量	男(例)65 女(例)60 合计(例)125
遗传标记(以逗号分隔)	D3S1358,THO1,vWA,TPOX,FGA,D5S818,D13S317,D7S820,CSF1PO
数据形式	1
提交方式	1
确认反馈方式	1

上传文件
crsala9STR.xls

图 7-5 数据库平台原始数据信息界面

7.6.2.3 数据库的共享

平台用户可以通过提供的 PostgreSQL 的数据库接口来访问数据库,对数据库内部的民族信息、位点信息等资源进行浏览、查询和下载(图7-6、图7-7)。

注册用户可以通过浏览器的方式来查询使用数据库,进行遗传学试验设计、民族遗传结构分析、疾病相关研究等。

图 7-6 数据库平台遗传标记信息界面

图 7-7 数据库平台民族信息界面

7.6.3 数据库安全机制

用户角色的管理是保护数据库系统安全的重要手段之一。它通过建立不同的用户组和用户口令验证,有效地防止非法的数据库用户进入数据库系统,造成不必要的麻烦和损坏;另外,在数据库中,可以通过授权来对数据库用户的操作进行限制,即允许一些用户可以对数据库服务器进行访问,也就是说对整个数据库具有读写的权利,而大多数用户只能在同组内进行读写或对整个数据库只具有读的权利。

数据保护,数据库的数据保护主要是数据库的备份,当计算机的软硬件发生故障时,利用备份进行数据库恢复,以恢复破坏的数据库文件或控制文件或其他文件。另一种数据保护就是日志,数据库实例都提供日志,用以记录数据库中所进行的各种操作,包括修改、调整参数等,在数据库内部建立一个所有作业的完整记录。

网络传输可以采用安全套接层(SSL)方式,防止明文在网络上进行传输,阻止了网络传送包被监听。应用程序采用了用户管理的方式,只有授权的用户才能进行数据的上传、下载以及分析计算等功能。图7-8为用户注册页面。

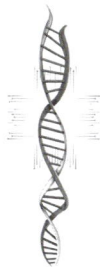

图7-8 数据库平台用户注册界面

7.6.4 数据管理

7.6.4.1 数据输入(C/S结构)

民族样本信息输入界面见图7-9,原始数据提交界面见图7-10。

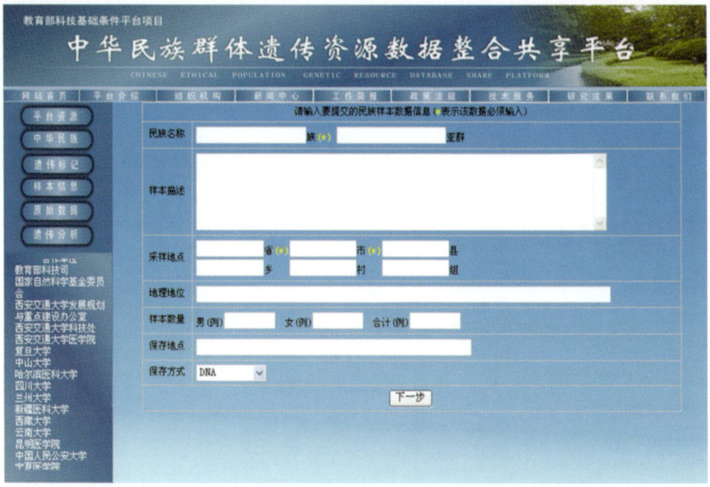

图7-9 数据库平台民族样本信息输入界面

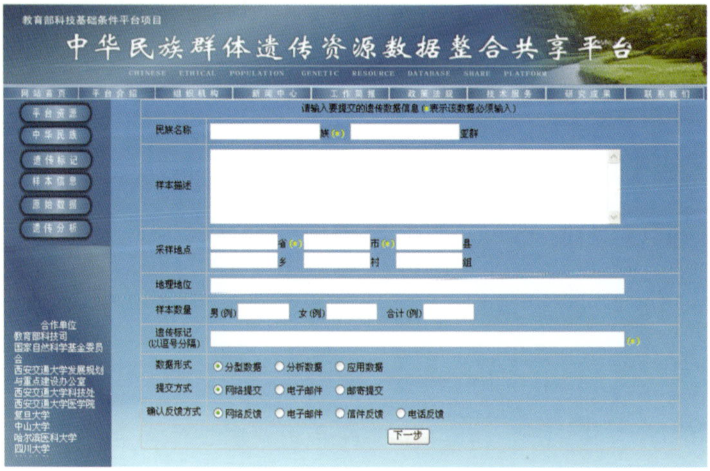

图7-10 数据库平台民族原始数据提交界面

民族分析数据提交界面见图7-11、图7-12。

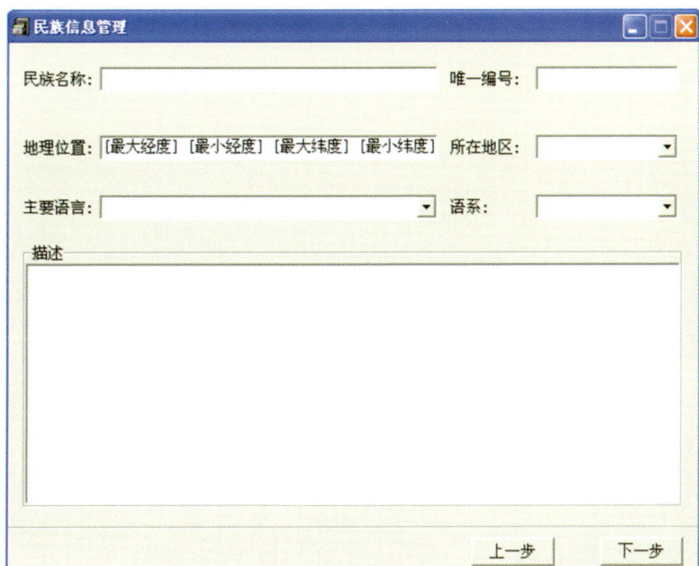

图 7-11 数据库平台分析资料提交中华民族的选择界面

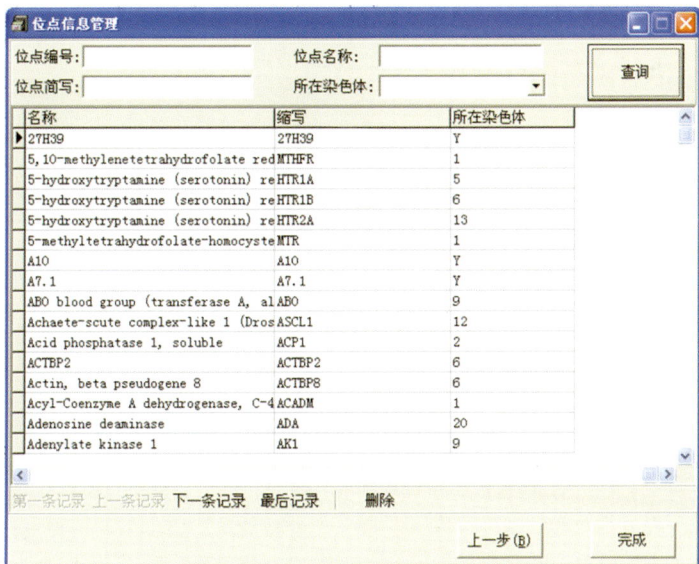

图 7-12 数据库平台分析资料提交中位点的选择界面

7.6.4.2 数据显示分析(B/S结构)

平台主界面见图 7-13,平台分析界面见图 7-14、图 7-15。

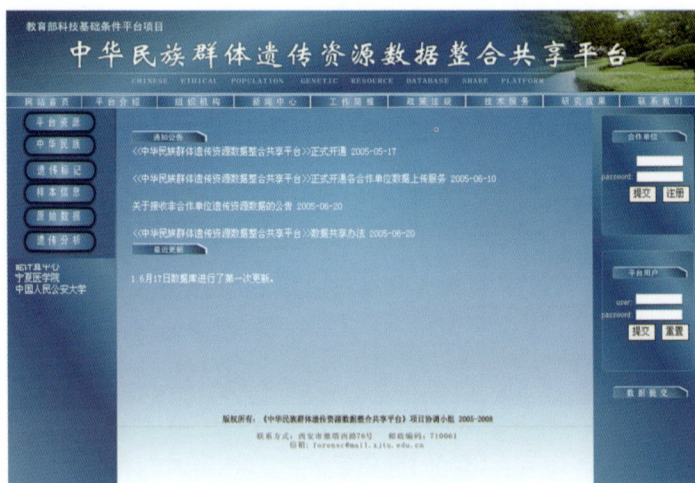

图 7-13 中华民族群体 DNA 数据库库主界面

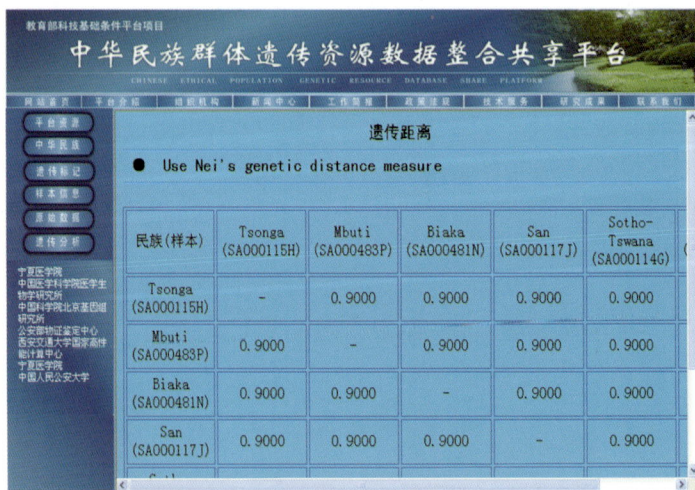

图 7-14 数据库平台遗传距离分析界面

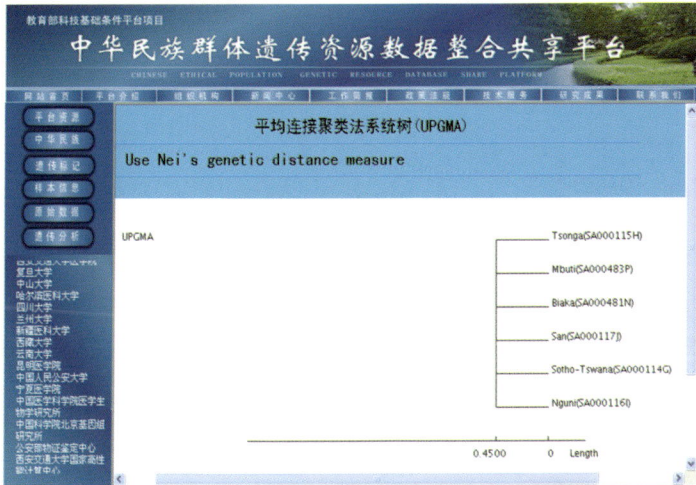

图 7 - 15   数据库平台进化树分析界面

7.7   中华民族群体 DNA 数据共享平台的建设意义及现状

在联合国 1972 年讨论人类生存环境之前,国际法及国际条约中没有出现关于遗传资源的归属原则,遗传资源被视为全人类的共同财富。因为遗传资源的取得与利用只需要采集少量的样品即可,所以遗传资源有一个不同于石油和其他矿物资源的特点,那就是可以很容易地被无偿取得。各个跨国公司、研究机构免费地从各个国家特别是发展中国家收集遗传资源,例如 20 世纪 60 年代的绿色革命中,植物遗传资源就被免费地用于繁育新的作物品种。

多年从事生物科学和生物多样性保护研究工作的国家环保总局南京环境科学研究所研究员薛达元指出,发达国家以利用遗传资源的技术被私人公司掌握开发、以知识产权保护为借口,从发展中国家获取遗传资源的同时,并没有优先转让利用遗传资源的技术给发展中国家。

为保护自身丰富的生物基因资源,一些发展中国家已经或正在采取相应的措施。印度是拥有丰富生物遗传资源多样性和自然多样性的国家之一,在保护本国的基因资源方面做了很多工作。在美国授予水稻技术公司一项"巴斯马蒂"的大米专利后,印度政府认为水稻技术公司对"巴斯马蒂"大米申请专利是对其传统知识

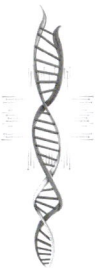

的侵犯,表示要对该项专利进行起诉。因为"巴斯马蒂"大米特指印度北方各州和巴基斯坦部分地区的农民许多世纪以来所种植的一种水稻产品。

中国拥有十分丰富的基因资源,是全球生物多样性大国之一,拥有陆地生态系统 599 个类型,有高等植物 32800 种,特有高等植物 17300 种;脊椎动物 6300 多种,特有物种 667 个;有 56 个民族 13 亿人口,特别是有些长期与世隔绝的地方保留了同质性极好的人群,具有极大的遗传学研究价值。这些丰富的资源是我国发展生物技术产业得天独厚的条件。如何保护自己国家丰富的生物基因资源不被发达国家掠夺,是我们必须关注的问题。

我国人口占世界的 1/5,有 56 个民族,病种多,疾病谱广泛、复杂,拥有世界上任何一个国家无法比拟的丰富的人群染色体和基因资源,是研究人类基因组多态性不可多得的资源。但是经济发展、地域开放、人群流动、新老代谢等一系列因素都可能导致遗传隔离群体和资源的逐渐散失、消亡而永久性地不复存在。另一方面,随着一对夫妻生一个子女计划生育政策的贯彻,20 岁左右的人已经多数没有亲兄弟姐妹了,所以我国的遗传资源存在一个"抢救"的问题。

大多数生物的自然群体具有大量的遗传变异。在有性繁殖和异系交配的生物中,除非是孪生子,任何一对个体在遗传上都是不同的。若一个遗传座位在蛋白质水平上可检测,这个座位在群体中通常含有两个或多个等位基因。在一个群体中,存在两个和多个有着相当高频率(通常大于 1%)的等位基因时就称为遗传多态性。一个座位的遗传多态性是由各种突变产生的,比如核苷酸替代、插入、缺失、基因转换和等位基因间的重组等。然而,大多数新突变因遗传漂变或净化选择作用而从群体中消失,只有极少数的新突变被偶然地渗入到群体中。群体遗传学的主要课题是研究遗传多态性的产生和维持以及群体水平上的进化机制。

人类基因组大约由 $3×10^9$ 个碱基对组成,编码基因数目约为 31000 个左右(Lander,2001),对于大量非编码序列的生物学功能,截至目前尚不清楚。编码基因的 DNA 分子结构发生基因突变可引起功能蛋白或多肽在数量或结构方面的改变,导致正常的生命活动发生紊乱,形成疾病,而大部分的突变则不会引起上述改变,属于中性突变。除了这些编码序列,大部分 DNA 没有编码功能,属于非编码序列。非编码部分的 DNA 的突变多为中性突变。在人类进化的过程中,人类基因组不断地积累着这种突变,他们忠实地记录着人类进化的历史。研究这类突变,可为研究人类起源、进化和群体演化等重要历史事件,提供重要的信息。

遗传标记是遗传多态性研究的重要工具,其在遗传学的建立和发展过程中起着重要作用。人类遗传标记的深度和广度日益扩展,应用愈来愈广泛。在临床医学中,遗传标记涉及输血、组织器官移植以及新生儿免疫性疾病诊治;在遗传学中,遗传标记应用于探讨某些疾病的病因、遗传背景、疾病的早期诊断和产前诊断;在人类学中,依据中华民族的种族基础及生态环境所致的变化,采用DNA遗传标记、基因扫描分析民族和种族遗传结构及变化规律,比较各群体基因资料,追溯基因的起源与演变,计算群体间、个体间的血缘关系或遗传距离,探索某些性状的基因是父源还是母源,发掘带有种族根源和家族血缘的遗传病,以及生态、地域等环境变化的影响;在法科学中,遗传标记广泛应用于亲权鉴定和个体识别,既往基因产物遗传标记对肯定个体只能做出否定结论,而不能达到认定个体,使这类遗传标记在法庭应用中受到很大限制。目前DNA遗传标记的发展,对于个体认定概率可达$10^5 \sim 10^9$以上,没有两个人的DNA遗传标记是相同的,法科学的鉴定结论不仅能排除个体,还能认定个体。

　　利用群体抽样调查得出的DNA遗传标记分型数据进行群体遗传学分析是精确确定世界不同人群起源、分化等的基础。只有建立正确的群体样本采集标准,建立正确的人类遗传多态性标记分型方法所产生的数据才可以作为此群体相关数据的代表,然后可利用这些数据和相应的统计方法,计算出各种DNA图谱在人群中的概率。传统的统计学处理方法,是否符合DNA数据的群体遗传学特征,在遗传学界曾引起过很大的争议,DNA的数据处理方法的可靠性曾受到过怀疑。因此,正确的DNA遗传标记数据统计分析方法是DNA检验结论可信的基础,可靠的遗传学的指标,是人类群体遗传学研究结果的正确性的前提。

　　基因组的新研究战略与实验技术源源不断地产生,伴随日益庞大而复杂的基因组数据的生成,彻底改变了对几乎所有生命过程的认识,把生物学和生物医学研究引入了崭新的方向。分子遗传学、比较基因组学、高通量生物化学、生物信息学和计算生物学的交织进展,前所未有的在分子水平上详尽的分析和理解了健康与疾病的功能。早在1988年美国已经创建了NCBI,随后欧洲出现EBI、日本的DDBJ等,因此,在我国,采用超级计算机和网格技术对战略遗传资源进行数字化贮藏、分析、管理和应用,建立和完善中华民族群体DNA数据库,推动人类遗传资源的保存、利用和共享,利国利民,刻不容缓。

人类基因组信息数据库的日益扩充和庞大,促使生物医学的逐步形成和生物信息学的日趋完善,使生物信息产业化成为必然。

西安交通大学法医学重点实验室在中华民族 STR 遗传多态性的研究方面目前已经取得 46 个少数民族的群体遗传学资料,全部收入数据库中。目前,数据库收集了包括常染色体、性染色体及线粒体遗传多态性标记 521 个,人群 615 个,共 25379 条基因频率数据,建立了数据库可视化浏览、查询及群体遗传学与法医学自动分析系统。提供民族及民族多样性研究的信息资源,包括民族的名称、基本情况介绍、体态特征、基因多态性数据、参考文献、国际相关数据库的连接等内容。该数据库通过对中华民族正常人群的基因多态性数据资料的收集分析,面向公、检、法机关提供全国不同地区、不同人群的群体遗传学资料,以利于在侦察、审判中进行个体识别,同时为各地的法医学罪犯 DNA 数据库提供正常人群的遗传学资料。与此同时,该数据库还可以用于群体遗传学中各个民族之间的起源及其分化、融合的研究,也可作为考古学、民族学等研究的参考。同时可以作为疾病相关基因研究的对照数据库。

【参考文献】

[1] Werrett D J. The national DNA database[J]. Forensic Sci Int,1997,88：33 - 42.

[2] Schneider P M. DNA database for offender identification in Europe—the need for technical, legal and political harmonization[R]. Second Europe symposium on human identification. Medison：Promega Corporation,1998.

[3] Gill P, Kimpton C, D'Aloja E, et al. Report of the European DNA profiling group (EDNAP)-towards standardization of short tandem repeat(STR) loci [J]. Forensic Sci Int,1994,65：51 59.

[4] 杜志淳,李莉,林源,等."中国犯罪 DNA 数据库"模式库 [J].法医学杂志,2000,16(1):1 - 5.

[5] 姜先华.中国法庭科学 DNA 数据库 [J].中国法医学杂志,2006,21(5)：260 - 262.

[6] Wang D Y, Chang C W, Oldroyd N J, et al. Direct amplification of STRs from blood or buccal cell samples [J]. Forensic Sci Int Genet Suppl Series,

2009,2：113 - 114.

[7] 中华人民共和国公安部. GA 469—2004 法庭科学 DNA 数据库选用的基因座
及其数据结构 [Z].北京：中国标准出版社,2004.

[8] Butler J M. Genetics and genomics of core short tandem repeat loci used in
human identity testing [J]. J Forensic Sci,2006,51：253 - 265.

[9] Gill P，Fereday L，Morling N，et al. The evolution of DNA databases-recom-
mendations for new European STR loci [J]. Forensic Sci Int,2006,156：242 -
244.

[10] Schneider P M. Expansion of the European standard set of DNA database
loci—the current situation [J]. Profiles in DNA,2009,12：6 - 7.

[11] Grubb J C，Horsman-Hall K M，Sykes K L，et al. Implementation and vali-
dation of the Teleshake unit for DNA IQTM robotic extraction and develop-
ment of a large volume DNA IQ method [J]. J Forensic Sci,2010,55(3)：
706 - 714.

[12] Greenspoon S A，Yeung S H，Ban J D，et al. Microchip capillary electro-
phoresis progress toward an integrated forensic analysis system[J]. Profiles
in DNA,2007,10(2)：16 - 18 .

[13] Liu P，Seo T S，Beyor N，et al. Integrated portable polymerase chain reac-
tion-capillary electrophoresis microsystem for rapid forensic short tandem
repeat typing [J]. Anal Chem,2007,79：1881 - 1889.

[14] Hopwood A J，Hurth C，Yang J，et al. Integrated microfluidic system for
rapid forensic DNA analysis：sample collection to DNA profile [J]. Anal
Chem,2010,82：6991 - 6999.

（官方霖）

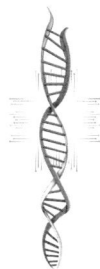

第 8 章 个人识别

个人识别(personal identification)是法医学研究的一项重要内容,DNA 个人识别则是法医基因组学的重要任务之一。确定某活体或尸体是谁称为个人识别,广义言之,不仅是确定某一个体,对来自某个个体留下的痕迹(如指纹、足纹、血痕、精斑,其他各种体液斑、笔迹等)或部分肢体、脏器、组织等进行检验,认定是否与某人的相同;医疗活动中患者的组织切片或病理组织是否属于该患者也属个人识别的范畴。

8.1 个人识别的概述

个人识别主要针对来自某个犯罪现场个体留下的生物性样本(物证)采用各种分析方法综合应用以达到个人识别的目的。个人识别在刑事案件的侦破中为刑事侦查人员提供对破案有用的信息、为侦查沿着正确方向进行、为案件侦破提供直接或间接的线索以及把人(嫌疑人或证人)与犯罪现场联系起来认定嫌疑人等方面发挥重要作用。

8.1.1 个人识别的类型

个人识别是就尸体或活体辨别该个体是谁,或是否与某个体是同一个人,是侦查破案、保险赔偿的重要依据。确定某活体或尸体是谁称为个人识别。广义言之,不仅是确定某一个体,对来自某个个体留下的痕迹(如指纹、足纹、血痕、精斑,其他各种体液斑、笔迹等)或部分肢体、脏器、组织等进行检验,认定是否与某人的相同,也属个人识别的范畴。

个人识别的项目众多,主要包括指纹、性别、年龄、个体特征、血型、复原面容和颅像重合等鉴定,现在还可利用记录声纹(构成某个人的单音周波数的各种特征)及用气相色谱分析个人气味进行个人识别。其他如记录衣着、装饰物、携带物品,

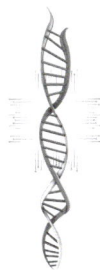

考查文化水平,考查对有关事物的了解记忆等,均可作为个人识别的参考。

法医基因组学个人识别主要涉及与人体有关的各种生物性样本的个人识别。在刑事案件犯罪现场中常常会遇到各种人体遗留下来各种生物性样本,例如在凶杀犯罪现场中所遗留的血液、血痕、毛发、组织等生物样本;在涉及性犯罪现场中所遗留的精液、精斑、唾液(斑)、毛发、组织碎屑等生物样本;交通事故案件中发现的血液(痕)、毛发、组织等生物样本。这些现场发现的生物性样本是来自于受害者还是犯罪嫌疑人需要进行个人识别,对于案件的侦破具有重要意义。需要进行尸体个人识别的场合,最多见的是对来历不明的无名尸体进行鉴定,查明其身源;其次是碎尸案中的离断肢体,可能在不同的场所发现尸体的不同部分,必须确定是否属于同一人,并查明身源;其他如高度腐败的尸体,骨化的尸体;严重灾害中多人遇难(飞机失事,爆炸,火灾);尸体外表毁坏严重,需要分别认定,交还家属,作善后处理。需要进行活体个人识别的场合,最多见的是亲生子鉴定,从遗传学角度否定父权,解决抚养责任、财产继承权及产房抱错新生儿等问题;其次,改名换姓、化装进行各种犯罪活动者,或冒名顶替的嫌疑犯,丧失记忆者、智障患者,弃儿及失踪的人员都是个人识别的对象。

8.1.2　个人识别的理论

个人识别以同一认定理论为指导原则。"同一"从哲学上讲,就是表示事物或现象同其自身相等、相同、一样的范畴,或是否归属于相同的来源,是物体的自身相同而非相似。同一认定:是指具有侦查中需要的专门知识和了解侦查客体特征的人,通过比较侦查客体先后出现的特征确定是否同一的认识活动。

法医基因组学个人识别的同一认定是通过对生物样本(物证)的遗传标记的检验作出科学鉴定,依据个体特征来判断前后两次或多次出现的生物样本是否同属一个个体的认识过程。第一次出现的往往是与案件事实有联系,并且是在案发现场留下该个体的生物样本,如指纹、足迹、血痕、精斑、组织等,是未知个体,是要查找的对象,称"被寻找个体"。个体第二次出现一般是侦查或调查活动的结果,第二次出现的个体一般是已知身份的个体,是要审查的对象被称为"审查个体"。在法医DNA数据库中已入库资料也属此类比对审查对象。同一认定的客体只能是与案件有关的人或物(生物样本),而这些客体或其反映的形象在案件的发生和侦查出现过两次或两次以上。同一认定是一种认识活动,这种认识活动的目的是判断案件中多次出现的法医生物样本是否同一,即确定两个或多个客体是否同一或是否属于同一整体物(来源相同),即解决某一客体与案件的特殊联系。"同一"是指一个人自身与自身的同一关系;同一认定使用的方法是比较的方法,有专业知识的专业人员对案件多次出现的生物样本分别进行检验,通过比较分析其异同,从而得出结论。

法医基因组学个体识别的同一认定要对案件中多次出现的各种法医生物性样本进行遗传标记的检验比较。同一认定检验和比较的依据有很多,包括指纹、性别、年龄、个体特征、血型、面容、足迹等。法医基因组学主要采用DNA遗传标记的分析,通过各种DNA遗传标记的检验比对达到同一认定的目的,随着DNA技术的不断发展进步,检验的遗传标记的种类数量越来越多,个体的表型或基因型的组合趋于唯一,对各种生物性样本的检出率越来越高,改变了以往只能达到排除不能认定到的情况,已经完全达到认定个人的能力。

8.1.3　个人识别的方法

个人识别方法主要有五种:其一,为直接辨认法,即通过亲友、群众辨认尸体及随身物件确认尸体身源,照片、影像辨认个体;其二,为法医牙科学,主要涉及个人尸体身份识别、重大灾害事故人员身份识别、年龄评估以及咬痕评价,是日常法医学鉴定的一项重要内容。主要是应用牙科学方法,根据牙齿、颌骨、口唇和腭部等特征而进行个人识别,能够判断人种、性别、年龄及饮食习惯等。其三,为法医基因组学方法,即通过检测现场的各种生物性样本及嫌疑人、受害人的DNA型等个人遗传标记,经同一认定后确认各种生物样本的来源达到个人识别的目的;其四,为法医学亲子鉴定方法,即通过检测尸体、现场生物样本与嫌疑死者父亲和/或母亲某些遗传标记,看是否符合孟德尔遗传规律来判断是否有亲子关系,从而间接确认尸体身源或现场生物样本来源,又称为反转亲权鉴定;其五,为其他技术方法,如通过指纹、声纹等同一认定来确认个人。其中第三、第四类方法利用DNA遗传标记的检验均可采用遗传统计学方法得以定量的计算,达到一定匹配概率,即可达到个人识别的标准。

8.1.4　法医基因组学个人识别方法

在法医基因组学检验中,如果确定某人是嫌疑犯,则可提取其血样或毛发的

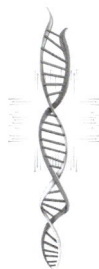

DNA,做出法医 DNA 基因谱,然后与由犯罪现场残留的血液、精液、唾液、毛发、骨骼或其他组织成分提取的 DNA 基因型进行比对。若两者一样,则称其相配,证明该嫌疑犯就是作案的罪犯,反之则否。通常进行上述指纹相配的鉴定叫"匹配"工作,即解答同一认定的问题。

8.1.5 个人识别的遗传学基础

个人识别的理论基础是遗传学原理,尽管子代能复制亲代,但各世代之间,甚至个体之间从宏观(形体)到微观(细胞、蛋白质、DNA),都有差别,即变异。遗传指人体特征的稳定性,变异则指特异性。稳定性是个人识别的基础,特异性是个人识别的核心。稳定性同样针对在人体任何组织中基因组 DNA 保持一致性即血液、毛发、精液、组织样本的基因组 DNA 是一样的。特异性反映了个体的遗传遵循孟德尔遗传规律。孟德尔在揭示了由一对遗传因子(或一对等位基因)控制的一对相对性状杂交的遗传规律——分离规律之后,又接连进行了两对、三对甚至更多对相对性状杂交的遗传试验,进而又发现了第二条重要的遗传学规律,即自由组合规律。自由组合规律阐明在配子形成时,不同基因座上的非等位基因彼此分离后,随机地自由组合,形成子代基因型,非同源染色体上的非等位基因表现为自由组合,这就是自由组合规律的实质。也就是说,一对等位基因与另一对等位基因的分离与组合互不干扰,各自独立地分配到配子中。任何一个个体可以看做是父本与母本的重新组合,子代从亲代遗传的基因组按照自由组合规律随即组合形成,古语云:"龙生九子,九子各不同。"一个个体的基因组所遗传亲代基因组 DNA 是独立的,各位点间遵循自由组合规律,各个同源染色体间、基因位点间随机组合、独立传递,概率遵循乘积原则,形成千差万别的个体基因型组合。群体遗传学是研究群体的遗传组成结构及其演变规律的一门学科。群体遗传学产生于遗传学与进化论,是孟德尔遗传规律与数理统计学的结合。群体遗传结构是指孟德尔群体中的基因及基因型的种类和频率。群体的概念指包含同一物种所有的个体,这是一个广义的概念。法医基因组学应用的群体是指狭义的群体,指在一定范围内一群随机婚配,能够实现基因时代传递并保持稳定的许多个体的群体,又称 Hardy-Weinberg 群体。一定条件下,群体中的基因频率和基因型频率在世代传递中保持不变。如果一个群体达到了这种状态,就是一个遗传平衡的群体。法医基因组学需要引用群体遗传学数据作为参考基础数据进行遗传统计学分析,假设的群体是一个遗传平衡群体,因此,利用群体基因频率资料可以推测出群体理论的基因型频率即纯合子基因型频率等于该基因频率的平方,杂合子基因型频率等于该两基因频率乘积的二倍。

　　人体内的 DNA 在整个人类范围内具有唯一性(除了同卵多胞胎可能具有同样结构的 DNA 外)和永久性。因此,除了对同卵多胞胎个体的鉴别可能失去它应有的功能外,这种方法具有绝对的准确性。DNA 鉴别方法主要根据人体细胞中 DNA 分子的结构因人而异的特点进行身份鉴别。这种方法的准确性优于其他任何身份鉴别方法,同时有较好的防伪性。除同卵多胞胎外,每个生物个体的 DNA 分子是不同的,独一无二的;DNA 遗传标记是终生不变的,不随营养、环境改变而改。这两点是 DNA 遗传标记能够进行法医学个人识别、同一认定的基础。个人识别的原理是:在保证受检验的样品组织无突变(如癌变组织)、结果正确的前提下,如果比对基因组 DNA 的分型结果基因型不同,可以排除两个 DNA 样本来自同一个体;如基因型完全相同,则不能排除他们来自同一个体,这可能有两种情况,一是样本确实来自于同一个体;二是样本来自于不同的个体,只是所检验的标记基因型一致,随着法医基因组学检验技术水平的不断提高,可检验分析的遗传标记越来越多,随着分析的遗传标记的增加,就会不同,当检验的匹配概率在 10×10^{-12} 以下时,可以认定他们是同一或是属于同一整体物即来自同一个体。因为此时的匹配概率表明,只有在千亿人中才会有可能出现两个无关个体随机相同,而如今地球人口不足百亿,按概率推算,不可能来自两个无关个体。排除是绝对的,认定则是相对的。

8.1.6　个人识别的遗传标记

　　人类基因组中各类型具有多态性的遗传标记均可以应用于个人识别。目前由于基因组技术的发展、检验技术水平的提高使得现场样本种类的差异在检验技术中的体现越来越弱,各种生物性样本的法医基因组学的检验均是依赖于从样本中提取到符合要求的基因组 DNA 为模板,以 PCR 技术为基础的 STR、SNP 分析,为目前的主要检验手段。为了提高个人识别检验能力,法医基因组学工作者将以提高检验水平、增加检验项目为目标。

　　针对不同的个人识别案件对于遗传标记的选择也有所不同。通常法医基因组学检验个人识别案件均选用常染色体 STR 遗传标记;Y 染色体 STR 遗传标记在

性犯罪案件的检验中发挥了常染色体不可比拟的作用,特别是用于轮奸案件的检验;若在个人识别案件中遇到没有毛囊的毛发、陈旧骨骼等特殊生物样本无法提取到核基因组 DNA 时则可选择线粒体基因组 DNA 的检验;在遇到腐败、DNA 降解严重的样本时还可以选择 miniSTR 或 SNP 的检验来达到个人识别的目的。

2001 年 9 月 11 日,美国世贸中心被飞机撞毁,接近 3000 人遇难。法医工作组需要将遇难者残骸逐一进行识别,并返还给其家属。但是,由于许多样品损毁严重,使一开始的标准 CODIS STR 分型结果的成功率相对较低。随后,工作组推荐使用线粒体 DNA(mitochondrial DNA,mtDNA)检测,因为 mtDNA 拷贝数远远超过细胞核 DNA,但是其分型结果不足以达到个人识别的程度,仅限与常规 STR 分型图谱联合使用;miniSTR 扩增的基因座相同,且扩增片段更短,可以提高对降解DNA 分型的成功率;而 SNP 分型方法由于扩增片段最短,被作为严重降解 DNA样品最终的分型手段。分析方法改进后,mtDNA 与 miniSTR 联合使用成功识别了大量的样品,但仍有部分样品无法完成识别。最后,通过常染色体 SNPs 分析,单独完成了超过 10 例个体的识别,而这些样品 STR 图谱仅能提供部分基因座的分型。目前,法医学 SNP 研究的主要内容是利用常染色体 SNPs 遗传标记进行个人识别的工作。IISNPs 位点集合,需要满足两个无关个体出现相同基因型的概率尽可能低,以 13 个 CODIS 基因座的随机匹配概率作为参考,该值应至少低于10^{-13}。筛选可以用于个人识别的 SNPs 位点要以大规模多群体 SNP 分型数据库作为参考,考察单位点的遗传稳定性、基因多态性、不同群体间等位基因频率变异程度和位点两两之间的遗传独立性。

8.1.7　DNA 个人识别的数据分析

通过法医基因组学检验技术检验出"被寻找个体"和"审查个体"的各种遗传标记的基因型。若所检验的遗传标记的基因型二者不一致,就可否定二者的"同一性";若所检验的遗传标记的检验结果的基因型均一致即可认定二者的"同一性"。但检验结果须经统计学分析,所检验的遗传标记累计鉴别几率是否达到个人识别匹配概率的要求,这就需要应用遗传统计学知识对检验结果进行科学分析得出科学结论。个人识别的过程可以看作:科学检验—逻辑分析—结果判断。科学检验即利用法医基因组学理论与技术检验现场发现的生物性样本;逻辑分析即统计学分析检验结果是否达到认定标准;结果判断即依据统计分析结果得出科学结论。

8.1.8 DNA 个人识别遗传标记的统计学要求

个人识别的目的是要区分群体中的不同个体，通过各种遗传标记的检验组合出个体的基因型，以区分样本在群体中的唯一性来源。这些遗传学统计指标的检验均是在群体遗传水平研究遗传标记的使用价值，从另一方面讲是考察一个从事法医基因组学检验的实验室的系统检验能力，即实验室所检测的遗传标记能否达到个人识别检验的要求，是实验室的系统效能。

个人识别能力（discrimination power，DP）又称个体识别率，指从群体中随机抽取两个个体，其遗传标记表型不相同的概率。

$$DP = 1 - \sum_{i=1}^{n} P_i^2 = 1 - Q \tag{8-1}$$

公式中，n 为一个遗传标记的表型数目，P_i 为群体中第 i 个表型的频率，$\sum_{i=1}^{n} P_i^2$ 为人群中随机抽取两个无关样本，在某一基因座上两者表型或基因型纯粹由于机会而相同的概率。Q 为纯粹由于机会而一致的概率。

累计个人识别能力（TDP）计算公式为：

$$TDP = 1 - Q_1 \times Q_2 \times \cdots Q_k = 1 - \prod_{i=1}^{k} Q_i \tag{8-2}$$

Q_i 为第 i 个遗传标记的 Q 值，总 Q 值是 k 个遗传标记 Q 值的乘积。

表 8-1 为汉族群体 20 个 STR 基因座的个人识别能力和累积个人识别能力。

表 8-1 汉族群体 20 个 STR 基因座的个人识别能力及累积个人识别能力

基因座	个人识别能力	累积个人识别能力
D3S1358	0.8632	0.8632
vWA	0.9188	0.98889184
FGA	0.9542	0.999491246272
D8S1179	0.9486	0.999973850058381
D18S51	0.9542	0.999998802332674
D21S11	0.9331	0.999999919876056
D5S818	0.9000	0.999999991987606

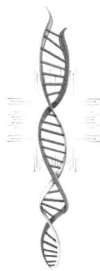

基因座	个人识别能力	累积个人识别能力
D13S317	0.9242	0.99999999939266
D16S539	0.9033	0.99999999994127
TH01	0.8089	0.999999999988777
TPOX	0.7827	0.999999999997561
CSF1PO	0.8742	0.999999999999693
D7S820	0.9051	0.999999999999971
D2S1338	0.8575	0.999999999999996
D19S433	0.9216	>0.999999999999999
D6S1043	0.965	>0.999999999999999
D12S391	0.9471	>0.999999999999999
Penta D	0.9386	>0.999999999999999
Penta E	0.9818	>0.999999999999999
D2S441	0.8970	>0.999999999999999

由此可看出检验的遗传标记越多,个体的基因型就越具有唯一性即个人所特有独一无二基因型组合,也就越能达到个人识别的目的。

8.1.9 DNA个人识别匹配概率的计算

遗传标记的杂合度、个人识别能力等指标主要是对遗传标记在群体遗传学的系统效能的评估,即某一法医基因组学实验室所检验遗传标记的个人识别能力。但对于具体的个人识别案件的检验鉴定工作,法医基因组学工作者则需通过遗传统计学分析具体的所检验样本的基因型数据,得出个人识别的结论以提供科学证据。

1. 匹配概率

匹配概率(matching probability,MP)也称耦合率,一种评价 DNA 遗传标记对个人识别案件的鉴定能力的指标。指的是人群中随机抽取两个无关个体,在特定基因座二者的基因型纯粹由于机会一致的概率,也称为偶合概率。匹配概率表示当两份样本的遗传标记表型匹配时,假设现场发现样本不是嫌疑人留下的,而是一个从群体中随机抽出的个体留下的,遇到这种个体的可能性有多大。通常当匹配概率越小时,人群中某两个个体具有相同基因型的概率较低,现场发现样本来自随机个体的可能性越小。

个人识别个案检验,其实质是通过比较案发现场收集到的法医生物性样本与嫌疑人样本的遗传标记,判断他们是否为同一个体,即同一认定的过程。同一认定的结果无非两种:先后出现的个体可能是同一个体,也可能不是同一个体。若前后出现的样本所检验的遗传标记基因型不同,前后出现的样本必然不是来自同一个体,即否定二者的一致性。若遗传标记基因型相同,则称为两份样本的遗传标记基因型相匹配。两份样本遗传标记基因型匹配意味着:两份样本来自同一个体;两份样本不是来自同一个体,对于一份现场样本而言,另一份样本与该样本不是同一个体的而来自群体中的一名随机个体,仅仅因为其基因型碰巧与被检样本的遗传标记相同而出现了基因型匹配,即"偶然匹配"。虽然现场样本既可能是嫌疑人留下的,也可能是其他人留下的。法医基因组学研究者必须评估在其他人中发现这种基因型的概率。如果以基因型频率来估计概率,人群中发现这种基因型的频率就称为随机匹配概率。确切地说,应当称为随机个体碰巧匹配概率。依据群体遗传学理论,在一个达到遗传平衡的群体中,纯合子(AA)基因型的频率是基因(A)频率的平方,杂合子基因型的频率是两个基因(A 和 a)基因频率乘积的二倍,由此从理论上推算出每一种基因型的频率。

$$P_m = 1 \times P(X) \tag{8-3}$$

它的意义是当两份样本的遗传标记基因型匹配时,如果现场样本不是嫌疑人留下的,而是一个从群体中随机抽出的个体留下的,遇到这种个体的可能性有多大。显然这个概率越小,遇到这种个体的可能性就越小,说明现场样本与嫌疑人样本的基因型匹配非常不像是一个随机事件,支持这两个样本来自同一个人的假设,也就是支持现场样本是嫌疑人留下的假设。个人识别通过比较两个样本的所检验的遗传标记的基因型,从而判断两个样本是否来自同一个体。检测的遗传标记数越多,并且每一个基因座的基因型都匹配,证据的作用就越大。

目前大多数学者认为,如果某种基因型组合的稀有程度大大超过了人类个体总数的倒数,从概率上估计在全世界人群中几乎不可能找到具有同样表型组合的

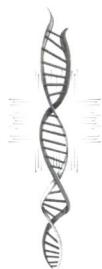

另一个人,认定同一性应无疑问。据此,在没有近亲关系、严格质量控制、确认无突变、分型正确的前提下,偶合概率达到地球人口的百倍时可以做出同一的认定,则8个STR可以达到此结果。但不同的遗传标记的个人识别能力不同、在不同的民族/群体分布也有所不同。就概率分析而论,有理由认为目前所检验的DAN遗传标记遗传分析提供的证据是充分的,完全达到个人识别同一认定的目的。

表8-2为15个STR遗传标记特定组合基因型在群体的匹配概率。

表8-2　15个STR遗传标记特定组合基因型在群体在的匹配概率

遗传标记	现场血痕样本	嫌疑人样本	基因型频率	匹配概率
D3S1358	15,15	15,15	0.1192	0.1192
TH01	9,9	9,9	0.2719	0.03241048
D21S11	27,30	27,30	0.002	0.00006482096
D18S51	14,15	14,15	0.0739	0.000004790269
Penta E	17,17	17,17	0.0034	0.000000016287
D5S818	11,11	11,11	0.1038	0.000000001691
D13S317	8,11	8,11	0.1361	0.00000000023
D7S820	8,12	8,12	0.0678	0.000000000016
D16S539	8,12	8,12	0.0029	0.00000000000004523994
CSF1PO	10,12	10,12	0.1794	0.0000000000000811604
Penta D	11,13	11,13	0.0249	0.00000000000000020209
vWA	16,20	16,20	0.0063	0.00000000000000000127
D8S1179	14,15	14,15	0.0634	0.0000000000000000008
TPOX	8,11	8,11	0.3068	0.0000000000000000000248
FGA	23,24	23,24	0.0847	0.00000000000000000000021

2.似然率

似然率(likelihood rate,LR)又称似然比(likelihood ratio,LR),是反映真实性的一种指标,属于同时反应灵敏度和特异度的复合指标。似然比是假设比对样本个体就是生物样本的供体的概率与假设人群中随机个体的生物样本的供体的概率比。似然比法就是在两种假设下比较 DNA 证据的概率。例如,现场发现的某一生物样本血痕和寻找到达嫌疑人的血液基因分型结果均一致,可假设两种情况:①现场血痕是嫌疑人所留(原告假设);②现场血痕是与案件无关随机个体所留(被告假设)。E 代表现场血痕,S 代表嫌疑人血液,DNA 分型为 X。

Pr_1(E=X 和 S=X)=假设①条件下现场血痕与嫌疑人的表型组合都是 X 的概率

Pr_2(E=X 和 S=X)=假设②条件下现场血痕与嫌疑人的表型组合都是 X 的概率

似然率可写为:现场血痕是嫌疑人所留的机会比现场血痕是与案件无关的随机个体所留的机会大多少倍,即

$$LR=Pr_1(\text{E=X 和 S=X})/Pr_2(\text{E=X 和 S=X}) \tag{8-4}$$

以频率来估计概率,如果 $P(X)$ 代表基因型 X 在群体中的频率,假设个体 E 和 S 是无关的,则:

$$LR=1/P(X) \tag{8-5}$$

因此,通常 LR 被认为是群体中的某种基因型组合频率的倒数。若 $LR=1000$,表示两个 DNA 图谱来自同一人的可能性是两个 DNA 图谱来自两个无关个体的可能性的 1000 倍。

如上一节现场血痕与嫌疑人的 15 个 STR 表型相同,则其:

$$LR = 1/P(X)$$
$$= 1/0.000000000000000000000021$$
$$= 5 \times 10^{19}$$

似然率的证据意义:似然率提供了一种基于术语"支持"的简单约定,以一种率的表现形式提供了一种基于术语"支持"的简单约定似然率数值,以便根据一定数据来支持一种假设,排斥另一种假设。实践中,如果似然率在数值上超过 1,证据支持原告假设①。反之,如果小于 1,则支持被告假设②。当人们要问支持的程度时,"支持"这一简单约定就演变为对似然率数值范围的文字表达分级。

10	有限程度支持
10~100	中等程度支持
100~1000	强有力程度支持
大于 1000	极强有力支持

应该强调的是,如果只简单地做少数几个 DNA 遗传标记,鉴定所提供的证据强度是有限的,而联合使用多个 DNA 遗传标记,可提高证据强度。可以为案件侦查提供线索、为审判提供确凿无误的科学证据。对法医个人识别科学证据的评估,至少需要考虑遗传标记的系统效能和具体案件的鉴定结果,给法庭提供量化的科学证据。不同术语表达的概念与数值意义不同,在使用时需要特别注意(表 8-3)。

表 8-3　个人识别不同术语表达的概念与数值意义

术语	个人识别能力	匹配概率	似然率
概念	遗传标记区别群体中随机抽样的两名个体的能力	一名随机个体碰巧与作为证据的样本表型匹配的可能性	两个条件概率的比值
公式	$DP = 1 - \sum P_i^2$	$1 \times P(X)$	$LR = 1/P(X)$
公式中表型频率的区别	P_i 指群体中每一种基因型的频率,$\sum P_i^2$ 是所有表型频率的平方和	X 指实际检测出的样本基因型,指 X 基因型在群体中的频率	X 指实际检测出的样本基因型,指 X 表型在群体中的频率
用途	遗传标记的系统效能,群体遗传学指标	遗传标记的个案应用	遗传标记的个案应用
数据形式	概率	概率	实数
数值意义	小于 1,越大说明遗传标记区别两名无关个体的能力越强	越接近 0,说明随机个体碰巧匹配的可能性小,越支持现场样本是嫌疑人留下的假设	越大越支持现场样本是嫌疑人留下的假设

8.2　DNA 个人识别应用

任何案件(凶杀、斗殴、盗窃、强奸、交通事故等)都有可能遗留下生物性样本痕迹,这些样本往往能为侦破或审理案件提供重要的线索或证据。生物性样本要经过具有相关专业或技术的专门的法医基因组学工作者在认证认可的标准化实验室

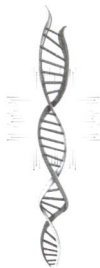

检验鉴定之后,才能起到证据作用。这些生物性样本主要指与人体有关的包括人体组织与器官、体液、分泌物、排泄物及由它们形成的斑痕。如血液、精液、唾液、骨骼、牙齿、毛发、肌肉、皮肤、黏膜等。随着DNA分析技术的不断提高和DNA技术的特性,法医基因组学个人识别技术也逐步发生根本性改变,由以往的血清学分析完全转变为DNA分析,检验流程也逐步简化,不同的生物性样本的检验的关键是从样本中提取到足够分析的DNA,通过DNA分析技术即可达到个人识别的目的。

8.2.1 STR在个人识别中的应用

8.2.1.1 常染色体STR个人识别中的应用

由于多基因座复合检验系统具有很高的个人识别能力,通常检验16个常染色体STR基因座系统就足以区分目前全世界除同卵双胞胎个体外的所有人,因此常染色体STR遗传标记是目前个人识别的主要检验项目。

血痕是法医基因组学检验中最常见和最重要的生物性样本。人体在遭受暴力打击后皮肤、血管破裂血液流出形成血痕。血痕可遗留在凶杀、斗殴、抢劫、盗窃、灾害事故等各种案件现场以及有关的致伤物、受害人与嫌疑人的身体及衣物上。血痕的存在多半表示有人死伤,不论是他杀、自杀或意外,根据血痕的分布、形状和其他特征,可以判断案件的性质,通过检验就能把受害人和犯罪嫌疑人联系起来,这对于侦破案件非常有价值。法医基因组学对于现场发现的血液(痕)样本的DNA分析检验,为了认定样本的来源,是受害者遗留还是嫌疑人遗留,以达到认定嫌疑人或寻找嫌疑人的目的。在刑事案件中往往会遇到人体组织损伤脱落、碎尸,或由于尸体腐败难以取得受害人血液样本情况下,组织是重要的生物样本;在交通事故中,人体受到交通工具的碰撞损伤出血,在交通工具撞击人体部位会遗留下人体血液、组织;在强奸案件、凶杀等案件中,可能在受害者指甲缝隙中由于搏斗而遗留有嫌疑人的皮肤碎屑等组织,这些体液、组织样本的个人识别在案件的侦破中发挥着巨大的作用。

1999年5月30日晨,北京市某家属院一单元房内发生一起特大凶杀案,同住在此的某工艺品首饰公司工作的8位女青年惨死在刀下,其中1人被杀死在楼下,其余7人被杀死在室内。法医工作者通过对80余处血迹进行提取检验,发现了不同于8名死者外的第9种血迹,

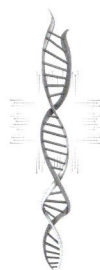

说明了案犯在现场出血了。刑事技术人员通过反复多次勘验现场,做出了一人作案,熟人作案的结论,并准确地提取到了案犯遗留的血袜印及案犯本身的血迹。6月5日,当办案人员比对到赵某的袜印样本时,做出了认定结论。随即传讯赵某,赵某交代了他作案的详细经过,通过进行DNA检验,通过这第9种血迹DNA基因分型与嫌疑人DNA基因分型的比对,两者所检验的DNA遗传标记的基因型完全一致,似然率到达 1.24×10^{12},完全达到认定标准,认定现场第9种血迹为赵某所留,使得案件在一周内得以迅速侦破。该案件中在现场有8名受害者死亡,在室内、室外楼梯等处发现80余处血痕,这些血痕样本均要分别进行DNA检验,并且与8名受害者的血液DNA样本比对分析这80余处血痕分别是哪个受害者遗留;不能轻易放过任何一处微小样本的检验,有可能是嫌疑人在作案时受伤所遗留,这个样本将成为案件侦破的关键。此外,现场8名受害者的DNA检验分析与现场血迹DNA检验分析的比对还有助于现场重建。

2010年8月14日21时28分许,某男持证驾驶陕AXXXX号轿车由东向西行驶至西宝高速公路165km+892m处,与一行人发生相撞,撞击到头部造成该行人死亡,车辆受损的交通事故。现提取有关样本:1号样本:未知名男子血痕一份(尸体);2号样本:陕AXXXX号车右前凹陷处毛发数根;3号样本:陕AXXXX号车右前侧凹陷处可疑组织(刮取碎屑)。通过提取三份样本的DNA(2号样本寻找带有毛囊的毛发),PCR扩增STR遗传标记,基因扫描检测。检验结果如表8-4。

表8-4　某交通事故送检样本16个STR遗传标记检验结果

遗传标记	1号样本	2号样本	3号样本	遗传标记	1号样本	2号样本	3号样本
D3S1358	16,17	16,17	16,17	D7S820	11,12	11,12	11,12
TH01	6,9	6,9	6,9	D16S539	11,12	11,12	11,12
D21S11	32.2,33.2	32.2,33.2	32.2,33.2	CSF1PO	12,12	12,12	12,12
D18S51	13,19	13,19	13,19	Penta D	9,10	9,10	9,10

遗传标记	1号样本	2号样本	3号样本	遗传标记	1号样本	2号样本	3号样本
Penta E	11,18	11,18	11,18	vWA	15,17	15,17	15,17
D5S818	10,13	10,13	10,13	D8S1179	13,14	13,14	13,14
D13S317	11,12	11,12	11,12	TPOX	8,8	8,8	8,8
Amel.	XY	XY	XY	FGA	22,24	22,24	22,24

由上表检验结果可以发现:1号样本、2号样本、3号样本在所检验的 16 个 STR 遗传标记的基因型完全一致。经计算 2 号样本、3 号样本与 1 号样本似然率为 1.25×10^{22},可以认定 2 号样本、3 号样均来自 1 号样本,从而认定交通事故的发生与肇事车辆。

8.2.1.2 Y 染色体 STR 在个人识别中的应用

精斑是精液干燥后形成的斑痕。法医学鉴定中涉及强奸或猥亵行为,以及死因不明而疑有性犯罪致死的女性尸体等,均需作精液(斑)检验。精斑常见于受害人的衣、裤及女性外阴部或大腿内侧等部位,以及现场的地上、被褥、床单、毛巾、卫生纸物品上等。在涉及性犯罪案件中精斑是重要的法医基因组学样本,除寻找精斑外,还要注意由于强奸的暴力性犯罪的特点,往往可能在受害者指甲缝隙内发现侵害者的皮肤、组织碎屑,这些皮肤、组织碎屑样本的检验对于确认嫌疑人具有至关重要的意义。例如在某一起强奸杀人抛尸案件中,警方在受害者体内、衣物上未能找到嫌疑人的精液样本,但在受害者双手的八个指甲缝隙中找到了同一个人的 DNA 样本,经比对确定了犯罪嫌疑人。

与血痕、组织等生物性样本个人识别不同的是,性犯罪案件中发现的精液样本有可能是混合样本,男性成分(嫌疑人精液)与女性成分(受害者阴道上皮细胞)的混合或者多个男性样本的混合物(轮奸案件),由于 Y 染色体 DNA 的遗传特点,因此 Y 染色体 STR 遗传标记的检验在性犯罪中有着特殊的用途。

2004 年 7 月某日,受害人在某市新乐巷"替龙招待所"104 房间被他人强奸,现提取送检了以下生物样本:受害人阴道拭子(精斑);现场

提取的避孕套①；现场提取的避孕套②；现场提取的卫生纸团 A；现场提取的卫生纸团 B；现场提取的卫生纸团 C；现场提取的卫生纸团 D；1号犯罪嫌疑人血痕；2 号犯罪嫌疑人血痕；3 号犯罪嫌疑人血痕；4 号犯罪嫌疑人血痕；受害人血痕。在这 12 份样本中有血痕、精斑(混合斑)。受害人阴道拭子在本起案件中极大可能性是混合斑，混合斑是指两个以上个体生物样本的混合物(两个嫌疑人精液的混合)或两种以上生物样本的混合物(嫌疑人精液与受害人阴道细胞的混合)。对于所送检的 12 份生物样本分别进行 DNA 检验。检验结果发现：受害者体内检出男性成分，DNA 检测结果为多人混合 DNA，混合 DNA 的位点中均含有 1、3 号嫌疑人 DNA 位点；现场提取的避孕套①、②成分分属 2、3 号嫌疑人。卫生纸团 A、B 上均检出人 DNA 成分且来自 1 号嫌疑人；卫生纸团 C 检出人 DNA 成分且来自 3 号嫌疑人。对与本起案件受害人阴道拭子(精斑)样本的检验对于本案的定性具有至关重要的作用，遇到此类样本提出把它看作混合样本，首先可以通过二步消化法提取样本基因组 DNA，此步骤的目的是去除女性样本对分型的影响，同时以受害者的 DNA 样本作为对照，比对受害人阴道拭子(精斑)样本与嫌疑人 DNA 样本以确定嫌疑人，在混合斑的检验中 Y 染色体 STR 遗传标记由于单倍型的遗传且不受女性 DNA 样本的影响，故发挥着重要的作用。

8.2.1.3 反转亲权鉴定用于个人识别

反转亲子鉴定是指一类父和/或母已确定，检验孩子是否他们亲生的亲子鉴定，或者通过假定的父子、母子关系来确定父亲或母亲身份，主要见于失踪者(活体、尸体)的身份确定。例如在伊拉克战争中，萨达姆被俘后，为确认其身份，就是利用萨达姆已确认身份的两个儿子的常染色体和 Y 染色体 STR 遗传标记通过反转亲权鉴定达到认定的目的。还有就是用于一些大的灾难事故中对遇难者进行的个人识别。比如印度洋海啸和汶川地震对遇难者的身份识别就是同一认定。这类个人识别鉴定利用的是亲权鉴定的原理来解决个人识别的问题，主要用于失踪人员的识别，以确认其身份。随着法医基因组学检验技术的成熟与 DNA 数据库的广泛建立、库容量的增大，越来越多类型的生物性样本得到利用，反转亲子鉴定在个人识别上的作用日渐凸显。实践中,有很多案件的现场可能遗留有犯罪嫌疑人的生物性样本,但犯罪嫌疑人在作案后逃跑,不能立即获取嫌疑人 DNA 样本比对确认。可以利用亲子鉴定的原理,通过提取犯罪嫌疑人父母的样本作 DNA 比对,通过亲缘关系比对,确认犯罪嫌疑人为侦破案件发挥作用,但要考虑参考样本来源的合法性,并只对案件侦破发挥作用。此类个人识别非两个样本直接比对同一认定,因此在遇到排除的情况时,应该结合案件具体情况进行分析,慎重应用鉴定结论。建议以直接的个人识别来认定。

2010 年 4 月 27 日早上,某男下夜班回家发现其妻子身上有血迹,倒在卧室死亡。发现死者胸部、腹部有伤口,身上的金耳环、金项链丢失,家中财物丢失遂报案。现场勘查时发现,经家属辨认,技术人员提到一件原丢在卫生间内的毛巾。通过现场走访和对死者家属的询问,确定该血样应该为犯罪嫌疑人所留。分析认为犯罪嫌疑人作案过程中受伤后,用毛巾擦拭血迹后丢在卫生间。案件确定为一起入室抢劫杀人案。经排查,犯罪嫌疑人王某有重大作案嫌疑,但王某已在案发后失踪。提取了犯罪嫌疑人王某的父亲、母亲的血样,进行反转亲子鉴定。嫌疑人王某的父亲、母亲所检验的 STR 基因座的基因型与现场发现的毛巾上疑为嫌疑人血迹的基因型之间符合孟德尔遗传规律,经计算 RCP 为 99.9999999%,确定毛巾血迹的遗留者为该夫妇的儿子,从而确定了犯罪嫌疑人。抓捕到犯罪嫌疑人后提取其血样进行 STR 检验,所检出的基因型与毛巾上嫌疑人血迹的基因型一致,似然率为 1.3×10^{22},成功破获该起入室抢劫杀人案。在该案件中,利用反转亲权鉴定确定了嫌疑人,为侦查提供了方向,从而节约了案件侦破成本与时间。

8.2.2 SNP 在个人识别中的应用

SNP 分型方法能够作为法医基因组学现有 STR 分型方法的有力补充,特别是在 STR 分型结果不理想的情况下,复合 SNP 检测可以作为替补方法,弥补 STR 分析的不足。与 STR 基因座相比,SNP 位点的突变率更低(10^{-3} vs. 10^{-8}),因此理论上 SNP 的遗传稳定性更高,更适合于亲权鉴定案件,使分析结果更加可靠性,特别当 STR 基因座分型在亲代与子代之间发生突变的情况下,可用于群体灾难性事故中亲缘关系的认定等。SNP 检测的另一个优点在于扩增片段的长度更短,扩增子

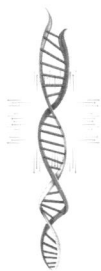

片段长度可控制在 100bp 左右，这一点针对法医学中常见的降解检材的分析具备明显的优势。因基因组 DNA 发生降解而导致 STR 分型失败，或者仅获得部分基因座的分型图谱，大片段的基因座扩增失败，此时可选用扩增产物片段长度更小的 SNPs 检测体系，以得到完整的基因分型，完成个体识别鉴定。

目前，复合 SNP 检测系统仅作为常规 STR 分型方法的补充手段，用于分析疑难案件检材。因此，应收集更多 STR 分型失败的个体识别案例和出现等位基因突变的亲子鉴定案例，进行 SNP 分析，统计成功率。由于全部引物均由 Autoprimer 软件自动生成，未来可以进一步人工缩短扩增子的长度，从而显著提高系统对降解 DNA 的分析能力。47-plex SNP 系统仍需进行大范围的群体验证，包括南方汉族群体，以及藏、维、蒙、回等少数民族群体，以使其能够在我国大范围应用。而系统的灵敏度，可以选择 Quantifiler® 定量试剂盒或单细胞技术来进一步地明确。性别遗传位点因会出现 Y 染色体的片段删除而导致分析出错，因此可再增加一个此区域外的性别位点，提高性别鉴定的准确性。

8.2.2.1 线粒体 SNPs 个人识别应用

1918 年，俄国十月革命期间，沙皇尼古拉二世和他的家人被剥夺了政权并被处以极刑。行刑队击毙了他们之后，在尸体上泼洒了硫酸以致尸体无法辨认，并把他们掩埋在了一个公路下的浅坑内。从那以后他们的遗骸一直去向不明，直到 1991 年 7 月，在叶卡捷琳堡附近的一座浅墓穴内发现了 9 具骸骨。之后，科学家们尝试了计算机辅助颅像重合技术和齿科学分析等众多法医学检验技术，但由于面颅骨破坏严重，常规的面部识别技术非常困难，甚至得不到任何结论。在对遗骸进行了常规的 STR 等位基因分析后虽然建立了遗骸间的亲缘关系，但无论是 STR 分析还是 DNA 指纹分析仍然必须用沙皇家族的已知后代来证实他们皇室家族成员的身份，而线粒体 DNA 序列比对分析很好地解决了这个问题。1994 年 10 月的一个晚上，一名妇女和她四个月大的儿子被绑架杀害后弃尸在宾夕法尼亚州的一片树林中。在排除受害者丈夫的嫌疑之后，该丈夫的前女友成为主要嫌疑人。通过对被害人所驾驶车辆的检查，搜查人员在驾驶座的后背上发现了一根粘有被害者血迹的头发。实验室对这根头发和前女友的头发样本进行了 mtDNA 测序，发现两者的 mtDNA 序列完全一致，说明这根头发很可能来自于前女友。后来，该女子承认了杀人罪。这是 mtDNA 在美国法医学界的首次应用。DNA 测序技术在法医学领域的应用主要集中于对线粒体 DNA 序列的测定和比对工作。因为线粒体 DNA 有许多细胞核 DNA 无法比拟的优点,例如基因拷贝数高,对样本需求量低,对样本质量要求不高,如变性坏死的组织、毛发、骨和血斑,甚至从古残血迹所取的样本均可。这些特点非常适合法医生物样本的需要,尤其如毛发等物证所含完整核 DNA 量极少时,不易用常规 DNA 分析法检测,此时对 mtDNA 进行扩增测序很有价值。此外,由于线粒体 DNA 为单倍体,呈母系遗传,兄弟姐妹间的 mtDNA 顺序均相同,故可用于身源鉴定和同一认定,尤其在父母无法提供生物样本的情况下,运用 mtDNA 做个人识别非常成功。而且由于线粒体 DNA 的多态性较为集中,在法医学个人识别中,可通过 mtDNA 序列分析起到缩小范围和排除的作用,尤其在特定人群的识别中(空难、遗骸的鉴定)有重要的意义。无论是做同一认定还是身源、亲缘鉴定,一般都需要比对待测定样本(A)和参考样本(B)之间的mtDNA 高变区,若两者之间的碱基差异小于两个(实际应用中两个位点的碱基差异有时也可以),一般可以认为不排除两者之间存在母系亲缘关系,反之,则排除两者之间的母系亲缘关系。但是在对待测定样本和未知样本进行实际测序分析的过程中可能会遇到各种各样的问题,比如说检测出序列异质性或个别位点的碱基位点无法确定,此时考虑两样本间的差异时就不能简单地只按照小于两个碱基差异来排除了,具体的解释方法参见表 8 - 5。

表 8 - 5　待测定样本(A)和参考样本(B)直接比较结果的解释方法

测序结果	观察报告	解释方法
A:CCACCCCTCAC B:CCACCCCTCAC	两条序列的所有碱基都一致	不排除两样本来自具有母系亲缘关系的两个体
A:CCACTCCTCGC B:CCACCCCTCAC	两条序列在两个位点处存在碱基差异	排除两样本来自具有母系亲缘关系的两个体
A:CCACCCNTCAC B:CCACCCCTCAC	一条序列中有一个碱基无法确定,其他位点相同	不排除两样本来自具有母系亲缘关系的两个体
A:CCACCCNTCAC B:CNACCCCTCAC	两条序列在两个不同位点都有不确定的碱基,其他位点相同	不排除两样本来自具有母系亲缘关系的两个体

测序结果	观察报告	解释方法
A:CCACCCCTCA/GC B:CCACCCCTCAC	一条序列中的一个位点处存在异质性，另一序列没有，其他位点相同	不排除两样本来自具有母系亲缘关系的两个体
A:CCACCCCTCA/GC B:CCACCCCTCA/GC	两条序列在同一位点处存在相同的异质性，其他位点相同	不排除两样本来自具有母系亲缘关系的两个体
A:CCACTCCTCAC B:CCACCCCTCAC	两条序列只有一个位点处存在碱基差异且无异质性	一般不排除两样本来自具有母系亲缘关系的两个体

　　线粒体 DNA 结果的解释一般可以分为三类：排除、不能定论或未能排除。如果未知样本序列数据和已知的对照序列数据有两个或两个以上的核苷酸之间的差异，就可以排除来自同一人。如果未知样本序列数据和已知的对照序列数据有一个核苷酸之间的差异，未知样本序列数据结果将是不确定的。如果未知样本序列数据和已知的对照序列数据在每个位点上有一个共同的碱基或在 HVR Ⅱ 有一个共同的长度变异的多聚 C，未知样本也不能排除是来自同一人或家系。在遇到含糊不清的情况，例如组织异质性序列分析时，不同的样本会有共同碱基。在同一位点的组织异质的两种样本比对时，不能依据这一种序列数据做出排除另一种的结论。尤其是在 HVR Ⅱ 长度变异的多聚 C，不能用排除来解释结果。一个共同原因，在母子之间发现了单位点碱基的突变时，也不能彼此排除。不同组织线粒体 DNA 异质性数据库也应建立，以确保正确的分型。mtDNA 属母系遗传，凡属同一母系的后代，mtDNA 序列都是相同的。序列一致只说明不排除同一个体的可能。mtDNA 能够提供的信息量有限。因为线粒体 DNA 遗传的特点，线粒体 DNA 检验结论的数据统计不能以多个 SNP 联合概率来计算，而是每一种与其他有差异的序列都应作为一种单倍型，从相应的人群数据中得到每一种单倍型频率。按照单倍型频率资料远不足以作为同一性的证据。所以，mtDNA 序列多态性在个人识别鉴定中真正的价值在于排除同一性。

　　线粒体基因组由于其遗传的特点往往在一些特殊案件的检验中发挥作用，凡是同一母系家族成员均具有相同的线粒体基因组，这增加了可能用于证实失踪人

员身份识别的参考样本来源,有助于寻找失踪人员或大型灾难调查,但是却降低了法医检案的匹配概率,仅可认定样本来自同一母系,还需结合案件其他相关资料进行判定。

8.2.2.2　个人识别 SNPs 应用

SNP 分型方法能够作为法医遗传学现有 STR 分型方法的有力补充,特别是在 STR 分型结果不理想的情况下,复合 SNP 检测可以作为替补方法,弥补 STR 分析的不足。与 STR 基因座相比,SNP 位点的突变率更低(约 10^{-8}),因此理论上 SNP 的遗传稳定性更高,更适合于亲权鉴定案件,使分析结果更加可靠,特别是当 STR 基因座分型在亲代与子代之间发生突变的情况下,可用于群体灾难性事故中亲缘关系的认定等。SNP 检测的另一个优点在于扩增片段的长度更短,扩增子片段长度可控制在 100bp 左右,这一点针对法医学中常见的降解样本的分析具备明显的优势。因基因组 DNA 发生降解而导致 STR 分型失败,或者仅获得部分基因座的分型图谱,大片段的基因座扩增失败,此时可选用扩增产物片段长度更小的 SNPs 检测体系,以得到完整的基因分型,完成个人识别鉴定。由于 SNPs 位点等位基因数目的限制(典型的为 2 等位基因),其不可能可靠地分辨出 DNA 样品的来源为单一供者或是多供者。因为非 2 等位基因 SNPs 位点能够检测到混合 DNA,所以需要在 SNPs 复合体系中加入少数 3 等位基因 SNPs 位点,以解决案件中经常出现的混合样本的问题。SNP 分析不仅能够完成单纯的数据比对,还可以实现对个体表型信息的推断。SNP 分型能够帮助办案人员仅从遗留在犯罪现场的生物样本,推测罪犯的特征性信息,如祖先来源推断和表型特征推测(头发、皮肤、眼睛的颜色等)。此类研究地不断推进,将会开辟法医基因组学辅助案件侦破的新局面。

复合 SNP 检测技术的革新,将会成为推动 SNP 分型在未来法医学案件中应用的关键。新的方法要达到复合程度、灵敏度、自动化程度更高,保证检测结果的高度准确性,且操作需简便、快速,检测成本低,才能使其真正成为法医 DNA 分析的有力工具。

SNP 位点用于个人识别存在着两点显著不足,一是所需的位点数目较多,另一个是不能轻易分辨混合样品,这两点限制了其替代目前使用的 STR 基因座的可能。首先,因为 SNPs 位点的多态性信息含量低于 STRs 基因座,所以要达到等同的个人识别效力或者随机匹配概率,就需要更多的 SNPs 位点数目。建议 40～60 个 SNPs 位点的鉴别效力几乎等同于现今常用的 13～15 个 STRs 基因座的鉴别力。

例如在某一案件从现场样本果核上提取的 DNA 样品,使用常规 STR 分型试剂盒进行扩增,检测结果仅获得部分 STRs 基因座的分型图谱,且峰高均低于 200RFU,不足已达到个人识别的目的。果核上的 DNA 片段大部分已经降解至 200bp 以下,且含量较低。使用 47-plex SNP 检测系统则获得了完整的分型结果(表 8-6),通过匹配概率计算达到个人识别的标准。

表 8-6　现场果核提取 DNA 47-plex SNP 分型结果

SNP 位点	基因型	SNP 位点	基因型	SNP 位点	基因型	SNP 位点	基因型
rs521861	CC	rs9951171	GA	rs1058083	GG	rs993934	GG
rs2269355	CC	rs13182883	GA	rs8176719	AA	rs214955	GA
rs1821380	GG	rs1109037	GA	rs740598	AA	rs1498553	GA
rs3744163	CG	rs338882	GA	rs9905977	AA	rs12997453	GG
rs445251	CC	rs4530059	GG	rs8176720	GA	rs1523537	GA
rs2272998	CG	rs221956	AA	AMEL-1	GG	rs6955448	GA
rs722290	GG	rs13218440	GA	rs3780962	AA	rs10092491	GG
rs10488710	CG	rs430046	AA	rs4606077	GG	rs2342747	GA
rs5746846	CG	rs10773760	AA	rs1294331	GG	rs6444724	GA
rs8176747	CC	rs560681	AA	rs1336071	GA	rs7041158	GA
rs7205345	CG	rs1736442	AA	rs321198	GG	rs1053878	GG
		rs7520386	GA	rs159606	GA	rs8078417	GA

【参考文献】

[1] Biesecker L G, Bailey-Wilson J E, Ballantyne J, et al. Epidemiology. DNA identifications after the 9/11 World Trade Center attack[J]. Science, 2005, 310 (5751): 1122 - 1123.

[2] Einum D D, Scarpetta M A. Genetic analysis of large data sets of North American Black, Caucasian and Hispanic populations at 13 CODIS STR loci [J]. J Forensic Sci, 2004, 49 (6): 1381 - 1385.

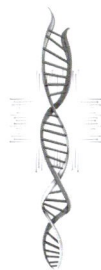

［3］Kidd K K，Pakstis A J，Speed W C，et al．Developing a SNP panel for forensic identification of individuals［J］．Forensic Sci Int，2006，164（1）：20 – 32.

［4］Fang R，Pakstis A J，Hyland F C，et al．Multiplexed SNP detection panels for human identification［J］．Forensic Science International：Genetics Supplement Series，2009，2（1）：538 – 539.

［5］Musgrave-Brown E，Ballard D，Balogh K，et al．Forensic validation of the SNPforID 52-plex assay［J］．Forensic Sci Int Genet，2007，1（2）：186 – 190.

［6］Barbisin M，Fang R，Calandro L M，et al．Developmental validation of the Quantifiler® Duo DNA quantification kit for simultaneous quantification of total human and human male DNA and detection of PCR inhibitors in biological samples［J］．J Forensic Sci，2009，54（2）：305 – 319.

［7］Li C X，Qi B，Ji A Q，et al．The combination of single cell micromanipulation with LV-PCR system and its application in forensic science［J］．Forensic Sci Int Genet，2009，S2（2009）：516 – 517.

［8］Gill P．An assessment of the utility of single nucleotide polymorphisms （SNPs）for forensic purposes［J］．Int J Legal Med，2001，114（4 – 5）：204 – 210.

（赖江华）

第 9 章　亲权鉴定

亲权鉴定是困扰人们的一个社会问题，我们的祖先在此方面进行了许多有益的探索。古代"滴血认亲"的方法，大致分为两种，一种叫"滴骨法"，另一种叫"合血法"。早在三国时期，就有"滴骨法"认亲的实例，以生者的血滴在死人的骨骼上，根据血是否渗透入骨而判定是否具有血亲关系。这种方法在宋代宋慈的《洗冤集录》里也有记载。到明代又出现了合血法，将两人的血滴在器皿内，血滴如能融合为一体就说明存在亲子关系。秦腔传统剧《三滴血》就生动地记录了这种亲权鉴定的方法。用现代科学的眼光来看，这两种方法并不科学，但它说明我国古代就已经注意到了血型遗传问题，并进行亲权鉴定，是现代血清学和遗传学的萌芽，比欧美早约1400 余年，因而在法医学史上具有特殊的价值。

9.1　DNA 亲权鉴定的理论基础

随着现代分子遗传学、基因组学的发展，人们认识到每个个体在遗传上的不同，其本质是在基因组 DNA 水平上的差异。追溯到自科学家证实孟德尔遗传规律同样适用于人类，运用孟德尔遗传定律人类认识到每一个个体融合了精子细胞的23 条染色体和卵细胞的 23 条染色体成为一个下一代个体，孟德尔遗传定律成为人类遗传最基本的遗传定律而被广泛应用。自 1980 年有研究报道人类 14 号染色体上限制性片段长度多态（RFLP）以来，人类核酸多态性应用于鉴定亲子关系和个人识别的新技术相继创立，为 DNA 技术在亲权鉴定中的应用提供了理论依据和技术支撑。1985 年 Jefferys 等首次应用小卫星探针与人类基因组 HinfI 酶消化产物杂交，杂交结果符合孟德尔遗传规律，从而将 DNA 指纹（DNA fingerprint）技术应用于亲权鉴定，特别是 1990 年发展起来的以 PCR 为基础的 STR 基因扫描（Gene Scan）技术已成为亲权鉴定的有力工具。越来越多的遗传标记的开发并应用于亲权鉴定，使得以往只能排除不能肯定父权，到现在能够认定父权，多种类型的亲权鉴定问题均可得以解决。

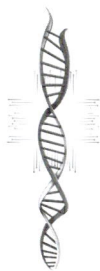

随着法医基因组学技术的发展,DNA鉴定技术被广泛用于子女与父母尤其是与父权血缘关系的证明,亲权鉴定已完全可以实现认定父权。亲权鉴定技术简便易行,准确率较高,在诉讼中起到了极为重要的作用,全世界已经有120多个国家和地区采用DNA技术直接作为判案的依据。我国《婚姻法解释(三)》(以下简称《解释》)已于2011年7月4日由最高人民法院审判委员会第1525次会议通过,并于2011年8月13日起正式施行。《解释》第二条规定,其一:夫妻一方向人民法院起诉请求确认亲子关系不存在,并已提供必要证据予以证明,另一方没有相反证据又拒绝做亲子鉴定的,人民法院可以推定请求确认亲子关系不存在一方的主张成立。其二:当事人一方起诉请求确认亲子关系,并提供必要证据予以证明,另一方没有相反证据又拒绝做亲子鉴定的,人民法院可以推定请求确认亲子关系一方的主张成立。这是我国立法机关从法律层面正式认可DNA亲权鉴定技术在解决涉及亲权鉴定案件审理中的作用,使得在离婚、财产继承、子女抚养等案件的审理中涉及亲权鉴定检验有法可依。近些年来,为了认亲、移民、继承财产、入户、抚养等原因,要求进行亲权鉴定的案例逐年增加。

表9-1为亲子鉴定与个人识别发展简表。

表9-1 亲子鉴定与个人识别发展简表

时间	方法	特点
三国	滴骨法	最早提出用血、骨亲子鉴定,操作方法缺乏科学性
明代	合血法	在滴骨法基础上发展,操作缺乏科学性,接近现代凝血实验
1920年	ABO血型凝集实验	最早用于亲子鉴定的血型系统,只能否定,不能肯定
20世纪70年代	免疫学方法、电泳技术、酶谱分析	开始对细胞表面抗原蛋白质、同工酶进行分型,累计提高了个人识别率和排除率,但仍然只能否定,不能肯定
1985年	DNA指纹	亲子鉴定和个人识别第一次达到可以认定程度,但是误判发生率也很高
1990年	STR-GeneScan	应用广泛,普遍认可

9.1.1　亲权鉴定的概念

亲权鉴定(parentage testing)是应用医学、生物学、遗传学、基因组学的理论与技术,判断亲代与子代、同胞之间是否有生物学亲缘关系的一种鉴定,又称亲缘鉴定。在亲权鉴定中参加的个体为母亲、孩子与父亲,如果母子关系已经确定无疑,要求鉴定假设父与孩子之间的亲子关系,则称为亲子鉴定(paternity testing)或父权鉴定。亲权鉴定与亲子鉴定在概念上有所区别,亲权鉴定概念更加宽广,包含亲子鉴定。亲子鉴定是最常见的一类亲权鉴定,通常所说的亲权鉴定就是指亲子鉴定。随着 DNA 技术的不断推广应用,亲权鉴定越来越多地采用 DNA 分析技术,使得亲权鉴定准确率越来越高,一些著名案件的报道使得 DNA 技术为大众所熟悉了解,目前主要采用基因组学 DNA 分析技术解决亲权鉴定的问题,因此又称为 DNA 亲权鉴定(DNA parentage testing)。

9.1.2　亲权鉴定的分类

亲权鉴定最初鉴定的是争议父—母—子的血缘关系的确定,母—子(儿子或女儿)—男三方均参加检验的三联体亲权鉴定,即狭义的亲子鉴定或称为父权鉴定,因此所用的术语均是与父权有关的,如非父排除率、父权指数、父权概率。随着越来越多的 DNA 检验技术的不断开发和应用,被检测的对象已不再局限于父母与子女两代之间的个体,对同胞、隔代、甚至旁系个体间是否存在亲缘关系也有可能进行相应的鉴定。比如,当假设的父亲或母亲由于死亡或其他原因不能参加检验时,可由假设父的亲属参加检验,进行隔代、同胞或叔侄、姨甥等旁系人员间的亲权鉴定。目前扩展类型的亲权鉴定包括:二联体亲权鉴定即争议父亲(或争议母亲)—子;双亲皆疑的亲权鉴定即争议父、母—子(被拐卖妇女、儿童等失散家庭认亲);隔代祖父—祖母—孙辈间的亲权鉴定;同胞或半同胞鉴定;旁系(叔侄)鉴定;尸源鉴定(利用遗传学重建亲缘关系或称反向亲权鉴定)等。

亲权鉴定根据司法需要可分为不同的类型。服务于刑事案件方面:现场的无名尸体或骸骨,需要确定身份;强奸致孕,需要确定犯罪嫌疑人;对拐卖的儿童进行的亲子鉴定;交通事故致死亡案件,亲属需要认领尸体求得应有赔偿。服务于民事案件方面:子女户口登记;办理移民申请;非婚生子女的血缘鉴定;财产继承纠纷;

怀疑婴儿被调换;失散子女、被领养的孩子、失散的家庭成员的血缘鉴定;男子想证实孩子是否是亲生;帮助妇女从孩子生父处获得子女抚养费用;帮助父母亲取得亲生子女的监护权和探视权;试管婴儿的血缘鉴定,有时需要鉴定经体外授精获得的试管婴儿有无差错。需要通过鉴定确认与孩子有无亲子关系的男子被称为有争议的父亲,或假设父亲,或被控父亲(alleged father,AF)。同理,需要确认与孩子有无亲子关系的女子被称为有争议的母亲,或假设母亲,或被控母亲(alleged mother,AM)。

由此可以看出,多数服务于刑事案件的亲权鉴定(例如尸源鉴定)是利用亲权鉴定的原理来解决法医学个人识别的问题,由于案件侦破的需要,对于发现的失踪者(活体、尸体)的身份确定,例如在伊拉克战争中萨达姆身份的认定就是通过他两个已确定身份的儿子来反证其身份的。除此之外,如灾难性事故尸源认定等。因此,亲权鉴定也可以认为是个人识别的一种类型。在这种情况下有时父亲不在(过世等情形),亦可以依靠同样的鉴定原理鉴定母权即可达到鉴定目的即个人识别的目的。

9.1.3 亲权鉴定的基本理论

亲权鉴定是一个古老而现代的问题,自从人类进入父权社会,父权就是一个被关注的问题。人类在对自身生殖规律的认识中逐渐认识到一些规律可以作为亲权鉴定(主要是父权鉴定)的依据。隔代祖父—祖母—孙辈间的亲权鉴定、同胞或半同胞鉴定、旁系鉴定等均是由于种种原因父亲不能参与鉴定而采取的其他亲属鉴定以达到间接认定父权的目的,因此本章中所涉及的亲权鉴定的理论与相关遗传学统计方法均指亲子鉴定(父权鉴定)。

9.1.3.1 亲权鉴定依据

根据人们对生殖和遗传知识的认识,亲权鉴定主要有以下三方面的依据。

(1)妊娠期限 一般情况下,妇女的妊娠期限为 280 ± 14 天,可以依此推算妇女的受孕时间,从而作为亲权鉴定的一个依据。如果有充分证据证明被怀疑的男了在女方受孕期间,由于各种原因没有条件与女方在一起,就可能否定亲子关系。

(2)性交及生育能力 如被控男子确实存在性交及生育能力障碍,可以初步得到排除。性交能力与生育能力不尽相同,但有联系,可供参考。常常在一些涉及亲

权鉴定案件中男方称其有生育能力缺陷而提出亲子鉴定的要求。例如少精子症患者,但精子数量少并不意味着不能使女性受孕。

（3）遗传特征　个体的遗传特征按照受基因控制程度分两大类:第一,多基因遗传特征指可以辨识其遗传发生的变异,但是遗传形式不是单纯的,而是由若干多基因和环境的影响而形成复杂的遗传特征,如毛发、皮肤、眼睛的颜色、耳毛、脸型及短指或多指畸形等,偶尔可以协助解决亲权纠纷。例如,孩子的左耳前长一颗黑痣,痣上长几根毛发,被控父亲的左耳前也同样有长毛的黑痣,且被控父亲涉及案件,说明被控父亲非常像孩子的生父,随机男子左耳前有长毛黑痣偶合的概率是很小的,用这种检查作为判断补充材料。第二,单基因遗传特征是由与环境等条件无关的基因所决定的单纯遗传特征,并且遵循孟德尔遗传规律,又称孟德尔遗传特征。如血型及 DNA 多态性等血液遗传标记(genetic marker,GM)。血液中的红细胞、白细胞、血浆与血小板,均有许多遗传标记,具有遗传多态性。红细胞、白细胞与血浆蛋白的遗传标记可供亲子鉴定之用。血液遗传标记具有遗传多态性,个体差异较明显,可用科学的方法测出其表型及基因型,不受环境因素及年龄的影响,特别是 DNA 遗传标记的检验,个体基因组可用于亲权鉴定。

妊娠期限和性交及生育能力只能作为亲权鉴定的参考依据,只有个体的遗传特征的科学检验才能作为亲权鉴定的唯一依据,个体的遗传特征的检验主要依靠检验单基因遗传特征,即符合孟德尔遗传规律的遗传特征。但妊娠期限和性交及生育能力往往成为引发某些案件进行亲权鉴定的原因。

9.1.3.2　亲权鉴定的遗传学原理

亲权鉴定主要是依据个体的遗传特征。因此亲权鉴定的理论是基于遗传学理论,即孟德尔遗传规律。孟德尔遗传规律包括两大遗传规律,孟德尔第一定律即分离规律:基因作为遗传单位在体细胞中是成对存在的,它们在遗传上具有高度的独立性,因此,在减数分裂的配子形成过程中,成对的基因在细胞中能够彼此互不干扰,独立分离,通过基因重组在子代继续表现各自的作用。分离规律是遗传学中最基本的一个规律,它从本质上阐明了控制生物性状的遗传物质是以自成单位的基因存在的,每个配子中只含有亲代一对基因中的一个,完全不同的遗传性状独立传递。人类是二倍体生物,常染色体基因组符合孟德尔遗传。根据孟德尔分离律,每一个人的基因组一半是来自父亲,一半是来自母亲,鉴定亲代与子代的遗传标记,就可以判定她们的亲缘关系。鉴定亲子关系的基本原理可以归纳为以下两点:第一,在肯定孩子的某个等位基因是来自生父,而 AF 并不带有这个基因的情况下,可以排除他是孩子的生父。检查的遗传标记越多,非生物学父亲被排除的概率就越大。第二,在肯定孩子的某些等位基因是来自生父,而被控父亲也带有这些基因的情况下,不能排除他是孩子的生父。这时可以通过计算判断他是孩子生父的概率在理论上究竟有多大。在一个家庭中,血型的遗传规律可概括为:孩子不可能带有双亲均无的等位基因;孩子必定得到双亲每方的一对等位基因中的一个;除了在双亲都带有相同基因(A)的情况下,孩子不可能带有两个相同基因(AA);某个基因在双亲中的一方或双方为纯合子时(AA),必定要在孩子中表现出来(A)。双等位基因遗传标记系统亲权鉴定的基本原理可以推广用于多个等位基因的遗传标记,如 RFLP 长度的多态性,图 9-1、图 9-2 说明了 RFLP 用于亲权鉴定的原理。

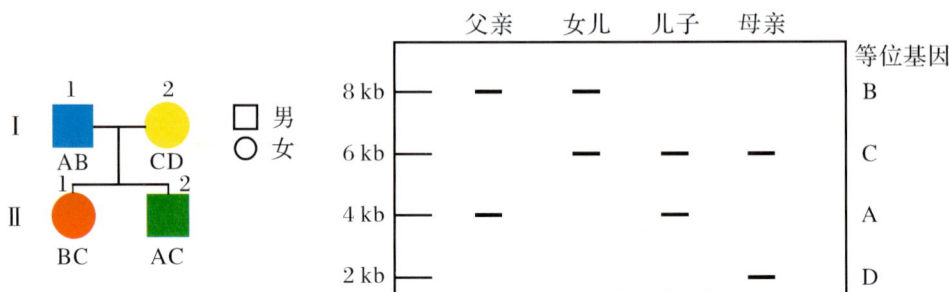

图 9-1　RFLP 遗传标记用于亲权鉴定的原理模式图

孟德尔第二定律即自由组合律是指基因在传递过程中,不同基因座上的非等位基因在形成配子的过程中,自由组合,随机配对,机会均等形成子代的基因型。自由组合律归纳了不同基因座上等位基因的组合传递规律,先决条件是各个基因座之间没有连锁遗传关系。在亲权鉴定案件中所检验的遗传标记通常不止一两个,而是一套遗传标记检验系统,包含数十个遗传标记的组合,这些遗传标记通常选择的是之间独立遗传的遗传标记检验系统,因此在亲权鉴定各个遗传标记间的累计父权排除概率、累计父权指数的计算基础均为自由组合律。

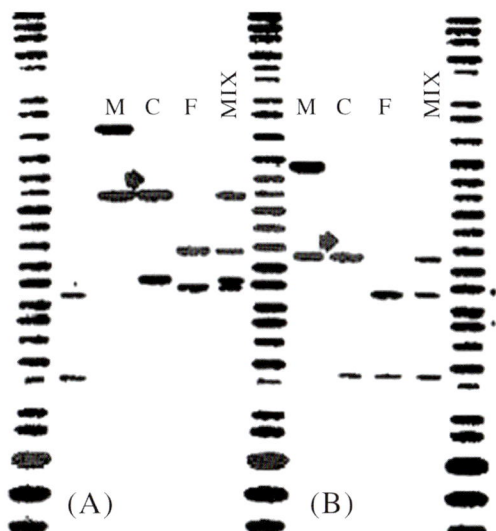

图 9 - 2　亲权鉴定基本原理

（A）排除父权，孩子仅从母亲方得到一个等位基因，父亲不
能提供给孩子一个等位基因；（B）不排除父权，父亲提供给孩子
一个等位基因，孩子得到双亲每方的一对等位基因中的一个。

9.1.4　DNA 亲权鉴定所选用的遗传标记

人类基因组中各类型遗传标记均可以应用于亲权鉴定。亲权鉴定中应用的遗传标记可分为传统的血液遗传标记和 DNA 遗传标记。传统的血液遗传标记如红细胞血型、白细胞血型、红细胞酶型、血清型等。而 DNA 遗传标记则包括 RFLP、VNTR、STR、SNP 等。

传统的血液遗传标记目前已检出各种红细胞血型的基因 400 种以上；可将其分为 26 个血型系统，一个高频率抗原组，一个低频率抗原组，以及不同座位基因相互作用产生的抗原。红细胞血型的分型方法一般采用凝集试验和抗人球蛋白试验。人类白细胞抗原（human leukocyte antigen，HLA）是迄今所知人类最复杂的一个遗传多态性系统，HLA 基因受控于 A、B、C、D、DR、DQ 和 DP 等 7 个紧密连锁的遗传座位，这些座位以单倍型形式遗传。HLA Ⅰ，Ⅱ类基因分型技术更具应用前景。细胞内同工酶具有遗传多态性，发育成熟的细胞内含有千种以上同工酶，目前发现的具有多态性的同工酶有 24 种以上,检出各种等位基因近 100 种。血清蛋白型和血清酶型血清蛋白或血清酶具有遗传多态性,检出各种等位基因,数目在 150 种以上。在 20 世纪初,亲权鉴定刚发展时,只检测 ABO、Rh 及 MNSs 等血型系统,否定父权的概率只有 60% 左右。自从建立等电聚焦技术以来,可将血清型与酶型分成亚型,进一步提高了否定父权的概率。1981 年开始测 HLA 血型,大大地提高了否定父权的概率,单 HLA 血型系统的 HLA-A、HLA-B、HLA-C、DR 等基因座上的基因否定父权的概率就可达 91.63%。若联合检验红细胞血型,否定父权的概率可达 97.21%。再联合检测各种血清型与红细胞酶型,可达 98.95%。

自从 1985 年,A.Jefferys 将 DNA 指纹技术首次应用于亲权鉴定以来,遗传标记 DNA 开始被用于亲子鉴定。联合检测血型、酶型及 DNA 多态性,大大地提高了否定父权的概率,有些多位点 DNA 探针所测的 DNA 指纹还可肯定生父。随着短串联重复序列 STR 的发展,亲权鉴定进入了一个全新的发展阶段,单独选用 STR 标记,即可进行父权肯定或否定。应用于亲权鉴定的 DNA 遗传标记系统很多,按遗传方式可归纳分为四类:第一,常染色体上基因座的遗传标记,遵循孟德尔遗传规律传递,是亲权鉴定最常用的遗传标记;第二,线粒体 DNA 非编码区的多态性,按母系遗传方式传递,可以确定检验样品是否来自于同一母系,适用于那些父亲不能参加鉴定的母子间的单亲鉴定或同胞之间的或隔代或旁系亲缘关系鉴定,如再结合按照孟德尔遗传的遗传标记检验,可以确定样品间的亲缘关系;第三,Y 染色体上遗传标记,按父系遗传方式传递,可以确定检验样品是否来自于同一父系,适用于那些母亲不能参加鉴定的父子间的单亲鉴定或男性同胞之间或隔代或旁系的亲缘关系鉴定;第四,X 染色体上遗传标记,由于遗传的定向性,父亲 X 染色体上遗传标记必定传递给女儿,母亲 X 染色体上遗传标记一半传递给女儿,儿子的 X 染色体上遗传标记必定来自母亲,它适合三联体的亲权鉴定或除父子关系外的其他单亲的亲缘鉴定,以及缺乏双亲认定姐妹亲缘关系和隔代即祖孙关系亲缘鉴定时孙辈为女孩的情况。人类基因组中 DNA 各类型遗传标记及其遗传方式和亲子鉴定适用情况见表 9-2。

表 9-2　DNA 各类型遗传标记及其遗传方式和亲子鉴定适用情况

DNA 遗传标记类型	遗传方式特点	适用范围
常染色体上基因座的遗传标记	孟德尔遗传规律	各类亲权鉴定
线粒体 DNA 非编码区遗传标记	母系遗传方式	母子单亲鉴定、同胞之间、隔代、旁系亲缘关系鉴定
Y 染色体上基因座或遗传标记	父系遗传方式	父子单亲鉴定、男性同胞、隔代、旁系的亲缘关系鉴定
X 染色体上基因座或遗传标记	遗传的定向性	三联体的亲权鉴定、除父子关系外的其他单亲、姐妹关系、隔代亲缘鉴定

9.1.5　DNA 亲权鉴定的生物样本

早期亲权鉴定由于采用血清学方法因此必须采集被鉴定人足量的新鲜血液样本,DNA 亲权鉴定由于分析的是人类基因组遗传标记,通过 DNA 技术达到样本分析的目的,对生物性样本的要求就不仅局限于新鲜血液,凡是含有人体 DNA 的样本均可以作为检验样本,即含有有核细胞的生物性样本即可。DNA 无组织特异性,不受环境因素及年龄的影响。常规作为亲权鉴定的生物样本包括:血液(痕)、口腔脱落细胞(口腔拭子)、毛发(带毛囊的)、精液等。同时,DNA 技术的应用大大扩展了用于亲权鉴定的生物样本的类型,羊水、绒毛、骨骼、肌肉、牙齿等皆可应用于鉴定。样本类型的扩展使得亲权鉴定在被鉴定人出生前(孕妇羊水脱落细胞、孕妇外周血分离胎儿 DNA 样本)、死亡后(尸体样本采集、白骨化的陈旧骨骼)均可以进行。由于法医基因组学 DNA 亲权鉴定采用的是以 PCR 方法为基础的 DNA 分析技术,因此,只要得到含有有核细胞即核基因组 DNA 的样本就可进行以 PCR 为基础的 DNA 分析。PCR 技术具有极高的灵敏性,对外来的 DNA 污染极其敏感,在采集样本时要询问被鉴定人近期有无输血或是否做过骨髓移植手术,从而决定在此类情况下采用何种样本。

9.2 父权否定

理论上排除被控男子为孩子的生物学父亲只要所检验的遗传标记在父代与子代间违反了遗传规律即可否定父权,但也要考虑法医基因组学实验室检验遗传标记的系统效能。

9.2.1 非父排除率

非父排除率(PE)又称非父排除概率,是指所有非父被控为孩子生父的男子能被遗传标记排除的概率,用来评估某遗传标记系统在亲权鉴定案件中实用价值的评估指标,是遗传标记的系统效能。不是孩子生父的男子被误控为生父时,理论上可以根据遗传标记检测发现违反遗传规律予以排除父权。但每一个遗传标记的等位基因的数量均是一定的并且是有限的,无血缘关系的男子完全有可能携带孩子的生父基因,与小孩的遗传标记有偶然机会符合遗传规律,因而不能否定他与孩子有亲子关系。单独使用一个或几个遗传标记时,往往由于上述原因而不能排除被控父亲是孩子的生父。以人们熟知的 ABO 血型为例,假设母亲为 A 型,孩子为 A 型,则 A,B,O 和 AB 四种表型的男子,都有可能是孩子的生父。为达到亲权鉴定的目的需要检查更多的具有高度多态性的遗传标记。作为孩子的生父的男子,不论检验多少遗传标记,都不可能找到违反遗传规律的遗传标记(个别遗传标记突变除外)排除其与孩子有亲子关系;而对于不是孩子生父的男子,随着检测遗传标记的增加,他被排除为孩子生父的概率大大增加,往往会发现有多个遗传标记违反了孟德尔遗传规律从而排除父权。各种遗传标记的多态性程度不同,鉴别能力有所差异,用非父排除概率表示其在亲权鉴定中的鉴定能力。非父排除概率指的是,通过检测某一个遗传标记系统表达出能将不是生父的假设父亲排除的机会,它是衡量一个遗传标记排除非父能力的一个客观标准,表示在所有非父被控为生父的男子中,用该标记否定父权有多大的可能性。非父排除概率大小与该标记的遗传方式、等位基因数及其在人群中的等位基因频率的分布有关。不同的遗传方式,PE 计算方式不尽相同。

排除概率依据遗传标记系统的基因中,是否为显隐性或共显性遗传方式有不同的计算方法。法医基因组学 DNA 检验所检验的均是 DNA 水平的遗传标记,检验的结果均是遗传标记的基因型,DNA 遗传标记均具有高度多态性,属于复等位基因共显性遗传。如 STR 一个基因座有多个等位基因,并且均为显性。设 P_i 代表群体中第 i 个等位基因频率,P_j 代表群体中第 j 个等位基因频率,并且等位基因 i 不等于等位基因 j,则排除概率为

$$PE = \sum P_i(1-P_i)^2 - \frac{1}{2}\sum\sum P_i^2 P_j^2(4-3P_i-3P_j) \qquad (9-1)$$

法医基因组学检验的遗传标记系统为多个遗传标记的组合,每一个遗传标记均独立于其他的遗传标记,一个无关男子可以被一个以上的遗传标记否定,因此,对于一个法医基因组学 DNA 检验实验室所选用的亲权鉴定系统,需要知道该系统全部遗传标记对于不是孩子生父的男子否定其父权的能力有多大,即该检验系统所有遗传标记的累积非父排除率(cumulative probability of exclusion,CPE)。由于检验系统的各遗传标记间是独立遗传的,适合于孟德尔自由组合率,故累积非父排除概率不等于单个系统否定父权机会的数学和,正确的方法是确定每个遗传标记系统不能排除父权的机会,求其乘积。

$$CPE = 1-(1-PE_1)(1-PE_2)(1-PE_3)(1-PE_4) \qquad (9-2)$$
$$= 1 - \Pi(1-PE_k)$$

式中 PE_k 为第 k 个遗传标记的 PE 值。检查多种遗传标记,按各种遗传标记的遗传方式求出 PE 值后,再按公式求出总的 PE 值。所选用遗传标记数目越多,实验室检验系统的累积非父排除概率愈高,鉴别能力就愈强。累积非父排除率反映了法医基因组实验室所选用的遗传标记系统在亲权鉴定检验中排除父权能力的大小,是选择亲权鉴定遗传标记的依据和衡量法医基因组实验室能力、质量的标准之一,是衡量实验室的系统效能指标。目前要求法医基因组学实验室用于亲权鉴定的遗传标记的累计非父排除率大于 99.99%。为了最大限度地排除父权,提高排除假设父亲的能力,保证亲权鉴定的准确,选择非父排除率高的遗传标记系统并为实验室备选可供检验的更多的遗传标记系统十分必要。表 9-3 为汉族群体 20 个 STR 基因座非父排除率和累积非父排除率列表。

表 9 – 3　汉族群体 20 个 STR 基因座非父排除概率

基因座	非父排除率	累积非父排除率
D3S1358	0.4806	0.4806
vWA	0.6092	0.7970184800
FGA	0.7068	0.9404858183
D8S1179	0.6882	0.9814434782
D18S51	0.7184	0.9947744834
D21S11	0.6502	0.9981721143
D5S818	0.5671	0.9992087083
D13S317	0.6000	0.9996834833
D16S539	0.5749	0.9998654488
TH01	0.4046	0.9999198882
TPOX	0.3701	0.9999495376
CSF1PO	0.5001	0.9999747738
D7S820	0.5576	0.9999888399
D2S1338	0.695	0.9999965962
D19S433	0.6554	0.9999988270
D6S1043	0.731	0.9999996845
D12S391	0.679	0.9999998987
Penta D	0.5907	0.9999999585
Penta E	0.7325	0.9999999889
D2S441	0.5898	0.9999999955

9.2.2　否定父权标准

　　在亲子鉴定中,如果当事人不带有孩子生父(母)所提供的基因,这时可以排除当事人与孩子有父(母)子关系。根据遗传规律:①孩子不能有双亲都没有的等位

基因。②孩子必须获得双亲同一基因座一对等位基因中的一个。③双亲必须带有某一基因座相同的等位基因的情况下,孩子才有可能是该基因座的纯合子。④某一基因在双亲之一为纯合子时,孩子必须携带此等位基因。在分析时首先确定母子遗传关系,寻找出母亲提供给孩子的等位基因,从而确定孩子的另一等位基因必定来自生父。

在多数的亲权鉴定案例中,一般已知母亲是孩子的生母,问题是要鉴定父亲是否为孩子的生父即鉴定父权的亲子鉴定。如果母亲不带有孩子的某些基因,那么可推断这些基因一定来自生父。如果被指控父亲没有该基因,那么他就不可能是小孩的生物学父亲。就可以将他从那些可能是小孩父亲的男性群体中排除。归纳为以下两种情况:①孩子带有母亲和被控父亲都没有的一个等位基因。②孩子没有被控父亲必定传递给其后代的一个等位基因。

经标准化实验检测遗传标记,假定为父亲的男子不能提供给孩子必需的等位基因,在不存在遗传变异的前提下,可以排除假定父亲的父权,即可以断定他不是小孩的生物学父亲。测试的遗传标记增多,遇到遗传变异的可能性也增加。遗传变异使亲子之间的遗传关系呈现为不符合遗传规律。如果缺乏这方面的知识,容易错误否定父权。遗传变异主要有:沉默基因、替代等位基因、基因缺失、血型变异、基因互换、基因突变、弱抗原、嵌合体、镶嵌抗原、生理与病理性变异等。尽管遇到遗传变异概率很低,为了避免潜在遗传变异的影响,亲权鉴定须由专业技术人员严格把关,排除父权至少应根据三个以上遗传标记。任何情况下都不能仅根据一个遗传标记排除父权。

由于突变或其他因素的存在,法医基因组学研究对亲权鉴定的排除提出了一些建议,主要有以下几点。第一,只有 1 个遗传标记不符合遗传规律,不能轻易作出排除结论,必须增加检验其他系统;随着检测项目的增加,对于不是生父的男子,必定还有其他遗传标记可排除亲子关系。若增加检测项目,排除遗传标记不再增加,则可考虑原来排除的那 1 个遗传标记是由于突变或非典型遗传方式造成的,此时若亲子关系相对机会已超过 0.9999,则可作出认定结论。第二,2 个 STR 基因座或同一染色体上的两个遗传标记不符合遗传规律,需慎重对待,宜增加检测遗传标记后再具体分析。第三,有 3 个及以上独立遗传关系(即非连锁)的遗传标记不符合遗传规律,则可作出排除亲子关系的结论。因为假设 DNA 单一基因座突变率为 0.002,3 个位点同时突变造成的错误排除概率仅为 4×10^{-9}。有研究者认为当有 3 个位点排除时,应加做其他遗传标记方能下结论。第四,线粒体 DNA 分型要注意异质性的问题,亲代、子代或同一母系的相关个体之间,存在 1 个碱基的差异,当出现单个碱基差异不能直接排除他们的亲缘关系,但异质性很少同时发生在 2 个碱基处,对个人识别最好能分析同一类生物样本。第五,由于父子具有相同的 Y 染色体遗传标记,所以检测 Y-STR 基因座鉴定亲缘关系不需要母亲的任何信息,在父子单亲鉴定中有特殊意义。但 Y-STR 与 mtDNA 类似,与父亲有亲缘关系的男性个体,均有相同的遗传标记,故在兄弟两人或叔侄之间确定谁是生父时,检验 Y-STR 无价值。

9.3 父权肯定

在法医基因组学 DNA 亲权鉴定检验符合亲权鉴定累积非父排除概率标准的遗传标记系统检验后,被控父亲携带有孩子生父应有的所有等位基因时,被控父亲则倾向于认定与孩子间有亲权关系。

9.3.1 亲权鉴定的遗传学统计分析

通过各种 DNA 遗传标记的检验来得出确定亲权关系的结论的可靠性,需要经过法医基因组学 DNA 基因型分型结果结合被鉴定人的民族、群体遗传学数据进行定量的分析,计算得出各种亲权评估参数,依据遗传统计学分析评估亲权鉴定参数得出相应的科学结论。

9.3.1.1 亲权指数

亲权指数又称父权指数(paternity index,PI),是判断亲子关系所需的两个概率的似然比,即具有被控父亲遗传表型的男子是孩子生物学父亲的概率(X)与随机男子是孩子生物学父亲的概率(Y)的比值。简言之,PI 代表被控父亲具备必需基因成为生父的概率比随机男子具备必需基因成为生父的概率大多少倍,PI 值越大被控男子为孩子的生父的可能性越大。PI 由下列公式表示:

$$PI = \frac{X}{Y} = \frac{e \times f}{g \times f} \tag{9-3}$$

式中:

X 代表具有被控父亲遗传表型的男子是孩子生物学父亲的概率;

Y 代表随机男子是孩子生物学父亲的概率；

e 代表被控父亲提供生父基因概率；

f 代表生母提供基因概率；

g 代表随机男子提供生父基因概率。

计算父权指数的步骤如下。

(1)检验母亲、孩子与被控父亲的表型；

(2)确定生父应该传递孩子的必需基因；

(3)计算母亲传递孩子必需基因概率(f)；

(4)计算随机男子传递必需基因的概率(g)；

(5)计算被控父亲传递必需基因的概率(e)；

(6)被控父亲传递必需基因成为孩子生父的概率 $X＝e×f$；

(7)随机男子传递必需基因成为孩子生父的概率 $Y＝g×f$。

1. 单独一个遗传标记的亲权指数

根据母子表型,可以排列出母子各种可能的基因型组合,并进一步推测出必定来自生父的一个或数个基因,这些基因称为生父基因。根据假想父亲的表型,可以推测出他是否带有生父基因,以及传递各种可能的生父基因的概率 X。假设在随机人群中,该生父基因的频率为 Y(等于该基因的频率),这样可按以下公式求出亲子关系指数(Paternity index,PI),它代表假想父亲为孩子生父的可能性是其他随机男人为孩子生父可能性的多少倍。PI 值大于 1 表示倾向肯定父子关系,其理论值可接近无穷大。PI 等于 0,表示排除亲子关系。

当所检验遗传标记存在显隐性遗传关系时,例如 ABO 血型,由于检测出的是表型而非基因型,不能直接推测出母亲传递生母基因的概率,需要通过生母与被控父亲的具体表型组合按照 PI 值计算步骤进行计算得出 PI 值。目前,随着法医 DNA 检验技术的广泛应用,ABO 血型的非父排除率较低而逐渐不被列入亲权鉴定常规检验项目。DNA 遗传标记所检验的均为基因水平数据即每个遗传标记的基因型,均可看做共显性遗传标记,因此 PI 值的计算公式可以简化归纳为以下表。表 9-4 给出了在母子对肯定的情况下,共显性等位基因的 PI 的简化计算方法。

表 9 - 4　父母子三联体亲权鉴定常染色体共显性遗传标记亲权指数计算公式

生母基因型	孩子基因型	生父基因	被控父亲基因型	PI 值
PP	PP	P	PP	$1/p$
PP	PQ	Q	QQ	$1/q$
PP	PP	P	PQ	$1/2p$
PP	PQ	Q	QR	$1/2q$
PP	PQ	Q	PQ	$1/2q$
PQ	QQ	Q	QQ	$1/q$
PQ	QR	R	RR	$1/r$
PQ	QR	R	RS	$1/2r$
PQ	PR	R	PR	$1/2r$
PQ	QQ	Q	QR	$1/2q$
PQ	PQ	P 或 Q	PP	$1/(p+q)$
PQ	PQ	P 或 Q	QQ	$1/(p+q)$
PQ	PQ	P 或 Q	PQ	$1/(p+q)$
PQ	PQ	P 或 Q	PR	$1/2(p+q)$

注:表中 p、q、r 分别代表等位基因 P、Q、R 的群体基因频率。

DNA 遗传标记具有高度遗传多态性以及检验技术的提高,复合 STR 检验的应用使得二联体亲权鉴定、祖孙亲权鉴定得以解决,表 9 - 5 和表 9 - 6 分别给出了二联体亲权鉴定、祖孙亲权鉴定亲权指数的计算公示。

表 9 - 5　父—子二联体亲权鉴定常染色体共显性遗传标记亲权指数计算公式

孩子基因型	被控父亲基因型	PI 值
PP	PP	$1/p$
PP	PQ	$1/2p$
PQ	PP	$1/2p$
PQ	PQ	$(p+q)/4pq$
PQ	PR	$1/4p$

注:表中 p、q 分别代表等位基因 P、Q 的群体基因频率。

表 9 - 6　祖孙亲权鉴定常染色体共显性遗传标记亲权指数计算公式

祖父基因型	祖母基因型	孩子基因型	生母基因型	生父提供基因	PI 值
PR	QS	PQ	PQ	P 或 Q	$1/2(p+q)$
PQ	PR	PQ	PQ	P 或 Q	$3/4(p+q)$
PQ	PQ	PQ	PQ	P 或 Q	$1/(p+q)$
PP	PQ	PQ	PQ	P 或 Q	$1/(p+q)$
PP	PQ	PQ	QS	P	$3/4P$
PR	RS	PP	PQ	P	$1/4P$
PR	QS	PP	PQ	P	$1/4P$
PQ	PR	PP	PQ	P	$1/2P$
PQ	PQ	PP	PQ	P	$1/2P$
PR	RS	PP	PP	P	$1/4P$
PR	QS	PP	PP	P	$1/4P$
PQ	PR	PP	PP	P	$1/2P$
PQ	PQ	PP	PP	P	$1/2P$

注：表中 p、q、r、s 分别代表等位基因 P、Q、R、S 的群体基因频率。

2. 多个遗传标记的亲权指数

亲权鉴定所检验的必须是多个遗传标记的复合检验系统，以期达到认定父权关系的目的。所检验的这些遗传标记间通常是分布于人类不同染色体上独立遗传的，或在同一条染色体上但相距距离基因座之间非连锁遗传，符合孟德尔自由组合律，各基因座间基因型组合称为个体的基因型，因此在分析累积亲权指数时运用的是概率的乘积定律。

设每个遗传标记系统的亲权指数分别为 PI_1、PI_2、…、PI_n，n 个血型系统总的亲权指数为：

$$CPI = PI_1 \times PI_2 \cdots \times PI_n \qquad (9-4)$$

PI 代表被控父亲具备必需基因成为生父的概率比随机男子具备必需基因成为生父的概率大多少倍，这是由于在一个群体中随机的个体也有可能带有生父基因，但当检验的遗传标记数量逐步增加，群体中随机男性个体能提供生父基因型

(所检验遗传标记随机男性均必须提供的生父基因的组合)的可能性愈来愈小并几乎不可能,而只有生父才能提供父基因型。PI 值的计算与所选择的随机群体的群体遗传结构有直接关系,在 PI 值计算公式中 p、q、r、s 分别代表等位基因 P、Q、R、S 的群体等位基因频率。群体遗传标记的等位基因频率是由群体随机抽样调查得到,在不同群体、不同民族、不同种族中任何的遗传标记的基因频率分布存在着明显的差异,等位基因频率是属于某一群体、民族的群体遗传学数据,这一群体遗传学数据的选择必须符合被检验这即生物学母亲和被控父亲所属的群体,这样所计算的 PI 值才足够准确。我国是一个多民族国家,即便汉族群体也存在南北地域差异,因此建立本民族、本地区群体遗传学数据至关重要。

3.亲权指数计算特殊情况

(1)如检验结果发现某遗传标记出现稀有等位基因,群体遗传学资料缺少该稀有等位基因频率资料,则频率以该遗传标记最小的等位基因频率取值。例如在 STR 检验中发现的 OL 等位基因,命名后以该基因座最低等位基因频率取值计算 PI 值。

(2)经实验室系统累积非父排除率 99.99% 以上的遗传标记系统检验,各遗传标记均符合遗传规律,累积亲权指数大于 2000 但小于 10000,可增加其他具有多态性的 DNA 遗传标记,使得累积亲权指数达到大于 10000 从而认定父权关系的存在。

(3)经实验室系统累积非父排除率 99.99% 以上的遗传标记系统检验,发现有 1～2 个遗传标记不符合遗传规律(考虑突变的存在),也未达到排除父权标准(3 个以上遗传标记违反遗传规律),必须增加其他具有多态性的 DNA 遗传标记。可以增加更多的常染色体 STR 遗传标记的检验。若被检验的孩子是男孩,也可增加 Y 染色体 STR 遗传标记的检验;若为女孩,则可增加 X 染色体遗传标记的检验。需要将突变的基因座位点写入报告中,对发生突变的基因座按照突变基因座亲权指数(PI)计算方法计算,从而计算累积亲权指数(CPI)。若 CPI 计算结果小于 0.0001,则可否定父权;若大于 0.0001 且小于 10000,则不排除父权。任何时候都不能为了获得较高的累积亲权指数而从检验系统中删除不符合遗传规律的遗传标记的检验结果。通过增加更多的特别是一些突变率较低的遗传标记的检验,可以获得较高的累积亲权指数达到大于 10000 从而认定父权关系的存在。

若三联体亲权鉴定发现违反遗传规律的遗传标记,例如孩子的基因型为 PQ,被被控父亲基因型 P'R,P' 比 P 小或者大 1 个或 2 个 STR 重复单位(即一步突变或二步突变),u 为该遗传标记的平均突变率 p 是等位基因 P 的基因频率,亲权计算

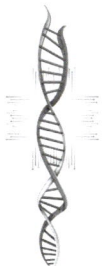

方法：

　　1 步突变时，$PI=X/Y=u/4p$

　　2 步突变时，$PI=X/Y=u/40p$

　　3 步突变时，$PI=X/Y=u/400p$

　　简单归类在发现违反遗传规律的遗传标记亲权指数计算见表 9 - 7。（以 D18S51 为例，平均突变率 u 为 0.002）

表 9 - 7　三联体亲权鉴定违反遗传规律时亲权指数计算（以 D18S51 基因座为例）

基因座	母亲	孩子	被控父亲	亲权指数
D18S51	17	17,18	19,21	$u/(4P_{18})$
D18S51	17	17,18	20,21	$u/(40P_{18})$
D18S51	17	17,18	21,22	$u/(400P_{18})$
D18S51	17	17,18	19	$u/(2P_{18})$
D18S51	17,18	18	19	$u/(2P_{18})$
D18S51	17,18	18	17,19	$u/(2P_{18})$
D18S51	17,18	18	19,21	$2u/(4P_{18})$
D18S51	17,19	17,19	20,21	$u/[4(P_{17}+P_{19})]$
D18S51	17,19	17,19	20	$u/[2(P_{17}+P_{19})]$
D18S51	17,19	17,19	18,20	$3u/[4(P_{17}+P_{19})]$
D18S51	17,18	17,19	17,18	$u(1+1/3.5)/(4P_{19})$
D18S51	19	17,18	17	$u/(2\times3.5\times P_{18})$

注：表中 P_{17}、P_{18}、P_{19} 为相应等位基因 17、18、19 的基因频率。

　　若二联体亲权鉴定发现违反遗传规律的遗传标记，例如孩子的基因型为 PQ，被被控父亲基因型 P′R，P′比 P 小或者大 1 个或 2 个 STR 重复单位（即一步突变或二步突变），u 为该遗传标记的平均突变率 p 是等位基因 P 的基因频率，亲权计算方法：

　　一步突变时，$PI=X/Y=u/8p$

　　二步突变时，$PI=X/Y=u/80p$

　　三步突变时，$PI=X/Y=u/800p$

简单归类在发现违反遗传规律的遗传标记亲权指数计算见表 9-8。

表 9-8　二联体亲权鉴定违反遗传规律时亲权指数计算(以 D18S51 为例)

基因座	孩子	被控父亲	亲权指数
D18S51	17,18	19,21	$u/(8P_{18})$
D18S51	17,18	20,21	$u/(80P_{18})$
D18S51	17,18	21,22	$u/(800P_{18})$
D18S51	17,18	19	$u/(4P_{18})$
D18S51	18	19	$u/(2P_{18})$
D18S51	18	17,19	$2u/(4P_{18})$
D18S51	18	19,21	$u/(4P_{18})$
D18S51	17,19	18,20	$u(2P_{17}+P_{19})/(8P_{17}\times P_{19})$
D18S51	17,19	18	$u(P_{17}+P_{19})/(4P_{17}\times P_{19})$

注:表中 P_{17}、P_{18}、P_{19} 为相应等位基因 17、18、19 的基因频率。

(4)对于出现"突变"的遗传标记,通常以平均突变率(u)为 0.002 取值。

9.3.1.2　父权相对机会

亲权鉴定需要计算父权相对机会(relative chance of paternity,RCP)又称父权概率即被控父亲(AF)像孩子生物学父亲的机会。PI 是实数,由这个数字不易看出父权的机会,通常将 PI 值换算成一个条件概率即父权相对机会。父权相对机会既是亲子关系概率,也代表了判断 AF 是孩子生父的把握度大小,是通过亲权指数(PI)计算得到。计算公式:

$$RCP = \frac{PI}{PI+1} \times 100\%$$ (9-5)

RCP 值大于 50%,表示倾向肯定父子关系,其理论值可无穷接近 100%,但不能达到 100%。

9.3.2　肯定父权标准

在亲权鉴定中,通过系统的遗传标记检验发现在确认孩子的某些基因必定来自生父,而被控父亲也带有这些基因叫,则不能排除被控父亲是孩子的生父。即倾

向于肯定被控父亲与孩子有亲子关系,肯定结论的可靠性取决于所检验系统遗传标记的数量和具体检验结果的等位基因频率,依据检验结果计算出父权相对机会从而作定量的估计。父权相对机会的估计方法主要有如下两种:第一种根据母子对的排除概率,求出总的母子对排除概率然后再计算受检对象是孩子生父的概率。第二种方法,根据母亲、孩子和假想父亲三方面的遗传标记,直接计算出该假想父亲是孩子生父的概率。此种方法使用较为普遍。

理论上,父权相对机会越高,肯定父子关系的把握就越大,但父权相对机会永远不会达到100%。究竟父权相对机会达到什么数值才能肯定父子关系,各国或同一国家的不同地区有不同的标准。根据司法技术鉴定工作和审判工作实践的需要,为了确保法医亲权鉴定的可靠性,使之规范化、科学化和标准化,需要制定标准。但一般认为,经标准化实验检测遗传标记,假定为父亲的男子不能被排除父权时计算概率后如同时满足下列两项指标,可以认定被控父亲的父权,即可以断定他是孩子的生物学父亲。第一,实验检测遗传标记的累计非父排除率等于或大于99.99%;第二,假定父亲的累计父权指数等于或大于10000,即在前概率相同的条件下,假定父亲的相对父权机会等于或大于99.99%。换而言之即经过累计非父排除率大于99.99%的多个基因座的检测,发现基因座均符合遗传规律,此时必须计算亲权指数 PI(即似然率 LR),若累计算亲权指数(CPI)等于或大于10000,则支持亲权关系的存在。

为了达到上述认定父权的标准那么需要检验多少遗传标记呢? 累计非父排除率是衡量一个法医基因组学 DNA 检验实验室的系统效能指标,这与所检验的遗传标记的数量和群体等位基因频率分布有关,目前所检验的 15 个常染色体 STR 基因座均可满足。累计算亲权指数是一个实际亲权鉴定案件具体检验结果的计算值,这与所属的群体等位基因频率分部有关,更与被控父亲的基因型息息相关。当生父基因为一群体常见等位基因,由于等位基因频率相对较高 PI 只计算结果就较低;当生父基因为一群体低频等位基因时,而被控父亲恰恰携带这一等位基因,此时计算的 PI 值就较高。在各种原因缺乏母亲参与的父权认定情况下,检验相同数量的遗传标记累计算亲权指数会明显低于母亲参与的亲权鉴定。因此,经实验室累计非父排除率大于99.99%的遗传标记系统检验,各个基因座在孩子与被控父亲间均符合遗传规律,但累计累计父权指数小于10000时,可以增加其他高度多态性且遗传稳定的遗传标记补充检验,若任不违反遗传规律计算累计父权指数大于

10000,则可支持被控父亲与孩子间存在亲权关系。

9.4 法医基因组学在亲权鉴定中的应用

亲权鉴定在实践检验中通常是按照参加的被鉴定人员关系来进行分类,例如常见的三联体、二联体亲权鉴定,或者是祖孙、同胞、旁系等亲缘关系的鉴定。依据不同的亲权鉴定类型制定相应的鉴定方案,选择适当的遗传标记进行检验,得出鉴定意见。根据每一个具体亲权鉴定的类型可以选择常染色体、性染色体以及线粒体基因组应用,或者对于特殊的亲权鉴定案件可以各种类型基因组遗传标记结合使用以解决问题。

9.4.1 常染色体基因组在亲权鉴定中的应用

亲权鉴定依据包括遗传性状、妊娠期限、性交能力及生殖能力三个方面,其中遗传性状是亲权鉴定最主要的依据,也就是通过人类遗传标记特别是 DNA 遗传标记的检验来达到认定父权关系。目前主要使用的是常染色体 STR 遗传标记,这些 STR 遗传标记均匀地分布于人类常染色体上,符合孟德尔遗传规律,即分离率和自由组合率,也称为孟德尔遗传标记。基于孟德尔遗传学理论,每一个人的基因组一半是来自父亲,一半是来自母亲,鉴定亲代与子代的遗传标记,就可以判定他们的亲缘关系。通常的亲权鉴定即父权鉴定由于母子关系确定则可以通过母子对的对比,找出孩子遗传母亲的那一半遗传基因,另一半必定由其生父提供。通过一系列独立遗传的遗传标记的检验均不能排除他是孩子的生父,这时需要计算判断他是孩子生父及被控父亲成为孩子生物学父亲的概率在理论上究竟有多大,若到达认定父权概率的标准则支持被控父亲与孩子之间存在亲子关系,即经过累计非父排除率大于 99.99% 的多个基因座的检测,发现基因座均符合遗传规律,经过计算累计亲权指数 CPI 大于等于 10000,即相对父权机会等于或大于 99.99% 的情况下,则支持亲权关系的存在。

9.4.1.1 标准三联体亲权鉴定

父母子三方参与的、母子关系确立的三联体亲子鉴定是法医基因组学检验最常见的一类亲权鉴定,需要鉴定被控男子和孩子间是否有生物学亲子关系,即通常所说的亲子鉴定。子女户口登记;办理移民申请;非婚生子女的亲权鉴定;财产继承纠纷；男子想证实孩子是否是亲生；帮助妇女从孩子生父处获得子女抚养费用；帮助父母亲取得亲生子女的监护权和探视权等情况下常常需要进行三联体亲权鉴定以确定父权。此类亲权鉴定由于母子关系已确定，需要鉴定假设父亲与孩子之间是否存在生物学亲子关系，通常选用常染色体上遗传标记进行检验，比对母子对间的遗传标记的基因型，找出孩子必须由父亲传递的基因即生父基因，若被控父亲不具有该基因，则可排除；若被控父亲携带该基因，则可能为孩子的生物学父亲，通过父权指数计算达到定量的估计，依据亲权鉴定标准确定父权关系的存在。

案例 1　一对夫妇由于家庭矛盾，丈夫怀疑女儿非己亲生，要求做亲子鉴定。通过以下 20 常染色体 STR 基因座遗传标记的检验，检验结果见表 9-9。首先根据母子对找出母亲传递给孩子的生母基因，另外一个基因必定由生父传递。检验结果发现，除 D12S391 基因座外，被检父均能提供给孩子必需的等位基因。在 D12S391 基因座，孩子生母的基因型为"19.3,23"，孩子的基因型为"19.3,22"，被检父的基因型为"21,21"，被检父不能提供给孩子必需的等位基因"22"，不符合遗传规律。在所检验的 20 常染色体 STR 遗传标记的检验，仅发现 D12S391 基因座违反遗传规律，按照前文所述发现一个基因座不符合遗传规律情形时亲权指数的计算方法，计算得到 D12S391 基因座的亲权指数为 0.0098（$PI = \mu/2p_{22}$，p_{22} 代表 D12S391 基因座等位基因 22 的基因频率）。依据这对的夫妇的民族地域群体遗传学数据资料，通所检验的 20 个 STR 基因座的累积亲权指数为 3921179.833（大于 10000）。可以认定该男子与孩子间存在生物学亲子关系。

表 9-9　案例 1　三联体亲权鉴定 STR 遗传标记检验结果

STR 基因座	孩子生母	孩子	被检父	亲权指数
D19S433	13,13	13,14	14,15	2.0251
D5S818	12,13	12,12	12,12	4.1563
D21S11	28,29	29,30	29,30	1.7895
D18S51	13,14	14,14	14,19	2.3148
D6S1043	11,20	11,20	11,11	7.3855

STR 基因座	孩子生母	孩子	被检父	亲权指数
D3S1358	16,16	15,16	15,15	2.896
D13S317	8,8	8,12	11,12	3.1407
D7S820	9,11	9,12	10,12	2.0383
D16S539	9,11	9,11	9,12	0.9217
CSF1PO	10,11	10,11	11,11	2.0309
Penta D	11,13	9,11	9,13	1.371
D2S441	11,12	11,13	13,13	50.00
vWA	14,18	14,18	18,19	1.1077
D8S1179	10,14	14,14	14,15	2.6998
TPOX	8,12	8,8	8,8	1.947
Penta E	12,15	12,19	17,19	9.3809
THO1	6,9	9,9	9,9	1.9175
D12S391	19.3,23	19.3,22	21,21	0.0098
D2S1338	19,22	19,22	19,22	4.000
FGA	23,25	23,25	21,23	1.5591

　　案例 2　一对夫妇由于家庭矛盾,丈夫怀疑女儿非己亲生,要求做亲子鉴定。通过以下 15 个(加 1 个性别标记)STR 遗传标记的检验,所检验的 STR 复合基因座系统的累积非父排除率大于 99.99%,检验结果见表 9 - 10。首先根据母子对找出母亲传递给孩子的生母基因,另外一个基因必定由生父传递。分析检验结果可以发现:父亲与孩子在 D21S11 基因座父亲的 29 和 30 等位基因在孩子中均没有;D18S51基因座父亲的 15 和 16 等位基因在孩子中均没有;Penta E 基因座父亲的 14 和 20 等位基因在孩子中均没有;D13S317 基因座父亲尽管有 10 这个与孩子共同的等位基因,但孩子的 10 等位基因是由母亲传递的,生父必须传递的是 11 这个等位基因,而被控父亲没有 11 这个等位基

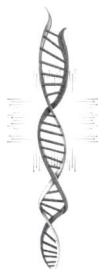

因;D16S539 基因座父亲的 9 和 14 等位基因在孩子中均没有;CSF1PO 基因座父亲的 10 等位基因在孩子中没有检出;D8S1179 基因座父亲的 10 和 15 等位基因在孩子中均没有;FGA 基因座父亲的 23 和 24 等位基因在孩子中均没有。在这 D21S11、D18S51、Penta E、D13S317、D16S539、CSF1PO、D8S1179、FGA 等 8 个基因座被控父亲与孩子违反遗传规律,因此根据遗传学原理,排除被控父亲与孩子存在亲权关系,即被控父亲与孩子间无生物学亲子关系。

表 9-10   案例 2   三联体亲权鉴定 STR 遗传标记检验结果

遗传标记	被控父亲	母亲	孩子	遗传标记	被控父亲	母亲	孩子
D3S1358	15,15	15,16	15,16	D7S820	10,11	10,12	10,11
TH01	6,9	9,9	9,9	D16S539	9,14	10,11	8,11
D21S11	29,30	30,32	31.2,32	CSF1PO	10,10	13,14	11,14
D18S51	15,16	12,14	14,14	Penta D	12,12	9,11	11,12
Penta E	14,20	10,16	10,12	vWA	18,20	16,18	18,20
D5S818	10,12	11,12	10,12	D8S1179	10,15	12,14	12,14
D13S317	9,10	10,10	10,11	TPOX	8,11	8,9	8,8
Amel.	XY	XX	XY	FGA	23,24	22,26	19,26

9.4.1.2   双亲皆疑的亲权鉴定

对于母子关系、父子关系均不确定的亲权鉴定和反转亲权鉴定的鉴定原理、鉴定方法与母子关系确定的亲子鉴定相同,只是在对于检验结果的分析时亲权鉴定和反转亲权鉴定要对母子遗传关系、父子遗传关系分别进行分析,判断母子、父子关系是否均符合孟德尔遗传规律,若违反则可判定被鉴定孩子与该夫妇(父母)没有亲缘关系,若均符合遗传规律则可通过遗传关系概率按照双亲不定模式计算亲权指数,是否达到认定概率。此外,反转亲子鉴定即一类父和/或母已确定,检验孩子是否他们亲生的亲子鉴定,或者通过假定的父子、母子关系来确定父亲或母亲身份,主要见于失踪者(活体、尸体)的身份确定、一些大的灾难事故中对遇难者的进行个体识别;此类案件常常也通过法医基因组学 DNA 数据库进行比对寻找失踪、拐卖人口等。此类亲权鉴定的检验结果若发现孩子与母亲间、孩子与父亲间均不违反遗传规律,则可认定孩子与该对夫妇间有亲缘关系,可分别计算母亲与孩子间的亲权指数、父亲和孩子间的亲权指数,定量地的认定亲权关系。

案例3　某对夫妇15年前有一4岁男孩被人贩拐卖,经过多年寻找发现有一男孩可能为其丢失的孩子。通过该夫妇和孩子遗传标记的检验(结果见表9-11)发现,母亲与该男孩在D3S1358、Penta E、D13S317、D16S539、vWA、D8S1179、FGA等7个基因座存在遗传矛盾,根据遗传学原理,母亲与该男孩无生物学亲子关系。父亲与该男孩在TH01、D21S11、Penta E、D13S317、D16S539、CSF1PO、Penta D、D8S1179等8个基因座存在遗传关系矛盾,依据遗传学原理,父亲与该男孩无生物学亲子关系。检验结果显示孩子与这对夫妇均无亲缘关系,因此可以否定该男孩为该夫妇15年前丢失的孩子。

表9-11　案例3　亲权鉴定STR遗传标记检验结果

遗传标记	父亲	母亲	孩子	遗传标记	父亲	母亲	孩子
D3S1358	16,17	17,18	15,16	D7S820	12,12	8,12	11,12
TH01	7,9.3	7,9	9,9	D16S539	11,12	9,12	8,13
D21S11	28,29	32,32.2	31.2,32.2	CSF1PO	12,12	11,12	10,11
D18S51	13,16	16,17	13,17	Penta D	10,13	9,10	9,9
Penta E	14,15	12,16	10,11	vWA	14,17	16,18	17,19
D5S818	10,12	10,12	10,12	D8S1179	13,13	12,13	11,17
D13S317	10,13	9,9	11,11	TPOX	9,11	8,11	8,11
Amel.	XY	XX	XY	FGA	23,24	19,25	23,24

9.4.1.3　单亲亲权鉴定

在母亲肯定、仅怀疑父亲的亲子鉴定类型中,有时男方为了不让女方知道他的怀疑,往往带孩子做单亲鉴定,此类情况在实际鉴定中较多;父、母一方由于各种原因不能到场,为上户口需要鉴定父子或母子关系;父、母一方已亡,需确认父子或母子关系。在此类单亲亲权鉴定中同样主要采用常染色体遗传标记为主进行鉴定,

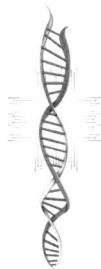

以性染色体、线粒体作为辅助检验遗传标记。通过常染色体遗传标记的检验比对假设父亲/假设母亲与孩子的基因型,如果假设父亲/假设母亲与孩子的一对等位基因完全不同,则可排除他们间的生物学亲生关系;如果假设父亲/假设母亲与孩子的基因座一对等位基因至少有一个相同时,他们间可能有生物学亲生关系,按照单亲亲权鉴定模式计算亲权关系,做出定量的亲权关系判定。

在母亲没有参与的二联体亲权指数鉴定案件中,由于只有被控父亲和孩子间的检验结果,而缺乏母亲基因型分型信息可能会增加错误肯定父权的风险,所以必须考虑如何避免这种错误的父权结论。由于此类检验缺乏母亲的参与,无法通过母子对关系确认母亲传递给孩子的生母基因,也就无法确定生父基因,此时检验同样多的遗传标记系统,单亲亲权鉴定所计算得出的亲权指数往往要低于标准三联体亲权鉴定结果。在法医基因组学 DNA 检验实验室中必须满足亲权鉴定对实验室系统效能检验要求,即非父排除概率达到 99.99% 的阈值。按照单亲亲权指数计算公示,亲权指数达到 10000 以上的阈值标准。目前所选用的亲权鉴定遗传标记系统检验的基因座位数目足够多、多态性也足够高,因此认可满足认定父权的标准,当常规的遗传标记检验系统不能满足上述要求时必须增加必要的遗传标记检验,防止错误肯定父权。

案例 4 一对夫妇在某产科医院生产,生产当天护士告诉产房外的丈夫和家属,其妻子产下一男婴,并恭喜家属。但当新生儿被抱回病房,家属为婴儿换尿布时发现却是一名女婴,随即家属怀疑医院将孩子抱错或人为调换,向医院提出异议,协商后同意通过亲权鉴定解决争议。鉴定结果(表 9 - 12)该女婴确系该夫妇亲生,而是由于护士的口误产生争议。此类案件有时有可能是由于新生儿出现疾病需要输血,化验其 ABO 血型时父亲发现其 ABO 血型与孩子的 ABO 血型间违反了遗传规律而发生与医院方的争议。在该类型案例中可以只鉴定产妇与婴儿的亲权关系,即只鉴定母权即可解决此类争议。如若确实发现母亲与婴儿间多个遗传标记违反了遗传规律即意味着医院方发生失误出现婴儿抱错情况,恐有甲、乙两家新生儿抱错或涉及更多家庭。

表 9 - 12　案例 4　亲权鉴定 STR 遗传标记检验结果

遗传标记	母亲	孩子	遗传标记	母亲	孩子
D3S1358	12,15	15,17	D7S820	10,12	8,12
TH01	9,9	7,9	D16S539	9,11	9,13
D21S11	29,30	30,30	CSF1PO	10,11	10,12
D18S51	15,16	13,15	Penta D	9,13	10,13
Penta E	11,14	14,17	vWA	14,17	14,17
D5S818	10,11	10,11	D8S1179	14,15	10,15
D13S317	9,12	12,12	TPOX	9,11	9,9
Amel.	XX	XX	FGA	22,23	23,26

9.4.2　性染色体基因组在亲权鉴定中的应用

法医基因组学 DNA 分析技术为法医学个人识别和亲权鉴定提供了有效的技术保障,在一些大型灾难事故、恐怖袭击等事件中往往也通过亲权鉴定达到个体识别的目的。但有时不能得到遇难者父本样本只能通过相关亲属间接识别。当遇到复杂的亲权鉴定,例如祖孙、叔侄等类型亲权鉴定时,选用更多的遗传标记的检验、更多的相关人员参与检验可以提供更多的遗传信息帮助分析亲权关系。目前常染色体作为常规亲子鉴定的遗传标记已经被广泛应用,但是在某些特殊的案件中,如父女关系的单亲的亲权鉴定,在父母缺失的姐妹认亲案中,同胞、祖孙、叔侄等特殊类型的亲权鉴定中,性染色体遗传标记也发挥着重要的作用。尽管我们称其为同胞、祖孙、叔侄等亲权鉴定,其主要原因是由于父亲或母亲不能参加亲权鉴定,不能直接认定父权或母权,实质是为了通过这类鉴定间接达到认定父权或母权的目的。因此,根据不同类型亲权鉴定的要求,通常在常染色体遗传标记检验的基础上,甚至较常规亲子鉴定时更多数量的常染色体遗传标记检验后,增加选择性染色体遗传标记可以有效地解决此类复杂亲权鉴定问题。

9.4.2.1　X 染色体遗传标记的应用

X 染色体的 STR 基因座广泛分布于真核细胞基因组中,具有高度稳定且有较高的遗传多态性。对于缺乏双亲的同父异母姐妹两人认亲的案件,常染色体 STR 无法排除姐妹关系,线粒体的遗传标记也不能用来确定同父所生的关系。检测 X 染色体的 STR 基因座,若两人间没有相同的等位基因,就可作出两人不是同父所生的结论;而对于单亲父女关系的鉴定案件,因父亲的 X 染色体必遗传给女儿,如果女儿的 X-STR 基因座的等位基因与被假定父亲的不同,可以直接排除父女关系,如果相同,则不能排除其父女关系。

1. X-STR 在法医基因组学亲权鉴定应用中的特点

X-STR 在鉴定中只能起到排除作用,要作出肯定的结论时,必须与常染色体、Y 染色体和线粒体的遗传标记相结合,X 染色体 STR 基因座仅是这些遗传标记的重要补充。X-STR 每次减数分裂的平均突变率为 2.09×10^{-3},与常染色体上 STR 平均突变率基本相类似。研究发现 X 染色体某些 STR 基因座与 Y 染色体 STR 基因座甚至与常染色体 STR 基因座之间有序列的同源性,这是由于在减数分裂形成精子的过程中可以发生重组,从而造成异常的遗传或分型现象,并非父亲中所有位于 X 染色体上的 STR 都遗传给女儿,只有那些 X 染色体特异性的 STR 才严格遵循这一规律。X 染色体 STR 基因座与其他遗传标记同样存在人群和种族差异,需寻求适合本民族的和本民族特异的 STR 基因座进行检测。

2. X-STR 遗传标记检测系统 PI 值的计算

X 染色体 STR 遗传标记由于其遗传特点与常染色体不同,女性有两条 X 染色体,因此杂合子时有两个等位基因,男性只有一条 X 染色体,父亲 X 染色体上的等位基因必定也只能传递给女儿,传递该等位基因的概率为 1。X-STR 遗传标记检测系统 PI 值的计算公式见表 9-13。

表 9-13   X-STR 遗传标记检测系统 PI 值的计算公式

生母基因型	孩子基因型	被控父亲基因型	PI 值
PP	PP	P	$1/p$
PQ	PP	P	$1/p$
PP	PQ	Q	$1/q$
PQ	PQ	P	$1/(p+q)$
PQ	PR	R	$1/r$

注:表中 p、q 分别代表等位基因 P、Q 的群体基因频率。

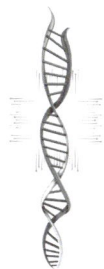

3. X-STR 在亲权鉴定中应用

目前法医基因组学 DNA 检验所选用的 X 染色体 STR 基因座主要包括:GA-TA172D05、HPRTB、DXS6789、DXS6795、DXS6803、DXS6809、DXS7132、DXS7133、DXS7423、DXS8377、DXS8378、DXS9895、DXS9898、DXS10101、DXS10134、DXS10135、DXS10074 等。X 染色体上的特异性 STR 的遗传特点,决定了其在男孩的母权鉴定、女孩的父权鉴定及亲代缺失的案例,特别是缺乏双亲的姐妹或半姐妹父权鉴定中有特别的优势。在三联和二联体亲子鉴定中:在鉴定父女关系时,X 染色体的 STR 位点同常染色体一样很有价值。

由于某种原因(如死亡),被假设的父亲不能参加检验,而由假设父亲的亲属参加检验。或者父或/和母已亡,或因某种原因不能参与检验,如为了认亲、移民、继承财产、入户等,可要求进行隔代、同胞或叔侄、姨甥等旁系人员间的亲权鉴定,其目的也是为了间接地证明父权关系的存在。

案例 5 某对男女未婚同居生育一女儿,而男方由于疾病突然去世,由于不知情将尸体火化,未留下任何可供 DNA 分析的生物样本。母亲知道后带孩子来认定孩子的父权,与男方的父母一同检验认定孩子是否为该男子所生。通过常染色体、X 染色体 STR 遗传标记的检验发现:常染色体 DNA 结果推出孩子的生物学父亲的 STR 位点的等位基因:D3S1358 必有 16 或 17、TH01 必有 9、D21S11 必有 30、D18S51 必有 13 或 16、Penta E 必有 21、D5S818 必有 11、D13S317 必有 11、D7S820 必有 8、D16S539 必有 9、CSF1PO 必有 10、Penta D 必有 11、vWA 必有 17 或 19、D8S1179 必有 13 或 15、TPOX 必有 11、FGA 必有 22、LPL 必有 11 或 12、F13B 必有 8、FESFPS 必有 12、F13A 必有 4、SE33 必有 25.2;这些等位基因均能在爷爷或奶奶的等位基因型中找到。从表 9 - 14 中推出孩子生物学父亲的 X 染色体的 STR 位点的等位基因为 DXS6804 为 11、DXS8378 为 10 或 11、DXS7132 为 14、DXS6799 为 11、DXS7130 为 12 或 13、HPRTB 为 12、DXS7133 为 9、DXS101 为 24;这些 STR 位点的等位基因均在奶奶的等位基因型中找到。因此不排除孩子为爷爷奶奶的生物学孙女,可以通过祖孙间亲权鉴定亲权指数计算得出结论。该女孩与爷爷、奶奶符合祖父母与孙女的亲缘关系。因此间接推测该男子为孩子的生物学父亲。在此类祖孙

间亲权鉴定案件的检验中尽量让与孩子有较近亲缘关系近的亲属参与鉴定,将会有效地提供更多的遗传信息有助于分析遗传关系,避免错误结论的推断。在此类祖孙亲权关系鉴定案件中尽可能让更多的相关亲属参与法医基因组 DNA 检验,以提供更多可供亲缘关系分析的遗传信息,例如在本例检验中,孩子的母亲、爷爷、奶奶与孩子均进行基因组 DNA 检验,由于母子关系确定,可从母子关系对中寻找出生父基因,而理论上这个生父基因必定出现在爷爷、奶奶的相应基因座四个等位基因中,若母亲不能参加检验或爷爷、奶奶只有一人参与检验,错误认定亲权关系的概率大大增加,或无法给出确切的检验意见。

表 9 - 14　案例 5　祖孙亲权鉴定常染色体和 X 染色体 STR 遗传标记

遗传标记	爷爷	奶奶	母亲	孩子	遗传标记	爷爷	奶奶	母亲	孩子
D3S1358	15,16	15,17	16,17	16,17	D7S820	8,9	8,9	11,12	8,12
TH01	9,10	9,9	9,9	9,9	D16S539	9,11	9,10	9,11	9,9
D21S11	29,32	30,30	29,33.2	29,30	CSF1PO	10,12	10,12	10,12	10,10
D18S51	14,16	12,14	13,16	13,16	Penta D	9,13	9,11	10,12	10,11
Penta E	15,15	16,21	12,13	13,21	vWA	17,18	17,19	17,19	17,19
D5S818	12,13	11,11	9,12	9,11	D8S1179	10,13	13,15	13,15	13,15
D13S317	8,11	9,12	11,11	11,11	TPOX	8,8	9,11	8,12	11,12
Amel.	XY	XX	XX	XX	FGA	22,26	23,24	23,24	22,23
LPL	10,10	12,12	11,12	11,12	F13A	4,4	4,6	6,6	4,6
F13B	8,9	10,10	9,10	8,10	SE33	21,25.2	18,25.2	20,21	20,25.2
FESFPS	11,13	11,12	13,14	12,13	DXS7130	11	11,12	12,13	12,13
DXS6804	14	11,11	13,14	11,13	HPRTB	10	12,13	11,14	11,12
DXS8378	12	10,11	10,11	10,11	DXS7133	9	9,9	9,9	9,9
DXS7132	16	13,14	13,15	14,15	DXS101	24	24,24	24,24	24,24
DXS6799	12	11,11	10,10	10,11					

9.4.2.2　Y染色体遗传标记的应用

1. Y-STR在法医基因组学亲权鉴定应用中的特点

Y-STR呈稳定的单倍体父系遗传,除突变外,父代的Y-STR特征可毫无变化地传给子代,所以同一父系下所有男性Y-STR分型结果一致。利用此特征可以进行单亲的父子对亲子鉴定。同父异母的兄弟鉴定、叔侄关系、爷孙关系,甚至相隔几代以上的父系亲缘关系鉴定。对于男性犯罪嫌疑人在逃,无法获得嫌疑人DNA样本与犯罪现场样本进行同一认定,而其他证据在排除他人作案可能的情况下,可利用嫌疑人父系血亲,如兄弟、儿子、孙子、父亲、叔叔等人的DNA进行Y-STR单倍型分析,结合案情以认定或排除嫌疑人。

目前法医基因组学DNA检验常用的Y染色体STR系统可选择:DYS456、DYS389I、DYS390、DYS389II、DYS458、DYS19、DYS385 a/b、DYS393、DYS391、DYS439、DYS635、DYS392、YGATA H4、DYS437、DYS438、DYS448等基因座进行单倍型检验。

2. Y-STR遗传标记检测系统PI值的计算

由于Y染色体上的遗传标记只存在于Y染色体上,以单倍型方式在父系成员间传递,Y染色体遗传标记群体遗传学统计的为单倍型频率,因此Y-STR检验亲权鉴定的PI值计算公式为

$$PI = 1/f \qquad\qquad (9-6)$$

式中,f代表Y-STR遗传标记单倍型频率。

3. Y-STR在亲权鉴定中应用

在亲权鉴定中,如果遇到被指控父亲不在(去世或失踪)的情况,用常染色体STR分析无法解决。而Y-STR由于具有单倍型父系遗传的特点,在父权鉴定中有相当大的效力。通常在基因座数目相同的情况下,Y-STR的排除能力要大于常染色体STR,有时经常会出现数目较少的常染色体STR基因座不能认定时,相同数目的Y-STR就可以将其亲缘关系排除的情况。虽然Y-STR在亲权鉴定中的应用只限于所检验的孩子是男性,但Y-STR在被指控父亲已不在,以及鉴定同父异母兄弟、父母均不存在时兄弟之间亲缘关系时可能是最合适也是唯一的方法。当被指控父亲去世或失踪时,父亲的任何男性直系亲属都可以提供和他一样的Y染色体的分子结构的全部信息,从而代替被指控父亲进行亲权鉴定,但必须进行多个基因座的检验,因为基因座数目越多排除或认定的概率越高,才能确保结果的准确

性。特别要注意当被指控父亲和儿子的单倍型分析结果不相匹配时，不能盲目下结论，应考虑突变的可能，否则会导致错误的排除。单倍型相同时也要防止父系亲属冒充生物学父亲的情况发生，所以大多数情况下，利用Y-STR基因座主要是进行排除和提供线索，这也是Y-STR最大的优势。

Y染色体解决亲权鉴定案例如下。

案例6 一对中年男女未婚同居生活在一起，女方发现怀孕后在快生产时回到乡下家中准备生产。当女方生下一男孩回到与男方居住地方时，却发现物是人非。原来，在女方回乡下生产期间，男子突发疾病死亡，然而其与该女子同居之事由于男子与家中亲属来往甚少，无人知晓，男子弟弟在得知哥哥死亡后随即处理了后世。当女子带着儿子回来时该男子尸体已经火化，虽有同居期间居住的邻居证明他们同居过生育一女儿，但无法证明该女子所生孩子为死去男子的孩子。女子诉至法院要求继承该男子的遗产。法院负责该案件的法官了解案情后，咨询法医工作者，通过Y染色体遗传标记的检验，该女子所生男孩与死去男子的父亲、叔伯或兄弟的Y染色体基因组一致，可以间接认定父权。该男子父亲已去世，然而该男子却是其父母所领养的孩子，与其"弟弟"非亲生弟弟，因而无法与其"弟弟"进行鉴定。经过进一步走访了解该男子的生父母家中还有一"弟弟"，通过相关线索寻找到了其亲弟弟。在办案法官的协助调解下，其"弟弟"同意进行鉴定。鉴定结果显示该女子所生男孩与该男子弟弟的Y染色体所检验的16个STR遗传标记完全一致（检验结果见表9-15），从而间接认定该男子是女子所生男孩的父亲。

在此类利用Y染色体DNA遗传标记检验认定亲权关系的案件中，若被检验者Y遗传标记不一致可以否定他们间的亲缘关系，若被检验者Y遗传标记单倍型一样只能说明被检验的样本可能出自同一父系，而不能确定他们的具体亲缘关系，须结合案情背景加以分析。

表 9 − 15　案例 6　Y 染色体所检验的 16 个 STR 遗传标记检验结果

Y-STR 基因座	女子的孩子	男子的弟弟	Y-STR 基因座	女子的孩子	男子的弟弟
DYS456	15	15	DYS391	11	11
DYS389 I	13	13	DYS439	13	13
DYS390	23	23	DYS635	21	21
DYS389 II	30	30	DYS392	10	10
DYS458	15	15	GATAH4	11	11
DYS19	15	15	DYS437	14	14
DYS385a,b	15,15	15,15	DYS438	10	10
DYS393	16	16	DYS448	20	20

9.4.3　线粒体基因组在亲权鉴定中的应用

　　根据线粒体 DNA 的遗传规律,母亲的线粒体 DNA 的突变,会传递给自己的子女,根据这种遗传规律,在确定母子的亲缘关系时,可以检测母子的线粒体 DNA 序列,如其序列完全一致,则表明该母子可能有亲缘关系,当然,线粒体 DNA 的遗传缺乏重组,其亲缘关系概率达不到认定亲缘关系的水平。但在特定人群中,其可作为一种有效的认定手段。如当空难发生后,对遗骸的亲缘鉴定,线粒体 DNA 的序列测定是一种非常有效的手段。在亲缘关系的排除方面,线粒体 DNA 序列测定有其独特的优势。在正常细胞中,一个细胞核中只有一套染色体或核基因组,一个基因座上有两个等位基因,一个来自母亲,一个来自父亲。然而,每个细胞中则含有多个线粒体,且每个线粒体内含有多个拷贝的线粒体基因组 DNA(血小板和未受精的卵子例外,它们中,每个线粒体内含有一个拷贝的 mtDNA),体细胞大约含有 200~1700 个 mtDNA 拷贝,多数线粒体内有多个拷贝的 mtDNA 已处于"已扩增"状态。因此对 mtDNA 的检测比核 DNA 具有更高的检出率,适合于陈旧、降解及无核 DNA 的样本,尤其是毛干、骨、牙齿等样本,也扩大了母系成员比对样本的来源,即只要是同一母系成员均可作为比对样本选用。因此,线粒体 DNA 多态性用于亲权鉴定主要在于一些特定案件中,通过亲权鉴定达到个体识别的目的。

案例7 1996年4月2日,某男(男,40岁)在被人杀害后抛尸于村后山上一30米深的天然大坑内,露天经过7年后,于2002年12月18日现场将白骨化尸体挖出。由于尸骨保存条件的限制已无法提取到核基因组DNA进行尸原认定。因此,提取了死者股骨线粒体DNA与其两个姐姐的线粒体DNA序列进行比对。股骨的mtDNA16091—16418和00183—00426碱基片段与标准序列比较,16215碱基、16347碱基、16380碱基分别发生A→G、T→C、C→T的突变;00248碱基、00315碱基分别发生碱基A缺失和碱基C的插入。股骨的mtD-NA16091—16418及00183—00426碱基片段序列与死者的两个姐姐序列相符。股骨的mtDNA16091-16418及00183—00426碱基片段与死者两个姐姐序列一致,与标准序列相比均发生上述变异。结合本案的案情,可以认为,被检的遗骸与死者姐姐为同一母系成员,从而认定现场所发现的遗骸为失踪人员。

9.4.4 特殊类型亲缘关系鉴定

随着技术的发展进步,一些特殊类型亲缘关系的鉴定也得以解决,例如前面所述祖孙鉴定,在一些情况下需要解决两个或多个个体间是否存在同胞关系,即他们之间是否是同一父母所生。具有相同的生物学父亲和生物学母亲的多个子代被称为全同胞。这些情况下通常是由于生物学父亲和生物学母亲不能参加鉴定,而要认定两个或多个个体间是否具有共同的生物学父亲和生物学母亲,即进行全同胞关系鉴定。全同胞鉴定通常选常染色体遗传标记进行检验并辅助性染色体(X、Y染色体)和线粒体遗传标记,综合分析得出检验意见。

同胞的鉴定与亲子鉴定具有本质的不同,亲子鉴定即父权或母权鉴定,通过亲代与子代遗传标记的检验,根据检验结果若可以建立起符合遗传规律的亲代与子代遗传关系,依据遗传统计学给以量化从而认定父权或母权,不能建立起符合遗传规律的亲代与子代遗传关系则否定父权或母权。同胞鉴定则是由于没有亲代的情况下,依据被鉴定人之间具有相同等位基因的可能性,评价性推断被鉴定人存在同胞关系的可能性。从遗传学上分析,子代可以看做是亲代所携带等位基因的重排,子代间即同胞间在某一基因座携带完全相同等位基因的概率为1/4,全相同不等位基因的概率为1/4,一半相同等位基因的概率为1/2。

全同胞关系鉴定主要依据常染色体遗传标记基因座分型结果，通过计算两名被鉴定人间的累计状态一致性评分（identity by state score，IBS），结合 IBS 在无关个体对人群和全同胞对人群中的概率分布规律，对被鉴定人之间是否存在生物学全同胞关系做出判断。其参照关系为群体中的无关个体。两名个体在同一基因座上可出现相同的等位基因，这些等位基因的"一致性"即称为状态一致性。该等位基因也称为状态一致性等位基因。相应地，在 1 个 STR 基因座上，两名被鉴定人间的状态一致性等位基因个数称之为 IBS 评分（IBS score，ibs），若采用包含多个个相互独立的常染色体遗传标记分型系统对被鉴定人进行检测，各个遗传标记上的 ibs 之和即为累计状态一致性评分，记作 IBS。依据孟德尔遗传规律可知，即使是真正的全同胞，在同一个基因座上也可以出现基因型完全不同（即在该基因座上的状态一致性评分为 0）的情形，其发生概率为 0.25；另一方面，即使是真正的无关个体，也可以因为偶然的因素在同一基因座上出现基因型完全相同（即在该基因座上的状态一致性评分为 2）的情形，其发生概率与等位基因的人群频率分布有关；在被检验个体间所检验的遗传标记的出现基因型一个等位基因相同的情形时，在该基因座上的状态一致性评分为 1（无关个体与真正的全同胞均可出现此类情形）。

依据《生物学全同胞关系鉴定实施规范（SF/Z JD0105002—2014）》，通过对人类 DNA 遗传标记的检验，常选用染色体 STR 基因座的检测，根据遗传规律分析，对有争议的体间是否存在全同胞关系进行鉴定。当使用 19 个必检 STR 基因座进行全同胞关系鉴定时，该检测系统的效能约为 0.75，即采用该系统，同时依据相应的判定标准能够得出明确意见的可能性约为 75%，得出的倾向性鉴定意见的准确性不低于 99%。当 $IBS \geqslant 22$ 时，倾向于认为两名被鉴定人为全同胞；当 $22 > IBS > 13$ 时，无法给出倾向性意见；当 $IBS \leqslant 13$ 时，倾向于认为两名被鉴定人为无关个体。对于仍没有明确意见的全同胞关系鉴定，可以进一步增加检验常染色体上的 STR 基因座，每次增加 10 个常染色体 STR 基因座，至 29 个或 39 个，依据相应的判定标准进行全同胞关系判定，29 个和 39 个检测系统的效能分别约为 0.85、0.95。在使用 29 个必检 STR 基因座进行全同胞关系鉴定时，在 $IBS \geqslant 32$ 时，倾向于认为两名被鉴定人为全同胞；在 $32 > IBS > 21$ 时，无法给出倾向性意见；在 $IBS \leqslant 21$ 时，倾向于认为两名被鉴定人为无关个体。在检测 39 个必检基因座的前提下，当 $IBS \geqslant 42$ 时，倾向于认为两名被鉴定人为全同胞；当 $42 > IBS > 31$ 时，无法

给出倾向性意见;当 IBS≤31 时,倾向于认为两名被鉴定人为无关个体。在全同胞检验中在 19 个必检 STR 基因座检验得不出明确意见时,要求一次增加 10 个或 20 个 STR 基因座的检验,再次分析检验结果。

当被鉴定人均为女性时,X-STR 基因座的检验可以作为补充。根据 X 染色体遗传特点,姐妹必定分享其亲生父亲的 X 染色体,即同一父亲所生姐妹必定在所检验的每一个 X-STR 基因座出现一个相同的等位基因。在所检验的 X 染色体 STR 基因座均在两名被鉴定人同一基因座上检出至少一个相同的等位基因,符合同父姐妹的遗传规律,可得出被鉴定人不排除同父同母的姐妹关系的检验意见。当被鉴定人均为男性时,Y-STR 基因座的检验可以作为补充。根据 Y 染色体遗传特点,同一家族男性成员具有相同的来自同一男性祖先的 Y 染色体,所检验的 Y 染色体 STR 基因座在两名被鉴定人的每一个基因座都具有基因型相同时,符合同一父系成员的遗传规律,可得出被鉴定人不排除为同一父系成员关系的检验意见。此外还可以选人线粒体 DNA 遗传标记辅助推断被鉴定人是否为同一母系成员。通过补充 X 或 Y 染色体、线粒体 DNA 遗传标记的检验,结合 19 个或 29 个、39 个常染色体 STR 的检测结果,IBS 评分得出被鉴定人是否具有生物学全同胞的检验意见。

案例 8 某市警方查获了一起运输、贩卖毒品海洛因案件。2014 年 3 月 1 日,某公安局民警在云南省瑞丽市抓获涉嫌运输毒品的王某(女)、李某(男)。抓获二人后,王某供述称开车的李某是其姐夫,李某则供述称他是被王某雇佣开车的司机。需鉴定王某、李某妻子张某是否是姊妹关系,从而判定嫌疑人是否是毒品运输者。现提取王某和李某妻子张某的血样进行 DNA 检验,20 个常染色体 STR 检验结果见表 9 - 16。

表 9 - 16 20 个常染色体 STR 检验结果

STR 基因座	王某	张某	IBS	STR 基因座	王某	张某	IBS
D19S433	12.2,15.2	13.2,14	0	PentaD	9,11	9,11	2
D5S818	11,12	11,11	1	D2S441	10,11	10,11	2
D21S11	30,30	29,30	1	vWA	16,17	16,17	2

STR 基因座	王某	张某	IBS	STR 基因座	王某	张某	IBS
D18S51	12,12	14,15	0	D8S1179	10,13	10,13	2
D6S1043	12,19	18,19	1	TPOX	8,9	8,11	1
D3S1358	14,16	16,16	1	PentaE	5,16	16,16	1
D13S317	9,13	10,12	0	TH01	7,9	7,9	2
D7S820	11,12	11,11	1	D12S391	18,19	18,18	1
D16S539	10,11	11,13	1	D2S1338	19,20	19,23	1
CSF1PO	10,12	9,11	0	FGA	21,22	22,25	1

$$IBS=21$$

对被检验人进行 19 个必检 STR 基因座(vWA、D21S11、D18S51、D5S818、D7S820、D13S317、D16S539、FGA、D8S1179、D3S1358、CSF1PO、TH01、TPOX、Penta E、Penta D、D2S1338 、D19S433、D12S391、D6S1043)的分型检验,再分别对每个基因座的结果进行状态一致性评分(IBS),进而得到累计 IBS 的结果。依据该规范,在检测19 个必检基因座的前提下,经计数,被鉴定人的 19 个必检 STR 基因座累计状态一致性评分结果为 19,无法给出倾向性意见。为此,再增加检验基因座数量达到 39 个,结果如表 9 - 17。

表 9 - 17   19 个常染色体 STR 检验结果

STR 基因座	王某	张某	IBS	STR 基因座	王某	张某	IBS
D6S477	10.2,11.2	10.2,16	1	D4S2366	9,11	9,11	2
D18S535	13,15	13,15	2	D21S1270	12.3,14	12.3,14	2
D19S253	7,13	7,14	1	D13S325	19,21	19,19	1
D15S659	15,15	12,15	1	D9S925	16,18	16,18	2
D11S2368	17,20	17,20	2	D3S3045	9,13	12,12	0
D20S470	16,16	14,16	1	D14S608	7,10	7,13	1
D1S1656	14,18.3	12,13	0	D10S1435	12,13	13,13	1
D22-198B05	17,21	17,21	2	D17S1290	17,17	17,17	2

STR 基因座	王某	张某	*IBS*	STR 基因座	王某	张某	*IBS*
D7S3048	21,24	21,21	1	D5S2500	15,15	14,14	0
D8S1132	20,21	20,21	2				

$IBS=24$

对被检验人进行 39 个必检 STR 基因座的分型检验，再分别对每个基因座的结果进行状态一致性评分(IBS)，进而得到累计 IBS 的结果。依据该规范，在检测 39 个必检基因座的前提下，当 $IBS \geqslant 42$ 时，倾向于认为两名被鉴定人为全同胞；经计数，被检验人的累计状态一致性评分结果为 45 (21＋24＝45)，倾向于认为两名被鉴定人为全同胞。

为了检验被检验人是否为同父同母的姐妹，根据 X 染色体遗传特点，姐妹必定分享其亲生父亲的 X 染色体，即同一父亲所生姐妹必定在所检验的每一个 X-STR 基因座出现一个相同的等位基因，增加 19 个 X-STR 基因座的检验，结果见表 9 - 18。

表 9 - 18 19 个 X 染色体 STR 检验结果

STR 基因座	王某	张某	STR 基因座	王某	张某
DXS6795	11,13	11,13	GATA31E08	7,11	7,9
DXS6803	12,13.2	12,12.3	DXS6800	16,17	16,17
DXS6807	11,15	11,15	DXS981	12.3,14	12.3,14
DXS9907	13,14	13,14	DXS10162	19,19	19,19
DXS7423	14,14	14,15	DXS6809	30,31	30,33
GATA172D05	8,9	8,9	GATA165B12	9,10	9,10
DXS101	24,25	24,25	DXS10079	17,19	17,19
DXS9902	10,10	10,10	DXS10135	21,30	21,22
DXS7133	9,10	9,10	HPRTB	13,14	13,13
DXS6810	18,19	18,19	Amel.	XX	XX

增加检验 19 个 X 染色体 STR 基因座结果表明，19 个 X 染色体

STR基因座均在两名个体同一基因座上检出至少一个相同的等位基因,符合同父姐妹的遗传规律。因此不排除被检验人是同父同母的姐妹关系。依据此检验结果,警方即可判定开车的李某与车上的王某均为涉嫌贩运毒品。

生物学亲缘关系的鉴定能不仅仅依赖于遗传标记的检验,也需要了解被鉴定人员之间的亲缘关系背景,是否存在其他亲缘关系的可能。由于生物学全同胞关系特指在双亲皆无情形下甄别全同胞和无关个体两种检验假设,需要详细了解被鉴定人间是否存在其他可能的亲缘关系,例如半同胞(同父异母、同母异父)、堂表亲、叔伯等关系。并且综合应用常染色体、性染色体以及线粒体遗传标记的检验,从而给出检验意见。

【参考文献】

[1] 李生斌.人类DNA遗传标记[M].北京:人民卫生出版社,2000.

[2] Wyman A R,White R. A highly polymorphic locus in human DNA[J]. Proc Natl Acad Sci USA,1980,77(11):6754 – 8.

[3] Jeffreys A,Alec J,Wilson V,et al. Hypervariable "minisatellite" regions in human DNA[J]. Nature,1985. 314:67 – 73.

[4] Jeffreys A J,Wilson V,Thein S L. Individual-specific "fingerprints" of human DNA[J]. Nature,1985,316:76 – 79.

[5] Tamaki K,Jeffreys A J. Human tandem repeat sequences in forensic DNA typing[J]. Leg Med (Tokyo),2005,7(4):244 – 50.

[6] Giardina E,Spinella A,Novelli G. Past,present and future of forensic DNA typing[J]. Nanomedicine (Lond),2011,6(2):257 – 70.

[7] 侯一平.法医物证学[M].3版.北京:人民卫生出版社,2009.7.

[8] 赵虎.DNA亲子鉴定实用指南[M].北京:人民公安大学出版社.2011.

[9] 吕德坚,陆惠玲.DNA亲权鉴定[M].广州:暨南大学出版社.2005.

[10] Gjertson D W,Brenner C H,Baur M P,et al. ISFG:Recommendations on biostatistics in paternity testing[J]. Forensic Sci Int Genet,2007,1(3 – 4):223 – 23.

[11] 中华人民共和国司法部司法鉴定管理局.亲权鉴定技术规范[Z].2010 – 04 – 07.

[12] Moroni R，Gasbarr D，Arjas E，et al. Effects of reference population and number of STR markers on paternity testing[J]. Forensic Sci Int Genet，2008，1(1)：654 – 655.

[13] Hou J Y，Tang H，Liu Y C，et al. How many markers are enough for motherless cases of parentage testing[J]. Forensic Scie Int Genet，2008，1(1)：649 – 650.

[14] Coletti A，Lancia M，Massetti S，et al. Considerations on a motherless paternity case with two related fathers：Possible pitfalls[J]. Forensic Sci Int Genet，2008，1(1)：505 – 506.

[15] Babol-Pokora K，Jacewicz R，Pepinski，et al. Danger of false inclusion in deficient paternity determination — case report[J]. International Congress，2006，1288：459 – 461.

[16] Lee H S，Lee J W，Han G R，et al. Motherless case in paternity testing[J]. Forensic Sci Int，2000，114(2)：57 – 65.

[17] von Wurmb-Schwark N，Mályusz V，Simeoni E，et al. Possible pitfalls in motherless paternity analysis with related putative fathers[J]. Forensic Sci Int，2006，159(2 – 3)：92 – 97.

[18] Reid T M，Peterson J W，Baird M L，et al. The use of supplemental STR loci for resolving difficult family relationship cases[J]. Forensic Sci Int Genet，2008，1(1)：520 – 521.

（张洪波）

第9章 亲权鉴定

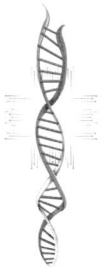

第 10 章　动植物司法鉴定概述

近年来,受经济利益驱使,盗窃、非法收购、运输、出售家畜、野生动物,制作贩卖伪劣粮食、蔬菜种子,果树苗、假中药等案件日趋增多。加强对动植物资源的保护是有序利用的前提,动植物司法鉴定技术的完善将为动植物资源的非法贩卖及制假案件提供有效的技术支撑。随着生物科技的发展,DNA 鉴定技术已广泛地应用于动植物鉴定过程中,成为揭露事实真相的有效工具。

10.1　动物司法鉴定

动物为人类生存所提供的食物、药物等,仅是其直接价值,随着社会发展,作用日益显著,其间接价值更是不可估量。动物司法鉴定技术将为动物资源保护提供有效的技术支撑,而加强对动物资源的保护是能够有序利用资源的前提。"美国联邦野生动物法医鉴定实验室"鉴定机构,主要的鉴定内容包括动物的种属鉴定,动物死因的鉴定,这些法医学鉴定技术都在逐渐完善。目前我国对动物法医学系统性的研究才刚刚开展。

而随着生物科技的发展,DNA 鉴定技术已能够广泛地应用于刑事案件侦查过程中,成为揭露事实真相的工具。在实际刑事案件中,经常会存在一些非人类的DNA(动物 DNA、植物 DNA 及微生物 DNA)可能给我们破案提供帮助。其中,对动物 DNA 的关注越来越多,主要包括动物的种属鉴定和个体识别。

10.1.1　种属鉴定

近年来,受经济利益驱使,非法收购、运输、出售野生动物及家畜的案件日趋增多。虽然目前,基本方法已经具备,且在实际工作中已发挥了重要作用,但现有技术对于动物的鉴定仍存在许多需要完善的地方。主要包括形态鉴定、显微镜镜检、蛋白质分析及基因组 DNA 分析等四种鉴定方法。许多案件中,由于仅有微量样

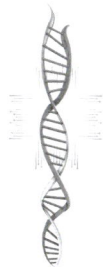

本,利用形态学方法很难识别动物种属。所以经历了传统的形态学、组织胚胎学、细胞学以及免疫学等方法后,以 DNA 研究为核心的分子生物学技术已成为种属鉴定重要且准确的方法。

迄今,用于种属鉴定的 DNA 技术有很多,生物领域不断开发的 DNA 分析技术已被大量应用于种属鉴定,成为应用最为广泛的鉴定方法。主要包括限制性核酸内切酶消化、核酸杂交、PCR 扩增、电泳及这些技术的延伸与扩展。

用于种属鉴定的 DNA 遗传标记来自基因组(包括核基因组和线粒体基因组),筛选时应满足以下三个条件:第一,鉴定种属间存在足够多的变异;第二,同一种属内没有或仅少量变异;第三,基因数据库里存在所有待测种属的数据信息。

核基因组　动物细胞核基因组内具有种属特异性的遗传标记。已用于种属鉴定的包括 rRNA,特别是 5s rDNA 和 28s rRNA 内的特异性序列、VNTR 和 STR 基因座、SON 基因 3′非编码区域、肌红蛋白基因、TP53 基因、Alu 序列以及牙釉基因等。

线粒体基因组　线粒体基因组 DNA(mtDNA)内的遗传标记在种属鉴定实践应用较多,通常采用具有种间特异性的 mtDNA,已经报道的基因包括细胞色素 b、COI、16S rRNA 以及线粒体 D 环区(D-loop,主要指 D 环内的 HVR Ⅰ、HVR Ⅱ 和 HVR Ⅲ)等基因。

线粒体基因组具有分子量小、结构简单、不与组蛋白结合裸露、种属特异性、进化速度快和严格的母性遗传等特点,主要优势是细胞内拷贝数多,可达上千上万个,远高于核 DNA。即使是变性、降解样本或脱落指甲、毛发等 DNA 含量极少的生物样本,仍可通过 PCR 扩增 mtDNA 进行检测,mtDNA 片段较核 DNA 片段更容易成功扩增。

目前,线粒体 Cytb 基因是进行动物种属鉴定常用的基因片段,已成功应用于许多脊椎动物的种属鉴定上,如鲨鱼、蛇、海龟、犀牛、大象和老虎等。近年来在无脊椎动物方面也有报道。

10.1.2　种属鉴定流程

种属鉴定流程包括样本接收、检验程序、论证结论三个方面。

样本接收　对提取的样本,应当根据案件调查或举证需要及时送实验室检验鉴定。针对送检样本记录详细的信息,包括送检人、送检时间、鉴定委托书、送检物品清单、样本类型、样本量、简单案情介绍、送检目的要求等。根据相关信息确定接受委托鉴定或不予鉴定。

检验程序 首先,实验室检验人员根据送检人员介绍情况,仔细核对样本的包装、种类、数量、多少等是否与记录信息相符。其次,实验相关人员集体讨论检验方案,确定检验方案的步骤、交由专人负责实验。最后,检验人员对样本进行DNA提取、数据库查阅、定制引物序列、PCR扩增、纯化、测序,并最终分析结果。

论证及结论 通过对所提取样本的DNA序列的检验,将样本的DNA保守片段序列与数据库所有物种进行比对,从而给出结论,撰写鉴定书,鉴定书的内容包括鉴定机构名称、受理编号、送检单位或个人、送检日期、送检样本种类及数量、送检目的、检验方法和结果、鉴定结论、鉴定人员亲笔签名、单位公章、鉴定报告签发日期。每例鉴定报告必须有两个或两个以上鉴定人亲笔签名。

10.1.3 动物亲子鉴定

近年来法医学中人类的个体识别和亲子鉴定技术发展飞快,同时动植物、微生物等非人的生物物证和亲子鉴定的需求也逐渐增多。其中珍稀动植物种质资源保护的研究中,需要大量的种属鉴别和个体识别与亲权鉴定。动物个体识别和群体多态性研究也就应运而生,这种研究是根据个体或群体的某些特征判断其来源、归属及它们之间亲缘关系的一种方法,在生物学研究中有着极其重要的意义。短串联重复序列(short tandem repeat,STR)由于多态性高、保守性好、共显性遗传等优点成为人类个体识别和亲权鉴定中最常用的遗传标记。在动物基因组中也广泛存在STR遗传标记,并具有高度多态性。在动物个体需要进行亲子鉴定时,同样可采用常染色体STR分型技术,有些情况下还可采用性染色体STR分型技术和线粒体DNA检测技术加以印证。

10.1.3.1 牛亲子鉴定

牛的个体识别对处理牛的盗窃案、走失牛的权属争议案、牛育种的亲子鉴定和筛选、同系交配的评价、育种精液的来源、克隆牛的鉴定、牛谱系的扩展重建及新物种形成的鉴定都具有很重要的作用。据文献报道,各国牛群平均系谱错误率可达11%左右。而错误的系谱对牛育种规划的实施和遗传改良工作造成显著的不良影响以及造成不必要的损失。因此,牛亲子鉴定及个体识别的研究具有很重要的意义。传统的根据其外貌特征、染色体特征及血液蛋白多态等来进行分析的方法,由

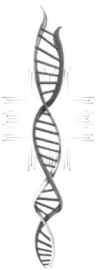

于受到自身各方面特征的限制,阻碍了它们的进一步的发展。近年来,各种分子标记的发展为动物个体或群体识别提供了新的活力。其中,微卫星标记由于其多态程度高、分布广泛、且在近缘物种间具有一定程度的同源性,从而受到广大学者的偏爱。

目前,国外已开展大量牛亲子鉴定的研究,学者们利用 STR 位点研究牛的亲权确认问题,均获得了理想结果。直到,1996 年,国际动物遗传学学会(International Society of Animal Genetics,ISAG)将 BM1824,BM2113,INRA023,SPS115,TGLA122,TGLA126,TGLA227,ETH10,ETH225 这 9 个 STR 位点规定为分析牛亲权鉴定必须包括在内的"国际标记组"(international marker set),以便于实验室间进行结果交流。通常推荐使用 12～14 个 STR 位点作亲权鉴定。除国际规定的 9 个 STR 位点,另外的 3～5 个各实验室之间可以不同。目前,国内外通用的牛亲子鉴定常用 STR 引物如下(表 10-1)。

表 10-1 牛亲子鉴定所用 STR 引物位点及序列

位点	引物(F,5′→3′)	引物(R,5′→3′)
BM2113	GCTGCCTTCTACCAAATACCC	CTTCCTGAGAGAAGCAACACC
TGLA53	CAGCAGACAGCTGCAAGAGTTAGC	CTTTCAGAAATAGTTTGCATTCATGCAG
TGLA227	CGAATTCCAAATCTGTTAATTTGCT	ACAGACAGAAACTCAATGAAAGCA
ETH10	GTTCAGGACTGGCCCTGCTAACA	CCTCCAGCCCACTTTCTCTTCTC
SPS115	AAAGTGACACAACAGCTTCTCCAG	AACGCGTGTCCTAGTTTGGCTGTG
TGLA126	CTAATTTAGAATGAGAGAGGCTTCT	TTGGTCTCTATTCTCTGAATATTCC
TGLA122	CCCTCCTCCAGGTAAATCAGC	AATCACATGGCAAATAAGTACATAC
ETH3	GAACCTGCCTCTCCTGCATTGG	ACTCTGCCTGTGGCCAAGTAGG
ETH225	GATCACCTTGCCACTATTTCCT	ACATGACAGCCAGCTGCTACT
BM1824	GAGCAAGGTGTTTTTCCAATC	CATTCTCCAACTGCTTCCTTG

10.1.3.2 犬亲子鉴定

近年来,民事纠纷和刑事案件中涉及动物亲权鉴定案例逐渐增多。作为伴侣动物的犬类已走进千家万户,这也带来了配种血统不符、犬只走失和盗窃犬类等纠纷案件。目前,在犬的育种管理中主要采用的是耳号登记制度或血统证书,这种方法容易导致个体间的混乱。而且,传统系谱记录手段不能在以下情况中发挥作用,如采用混合精液授精得到的后代,复配的母犬所产后代,胚胎移植的后代以及耳号丢失的个体等。这些问题都需要对犬只进行亲子鉴定。已有大量文献报道了关于犬的 STR 基因座,有数百个犬类 STR 基因座被开发研究。大量研究报道指出,微卫星 DNA 标记可以成功应用于犬的亲权鉴定。目前,国内外通用的犬亲子鉴定常用 STR 引物如下(表 10 - 2)。

表 10 - 2 犬亲子鉴定所用 STR 引物位点及序列

位点	引物(F,5′→3′)	引物(R,5′→3′)
PZE1	GGCTGTCACTTTTCCCTTTC	CACCACAATCTCTCTCATAAATAC
PEZ 5	GCTATCTTGTTTCCCACAGC	TCACTGTATACAACATTGTC
PEZ12	GTAGATTAGATCTCAGGCAG	TAGGTCCTGGTAGGGTGTGG
PEZ3	CACTTCTCATACCCAGACTC	CAATATGTCAACTATACTTC
PEZ8	TATCGACTTTATCACTGTGG	ATGGAGCCTCATGTCTCATC
PEZ5	GCTATCTTGTTTCCCACAGC	TCACTGTATACAACATTGTC
PEZ6	ATGAGCACTGGGTGTTATAC	ACACAATTGCATTGTCAAAC
PEZ 11	ATTCTCTGCCTCTCCCTTTG	TGTGGATAATCTCTTCTGTC
PEZ18	GAGAAGATAAAGCAATTCTC	AAGTCATTAATCTCTCCTCG

10.1.3.3 部分珍稀保护动物亲子鉴定

伴随人类对自然资源的大力开发利用,生态系统被大面积破坏,加之环境污染等,使得物种灭绝的速率快速增长。为了能够建立濒危物种有效保护策略,我们需要首先获得有关动物精确的遗传多样性及亲权关系的信息。目前,PCR-STR 分型技术已经被广泛应用于人及动物亲权鉴定中。

利用 STR 分型技术,学者分析了大量珍稀保护动物的系谱及多态性,如大熊猫、褐头牛鹏鸟、藏羚羊、金丝猴、苏门答腊虎、东北虎等。对于东北虎、大熊猫、黑猩猩等进行了 STR 亲子鉴定位点的筛选。同时利用 STR 遗传多样性分析发现密河鳄存在一雌多雄及一雄多雌的多重繁殖现象,而棱皮龟发现少量一雌多雄及一

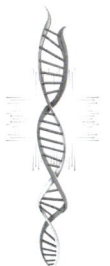

雄多雌的繁殖现象,推测出这种方式作为一种繁殖策略,可增加后代的遗传多样性和适应能力,并增加了有效种群的大小。

10.1.4　动物亲子鉴定流程

法医领域,对于人的亲子鉴定已经形成了一套稳定的 STR 检测方法,可采用商品化的试剂盒进行检测。但对动物的研究相对滞后,可利用的 STR 位点较少。法医鉴定的一般流程包括取材、样本制备、微卫星选择、微卫星标记判刑、鉴定结果。动物鉴定的基本流程和人类 DNA 鉴定基本相同,仅微卫星位点的选择不同。

目前,美国应用生物系统公司(ABI)已经开发了牛、马的亲子鉴定试剂盒,牛和马的鉴定试剂盒应用 ISAG 推荐的 STR 位点,而犬的亲子鉴定盒应用美国养犬俱乐部(American Kennel Club,AKC)推荐的 SRT 位点。牛(表 10-1)、犬(表 10-2)、马(表 10-3)三个表中分别列举了三个物种国内外进行亲子鉴定常用的 STR 位点及引物序列。

表 10-3　马亲子鉴定所用 STR 引物位点及序列

位点	引物(F,5′→3′)	引物(R,5′→3′)
VHL20	CAAGTCCTCTTACTTGAAGACTAG	AACTCAGGGAGAATCTTCCTCAG
HTG4	CTATCTCAGTCTTGATTGCAGGAC	CTCCCTCCCTCCCTCTGTTCTC
AHT4	AACCGCCTGAGCAAGGAAGT	GCTCCCAGACTTTACCCT
HMS7	CAGGAAACTCATGTTGATACCATC	TGTTGTTGAAACATACCTTGACTGT
HTG6	CCTGCTTGGAGGCTGTGATAAGAT	GTTCACTGAATGTCAAATTCTGCT
AHT5	ACGGACACATCCCTGCCTGC	GCAGGCTAAGGGGGCTCAGC
VHL20	CAAGTCCTCTTACTTGAAGACTAG	AACTCAGGGAGAATCTTCCTCAG
HTG4	CTATCTCAGTCTTGATTGCAGGAC	CTCCCTCCCTCCCTCTGTTCTC
HMS6	GAAGCTGCCAGTATTCAACCATTG	CTCCATCTTGTGAAGTGTAACTCA
ASB23	GAGGTTTGTAATTGGAATG	GAGAAGTCATTTTTAACACCT

位点	引物(F,5′→3′)	引物(R,5′→3′)
ASB2	CCACTAAGTGTCGTTTCAGAAGG	CACAACTGAGTTCTCTGATAGG
HTG10	CAATTCCCGCCCCACCCCCGGCA	TTTTTATTCTGATCTGTCACATTT
HTG7	CCTGAAGCAGAACATCCCTCCTTG	ATAAAGTGTCTGGGCAGAGCTGCT
HMS3	CCAACTCTTTGTCACATAACAAGA	CCATCCTCACTTTTTCACTTTGTT
ASB17	GAGGGCGGTACCTTTGTACC	ACCAGTCAGGATCTCCACCG
LEX3	ACACTCTAACCAGTGCTGAGACT	GAAGGAAAAAAAGGAGGAAGAC
HMS1	CATCACTCTTCATGTCTGCTTGG	TTGACATAAATGCTTATCCTATGGC
CA425	AGCTGCCTCGTTAATTCA	CTCATGTCCGCTTGTCTC

10.2 植物司法鉴定

10.2.1 植物检验证据

　　植物鉴定能够在农业生产中,鉴定伪劣的粮食种子、蔬菜种子、果树苗,鉴定假冒中药为打击制假贩假活动提供证据,如可以鉴别萝卜冒充的人参,土豆冒充的天麻等。

　　植物鉴定为食品质量鉴定提供依据。粮食、水果、蔬菜、饮料等植物性食品的营养成分和污染情况是有关民生的重大问题,通过检验确定植物食品的蛋白质、糖类、脂肪、维生素等营养成分、受农药污染程度等,可为绿色食品和进出口食品质量的评判提供依据。同样,植物检验也可为转基因植物食品的鉴别及其安全性判别提供依据。

　　植物检验为有毒植物鉴别提供证据。自然界中,如雷公藤、毒草、夹竹桃等许多有毒植物,服用常导致中毒。这类案件需要应用植物鉴定技术,确定送检样品是否为有毒植物,是何种有毒植物,从而为案件的侦破和审理提供证据。

　　植物检验为刑事案件提供证据。在刑事案件中,犯罪现场之间可能发生植物物质交换,如现场植物的叶子、花粉、种子等可黏附于作案人或被害人的身上,若能查明在嫌疑人处所收集到的植物物证与现场的植物一致,对揭露和证实犯罪具有重要意义。

植物检验为案发时间、地点提供证据。不同的季节、环境,植物具有不同的生长周期。当案发时,若植物脱离母体粘在受害人的身上,则可通过确定其生长情况来揭示发案时间。在杀人抛尸案中,通过检验可确定植物样本的种植区域和特点,从而查找到作案地点。

植物检验为打击毒品犯罪提供证据。植物检验鉴定可以帮助确定毒品源植物、查找种植地区,具有重要的意义。检验毒品的 DNA 型,与建立的毒品来源地植物 DNA 数据库进行比对,便可查找到种植毒品的地区,从源头上消灭毒品老巢。

10.2.2 植物物证检验

植物物证检验包括确定植物的种类、产地,鉴别植物是否同株等。传统的检验主要是根据形态结构、生理特征进行分析。然而,随着科学的发展,组织细胞学、物理化学、分子生物学等技术相继应用于植物检验中。目前,已形成形态检验、组织细胞检验、植物理化检验及植物分子生物学检验等相结合的检验方法。其中,植物 DNA 分析使检验鉴定更准确可靠。

植物生物学检验包括了对植物蛋白质、肽类、多糖、酶等大分子化合物进行电泳以及毛细管电泳;包括了对植物抗原决定簇结构的大分子如多糖、蛋白质等用免疫血清学方法进行分析;包括了植物 DNA 的检验,主要利用限制性酶切长度多态性(RELP)、聚合酶链式反应(PCR)和随机引物扩增(random amplified polymorphic DNA,RAPD)等技术。目前通过这些技术,已对植物亲缘关系、系统分类、品种鉴定的研究取得较为满意的结果。

DNA 分析技术与代谢产物的分析相比,其结果不易受植株形态及环境因素的影响,且重复性好、灵敏度高。通过植物检验,能为侦查和诉讼提供重要的信息和证据。

玉米品种 DNA 鉴定实例

参照国际标准,该方法适用于玉米自交系和单交系的品种鉴定。

原理:从玉米种子、幼苗、叶片等组织中提取 DNA,利用 SSR 引物进行扩增,不同引物长度的 PCR 扩增产物通过毛细管电泳,基因扫描分析不同类型。不同玉米品种由于遗传组成不同,基因组 DNA 中简单重复序列的重复次数有差异,可通过 PCR 扩增、电泳、数据分析等获得,进行品种鉴定。

操作程序包括取样(样本一致性好,均为自交系或杂交系个体)、样品比较方式(待检样品和对照样品的成对品种比较、品种与 DNA 数据库入库品种的比较,挑选

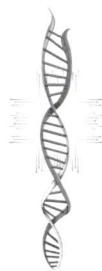

近似样品成对比较)、DNA 提取、PCR 扩增、基因扫描、结果判定、鉴定报告。

结果判定标准:①数据表示——以多数个体具有的谱带作为品种的特征谱带(如检测品种为自交系,应剔除杂交个体;如检测品种为杂交种,应剔除自交个体),当无法判断主带时,给出各种谱带所占比率。②谱带记录方式——每个核心引物的所有谱带,按扩增片段从大到小的顺序编号,用二位代码描述(依次为 01、02……),并确定代表每条谱带的一套标准品种。每个待测品种在每个引物位点上的谱带号用四位代码描述,对照标准品种确定待测品种中谱带号。③判定标准——先用 20 对基本核心引物检测,获得待测品种在 20 个引物位点的 DNA 谱带数据,进行品种间比较(a.品种间差异位点数≥2,判定为不同品种;b.品种间差异位点数=1,判定为相近品种;c.品种间差异位点数=0,判定为疑同品种)。对于 b 和 c 的情况,必要时继续用 20 对扩展核心引物进行检测,利用 40 个位点的图谱进行品种间比较(a.品种间差异位点数≥2,判定为不同品种;b.品种间差异位点数=1,判定为相近品种;c.品种间差异位点数=0,判定为相同品种或极近似品种)。

玉米品种鉴定基本核心引物序列见表 10-4。

表 10-4 玉米品种鉴定基本核心引物序列

编号	引物名称	染色体位置	引物序列(5'→3')
P01	bnlg 439	1.03	Left:TTGACATCGCCATCTTGGTGACCA Right:TCTTAATGCGATCGTACGAAGTTGTGGAA
P02	bnlg2331	1.11	Left:TCTGATATCATAAAGGAGGACCG Right:GGAGCTTGCGCTTTTTAACA
P03	bnlg125	2.02	Left:GGGACAAAAGAAGAAGCAGAG Right:GAAATGGGACAGAGACAGACAAT
P04	mmc0191	2.07	Left:GGTGTTCAGTGTGAAAGGTTA Right:AAGATTTCCGCAAGGTTAAAC
P05	umc2105	3.00	Left:ACATACATAGGCTCCCTTTTTCCG Right:TCCCGTGACACTCTCTTTCTCTCT
P06	bnlg1496	3.09	Left:CTGGGCAGACAGCAACAGTA Right:AGCCAAAGACATGATGGTCC
P07	phi072	4.00	Left:ACCGTGCATGATTAATTTCTCCAGCCTT Right:GACAGCGCGCAAATGGATTGAACT

编号	引物名称	染色体位置	引物序列(5′→3′)
P08	bnlg2291	4.06	Left:CCTCTCGATGTTCTGAGCC Right:GTCATAACCTTGCCTCCCAA
P09	umc1705	5.03	Left:ATCTCACGTACGGTAATGCAGACA Right:CATGACCTGATAAACCCTCCTCTC
P10	umc1225	5.08	Left:CTAGCTCCGTGTGAGTGAGTGAGT Right:FTTCCTTCTTTCTTTCCTGTGCAAC
P11	bnlg161	6.00	Left:GCTTTCGTCATACACACACATTCA Right:ATGGAGCATGAGCTTGCATATTT
P12	phi299852	6.07	Left:GATGTGGGTGCTACGAGCC Right:AGATCTCGGAGCTCGGCTA
P13	bnlg1792	7.02	Left:CGGGAATGAATAAGCCAAGA Right:GCGCTCCTTCACCTTCTTTA
P14	phi116	7.06	Left:GCATACGGCCATGGATGGGA Right:TCCCTGCCGGGACTCCTG
P15	umc1741	8.03	Left:AGACGAACCCACCATCATCTTTC Right:CGCTTGGCATCTCCATGTATATCT
P16	phi080	8.08	Left:CACCCGATGCAACTTGCGTAGA Right:TCGTCACGTTCCACGACATCAC
P17	phi065	9.03	Left:AGGGACAAATACGTGGAGACACAG Right:CGATCTGCACAAAGTGGAGTAGTC
P18	bnlg1191	9.07	Left:AATCATGCGTAGGCGTAGCT Right:GCCAGAGGAAAAAGAAGGCT
P19	umc2163	10.04	Left:AAGCGGGAATCTGAATTCTTTGTTC Right:GAAATTTGCTGGGGTTCTCATTTCT
P20	bnlg1450	10.07	Left:ACAGCTCTTCTTGGCATCGT Right:GACTTCGCTGGTCAGCTGGT

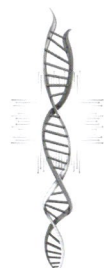

10.2.3 转基因植物鉴定

进入后基因组时代以来,利用已知基因的功能为人类造福已成为生物技术发展的趋势,即利用遗传转化方法将所需的外源目的基因导入受体植株,通过鉴定选择,创造出人类所需的新种质。世界多国都加大投资力度,加速农业转基因技术的创新和生产应用。从转基因作物的种植面积看,排在前 4 位的是大豆、玉米、棉花、油菜;从转基因作物的性状看,抗除草剂、抗虫、多抗(抗除草剂兼抗虫)特性的全球转基因作物面积位居前列。

1997 年欧盟首次建立转基因食品的标识制度,要求各成员国必须对上市的转基因食品或含有转基因成分的食品加上 GMO 标签,包括转基因生物来源、过敏性、伦理学考虑等。目前对植物转基因的鉴定方法纷杂,不同植物、不同鉴定人员所用的鉴定方法都不尽相同。

我国规定转基因产品检测的工作流程:样品到样验收(确定是否具备检验的基本条件)→混合样品→抽取测试样品→测试样品的制备→核酸或蛋白等目的物质提取→蛋白质检测或核酸检测→结果分析→得出检验报告。我们用蛋白质检测和核酸检测的具体方法来举例说明该流程。

10.2.3.1 转基因蛋白检测法

蛋白检测法又称免疫分析法,是针对外源目的基因表达合成的蛋白进行检测的方法,主要包括酶联免疫分析法和侧向流动免疫试纸条法。

酶联免疫吸附测定法(enzyme-linked immunosorbent assay,ELISA)是以免疫学反应为基础,将抗原、抗体的特异性反应与酶对底物的高效催化作用相结合的一种高敏感性检测技术。例如,利用该方法分析玉米粉中 Cry1Ab 蛋白的检测限能够达到 0.1%。

免疫试纸条法是利用抗原抗体免疫反应,可快捷检测转基因成分并用于商业化生产的检测技术。其缺点是一种免疫试纸条,只能检测一种目的蛋白,不能确定转基因植物的品系,且检测灵敏度较低,也不能进行相对定量检测。

10.2.3.2 转基因植物及其产品中 CP4 EPSPS 蛋白的 ELISA 检测

本方法参照国际标准规定的转基因大豆及其初级加工产品中 CP4 EPSPS 蛋白 ELISA 方法。本方法原理是用 ELISA 方法检测 CP4 EPSPS蛋白。

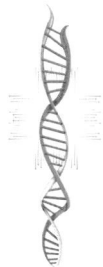

操作步骤如下。

样品预处理:取 500g 以上大豆,粉碎、微孔滤膜过滤。定性检测的微孔滤膜孔径应为 $450\mu m$,保证孔径小于 $450\mu m$ 的粉末质量占大豆样品质量的 90% 以上。定量检测的样品先用孔径为 $450\mu m$ 的微孔滤膜过滤,再经孔径为 $150\mu m$ 的微孔滤膜过滤,过滤得到的样品量只要能满足检测要求即可。对于其他类型的材料采用类似的方法处理。

样品抽提:测试样品、阴性及阳性标准品在相同条件下抽提两次。每种标准品在称量时按照含量由高到低的顺序进行。每种样品称 $0.5g\pm0.01g$,放入 15mL 聚丙烯离心管中。向每个离心管中加 4.5mL 抽提缓冲液。将缓冲液与管内物质振荡,直至混合均匀。4℃温度下离心 5000g,15min。小心吸取上清液于 1mL 另一干净的聚丙烯离心管中,检测前,用大豆检测缓冲液,按照不同基质稀释度稀释样品。

ELISA 操作步骤包括孵育、洗涤、加入偶联抗体、再次洗涤、显色、终止反应、吸光值的测定等。

测试样品中目标蛋白浓度的计算:测试样品及参照标准的数值需减去空白样的数值,所测量的阳性标准品平均值用于生成标准曲线,测试样品的平均值根据标准曲线计算相应浓度。

结果可信度判断的原则:对于阳性标准品(大豆种子)而言,该方法检测的灵敏度必须保证在 0.1% 以上,定量检测的线性范围是 $0.5\%\sim3\%$。

10.2.3.3 转基因核酸检测法

基于核酸水平的检测主要是 PCR 检测方法,一个准确可靠地 PCR 检测必须设立阳性、阴性和空白对照以判断所提取模板 DNA 的质量,避免假阴性的出现。对于一些深加工样本(如精炼油、大豆酱油、精制糖等)较难提取出适于 PCR 扩增的食品,故利用该方法很难鉴定。转基因检测 PCR 技术分为普通 PCR(定性检测)和定量 PCR(定量检测)两种。目前,很多检测将基因芯片与复合 PCR 技术相结合以提高效率,降低成本。

10.2.3.4 转基因核酸检测法实例

1.转基因大豆 PCR 定性鉴定流程

本方法参照国际标准规定了大豆物种特异性单拷贝基因序列的常规检测程序。可以用来评论从大豆加工产品中提取的 DNA 质量,并判断是否有足量的

DNA 用于转基因成分检测。通过 PCR 扩增和琼脂糖凝胶电泳可以观察到 118bp 的大豆 Lectin 基因片段。

（1）引物序列 F：5′-GCCCTCTACTCCACCCCCATCC-3′（GeneBank：K00821）。

引物序列 R：5′-GCCCATCTGCAAGCCTTTTTGTG-3′（GeneBank：K00821）。

（2）反应程序：预变性，95℃ 10min；95℃ 变性 20s；65℃ 复性 40s，72℃ 延伸 40s，进行 40 个循环；72℃，最后延伸 3min；4℃ 保存备用。

（3）结果分析：对扩增产物进行凝胶电泳分析，根据片段大小或测序结果进行确认。

2. 转基因大豆 PCR 定量鉴定流程

本方法参照国际标准规定了转基因大豆 GTS-40-3-2 实时荧光 PCR 定量检测方法。适用于食品、饲料、种子及其环境材料中转基因大豆 GTS-40-3-2 成分的实时荧光 PCR 定性及定量检测。

该方法原理是采用实时荧光 PCR 技术和可特异性扩增转基因大豆 GTS-40-3-2 中结构基因或品系特异性基因以及 Lectin 基因的引物和两端标记荧光的探针，分别扩增测试样品 DNA，并实时监测 PCR 产物。与此同时，用相同的引物、探针和条件扩增已知浓度的阳性标准物质（或阳性标准分子），以获得稳定的标准曲线。根据外源基因（结构特异性基因或品系特异性基因）和内源基因的标准曲线可分别计算出样品中对应基因的绝对含量（拷贝数或浓度），并由绝对含量计算转基因大豆 GTS-40-3-2 在测试样品中的相对含量。如采用阳性标准分子时相对含量应使用转换系数。

本方法检测转基因大豆 GTS-40-3-2 品系特异性基因（大豆基因组 DNA 与 GTS-40-3-2 品系特异基因之间的边界序列）和大豆内源基因 Lectin 基因。①绝对定量检测低限为 40～100 个拷贝，相对定量检测低限为 0.1%。②引物和探针序列见表 10-5。③根据转基因大豆 GTS-40-3-2 品系特异基因的绝对含量，可按以下公式计算其中测试样品中的相对含量。

$$转基因产品的含量(\%) = \frac{测试样品中品系特异性基因的拷贝数}{测试样品中内源基因的拷贝数} \times 100$$

表 10 - 5　检测转基因大豆 GTS - 40 - 3 - 2 品系特异性基因的引物序列

基因	名称	序列(5′→3′)	PCR 反应体系终浓度(nmol/L)
品系特异	正向引物	TAGCATCTACATATAGCTTC	750
	反向引物	GACCAGGCCATTCGCCTCA	750
	探针	FAM-ACAAAACTATTTGGGATCGGAGAA GATA MRA	200
Lectin	正向引物	CCAGCTTCGCCGCTTCCTTC	300
	反向引物	GAAGGCAAGCCCATCTGCAAGCC	300
	探针	FAM-CTTCACCTTCTATGCCCCTGACAC TAMRA	160

注 1：FAM：6-羧基荧光素（6-carboxyfluorescein），TAMRA：6-羧基四甲基罗丹明（6-carboxytetramethylrhodamine）。

注 2：特异性基因扩增片段长度为 85bp，Lectin 扩增片段长度为 74bp。

10.3　食品的溯源追踪

　　食品的溯源追踪包括物理方法（标签溯源技术，如条形码、电子标签等）、化学方法（包括同位素溯源技术、矿物元素指纹溯源技术、有机物溯源技术等）和生物方法（虹膜特征技术和 DNA 溯源技术）。溯源追踪可以改善记录出错、标记图案模糊不清以及标签容易人为改换等缺点。指纹溯源技术、有机物溯源技术、虹膜特征溯源技术则分别因为检测时间长、检测过程比较复杂，无法规模化而不易推广，而 DNA 溯源技术因其易分型、重复性好、检测手段简单快捷、成本低廉等优点成为目前国际上公认的最具发展潜力和应用价值的快速溯源技术。

10.3.1　肉制品的 DNA 溯源技术

　　DNA 溯源技术的产生源于 DNA 遗传与变异为基础的分子标记。以分子标记为基础的 DNA 指纹鉴定也适用于肉制品的溯源乃至所有食品的溯源。分子标记是以个体间遗传物质的核苷酸序列变异为基础的遗传标记，是 DNA 序列特异性的直接反映,主要有扩增片段长度多态性(AFLP)标记、SSR 标记(微卫星标记)和 SNP 标记(单核苷酸多态性)等。

10.3.1.1　基于 AFLP 标记的 DNA 溯源技术

扩增片段长度多态性(AFLP)标记技术通过少量高效的引物组合,在较短的时间内获得标记,其优点有:多态性丰富、信息量大、灵敏度高、可重复性强,不需要预先研究对象的遗传背景,不受组织和器官种类、发育阶段、环境条件等诸多因素的影响。

学者们利用 AFLP 标记技术对 4 个品种鸡肉产品、32 种海鱼及海产品进行了追溯,对 16 个品种牛肉产品进行原始个体的溯源研究,结果显示 AFLP 标记能很好地达到追溯目的,可广泛用于肉制品、海产品的安全性检测,如食品溯源或食品仓储管理。

10.3.1.2　基于 SSR 标记的 DNA 溯源技术

高等生物基因组中普遍存在着 2~6 个碱基组成的简单重复序列(simple sequence repeat,SSR)。因其重复次数不同,扩增后显示的长度差异反映了不同基因型个体在特定微卫星位点的多态性。SSR 标记具有以下特点:

(1)数量丰富,覆盖整个染色体组;

(2)每个位点均有多个等位基因,信息含量高;

(3)以孟德尔方式遗传,呈共显性;

(4)易于采用 PCR 技术,对 DNA 数量及质量要求不高,即使是部分降解的样品也可进行分析;

(5)多态性高,实验程序简单,结果重复性好;

(6)每个位点由引物序列决定,便于各实验室交换信息。

学者们利用微卫星位点进行 DNA 样品分析和方法优化。在肉类加工厂进行追溯系统的评估,样本可以准确追踪到各自供体的毛发,说明微卫星标记用于追溯是切实可行的。同时相关专家还使用微卫星标记对不同组织样品进行了评估,其中毛发样本最合适,因为它们很容易获取和处理,存储成本较低,其次是肉类样品。

10.3.1.3　基于 SNP 标记的 DNA 溯源技术

单核苷酸多态性(SNP)是指基因组同一位点上单个核苷酸的变异,包括转换、颠换、插入和缺失。SNP 标记可区分个体间的遗传差异。基因组中广泛分布的 SNP 标记是双等位基因,易于判型,适于快速、规模化筛查,且对 DNA 质量要求不高。

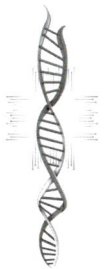

对于肉产品 SNP 溯源分析,研究人员分析认为 60 个 SNP 溯源板完全能满足任何一种个体的身份鉴别。通过牛肉生产链的 3 个不同的时刻(农场、屠宰、销售点)进行牛肉产品的追溯实验,并和标签技术进行追溯准确性的比较,分析结果显示 SNP 溯源具有高度的可靠性。

10.3.2　转基因溯源的必要性

转基因技术或其产品进入人们的视野,影响人们的生活已经有十多年的历史,但在世界各国对其接受的程度呈现较大的差异。美国、加拿大和日本的消费者对转基因技术似乎一直持相对积极的态度,相比之下,欧盟社会对其表现出消极的态度。

尽管转基因生物已经安全使用了一段时间,但目前还没有人类或动物的流行病学实验支持。大多可食用转基因生物在南美洲和北美洲种植,且转基因生物在这些种植地没有被标识。国际科学联合会认为转基因食品可安全食用的理由:"自投入市场以来尚无不良后果报道。"但同时又提出警告:"这并不保证随着越来越多的产品经过改造具备新的特色之后不会遇到危险。"长期人体科学实验尚未进行,但在动物实验中的一些初步发现和个案提示,引起了对转基因生物危害的广泛关注。在健康方面,从动物实验中发现一些转基因生物可能导致的慢性健康效应,如癌症、过敏和抗生素耐药性等问题;在环境方面,也能够与环境产生交互作用,对动物和有益微生物产生潜在危害,与植物病原体产生交互作用,改变其他生物的基因而导致以上危害以及对生物多样性的影响等问题。

10.3.2.1　转基因溯源技术进展

信息方面,目前世界各国逐渐出现了一些转基因生物数据库,对于世界范围内转基因生物的安全性评价信息及最新检测技术而言,是良好的交流共享平台,同时为转基因生物的管理提供了便利。

涉及转基因生物的数据库较多,但中文数据库还较少,涉及信息不够全面,使之无法达到溯源的目的。因此,我们迫切需要建立一个完善的转基因溯源系统,对研发和流通中的转基因生物进行从头到尾的跟踪,这将对我国乃至全世界范围内,转基因生物的溯源工作提供一个良好的应用工具。

检测方面为确保转基因标识制度的顺利实施,使转基因产品具有可溯源性,转基因作物检测方法也深受重视,多种多样的检测技术不断涌现。目前,常规的转基因产品溯源检测方法可分为蛋白质检测方法和核酸检测方法。由于核酸较蛋白更稳定,产品加工中不宜破坏、且核酸的检测方法灵敏度高、适用范围广、操作简便,目前是主要的溯源检测方法。

10.3.2.2 转基因溯源存在的问题

我国的转基因溯源工作任重道远,目前仍有许多问题尚待有效解决。第一,用语模糊:相关法规中没有对商品标识的字体、字号、在商标中的位置等进行明确的规定,因此在很多转基因食品的标签中,转基因的字眼字体太小、位置较偏,容易被忽略;字体颜色与印刷本底色相似,难以辨别。相反,"非转基因"比"转基因"的标识醒目度高。第二,内容不完善:我国转基因食品的相关标识制度没有体现其安全性,仅有转基因等字眼,没有具体转基因成分的信息,也没有对过敏者的食用提醒。第三,信息管理问题:转基因溯源信息相关的数据库不够全面,尤其是针对特定转基因生物的流通信息没有数据库或软件进行跟踪和管理。第四,配套政策不完善:相关组织尚无专门进行转基因市场监管的部门,目前国家还没有出台相应的政策法规,因此缺乏有效的协调机制,导致了许多转基因产品批而未标甚至未经批准就上市的现象。

综上所述,开展相关标示和全程溯源技术,制定相关的技术法规,建立转基因动物的可溯源管理是非常必要的。因此,DNA溯源技术的建立,将极大地促进食品的安全管理,对于消费市场的平稳维护,农业产品安全的保障,意义非凡。

【参考文献】

[1] 阿碧. 野生动物法医[J]. 检察风云,2010(19):29-30.

[2] Shome B R, Mitra S D, Bhuvana M, et al. Multiplex PCR assay for species identification of bovine mastitis pathogens[J]. J Appl Microbiol,2011,111(6):1349-1356.

[3] 冯春梅,王冬梅,孙志刚. 应用聚合酶链反应对动物性食品进行种属鉴定[J]. 微量元素与健康研究,2013,30(4):34-39.

[4] Prado M, Boix A, Holst C. Novel approach for the simultaneous detection of DNA from different fish species based on a nuclear target: Quantification potential[J]. Anal Bioanal Chem,2012,403(10):3041-3050.

[5] Hellberg R S R, Morrissey M T. Advances in DNA-based techniques for the detection of seafood species substitution on the commercial market[J]. J Lab Autom,2011,16(4):308 – 321.

[6] Morgan J A T, Welch D J, Harry A V, et al. A mitochondrial species identification assay for Australian blacktip sharks (Carcharhinus tilstoni, C. limbatus and C. amblyrhynchoides) using real-time PCR and high-resolution melt analysis[J]. Mol Ecol Resour,2011,11(5):813 – 819.

[7] Santos C G, Melo V S, Amaral J S, et al. Identification of hare meat by a species-specific marker of mitochondrial origin[J]. Meat Sci,2012,90(3): 836 – 841.

[8] Huang K M, Liu S M, Chen Y J, et al. Identification of causative agents and species in shrimp implicated in a food poisoning case in Taiwan[J]. J Food Prot,2010,174,73(12):2250 – 2255.

[9] Markiewicz L H, Biedrzycka E, Wasilewska E, et al. Rapid molecular identification and characteristics of Lactobacillus strains[J]. Folia Microbiol(Praha), 2010,55(5):481 – 488.

[10] Banos G, Wiggans G R, Powell R L. Impact of paternity errors in cow identification on genetic evaluations and international comparisons[J]. J Dairy Sci,2001,84(11):2523 – 2529.

[11] Israel C, Weller J I. Effect of misidentification on genetic gain and estimation of breeding value in dairy cattle populations[J]. J Dairy Sci,2000,83(1): 181 – 187.

[12] Vankan D M, Faddy M J. Estimations of the efficacy and reliability of paternity assignments from DNA microsatellite analysis of multiple-sire matings [J]. Anim Genet,1999,30(5):355 – 361.

[13] Bicalho H M S, Pimenta C G, Mendes I K, et al. Determination of ancestral proportions in synthetic bovine breeds using commonly employed microsatellite markers[J]. Genet Mol Res,2006,5(3):432 – 437.

[14] Anderson E C, Garza J C. The power of single-nucleotide polymorphisms for large-scale parentage inference[J]. Genetics,2006,172(4):2567 – 2582.

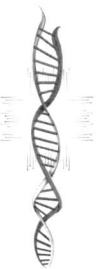

[15] 周磊，初芹，刘林，等.用微卫星和 SNP 标记信息进行奶牛亲子鉴定的模拟研究[J].畜牧兽医学报,2011,42(2):169-176.

[16] Heaton M P, Harhay G P, Bennett G L, et al. Selection and use of SNP markers for animal identification and paternity analysis in U. S. beef cattle [J]. Mamm Genome,2002,13(5):272-281.

[17] Fisher P J, Malthus B, Walker M C, et al. The number of single nucleotide polymorphisms and on-farm data required for whole-herd parentage testing in dairy cattle herds[J]. J Dairy Sci,2009,92(1):369-374.

[18] Souto H, Gomes N, Rui C. Comparison of microsatellite and single nucleotide polymorphism markers for the genetic analysis of a Galloway cattle population[J]. Z Naturforsch C, 2005,60(7-8):637-643.

[19] Werner F A O, Habermann F A, Buitkamp J, et al. Detection and characterization of SNPs useful for identity control and parentage testing in major European dairy breeds[J]. Anim Genet,2004,35(1):44-49.

[20] Luikart G, Biju-Duval M P, Maudet C, et al. Power of 22 microsatellite markers in fluorescent multiplexes for parentage testing in goats (Capra hircus)[J]. Anim Genet,1999,30(6):431-438.

[21] 李孟华，王海生,张文平，等. 藏山羊微卫星 DNA 复合扩增的条件探索[J].湖北农业科学,2003,1:89-91.

[22] 孙业良，谢庄，刘国庆，等.利用微卫星 DNA 技术进行绵羊亲子鉴定[J].安徽农业大学学报,2005,32(3):301-305.

[23] 屈彦纯,邓昌彦,熊远著，等. 猪 2 号染色体遗传连锁图谱的构建与 QTL 定位分析[J].遗传学报,2002,29(11):972-976.

[24] 郭晓令，徐宁迎，Christian L，等. 猪微卫星标记多重 PCR 扩增组合[J].遗传,2004, 26(1):40-44.

[25] Cherel P, Glénisson J, Pires J. Tetranucleotide microsatellites contribute to a highly discriminating parentage test panel in pig[J]. Anim Genet,42(6):659-661.

[26] Harlizius B, Lopes M S, Duijvesteijn N, et al. A single nucleotide polymorphism set for paternal identification to reduce the costs of trait recording in

commercial pig breeding[J]. J Anim Sci,89(6):1661 - 1668.

[27] Costa V，Pérez-Gonzálcz，Santos P，et al. Microsatellite markers for identification and parentage analysis in the European wild boar (Sus scrofa)[J]. BMC Res Notes,2012,5(1):479.

[28] Fredholm M. Winterø A K. Efficient resolution of parentage in dogs by amplification of microsatellites[J]. Anim Genet,1996,27(1):19 - 23.

[29] 王海生，王祥，张文平，等. 湖北地区德国牧羊犬 10 个微卫星 DNA 基因座遗传多态性研究[J].刑事科学,2003,2:12 - 14.

[30] DeNise S，Johnston E，Halverson J，et al. Power of exclusion for parentage verification and probability of match for identity in American kennel club breeds using 17 canine microsatellite markers[J]. Anim Genet,2004,35(1):14 - 17.

[31] Eichmann C，Berger B，Steinlechner M，et al. Estimating the probability of identity in a random dog population using 15 highly polymorphic canine STR markers[J]. Forensic Sci Int,2005,151(1):37 - 44.

[32] 张亚平，王文，宿兵，等. 大熊猫微卫星 DNA 的筛选及其应用[J].动物学研究,1995,16(4):301 - 306.

[33] 任轶. 应用微卫星 DNA 标记进行秦岭川金丝猴亲子鉴定和遗传多样性研究[D].西北大学,2007.

[34] 张于光,李迪强,饶力群,等. 东北虎微卫星 DNA 遗传标记的筛选及在亲子鉴定中的应用[J].动物学报,2003,49(1):118 - 123.

[35] 张志和,沈富军,孙姗,等. 应用微卫星分型方法进行大熊猫父亲鉴定[J].遗传,2003,25(5):504 - 510.

[36] Zhang Y，Lawrance S K，Ryder O A，et al. Identification of monozygotic twin chimpanzees by microsatellite analysis[J]. Am J Primatol,2000,52(2):101 - 106.

[37] Davis L M，Glenn T C，Elsey R M，et al. Multiple paternity and mating patterns in the American alligator，Alligator mississippiensis[J]. Mol Ecol,2001,10(4):1011 - 1024.

[38] Crim J L，Spotila L D，Spotila J R，et al. The leatherback turtle, Dermo-

chelys coriacea, exhibits both polyandry and polygyny[J]. Mol Ecol,2002,11 (10):2097 - 2106.

[39] 皮建华. 植物检验在司法鉴定中的应用[J]. 中国司法鉴定,2005,(4): 19 - 21.

（张　宝）

第 11 章　新一代法医基因组分型

11.1　新一代法医基因组分型的原理

　　法医基因组分型使用新一代测序技术（next generation sequencing，NGS）获得全基因组序列信息，使用算法软件针对短串联重复序列（STR）、单核苷酸多态性（SNP）、插入/缺失（Indel）、基因拷贝数变异（CNV）、染色体结构变异（SV）进行集成式数据收集和数据分型，力图从最少的样本中获取最多的遗传信息。新一代测序技术的基本原理如图 11-1。

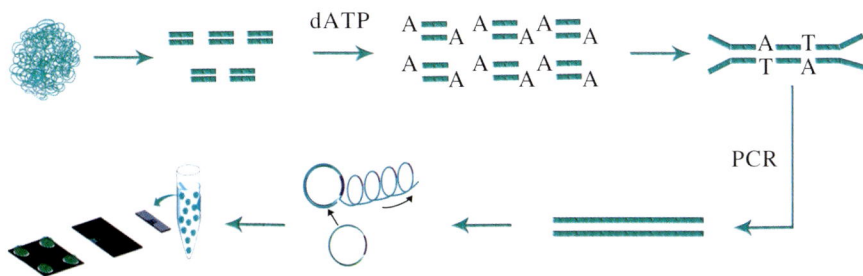

图 11-1　法医基因组分型原理

　　目前法医领域应用的新一代测序平台有 IonPGM™ 系统和 MiSeqFGx 系统。现就两款法医机简要介绍其分型原理。

11.1.1　IonPGM™ 系统

　　IonPGM™ 的分型原理为将单一文库片段在模板珠表面进行复制扩增好后，经过一定的退火和聚合酶反应的模板珠以离心的方式加入测序芯片微孔，再向测序

芯片表面加入 dNTP,在 dNTP 与相应 DNA 模板碱基结合后释放出 H⁺,H⁺使得测序芯片微孔内 pH 产生变化,芯片半导体层检测相应的 pH 值变化,最后得到相应的 DNA 序列。其模板珠直径尺寸 $1\mu m$ 左右,测序芯片大小在 $31mm \times 31mm$,均匀分布 165 百万个微孔,芯片微孔尺寸特征在微米左右(平均每 $5 \sim 6\mu m^2$ 分布一个微孔)。从仪器的设计角度,相对较为简单,提供简单的液路系统和电子系统,重点在测序芯片的设计和信号的采集。

IonPGM™测序原理图见图 11-2。

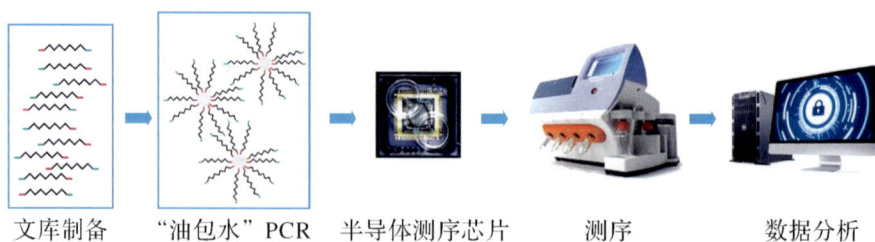

文库制备　　"油包水"PCR　　半导体测序芯片　　测序　　数据分析

图 11-2　IonPGM™测序原理图

2014 年两款专为 IonPGM™系统设计的法医 SNP 分型试剂盒面市,一款是包含 124 个常染色体 SNP 位点和 34 个 Y-SNP 位点的人类个体识别试剂盒,另一款是包含 165 个常染色体 SNP 位点的祖先来源推断试剂盒。

11.1.2　MiSeqFGx 系统

MiSeqFGx 系统通过利用单分子阵列实现在测序芯片上进行桥式 PCR 反应,用新的可逆阻断技术实现每次只合成一个碱基,并标记荧光基团,再利用相应的激光激发荧光基团,捕获激发光,从而读取碱基信息,最终实现 DNA 测序。

MiSeqFGx 系统支持 STR、SNPs 多位点法庭科学遗传分子标记检测与分析;其法医鉴定系统遗传标记包含 27 个常染色体 STR 基因座、24 个 Y-STR 基因座、7 个 X-STR 基因座、94 个身源识别 SNP 基因座、22 个表型 SNP 基因座和 56 个地域祖先来源 SNP 基因座,可进行个体识别、亲子鉴定、祖源分析、个体样貌特征描绘。

图 11-3 为 MiSeqFGx 测序原理图。

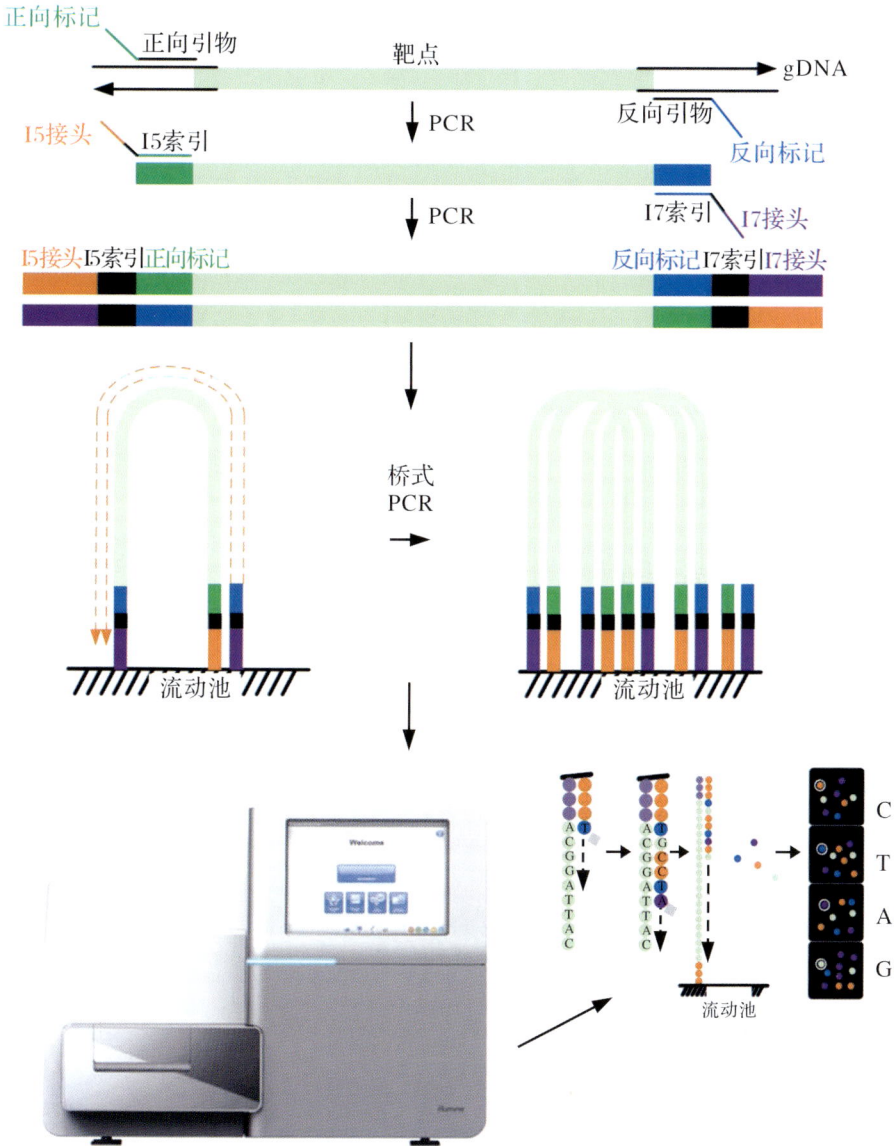

图 11 - 3　MiSeqFGx 测序原理图

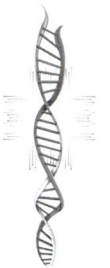

11.2 新一代法医基因组分型的方法

新一代法医基因组分型方法以自动化建库→数字化测序→智能化分析的 D2D（DNA to Date）一站式解决方案为目标，是遗传标记系统、建库平台、法医遗传仪到分析软件的全面更新升级。

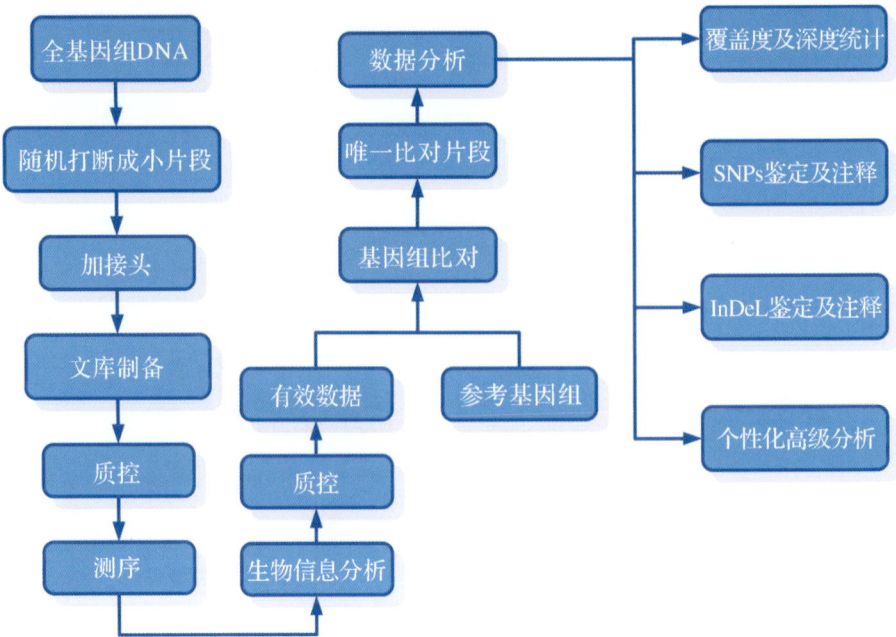

图 11-4 法医基因组分型方法

11.2.1 基于新一代测序技术鉴定全基因组的新遗传标记系统

以 5000～10000 个 di-STR（重复单元为 2 进制核苷酸）与 SNP 为主，与 tetra-STR（重复单元为 4 进制核苷酸）等位基因（allele）比较，di-STR 的测序长度减少了一半，更符合于新一代测序仪的读长，即 read 长度（小于 50bp），例如一个 di-STR 的等位基因的数目为 20，di-STR 的测序长度为 40（20×2）bp，而 tetra-STR 的长度则为 80bp。从理论上讲，di-STR 更适合于降解的 DNA（降解 DNA 大小 50～80bp）、无创产前母血分型样本的游离 DNA（游离 DNA 大小 170bp 左右）。

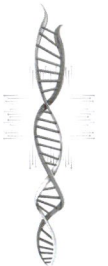

11.2.2 文库制备

根据样本类型,选择血液直接扩增或 DNA 提取扩增,引入血液直接扩增和快速 PCR 技术应用于文库构建。文库制备步骤分为扩增和标记靶点、富集靶点、纯化文库、标准化文库、混合文库、变性和稀释文库。

文库制备流程见图 11-5。

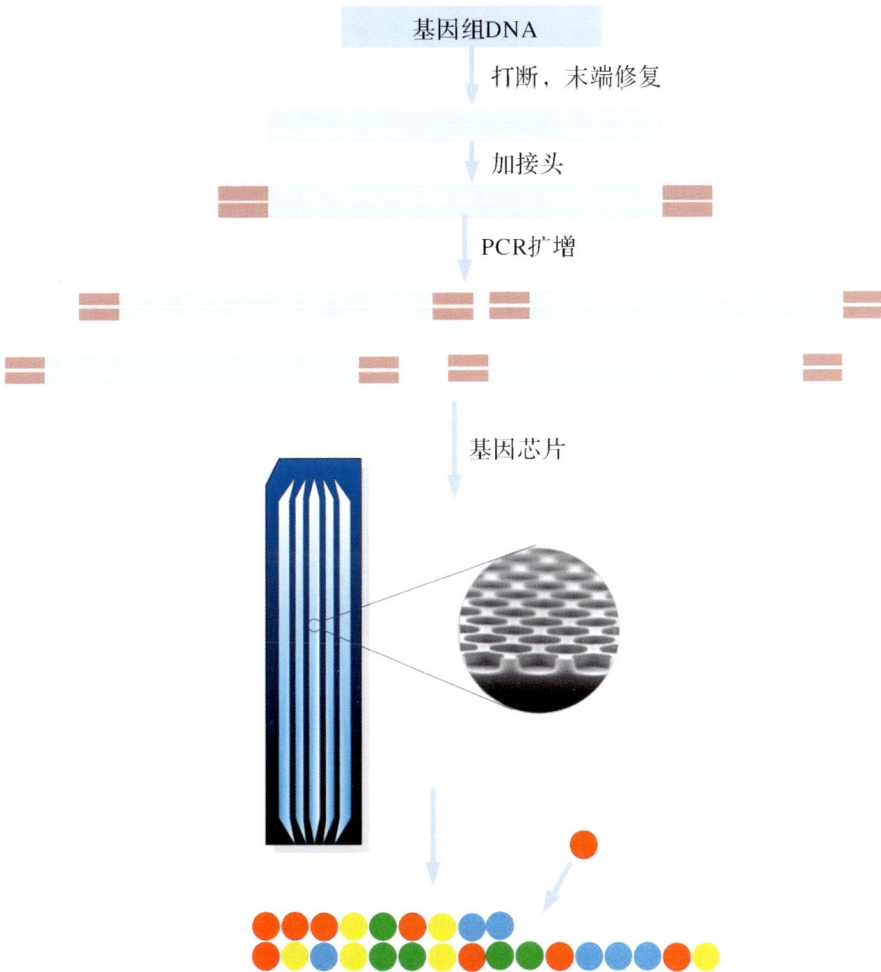

图 11-5 文库制备流程

11.2.3 上机测序

法医遗传仪在适当的温度及试剂环境下,将 AGCT 分别标记不同荧光的 dNTP 加入到待测芯片,在 DNA 聚合酶的作用下与当前位置的碱基聚合。通过光学系统激发检测得到当前的荧光信号,从而得知当前未知的待测序列。随后用淬灭试剂替换芯片内的试剂,在适当的温度及试剂环境下,荧光标记被淬灭,从而不影响下一轮的测试(图 11-6)。

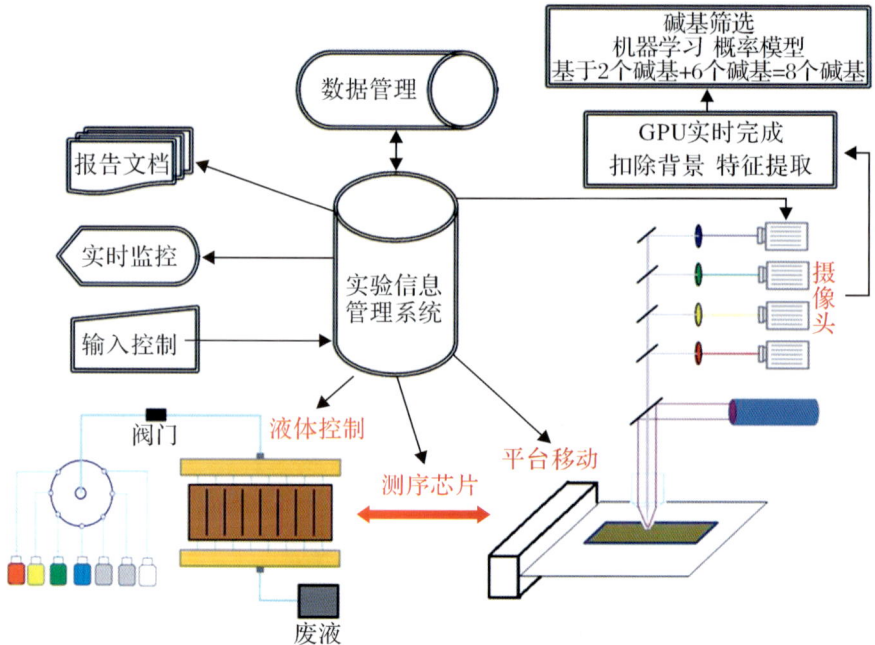

图 11-6　上机测序流程

11.2.4 数据分析

司法云平台位于法医基因组学系统的中心,是一个完整的从 DNA 到数据的法医软件解决方案。软件在 DAN 特征制备套件和测序仪的配合下,对人类识别的序列化基因样品信息执行分析。

司法云平台具有特定于法医基因组学的用户界面,为管理者提供远程管理、质控实验每一个环节的功能,比如采样、样本处理、数据分析及结果解读,并且包括对于测序仪器的操作以及后续的智能化处理。其主要功能包括数据分析结果展示、

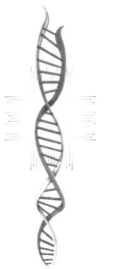

分析进程监控、实验室管理、报告管理及信息整合等；为个人、企业用户提供结果报告、检测内容及进度跟踪等功能。平台后台将拥有大型数据、大数据分析模块、数据可视化模块和模块调度与配合模块的支撑。

图 11-7 为数据分析流程图。

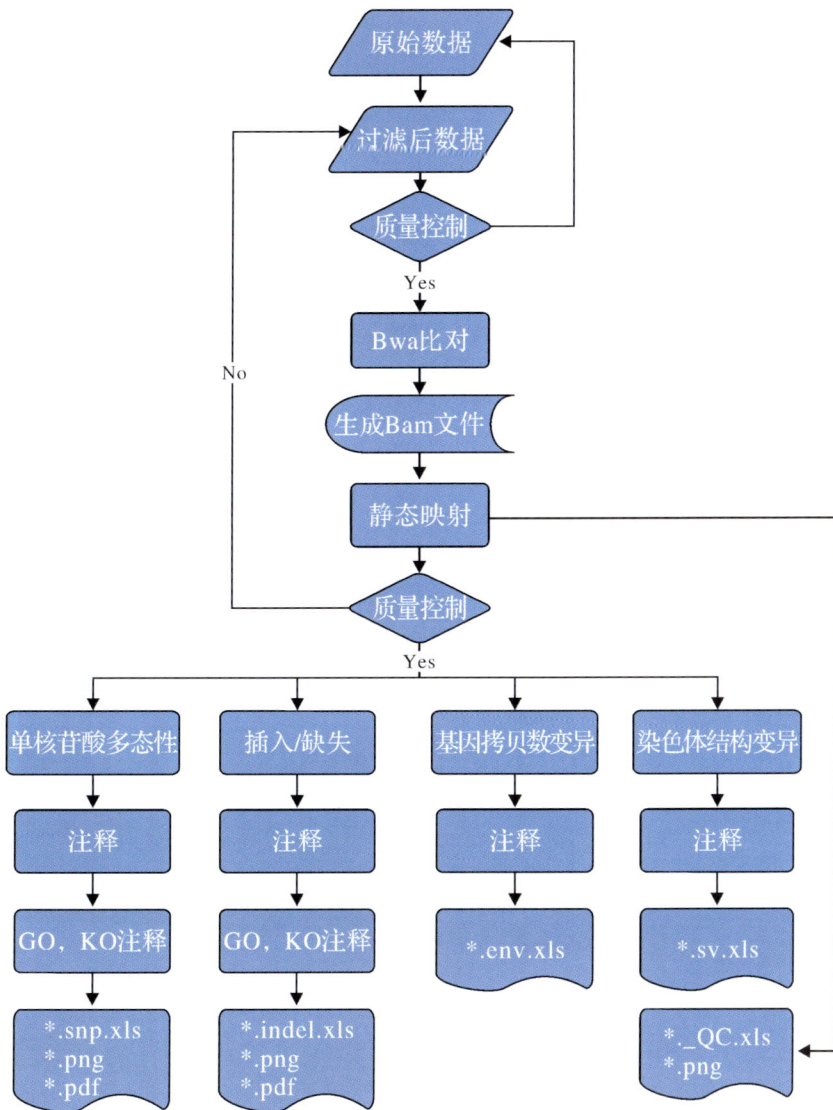

图 11-7 数据分析流程图

11.3 法医基因组分型的应用

常规生物检材的个体识别和亲缘鉴定技术已被广泛应用到法医实践的各个领域,使 DNA 技术成为法医鉴定的"金标准",被政府、社会、学界普遍接受;但是,这一经典技术无法解决微量样本、高度降解样本和混合样本的问题。法医基因组分型成为法医学应用的必由之路。

11.3.1 微量样本基因组分型

微量样本(trace amounts of DNA)一般指 DNA 模板含量低于 100pg 的生物样本,相当于 20 个以内的人类体细胞。而常规 STR 分型技术要求最低模板量在 125pg~1ng 之间,即需要获得 25 个以上的体细胞或 50 个精子细胞才可获得比较理想的分型效果。司法实践中犯罪现场环境的复杂多变,如爆炸现场对物证的破坏较为严重,加之犯罪分子反侦察意识的提高,使得常规物证获取更加困难。而微量生物物证具有分布范围广、隐蔽性高、肉眼不易察觉的特征,但也不易被毁灭。因此,开发适用于微量物证的检测方法将大大提高个体识别效力,也是物证鉴定研究必须解决的现实问题。

法医基因组分型,可一次对几百万条甚至更多的 DNA 分子进行序列测定,以所检测到的同一基因型的 DNA 分子数目量化分析基因型,因而能极大地提高DNA 分型的准确性和灵敏度。此外,通过侧翼序列直接判读位点信息,因此理论上讲法医基因分型方法中位点数目不受限制。最后,新一代测序技术可获得所测STR 基因座内部及其侧翼的具体序列信息,实现 STR 及其周边其他遗传标志物(如 SNP、Indel)的多态性信息组合,在 STR 长度多态性分型的基础上进一步提高个体识别的辨识度。

11.3.2 降解样本基因组分型

法医 DNA 具体检案工作中经常会遇到高度腐败尸体、组织残块、陈旧斑迹、白骨化残骸等,其基因组 DNA 通常已经高度降解,此时 DNA 分子被损坏,发生断裂,分子变小,大片段丢失。CODIS 系统及其他商品化 STR 试剂盒中的大片断STR 基因座往往无法进行有效的扩增,表现为扩增效率随片段增大而显著降低、

等位基因缺失或位点完全丢失等，以导致此类检材成为现阶段法医 DNA 分型难点。

法医基因组分型大量短片段的位点设计以及 ILMN 测序方法固有的高灵敏度使得检测微量样本简单易行，传统 STR 及毛细管电泳分析无法检测到的微量样本中的低丰度组分也能被检测到。

图 11-8 为降解样本基因组分型结果图。

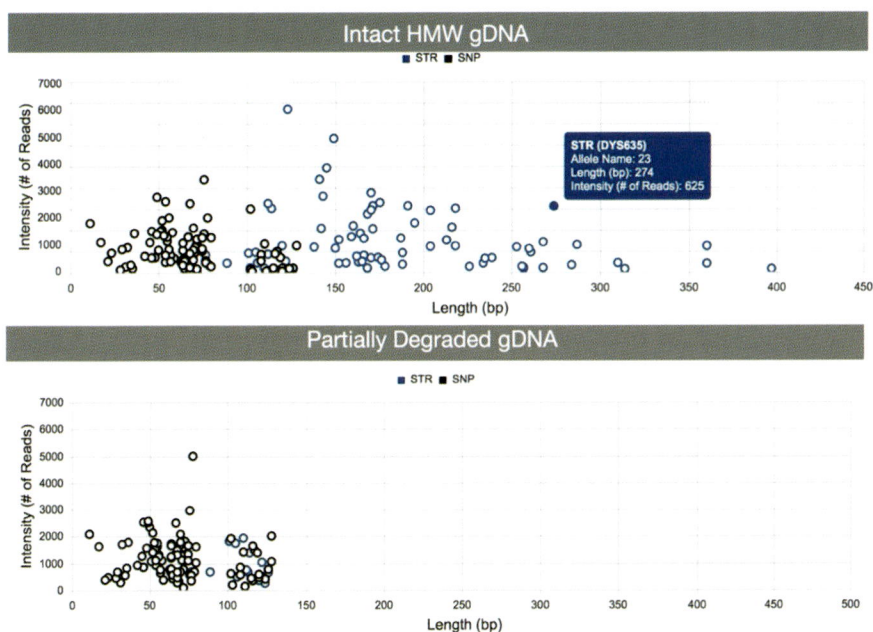

图 11-8　降解样本基因组分型结果图

11.3.3　混合样本基因组分型

当案发现场的痕迹检材来自两名或更多个体的体液和/或分泌液时，或者人源样本中混入它源 DNA（如动物、植物、微生物、昆虫）时形成混合检材，最常见的是暴力犯罪现场的混合血斑和性侵案件中的精液和阴道分泌液混合斑。司法实践中混合斑检材在生物检材中所占比重越来越大，混合斑检验问题正成为法医物证学亟待解决的重点问题。

法医学 DNA 物证鉴定案件，尤其是强奸案件胎儿父权鉴定常需等待胎儿出生,或孕期采用创伤性手段获得胎儿的遗传物质进行检测。孕妇血浆 DNA 是一种混合检材,即母体 DNA 和胎儿 DNA 的混合,其中胎儿 DNA 仅仅占 3.4%～6.2%。相比于传统的绒毛采检,抽羊水的方式,母血测序的遗传分析的优势明显:①只需抽取孕妇外周的血进行遗传分型分析,零伤害。②在怀孕 8 周的时候就可以进行,更早的确认亲权关系。早期妊娠时决定胚胎的去留,减少受害者的生理和心理伤害。③DNA 检测利用医学、生物学和遗传学的理论和技术,通过分析遗传特征,来判断父母与子女之间是否存在亲生关系。准确率达到 99.9999% 以上。达到法律要求的鉴定结果的准确性。

新一代测序技术拥有数据信息量丰富、通量高、测序准确性高等特点,使其在混合样本的检测中具有明显优势。因此,充分利用高效计算方法开发基于新一代测序的基因分型和混合样本分析软件,可以使鉴定效率达到最大化(图 11 - 9)。

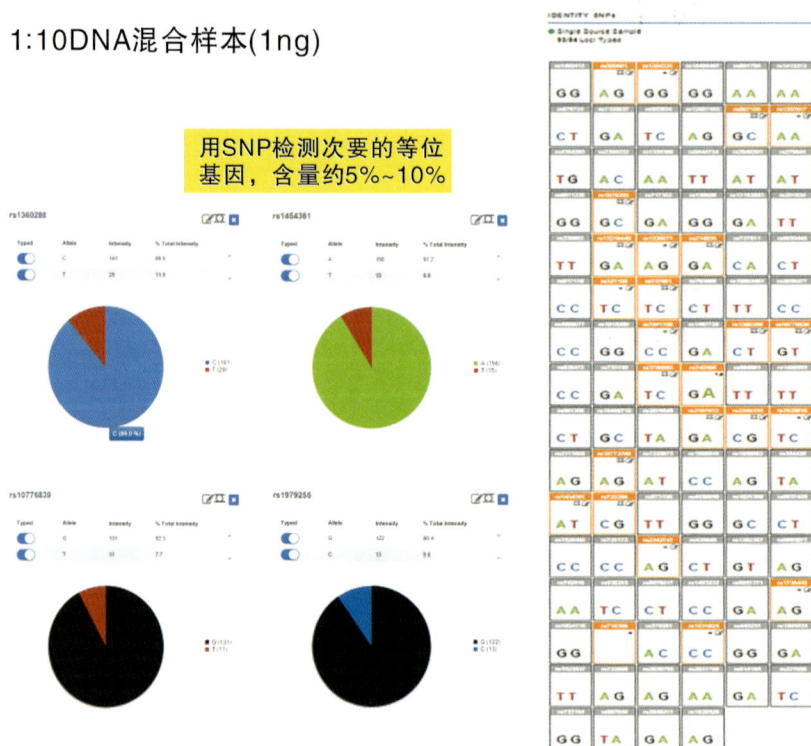

图 11 - 9　混合样本基因组分型结果图

11.3.4 种族溯源基因组分型

随着我国涉外交流的增多,城市国际化程度提高,涉外案件时有发生。在我国,不同种族人群的遗传信息数据库的建设工作正在进行。目前,法医 DNA 检案工作中缺乏指向性的遗传信息,不利于涉外案件的侦破。HapMap 和 HGDP 计划已在亚、非、欧等地区中多个具有代表性的黄种人、黑种人、白种人群中取得了一定进展,并绘制完成了数百万个多态性位点的多态性图谱。随着新一代测序技术的不断成熟,我们可以针对区分不同种族的祖先基因和标注不同种族表型基因的多态性位点进行高通量、高准确性测序。经实验证明,利用下一代的测序技术可以对个体做到种族的区域性划分。针对例如发色、瞳孔颜色这类具有种族特异性的多态性位点,其盲测评估结果与真实结果高度相关。

图 11 - 10 为种族溯源基因组分型图。

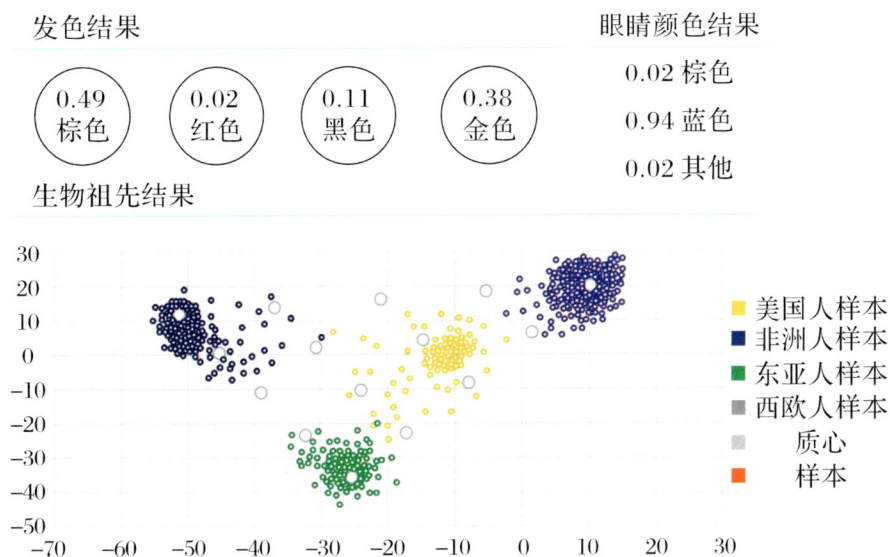

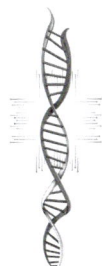

图 11 - 10　种族溯源基因组分型图

11.4　法医基因组分型数据库的建立

法医基因组涵盖了大量的遗传位点，现有的法医基础数据库信息已不能满足新一代测序技术的法医鉴定工作需求。通过群体遗传学调查，利用新一代测序技术获得国人的遗传位点信息，建立遗传信息基础数据库，为法医基因组应用于司法鉴定奠定坚实的基础。

我们正在利用法医基因组分型技术对中华民族 DNA 多态性进行研究，获得遗传位点的等位基因频率，并建立遗传信息基础数据库。该数据库的建立可用于中国人群法医学个体识别和亲权鉴定的系统效能和证据价值评估。目前已完成 500 人份中国汉族人群的 DNA 遗传信息的数据库建设，各遗传基因座的等位基因频率如表 11 - 1、表 11 - 2 所示。

表 11 - 1　中国汉族人群 58 个 STR 基因座等位基因频率表（$n=500$）

基因座 Locus	等位基因 Allele	频率 Frequency	基因座 Locus	等位基因 Allele	频率 Frequency	基因座 Locus	等位基因 Allele	频率 Frequency	基因座 Locus	等位基因 Allele	频率 Frequency
D1S1656	11	0.0758	D2S441	9.1	0.0301	D2S1338	16	0.0171	FGA	17	0.001
	12	0.0328		10	0.2575		17	0.0873		18	0.0233
	13	0.095		10.1	0.002		18	0.0934		19	0.0628
	14	0.095		11	0.3527		19	0.1847		20	0.0405
	15	0.3043		11.3	0.0501		20	0.1295		21	0.1144
	15.3	0.0011		12	0.1513		21	0.0261		21.2	0.002
	16	0.2161		12.3	0.002		22	0.0402		22	0.1781
	16.3	0.0045		13	0.024		23	0.1968		22.2	0.0061
	17	0.0871		14	0.1182		24	0.1476		23	0.2045
	17.3	0.0543		14.1	0.001		25	0.0582		23.2	0.0071
	18	0.017		15	0.01		26	0.0171		24	0.1791
	18.3	0.0158		16	0.001		27	0.002		24.2	0.0061
	19.3	0.0011								25	0.1022
			D3S1358	8	0.0021	D4S2408	7	0.002		25.2	0.004
TPOX	8	0.5324		13	0.0031		8	0.1734		26	0.0476
	9	0.1285		14	0.0465		9	0.3075		26.2	0.001
	10	0.0223		15	0.3492		10	0.3306		27	0.0152
	11	0.2955		16	0.3182		11	0.1613		28	0.004
	12	0.0213		17	0.2076		12	0.0242		28.3	0.001
				18	0.0651		13	0.001			
				19	0.0083						

基因座 Locus	等位基因 Allele	频率 Frequency	基因座 Locus	等位基因 Allele	频率 Frequency	基因座 Locus	等位基因 Allele	频率 Frequency	基因座 Locus	等位基因 Allele	频率 Frequency
D5S818	6	0.001	CSF1PO	7	0.002	D6S1043	9	0.0032	D9S1122	8	0.001
	7	0.0291		8	0.0041		10	0.0462		9	0.001
	8	0.0062		9	0.041		11	0.1113		10	0.0542
	9	0.0738		10	0.2387		12	0.1166		11	0.1759
	10	0.2069		11	0.2367		13	0.1513		12	0.3211
	11	0.3119		12	0.3893		14	0.1481		13	0.3671
	12	0.2297		13	0.0779		15	0.0126		14	0.0593
	13	0.132		14	0.0092		16	0.0032		15	0.0133
	14	0.0083		15	0.001		17	0.0378		16	0.0061
	15	0.001					17.3	0.0011		17	0.001
			D8S1179	8	0.0021		18	0.1754			
D7S820	8	0.134		9	0.0043		19	0.1366	D10S1248	8	0.001
	9	0.0443		10	0.1407		20	0.0494		10	0.001
	9.1	0.0074		11	0.0864		20.3	0.0021		11	0.006
	10	0.1741		12	0.1194		21	0.0042		12	0.0685
	10.1	0.0011		13	0.2079		22.3	0.0011		13	0.3831
	11	0.3734		14	0.1887					14	0.2177
	12	0.2289		15	0.1588	TH01	6	0.1224		15	0.2127
	13	0.0316		16	0.0661		7	0.2665		16	0.0887
	14	0.0053		17	0.0256		8	0.0597		17	0.0202
							9	0.4835		18	0.001
							9.3	0.0309			
							10	0.037			
vWA	13	0.0024	D13S317	7	0.001	PentaE	5	0.0583	D16S539	6	0.001
	14	0.2899		8	0.3028		7	0.0022		7	0.001
	15	0.0338		9	0.1209		8	0.0034		8	0.0071
	16	0.1582		10	0.1433		9	0.0135		9	0.2944
	17	0.2307		11	0.251		10	0.0516		10	0.128
	18	0.1703		12	0.1453		11	0.1973		11	0.2591
	19	0.099		13	0.0274		12	0.148		12	0.2006
	20	0.0121		14	0.0081		13	0.0695		13	0.0927
	21	0.0036					14	0.0964		14	0.0161
			D18S51	10	0.001		15	0.0818			
D12S391	15	0.0092		11	0.0051		16	0.0628	D17S1301	7	0.0021
	16	0.0041		12	0.0376		17	0.0527		8	0.0041
	17	0.0662		13	0.185		18	0.0516		9	0.0298
	18	0.2342		14	0.1931		18.4	0.0022		10	0.0412
	18.2	0.001		15	0.188		19	0.0404		11	0.177
	19	0.22		16	0.128		19.4	0.0011		12	0.4609
	20	0.1711		17	0.0671		20	0.0269		13	0.2212
	21	0.109		18	0.0579		21	0.0168		14	0.0566
	22	0.1008		19	0.0447		22	0.0112		15	0.0051
	23	0.0458		20	0.0315		23	0.009		16	0.0021
	24	0.0255		21	0.0274		24	0.0011			
	25	0.0071		22	0.0193		25	0.0011	DYS389I	11	0.0122
	26	0.0051		23	0.0112		26	0.0011		12	0.4771
	28	0.001		24	0.002					13	0.3456
				25	0.001					14	0.1651

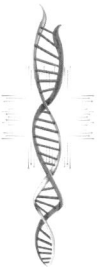

第11章 新一代法医基因组分型

基因座 Locus	等位基因 Allele	频率 Frequency	基因座 Locus	等位基因 Allele	频率 Frequency	基因座 Locus	等位基因 Allele	频率 Frequency	基因座 Locus	等位基因 Allele	频率 Frequency
DYS481	19	0.0063	DYS391	6	0.0031	DYS439	8	0.0031	DYS438	9	0.0183
	20	0.0063		9	0.0429		9	0.0031		10	0.7217
	21	0.0627		10	0.7393		10	0.0498		11	0.2294
	22	0.1442		11	0.2055		11	0.3941		12	0.0214
	23	0.2665		12	0.0092		12	0.3941		13	0.0092
	24	0.232					13	0.1433			
	25	0.1505	DYS635	19	0.1003		14	0.0093	DYS612	22	0.0031
	26	0.0564		20	0.2633		15	0.0031		24	0.0062
	27	0.047		21	0.3197					25	0.0215
	28	0.0188		22	0.163	DYS389II	24	0.0031		26	0.0246
	29	0.0094		23	0.0846		26	0.0125		27	0.0308
				24	0.0627		27	0.0627		28	0.0615
DYS19	13	0.0254		25	0.0063		28	0.3166		29	0.1108
	14	0.2667					29	0.3041		30	0.2031
	15	0.4603	DYS437	13	0.0063		30	0.2226		31	0.2554
	16	0.1968		14	0.6719		31	0.0658		32	0.1692
	17	0.0444		15	0.3031		32	0.0094		33	0.0954
	18	0.0063		16	0.0187		33	0.0031		34	0.0123
										35	0.0062
DXS10135	16	0.002	DYS390	21	0.0183	DYS385a-b	10	0.0174	DYS460	7	0.0031
	17	0.0132		22	0.0642		11	0.0872		8	0.0063
	18	0.0314		23	0.3914		12	0.1822		9	0.2812
	19	0.1012		24	0.3425		13	0.2868		10	0.4156
	20	0.0941		25	0.1682		14	0.0698		11	0.2875
	21	0.1346		26	0.0153		15	0.0388		12	0.0063
	22	0.1468					16	0.0349			
	22.3	0.001	DYS643	7	0.0062		16.2	0.0019	DYS392	7	0.0033
	23	0.0901		8	0.0093		17	0.0659		11	0.1233
	24	0.0698		9	0.0745		18	0.0853		11.1	0.0033
	25	0.0628		10	0.2702		19	0.064		12	0.09
	26	0.0425		11	0.4224		20	0.0407		13	0.4
	26.1	0.002		12	0.1894		21	0.0155		14	0.34
	27	0.0425		13	0.028		22	0.0078		15	0.0367
	28	0.0496					23	0.0019		16	0.0033
	29	0.0283	DYS533	9	0.0031						
	30	0.0283		10	0.1288	DYS549	9	0.0031	DYS448	15	0.0031
	31	0.0253		11	0.5736		10	0.0062		17	0.0251
	32	0.0111		12	0.2423		11	0.0623		18	0.2696
	33	0.0051		13	0.0521		11.1	0.0031		19	0.3197
	34	0.0081	Y-GATA-H4	10	0.0701		12	0.5576		20	0.3166
	35	0.0051		11	0.3408		13	0.2741		21	0.0596
	36	0.002		12	0.4904		14	0.0841		22	0.0063
	37	0.001		13	0.0924		15	0.0093			
	38	0.002		14	0.0064						
DYF387S1	34	0.0297	DXS7132	11	0.0061	DXS10103	14	0.0022	DXS7423	13	0.008
	35	0.1266		12	0.0615		15	0.0165		14	0.3657
	36	0.1812		13	0.25		16	0.3293		15	0.5832
	37	0.1875		14	0.3381		17	0.0903		16	0.0421
	37.3	0.0031		15	0.2674		18	0.1762		17	0.001
	38	0.1984		16	0.0625		19	0.3172			
	38.1	0.0016		17	0.0143		20	0.0573	DXS10074	13	0.001
	39	0.1453					21	0.0088		14	0.0161
	40	0.0922	DXS8378	8	0.002		22	0.0022		15	0.0504
	41	0.0281		9	0.0242					15.3	0.004
	42	0.0063		10	0.5242	HPRTB	10	0.001		16	0.2147
				11	0.2808		11	0.0674		17	0.3246
DYS522	9	0.0158		12	0.1404		12	0.2716		18	0.2288
	10	0.1297		13	0.0273		13	0.4276		18.3	0.001
	11	0.3228		14	0.001		14	0.163		19	0.1341
	12	0.4114					15	0.0601		20	0.0212
	13	0.1013					16	0.0091		21	0.002
	14	0.019					17	0.001		24	0.002

表 11 - 2　中国汉族人群 94 个 SNP 基因座等位基因频率表（n＝500）

位点	基因型	频率	位点	基因型	频率	位点	基因型	频率	位点	基因型	频率
Locus	Genotype	Frequency	Locus	Genotype	Frequency	Locus	Genotype	Frequency	Locus	Genotype	Frequency
rs1490413	A,A	0.352	rs891700	A,A	0.29090909	rs993934	C,C	0.23446894	rs4364205	G,G	0.40160643
	G,G	0.166		G,A	0.48282828		C,T	0.501002		T,G	0.43373494
	A,G	0.482		G,G	0.22626263		T,T	0.26452906		T,T	0.16465864
rs560681	A,A	0.455284553	rs1413212	A,A	0.27044025	rs12997453	A,A	0.17745303	rs2399332	A,A	0.10240964
	A,G	0.43699187		A,G	0.45283019		G,G	0.40083507		C,A	0.40160643
	G,G	0.107723577		G,G	0.27672956		A,G	0.4217119		C,C	0.49598394
rs1294331	A,A	0.118993135	rs876724	C,C	0.31451613	rs907100	C,C	0.29090909	rs1355366	A,A	0.75732218
	G,A	0.001007778		C,T	0.50604839		G,C	0.48282828		A,G	0.23430962
	G,G	0.549199085		T,T	0.17943548		G,G	0.22020200		G,G	0.0083682
rs10495407	A,A	0.126272912	rs1109037	A,A	0.142	rs1357617	A,A	0.62391304	rs6444724	C,C	0.20281125
	G,G	0.433808554		A,G	0.506		A,T	0.30434783		T,C	0.45983936
	G,A	0.439918534		G,G	0.352		T,T	0.07173913		T,T	0.3373494
rs2046361	A,A	0.331300813	rs717302	A,A	0.75862069	rs338882	C,C	0.13842482	rs727811	A,A	0.41473684
	A,T	0.495934959		A,G	0.22312373		C,T	0.19809069		A,C	0.44421053
	T,T	0.172764228		G,G	0.01825558		T,T	0.66348449		C,C	0.14105263
rs279844	A,A	0.169734151	rs159606	A,A	0.168357	rs13218440	A,A	0.21961621	rs6955448	C,C	0.50809717
	A,T	0.45807771		A,G	0.39148073		A,G	0.4434968		C,T	0.41902834
	T,T	0.372188139		G,G	0.44016227		G,G	0.33688699		T,T	0.07287449
rs6811238	G,G	0.427061311	rs13182883	A,A	0.19635628	rs1336071	A,A	0.2043956	rs917118	C,C	0.49196787
	T,G	0.43551797		A,G	0.51821862		A,G	0.43076923		C,T	0.41164659
	T,T	0.137420719		G,G	0.2854251		G,G	0.36483517		T,T	0.09638554
rs1979255	C,C	0.266260163	rs251934	C,C	0.016	rs214955	A,A	0.29875519	rs321198	C,C	0.34120172
	C,G	0.491869919		C,T	0.196		A,G	0.49170125		C,T	0.43991416
	G,G	0.241869919		T,T	0.788		G,G	0.20954357		T,T	0.21888412
rs737681	C,C	0.725450902	rs4606077	C,C	0.5284738	rs1360288	C,C	0.45020747	rs3780962	C,C	0.22614108
	C,T	0.254509018		C,T	0.34851936		C,T	0.43568465		T,C	0.44605809
	T,T	0.02004008		T,T	0.12300683		T,T	0.11410788		T,T	0.32780083
rs763869	C,C	0.178197065	rs1015250	C,C	0.23700624	rs10776839	G,G	0.35123967	rs740598	A,A	0.30462185
	C,T	0.438155136		C,G	0.50935551		G,T	0.45867769		A,G	0.46218487
	T,T	0.383647799		G,G	0.25363825		T,T	0.19008265		G,G	0.23319328
rs10092491	C,C	0.464285714	rs7041158	C,C	0.55050505	rs826472	C,C	0.68571429	rs964681	C,C	0.11603376
	C,T	0.411764706		C,T	0.29545455		C,T	0.28367347		C,T	0.41139241
	T,T	0.12394958		T,T	0.1540404		T,T	0.03061225		T,T	0.47257384
rs2056277	C,C	0.757700205	rs1463729	A,A	0.2515213	rs735155	A,A	0.67540323	rs1498553	C,C	0.28997868
	C,T	0.209445585		A,G	0.45841785		G,A	0.28427419		C,T	0.48400853
	T,T	0.032854209		G,G	0.29006085		G,G	0.04032258		T,T	0.22601279

位点	基因型	频率	位点	基因型	频率	位点	基因型	频率	位点	基因型	频率
Locus	Genotype	Frequency	Locus	Genotype	Frequency	Locus	Genotype	Frequency	Locus	Genotype	Frequency
rs901398	C,C	0.101626016	rs2269355	C,C	0.19254658	rs1335873	A,A	0.08817635	rs1454361	A,A	0.27911647
	C,T	0.37398374		C,G	0.46583851		A,T	0.4008016		A,T	0.4939759
	T,T	0.524390244		G,G	0.34161491		T,T	0.51102204		T,T	0.22690763
rs10488710	C,C	0.441810345	rs2920816	C,C	0.16404494	rs1886510	C,C	0.75050302	rs722290	C,C	0.28340081
	C,G	0.403017241		C,T	0.4		C,T	0.22937626		C,G	0.47773279
	G,G	0.155172414		T,T	0.43595506		T,T	0.02012072		G,G	0.2388664
rs2076848	A,A	0.151950719	rs2111980	A,A	0.38631791	rs1058083	A,A	0.14688129	rs873196	C,C	0.02653061
	A,T	0.437371663		A,G	0.4527163		A,G	0.48490946		C,T	0.29183674
	T,T	0.410677618		G,G	0.1609658		G,G	0.36820926		T,T	0.68163265
rs2107612	A,A	0.731313131	rs10773760	A,A	0.42973523	rs354439	A,A	0.20556745	rs4530059	A,A	0.11752577
	G,A	0.232323232		A,G	0.45824847		A,T	0.47965739		A,G	0.37319588
	G,G	0.036363636		G,G	0.11201629		T,T	0.31477516		G,G	0.50927835
rs1821380	C,C	0.118	rs2342747	A,A	0.13347921	rs740910	A,A	0.88211382	rs9951171	A,A	0.26464647
	G,C	0.45		A,G	0.33916849		A,G	0.11178862		A,G	0.40808081
	G,G	0.432		G,G	0.5273523		G,G	0.00609756		G,G	0.32727273
rs8037429	C,C	0.318	rs430046	C,C	0.40562249	rs938283	C,C	0.03048781	rs1736442	A,A	0.22432432
	C,T	0.484		C,T	0.47188755		C,T	0.25		A,G	0.32162162
	T,T	0.198		T,T	0.12248996		T,T	0.7195122		G,G	0.45405405
rs1528460	C,C	0.192946058	rs1382387	G,G	0.106	rs8078417	C,C	0.462	rs1024116	A,A	0.016
	C,T	0.466804979		G,T	0.468		C,T	0.424		A,G	0.172
	T,T	0.340248963		T,T	0.426		T,T	0.114		G,G	0.812
rs729172	A,A	0.010373444	rs9905977	A,A	0.168357	rs1493232	A,A	0.16352201	rs719366	C,C	0.0738255
	A,C	0.182572614		A,G	0.45841785		C,A	0.41928721		C,T	0.25055928
	C,C	0.807053942		G,G	0.37322515		C,C	0.41719078		T,T	0.67561521
rs576261	A,A	0.327967807	rs1523537	C,C	0.19262295	rs914165	A,A	0.11904762	rs2040411	A,A	0.064
	A,C	0.472837022		C,T	0.44262295		A,G	0.40909091		A,G	0.396
	C,C	0.199195171		T,T	0.3647541		G,G	0.47186147		G,G	0.54
rs1031825	A,A	0.366906475	rs722098	A,A	0.216	rs221956	C,C	0.34702259	rs1028528	A,A	0.37625755
	A,C	0.179856115		A,G	0.504		T,C	0.49691992		A,G	0.44064386
	C,C	0.45323741		G,G	0.28		T,T	0.1560575		G,G	0.18309859
rs445251	C,C	0.170168067	rs2830795	A,A	0.2602459	rs733164	A,A	0.03042596			
	G,C	0.390756303		A,G	0.4692623		G,A	0.22920893			
	G,G	0.43907563		G,G	0.2704918		G,G	0.74036511			
rs1005533	A,A	0.100204499	rs2831700	A,A	0.23760331	rs987640	A,A	0.23673469			
	A,G	0.460122699		A,G	0.45867769		A,T	0.49795918			
	G,G	0.439672802		G,G	0.30371901		T,T	0.26530612			

目前法医基因组应用于司法实践还需要大量的基础数据支持,法医遗传信息数据库的建设任重而道远。并且需要开发新的遗传标记算法,将特异性的多态性标记在新一代测序仪上实现数据分型和集成数据库也将是未来的研究热点和重点。

【参考文献】

[1] Gymrek M,McGuire A L,Golan D,et al. Identifying personal genomes by surname inference[J]. Science,2013,339(6117):321-324.

[2] Rodriguez L L,Brooks L D,Greenberg J H,et al. Research ethics:the complexities of genomicidentifiability[J]. Science,2013,339(6117):275-276.

[3] Eduardofr M,Santos C,Puente M D L,et al. Inter-laboratory evaluation of SNP-based forensic identification by massivelyparallel sequencing using the ion PGM[J]. Forensic Sci Int Genet,2015,17:110-121.

[4] Thomson J P,Fawkes A,Ottaviano R,et a1. DNA immunoprecipitation semiconductor sequencing (DIP-SC-seq) as a rapidmethod to generate genome wide epigenetic signatures[J]. Sci Rep,2015,5:9778.

[5] Willems T,Gymrek M,Highnam G,et al. The landscape of human STR variation [J]. Genome Res,2014,24(11):1894-1904.

[6] Gymrek M,Golan D,Rosset S,et al. LobSTR:a short tandem repeat profiler for personal genomes[J]. Genome Res,2012,22(6):1154-1162.

[7] Zeng F,Jiang R,Chen T. PyroHMMsnp:an SNP caller for Ion Torrent and 454 sequencing data[J]. Nucleic Acids Res,2013,14(13):136.

[8] Niedringhaus T P,Milanova D,Kerby M B,et al. Landscape of next-generation sequencing technologies[J]. Anal Chem,2011,83(12):4327-4341.

（王泳钦　王轶男）

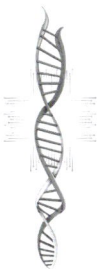

第 12 章　DNA 证据的司法解释

随着法医基因组学检验技术的发展进步,个体的基因型或基因组的检验已成为轻而易举的事情,个体基因组将成为新一代的个人"身份证",在保护人们健康、维护社会稳定中发挥重要的作用。个体基因组在证明不同个人身份,协助查明案件事实方面,日益彰显出无可替代的证据作用,成为刑事科学技术打击犯罪维护社会稳定的重要手段,并被人们誉为"当代社会的科技福尔摩斯"。

12.1　DNA 证据的作用

DNA 证据作为一种物质证据在法庭上要发挥其证明作用,即证据能力。证据能力是指某一种证据材料能否在诉讼中被采用所依据的标准,在我国又被称为证据资格。关于证据能力,相关的法律条文有着明确的规定。我国《刑事诉讼法》第48 条就明确规定:"可以用于证明案件事实的材料,都是证据。"而证据又包括:物证;书证;证人证言;被害人陈述;犯罪嫌疑人、被告人供述和辩解;鉴定意见等八大类。最高人民法院关于适用《中华人民共和国刑事诉讼法》的解释第七十二条规定:"对与案件事实可能有关联的血迹、体液、毛发、人体组织、指纹、足迹、字迹等生物样本、痕迹和物品,应当提取而没有提取,应当检验而没有检验,导致案件事实存疑的,人民法院应当向人民检察院说明情况,由人民检察院依法补充收集、调取证据或者作出合理的说明。"DNA 生物证据属于物证的一种,DNA 鉴定证据既具有物证具有的证据能力,同时从其自身具有的专业性特质来讲,DNA 鉴定证据又应属于法律规定的证据种类中的鉴定意见。DNA 的证据优势,使得包括侦查、起诉、审判在内的刑事诉讼各环节对 DNA 证据的依赖性很高。但是,这并不意味着DNA 证据就可以作为"铁证"适用于所有司法领域,而忽略其他证据的重要性。事实上,DNA 检验分析意见是科学证据,它也只是证据中的一种,只有与其他证据共同使用构成证据链条,结合案件的实际发生情况,通过科学的分析,才能发挥其证据的证明作用。目前我国在现场提取生物样本进行 DNA 检验的案件数量逐年上升,除大量的凶杀、伤害、交通事故、性犯罪等案件外,盗窃、贩毒、运毒等案件中也广泛应用,几乎所有案件中均可以获得与人体有关的生物性样本或动植物、微生物样本,需要进行法医基因组检验。因此负责现场勘查的工作人员、律师和法官以及普通民众都应加强对 DNA 证据的科学认识,利用现代科技带来的法医科学的技术革命,最大限度地利用 DNA 技术来打击犯罪、保护无辜、维护自身的合法权益,客观上充分发挥 DNA 证据在法庭上的证据作用。

在犯罪现场发现的各种生物性样本只有通过法医基因组学 DNA 分析才能发挥证据的作用,而这一作用在不同类型案件、案件侦查与审批的不同阶段也发挥着不同的作用。

12.1.1　提供有关犯罪事实认定犯罪

犯罪事实是指那些表明犯罪已经发生的重要事实。生物样本 DNA 证据可用来确定某起特定犯罪的重要事实。遗留在现场和作案凶器上的血迹是证明伤害或凶杀的重要证据,特别是现场中发现的死者、伤者以外的 DNA 样本;阴道拭子上的精液和被害人身上的他人毛发可以用来认定强奸事实。例如 1999 年某日晨,北京市石景山区某住宅小区发生一起特大凶杀案,同住在此的福建某工艺品首饰公司来京工作的 8 位女青年惨死在刀下,其中 1 人被杀死在楼下,其余 7 人被杀死在室内。法医基因组工作人员通过对 80 余处血迹进行提取检验,发现了不同于 8 名死者外的第 9 种血迹,说明了有可能犯罪嫌疑人在现场出血了,遗留在犯罪现场。通过进行 DNA 检验,认定现场第 9 种血迹确为犯罪嫌疑人所留。

12.1.2　提供作案方式的证据

很多作案人有自己独特的作案方式,生物样本 DNA 证据能帮助确定某种作案方式。例如排泄在现场的精液、尿液、粪便,都是确定特定作案人作案方式的重要特征。有些分别调查的案件,有时可以通过仔细研究类似的作案方式档案而被联系到一起,其中以系列杀人或者强奸案件尤其突出。

12.1.3　提供嫌疑人与受害者间关联的信息

嫌疑人与受害者间关联是生物样本 DNA 证据帮助确立的一种最常见和最重

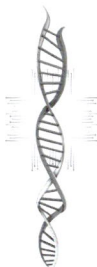

要的联系,这种联系在调查暴力犯罪中特别重要。例如,通过对比 DNA 基因组图谱来鉴定现场发现的各种生物物证和嫌疑人的关系。有时能够鉴定的物证也会由作案人传递给被害人,如在被害人身上发现嫌疑犯的血液、唾液、精液(斑)或毛发。但是要注意各种生物物证要分别处理,以免发生二次交叉污染。

12.1.4　提供人与犯罪现场关联的信息

犯罪嫌疑人或受害人与犯罪现场的联系,往往可以通过检查犯罪现场和分析物证来实现。例如借助遗传标记分析,通常可以把某个地点或某一物件与某个人联系起来,如确定血液、毛发或唾液的所属,从而把某个人与犯罪现场联系在一起。通过对犯罪嫌疑人带走的被害人的生物样本的 DNA 检验,为认定罪犯提供依据。罪犯实施犯罪行为后,其身上或物品上会从犯罪现场带走被害人的血液、毛发、精液、唾液等物质,对这些生物样本与被害人的生物样本进行 DNA 检验的同一认定,可以对特定案件的犯罪嫌疑者进行个人识别。生物样本不仅限于人体的各种生物性样本,其他非人类(动物、植物)样本的带入、带出同样可以作为确定犯罪现场关联的证明,例如一些地区特有的植物样本、动物、家禽家畜样本将反映出受害人或嫌疑人的某些特征。

12.1.5　否定或支持证人的证词

分析生物样本 DNA 证据通常能给出结论性的证明,可以表明某人对于一组事件的看法是否可信,也可以验证该人是否在说谎。犯罪现场形态往往提供极好的证据来支持或否定某一陈述。例如,一位司机的汽车与一辆肇事后逃逸的车辆的描述相似,检查这辆汽车,在其保险杠下面果然发现了血迹,可是这位司机辩解说此车撞死过一只狗。法医基因组学 DNA 检验就可以表明这血迹是狗血还是人血,并可以确定是否是受害人所遗留。

12.1.6　提供侦查方向

生物样本 DNA 分析可以帮助侦查沿着正确方向进行。在犯罪现场发现的科学证据,虽然并不都能肯定地帮助追查到嫌疑犯,但也可以为破案提供直接或间接的线索。检验现场生物样本 DNA 确定案犯的基因型,通过亲属的 DNA 来证明案犯,根据结果决定是否抓捕嫌疑人。此外,确定死者身份是刑事侦查工作中常面临

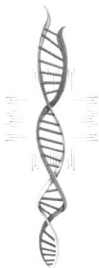

的首要解决的问题，只有确定了死者的身份才能围绕着死者社会关系进行下一步的侦查。在实际工作中，侦查人员遇到被害人一时无法查明身份即认定为无名尸，或者遇到浮尸、碎尸、焚烧的尸体、腐败尸体，这些尸体或者高度腐烂，或者身体被破坏得面目全非，或者无法找到完整尸身，或者由于时间过久尸体已白骨化，在这些情况下死者家属也难以辨认，即使通过家属辨认，往往家属由于失去亲人的情况下无法准确辨识而误认定为自己亲人。只有借助法医基因组学 DNA 检验技术，将无名尸骨 DNA 检验结果与可疑的双亲或子女做亲子鉴定，即反向亲权鉴定，可以帮助侦查人员查清死者身份。反向亲权鉴定作为一种特殊亲权鉴定为法医学个体识别提供了重要的分析技术手段，例如在现场发现一嫌疑人遗留的生物样本，法医基因组学 DNA 检验技术很容易识别样本的基因型，但嫌疑人在逃无法获得样本比对分析，此时若有其亲属样本通过反向亲权鉴定认定嫌疑人可缩小侦查范围。

12.1.7　DNA 数据库的作用

随着法医基因组学 DNA 分析技术的标准化，DNA 分析技术的应用是继指纹技术以来在犯罪侦查领域所取得的又一里程碑式的进步，基于 DNA 分析技术之上的犯罪 DNA 数据库已在世界范围内的许多国家建立，并且已成为全球联合打击犯罪最常用的有力工具。DNA 数据库在犯罪侦查中的高效性和准确性已得到司法科学界的广泛认可，其在法庭上的证据作用也已在立法上得到了保证。DNA 数据库的建设结合了现代计算机技术和网络技术的优势，通过 DNA 数据库技术可以跨越时空、地域，每当一个新的样本 DNA 分型结果上传数据库，数据库都会自动即时地与不同地区和不同时间累计的成千上万个数据进行比对，达到串并案件和锁定嫌疑人的目的。DNA 数据库的最终社会效益体现在降低犯罪率和维护社会安定。重大刑事犯罪大多从轻微犯罪开始，因此通过早期储备具有犯罪倾向的人群的 DNA 数据和提高轻微罪犯的拘捕率，使重大犯罪的发生得到抑制，特别是一些惯犯、累犯案件可以大大降低其犯罪率，降低社会危害性。例如，2000 年 11 月某日傍晚，杭州一姑娘约了男友去酒店聚餐。20 时 30 分左右，在将女友送走，沿广场方向散步。为了等公交车，他们就在公园长椅上坐下休息。之后不久，两人被几个持刀暴徒残忍杀害，手机等物品也被抢走。由于案发现场与马路只隔几步，有目击证人看到凶手跨出栏杆，并听到救命声。在行凶过程中，凶手也受伤，现场也留下了他们的血迹。血样也作了 DNA 检验，并上传公安部 DNA 数据库，经大量努力多次比对,历经 10 年,案件却一直没有侦破。2010 年 11 月某日,济南市公安局刑警支队 DNA 实验室在检验一起打架事件的血液样本时,发现当事人的血样 DNA 数据与杭州 10 年前的一起杀人案现场血样数据相吻合。犯罪嫌疑人得以通过 DNA 数据库比对而落网。DNA 数据库目前以常染色体 STR 基因座数据库为主,Y-染色体 STR 数据库的建立有助于特定区域、特定案件的侦破。DNA 数据库发挥作用的关键点在于:现场勘查提取犯罪嫌疑人遗留生物样本的 DNA 检验和标准采集相关人员血样 DNA 数据库的建设。

12.1.8　DNA 亲权鉴定解决民事纠纷

亲权鉴定是古老而现代的问题,亲权鉴定同样也是一个敏感的社会话题,随着社会的发展,人们的家庭、婚姻和生育观念发生了改变,同时电视、网络等媒体科普教育深入,更多相关案例的报道,以及人们的法律意识加强,涉及亲权关系的纠纷逐年增加,要求通过亲子鉴定解决纠纷的案例也在逐年增加。现代法医基因组学 DNA 分析技术使得亲权鉴定完全达到认定的标准,为解决离婚、财产继承、孩子入户、移民等民事纠纷提供了司法证据。DNA 亲权鉴定已广泛应用于各类民事案件的审理中,DNA 技术使得亲权鉴定的准确率大大提高,已被全世界各国认可,我国婚姻法司法解释也做出了相关的规定,肯定了 DNA 亲权鉴定的作用。

12.2　DNA 证据采用

12.2.1　DNA 证据样本的采集

进行法医基因组学 DNA 检验首先要有从现场提取到的生物样本,例如血液、毛发、精液、唾液、阴道分泌物、尿液、皮肤组织等,这是法医基因组学 DNA 检验的第一阶段。主要在案件勘查或案件调查过程中完成,通过对案件发生现场,犯罪嫌疑人住所、活动场所、衣物、用品等进行勘查,对发现的检材进行观察、记录、拍照、录像并制定恰当的采集、保存方案。其中生物样本的提取、包装和送检对生物样本 DNA 的检验是至关重要的。例如 DNA 分析中提取生物样本,经常是数以百计的犯罪现场仅有 10% 的痕迹是有效的生物样本,提取当事人的有效生物物证是作 DNA 分型的先决条件。生物物证多数是在现场勘验时发现,也有在检查犯罪分子

或嫌疑对象时发现,故在现场勘验或侦查时必须细心寻找物证。物证的发现并没有固定的地方。一般在未认清、测量、照相或绘图以前,切勿接触或移动任何物品。发现生物物证后,应在现场勘验记录中详细记载:发现地点、发现人姓名、提取的方法、物品名称、数量、形态、大小,以及附着可疑痕迹的部位等。而这些物证常常遗留在不易发觉的地方,能否收集到这些生物样本,取决于现场勘察人员的工作经验。此外,案发以后侦查人员未能有效保护犯罪现场,致使犯罪现场的物证遭到破坏,或由于一些案件中犯罪嫌疑人有充分时间清理犯罪现场或犯罪现场经过长时间的风雨冲刷,导致现场生物样本的缺失,更应该对现场仔细寻找;或由于工作人员缺少有关法医基因组学 DNA 物证检验的基本知识,没有意识到现场存有的可以进行 DNA 检验的样本,比如果核、口香糖、痰迹、烟头等,从而错失了生物样本的收集。现场生物样本的采集必须按照一定的法规依法采集、包装、送检。著名的辛普森杀妻案就是由于辩方律师提出现场生物样本提取过程的操作不规范,未按规定戴手套收集,用于检验的血样可能受到污染并且取到的血样没有及时送检,在高温的车内放置过久无人看管;血样保管有漏洞,提出辛普森被警察抽去做化验的血少了一些等原因导致在一审时控方败诉。也由于辛普森案件的辩方对 DNA 检验技术的攻击,法医 DNA 实验室开始重视现场生物样本提取和实验操作的规范化。现场生物样本的收集应遵循中华人民共和国公安部 2014 - 05 - 09 发布实施的《法医生物检材的提取、保存、送检规范》(GA/T 1162—2014)。DNA 生物样本的收集及提取方法必须符合法定程序。现场遗留与犯罪有关的具备检验鉴定条件的血迹、指纹、毛发、体液等生物物证只有通过 DNA 检验鉴定方式与被告人或者被害人的相应生物样本、生物特征等作同一认定才能作为 DNA 证据使用。因此,DNA 检验除了要有现场收集到的生物样本以外,常常需要对一定范围内的人员生物样本进行 DNA 检验,同现场生物样本的 DNA 检验结果相比对,进行同一认定来确定或者排除罪犯。样本的采样必须登记被采样人身份信息、采样人、采样地点、采样时间、采样缘由和采样依据。样本采样过程应有记录者和监督者,从而保证整个采样过程真实有效。样本采集后应及时交由 DNA 检验实验室进行检验,以确保检验材料不因时间过长而影响检验的效果。

12.2.2 生物样本 DNA 实验室检验

法医基因组学 DNA 检验技术广泛应用于刑事、民事诉讼中解决了许多以往无法解决的问题,为侦查提供线索、为审判提供依据,发挥了重要的作用。法医基因组学 DNA 检验是一种专业性工作,其检验必须在具有相关资质的专业实验室进行,法医 DNA 分析技术必须标准化。在实践中已认识到法医 DNA 分析技术标准化的重要性,这是为了能够保证鉴定结果的准确性,鉴定报告能够被法庭接受。设计法医 DNA 检验质量保证体系方案,制订各类法医 DNA 分型的标准化手册,对法医 DNA 实现从人员组成、实验室设置、检验设备、检验方法、试剂采购、分析过程、数据分析、鉴定报告等环节提出规范,使实验室的所有环节处于质控范围内。DNA 本身并不具备自动成为客观证据的功能,而是必须经过以人为主导的采样、实验、对比、分析及数据解释等程序后,方可得出结论。也就是说,DNA 证据必须通过人的行为才能得到。那么从采样到实验,再到根据实验结果进行分析和报告,每一个环节都可能出现影响 DNA 证据可信度的行为。建立法医基因组学 DNA 实验室规范及技术标准,对于规范鉴定技术、保证亲权鉴定结果的科学性和可靠性,具有重要意义。英、法、德、意、日、美等国家已相继提出了亲子鉴定标准建议,明确指出从事法医基因组学 DNA 检验、DNA 亲子鉴定的实验室应该遵守 ISO/IEC17025 标准。法医基因组学 DNA 检测领域是中国合格评定国家认可委员会对实验室的认可领域之一,按照《全国人民代表大会常务委员会关于司法鉴定管理问题的决定》中第五条规定,从事 DNA 鉴定的实验室应通过计量认证和实验室认可,依照质量管理要求,DNA 实验室应遵循中华人民共和国公安部 2014 − 05 − 09 发布实施的《法庭科学 DNA 实验室检验规范》(GA/T 383—2014)、《法庭 DNA 实验室建设规范》(GA/T 382—2014)和《法庭科学 DNA 检验鉴定文书内容及格式》(GA/T 1161—2014)标准的要求。因此,法医基因组学 DNA 检验实验室需要通过实验室认证认可合格性评估,以保证 DNA 检验结果的客观公正。

12.2.3 DNA 检验的科学性、准确性

法医基因组学 DNA 检验的实验室检验是对现场收集的可疑样品及举证需要的参考样品进行科学的检验分析,重点解决个体识别,即判断现场采集的法医物证检材来自何人。只有科学的法医基因组学 DNA 检验程序才能得出科学的检验结果,法医基因组学 DNA 检验应遵循中华人民共和国公安部 2014 − 05 − 09 发布实施的《法庭科学 DNA 实验室建设规范 GA/T 382 −2014》《法庭科学 DNA 实验室检验规范 GA/T 383—2014》和公安部《法庭科学人类荧光标记 STR 复合扩增检

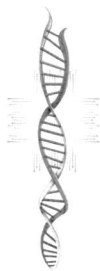

试剂质量基本要求》(GA815—2009)标准开展法医基因组学 DNA 检验,取得科学、准确的检验结果。伴随着科技的进步法医基因组学理论特别是 DNA 分析检验技术水平的大大进步与提高,DNA 检验的准确率也得到大幅度的提升。作为目前世界上 DNA 检测技术和设备最先进的国家,美国一直非常重视 DNA 技术在刑事司法领域中的拓展性应用和研发,从 2004 年起,美国开始实施为期 5 年,耗资 10 亿美元的"总统 DNA 行动计划(President's DNA Initiative)",通过利用新的 DNA 分析技术消除积压样本、提高 DNA 实验室分析检验能力、加强 DNA 数据库的信息化水平、加强司法领域工作人员 DNA 知识的培训等方法,旨在最大限度地利用 DNA 技术来打击犯罪和保护无辜。DNA 技术必须通过检验人员认真科学的检验才能得出准确的检验结果,作出符合科学逻辑的分析。

由于 DNA 检验的灵敏度非常高,通常一根带毛囊的毛发足以完成 DNA 分析检验,甚至可以利用汗液指纹等接触性证据中所含的超微量样本提取 DNA,进行同一认定。高灵敏度对于确保 DNA 技术鉴定的可靠性是至关重要的,也正因为生物样本高灵敏度容易在受到污染的时候而减低可靠性,所有会导致出现错误的结论。污染的出现有以下几种情形:第一,生物样本在现场提取、保存和送验过程中形成的污染。例如,现场生物样本和犯罪嫌疑人的样本保存在一起或者同时送验时,由于技术操作不规范,极容易导致现场生物样本和犯罪嫌疑人的标本之间"交叉污染",甚至可能出现现场勘察人员 DNA 的污染,这种污染极易导致错误的鉴定;第二,样本本身就是混合样本,所以有"污染",例如轮奸案中的混合斑,又如在案发前其他人所遗留的果核、烟蒂等样本,特别是目前大量的接触性 DNA 的检验;第三,鉴定过程中形成的 DNA 污染。这种污染主要来自实验室的环境污染、检验仪器污染、药品污染、检验不规范受到其他生物样本污染等,这些污染是最不容易发现的,这些污染的存在极可能导致事实上不同一的样本产生同一的假象,从而造成 DNA 鉴定结论的错误。样本的污染源是非常复杂的,这将导致可检测的样本资料范围大受限制。更为重要的是,从法庭的观点来看,确保样本不被污染是现场调查人员和实验室 DNA 检验人员的职责。样本的污染是可以预防并通过检验手段发现,这就需要实验室 DNA 检验人员具备相关的实验室工作经验和认真负责的工作态度,更要加强实验室的管理。若 DNA 检验结果确定提示样本可能受到污染就需要了解样本污染的来源,探究污染原因,排除其他人员涉案的可能。采取适当的污染防范措施可以有效降低生物样本检验污染发生的可能性,及时监测和发现生物样本污染可将污染造成的危害降到最低,从而保证 DNA 证据的可信性。

12.2.4 DNA 证据的法庭审查

　　法医基因组学 DNA 检验结论,对案件的侦破及诉讼起到了至关重要作用。对法医 DNA 检验结论审查时,应审查鉴定机构的资质、鉴定人的资格能力和水平、检验程序、检验人、是否违反了回避规定、证据的主体、形式、来源、收集以及提取证据、送检程序等是否均符合法律的有关规定。对不具备合法性的证据,应根据我国的非法证据排除原则,进行谨慎审查,区别对待。由于人们对 DNA 证据信任有加,重视 DNA 这一科学检验证据,许多零口供案中一旦出现 DNA 证据,就被认为铁证如山。但不能迷信 DNA 证据,DNA 证据只是物质证据的一种,对 DNA 鉴定结论的证据效力进行审查时,不能孤立进行,必须把 DNA 鉴定结论同其他证据结合起来进行审查,看能否相互印证,如与其他证据存在矛盾,则不能草率认证。必须对其与其他证据的关联性进行认真深入审查和综合判断,以排除各种合理怀疑,形成一条闭合的"证据链"。我国刑事诉讼法修正案草案将 1997 年刑事诉讼法中的"鉴定结论"这一证据种类改名为"鉴定意见"。它意味着,对待 DNA 等鉴定结果,不能再以面对"结论"的心态顶礼崇拜,而是应以对待"意见"这一实事求是的、科学的态度理性审视。

　　亲权鉴定案件主要涉及的是民事诉讼案件,法庭在审查亲权鉴定案件时一类是由法院委托司法鉴定结果承担的亲权鉴定案件检验,另一类则是当事人自己委托司法鉴定机构做的亲权鉴定检验报告。在法庭中需要审查:第一,鉴定机构是否合法,是否在司法行政部门登记注册,其注册的业务范围是否包括亲权鉴定;第二,DNA 检验人员是否具有鉴定资格;第三,当事人双方是否认同检验样本的真实可靠性,即检验的样本能否代表该个体。符合这几项,亲子鉴定结论可被法官采信。我国司法鉴定管理条例规定个人可以作为委托人委托司法鉴定机构进行司法鉴定工作,司法鉴定机构严格地按照司法鉴定程序承担个人委托做出的司法鉴定结论也可作为证据提供给法庭,经法庭审查,认定该证据的合法性,是否采信。还有一类是通过邮寄样本或委托人自己提取孩子和自己的样本到鉴定机构,属于私下委托检验机构进行的个人检验,委托人想私下获得知情权,此类检验由于不符合证据的相关规定,必然不具备法律规定的证据的效力。

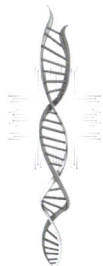

12.3　DNA 证据的证明力

　　法医基因组学 DNA 检验证据是随着现代生物基因科学的发展而逐渐为人们所认识和接受的，其证明力也将随着科技的发展而逐渐增强。就目前国际的技术水平而言，DNA 证据对个体异性的识别率已达到了相当高的水准。DNA 证据被赋予"科技福尔摩斯"、"证据之王"、"最后的证据"、"绝对的证人"等称号，许多案件在侦破过程中特别是陷入困境阶段往往对法医基因组学 DNA 检验给予了很高的期望值。很多人坚信 DNA 鉴定是目前法庭科学领域最有效的同一认定技术，由此形成的 DNA 证据是当今人类世界最可靠的证据，法庭对 DNA 证据的证明作用经历了全面接受、怀疑拒绝和理性接受三个阶段。法医基因组学 DNA 检验结果作为司法证据，需要 DNA 检验技术获得基因组 DNA 分型结果，对分型结果采用遗传统计学解释，得到排除同一认定或亲权关系结论较容易，但要得到肯定结论则较难，随着法医基因组学 DNA 检验技术水平的提高和认定标准的提升，仍然对肯定结论有许多质疑。检验多少遗传标记才能够达到肯定的结论一直是法庭争论的一个焦点问题。

12.3.1　群体遗传学与概率论

　　法医基因组学要解决的两个重要的法医学问题即个人识别和亲权鉴定的理论均是建立在群体遗传学和概率论的基础知识上得出鉴定意见。由于法医基因组学选用的 DNA 遗传标记具有高度的遗传多态性，每一个遗传标记均具有众多的等位基因及基因型，并且选用多个独立遗传的基因座 DNA 遗传标记所构建的法医基因组学检验系统，联合多个基因座 DNA 遗传标记即可通过概率论乘机原则得到数以千万计的不同基因型组合或可称为个体基因型，而这种个体基因型的频率非常低，这就足以区分十亿甚至百亿群体即目前全世界的人口中的个体，以足够高的似然率达到个体识别的目的，即判定两个或多个现场或对照样本间的同一关系一是否来自同一个体。而这里所使用的群体遗传学数据评估法医基因组学 DNA 检验系统的系统效能则是群体遗传统计结果与个体样本基因型间的理论与实际关系。

　　DNA 亲权鉴定可以看做另一类特殊的个体识别即通过亲代与子代间的遗传关系来认定父亲、母亲或者孩子，依据法医基因组学 DNA 检验结果，父亲、母亲所来自的群体的群体遗传学数据计算亲权指数得出鉴定意见。因此,群体遗传学研究是否充分、群体遗传学数据库使用是否得当、基因座的遗传是否符合遗传平衡规律、位点间是否有连锁遗传关系均是需要考虑的问题。此外,也应认识到法医基因组学仍不可能解决所有类型的亲权鉴定,例如只有"奶奶"与"孙子"间的隔代亲权鉴定。

12.3.2　似然率的计算

似然率是对于同一个证据的不同假设条件下得到的概率值的比值。在个体识别鉴定中是指:若犯罪现场中的 DNA 档案与嫌疑人 DNA 档案相互匹配,则对于匹配的原因有如下两种可能的假设:

(1)嫌疑人的匹配是因为其在犯罪现场遗留下了生物样本;

(2)真实的犯罪者另有其人,这种匹配仅是偶然发生的,似然率则是这两者的比值,比值越大越支持现场样本是嫌疑人留下的假设。

在亲权鉴定案中似然率即亲权指数是被控父亲提供生父基因成为孩子生父的可能性和随机男人提供生父基因成为孩子生父的可能性的比值,亲权指数越大则被控父亲是孩子生物学父亲的可能性越高。

似然率越高在个人识别鉴定中也就越支持原告假说即现场遗留的生物样本是犯罪嫌疑人所留,在亲权鉴定中就越支持被控男子为孩子的生物学父亲。那么似然率到达多少就可以认定原告假说呢?随着法医基因组学 DNA 技术的进步,所选择的高度多态性 DNA 遗传标记的组合检验系统使得似然率在实际应用中的标准有逐步提高,当被控男子的累积父权指数大于 10000 时,就支持被控男子是孩子生物学父亲的假说。从理论上讲,鉴定时检测分析的 DNA 基因座数量越多,鉴定结论的准确性越高,发生偶然巧合的可能性就越低,DNA 检测得出的只是概率而非确定性结论。以目前法医基因组学 DNA 检验技术和使用的遗传标记系统而言,达到同一认定标准并非难事,但更应注重实验室操作对实验结果的影响和具体的案件背景,不能以实验结果统计数据为唯一判定标准。DNA 鉴定只解决送检的样本和比对样本在概率上是否同一,属于理论上的技术判断问题,解决的是现场生物样本的来源问题,不解决嫌疑人是否实施了犯罪的事实问题,现场生物样本的来源与是否有罪需要由法庭审判者依据证据链的构成来判断认定。

12.3.3　不同基因组遗传标记结果的解释

作为法医基因组学 DNA 检验技术而言，人类基因组中凡是具有多态性的 DNA 基因座均可应用于法医学个人识别和亲权鉴定，但我们不可能检验所有的人类基因组。在人类基因组中可分为核基因组和线粒体基因组两个基因组，在法医学个人识别和亲权鉴定中根据不同的案件背景常常选用不同的基因组检验。

1. 核基因组 DNA 检验

核基因组 DNA 遗传标记检验是法医基因组学应用最广泛的 DNA 检验，无论是个人识别还是亲权鉴定都是首选的 DNA 遗传标记。在法医学个人识别鉴定中通常选用常染色体非连锁独立遗传的 DNA 遗传标记，除了同卵双胞胎以外，每个个体之间在 DNA 上都存在着差异，例如通过 CODIS 系统检验几乎可以区分全世界的个体。据报道，2006 年，黑龙江警方抓获了强奸犯嫌疑人范某。经过审讯，范某承认了 4 起，否定了 1 起。对最后一起，DNA 证据及被害人辨认均证明范某是作案凶手。但范某提出了不在场的有力证据。后经查明，范某有一同卵生的弟弟，最后一起强奸案是其所为。DNA 证据只是整个案件证据链中的重要一环，也需要其他证据的辅助证明，不应孤立地看待和应用 DNA 证据。

在个体识别检验通过常染色体 STR 多态性检验中，当现场检材与比对样本的基因型不一致时，给出排除的鉴定意见，形式可如"××样本与××样本的 STR 分型不同，二者不是来源于同一个体"；当两份（或多份）样本的所检验的遗传标记基因型完全一致，根据所检测基因座的等位基因基因频率（来自于实验室建立的或资料中提供的本地区本民族群体遗传学数据），计算其似然比（LR），并根据计算的结果给出鉴定意见，形式可如"××样本与××样本的 STR 分型相同，经计算似然比为××"。同时可在分析说明中以似然比解释：个体认定与否以似然比来判定，似然比率是根据检验的 DNA 遗传标记的基因型组合在群体中的稀有程度（基因型频率）大大超过人类个体总数，即从概率上估计在全世界人群中不可能找到具有同样基因型组合的另一个人来判定的。似然比率越大，留下现场物证的人和嫌疑人是同一个人的可能性越大。

两个样本 Y 染色体 STR 分型不同时，鉴定意见的形式为"××样本和××样本的 Y 染色体 STR 分型不同"，可以给予进一步说明，如"××检材与××检材不是来源于同一个体"或"××与××不符合父系遗传关系"。两个样品 Y 染色体

STR 分型相同时,鉴定意见的形式为"××样品和××样品的 Y 染色体 STR 分型结果相同",并给予进一步说明,个体识别时为"不排除××检材与××检材来源于同一个体"。

常见的亲权鉴定类型例如标准三联体亲权鉴定、二联体亲权鉴定主要采用常染色体 DNA 遗传标记来检验,按照遗传关系计算亲权指数认定亲权关系,此类鉴定直接依据遗传关系得出被控男性与孩子间是否有生物学亲子关系,以亲权指数作为定量的衡量。Y 染色体、X 染色体在一些特殊类型的亲权鉴定中应用,常常作为常染色体检验的补充。对于特殊亲缘关系的鉴定遗传标记分析的证明力是有限的,例如在同胞、叔侄、祖孙鉴定等类型的亲缘关系鉴定中,法医基因组学常常选用多种常染色体和性染色体遗传标记的组合检验已达到解决问题,但往往由于参与鉴定的亲属人员的限制,所提供给法医基因组学遗传分析的信息有限,一级亲属父亲和母亲提供的遗传信息最全面,其次为单亲(父亲或母亲一方),再次是二级亲属半同胞、叔侄、祖孙。特别是在祖孙亲缘关系鉴定中,若有母亲参与鉴定发现多个遗传标记违反遗传规律则可排除亲缘关系,则会大大降低错误认定亲缘关系的几率。Y 染色体遗传标记在爷孙、叔侄鉴定中发挥重要作用,但由于 Y 染色体特殊的遗传特征即父系遗传,在同一家族中父系成员的 Y 染色体基因组是一致的,因此,在爷孙、叔侄鉴定中爷爷与孙子、叔叔与侄子的 Y 染色体遗传标记一致只能说明他们为同一父系成员,依据这一检验结果的鉴定意见:他们为同一父系成员,结合案件的具体情况,各种背景材料推断孩子与其生父(由于各种原因无法得到样本参与鉴定)的关系。

2.线粒体基因组检验

线粒体基因组的遗传特点是母系遗传,主要用于由于检验样本的限制而无法提取到核基因组 DNA 只能提取到线粒体基因组的情况下,为达到个体识别的目的。由于线粒体基因组的遗传特点其检验结果只能说明两个样本来自同一母系成员,而不能认定其同一性,因此,与 Y 染色体遗传标记一样必须结合案情采纳鉴定意见。

12.3.4　基因变异对亲权鉴定和个体识别的影响

基因变异在医学、法医学、人类学等领域具有重要的意义。从遗传学角度来讲,子代的基因必然分别来自父母双方,如果子代的基因组中出现父母双方都没有

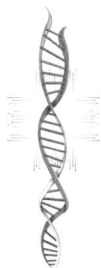

的"陌生"片段,则说明出现了等位基因变异。一方面等位基因变异的存在是亲权鉴定和个体识别得以实施的基础。高的突变率有利于保持遗传标记的多态性,在人类个体识别中很有应用价值。而另一方面,亲权鉴定的理论基础要求在没有突变的情况下,在每个检验的基因座中,孩子拥有来自父母的各一个等位基因。这就指出另一方面等位基因突变也同样影响了亲权鉴定和个体识别鉴定结论的准确性。虽然等位基因的突变可以潜在影响亲权鉴定的结论,但其对个体识别影响不大,因为发生的任何突变在个体一生中都会保持不变。

突变对亲权鉴定、大型灾难调查以及经过一代或者数代遗传数据分析得出结论的群体遗传学,都有实际的重要性。在亲权鉴定时,一个等位基因的突变率过高可能会导致错误排除。在大型灾难或失踪人员调查时,需要将家庭成员的等位基因与遗骸的等位基因进行比对,此时突变就成为很重要的问题,因为等位基因突变的存在影响了比对结果的准确性。在亲权鉴定中要求等位基因突变率足够的低。学术界比较统一的意见认为,若基因座突变超过 0.2%,则该位点不适宜用于亲权鉴定。这是因为认同子代和假定父亲间的关系基于等位基因在代间传递是保持一致的假定。

12.3.4.1 DNA 遗传标记突变的类型

根据孟德尔遗传的分离和自由组合定律,亲代基因型决定子代基因型。在没有基因突变、分型错误的前提下:第一,孩子的一对等位基因必定是一个来自父亲,另一个来自母亲;第二,孩子不可能带有双亲均没有的等位基因。这两点是亲权鉴定的基本原理。也就是说,孩子的某个等位基因为生父基因,而假设父并不带此等位基因时,不能排除他为孩子的生父。对于父系遗传的 Y 染色体,子代的分型必定与父亲的相同,而且同一父系的所有个体的分型一致;对于母系遗传的线粒体DNA,子代的分型必定与母亲的相同,而且同一母系的所有个体的分型一致。仅根据上述遗传定律假设父与孩子之间在一个遗传标记上不符合遗传规律就可以排除其父子关系。但由于突变等多种原因的存在,一个基因位点不符合遗传规律,可能是由突变等原因造成的,而且有大量文献已报道在真实的家系中存在两个遗传标记的突变。因此,在亲权鉴定中,如果只有一个遗传标记不符合孟德尔遗传规律,一般不能否定其亲缘关系。通常情况下,只有三个以上 STR 基因位点不符合遗传规律时,方可排除亲子关系。

不同类型的 DNA 遗传标记(即基因位点),其等位基因的突变情况是不同的。

即使同一类型的 DNA 遗传标记,乃至同一基因位点,不同等位基因的突变率也不尽相同,甚至差异很大。

(1)小卫星 VNTR 序列都位于基因组的高变区,有的序列本身就是基因重组的热点。这些高变区 VNTR 基因座突变率可达 0.7%。Jeffreys 等早期进行的家系调查发现 DNA 指纹的突变率比较高,大约每 300 条子代的片段中就有一条突变片段。此类突变的原因主要是配子细胞形成过程中,DNA 双链断裂修复过程中出现基因的重排,以及减数分裂过程中在同源染色体非姐妹染色体间基因的重组与交换。DNA 指纹图谱的高突变率会明显影响亲子鉴定的结果。

(2)MVR 序列是一类既有长度多态性又有序列差异的 DNA 重复序列。许多研究表明这些基因的变异程度也比较高,在遗传上表现为高度不稳定性。此类序列与遗传性疾病密切相关性,这些重复序列的高度不稳定性也与某些癌症的发生有关。因此,对法医分析要求的稳定性还有进一步评估。

(3)核基因组在一个细胞中通常有两个拷贝,而线粒体基因组不同于核基因组,在一个细胞中具有多达数百到数万个拷贝。由于 mtDNA 特殊的遗传特征,mtDNA 多态性对法医学、群体遗传学、人类生态学、分子进化和考古学有重要的意义。由于线粒体 DNA 的非编码区(D 环)含有两个变异率远大于核 DNA 的高变区,且无修复系统、不受选择压力的影响,因此该区域中积累了较多的变异,多态性很好。目前法医学对线粒体等位基因变异的研究主要集中在 mtDNA 的(D 环)。当两种以上不同的 mtDNA 序列存在与同一个细胞组织或者个体时称为异质性。目前实际观察到的线粒体 DNA 异质性出现率大约为 2%~8%,但多数为 1~2 个碱基单位的突变,对个体识别鉴定还不构成太大的影响。为避免线粒体 DNA 突变对鉴定结果的影响,线粒体 DNA 高变区序列测定要求从正、反链双向测序,并至少重复一次。

(4)STR 基因位点是人类重要的遗传标记,其分型简便、易于标准化,在法医学亲权鉴定和个体识别中具有重要意义。但由于其核心序列短,发生突变的概率高,这已引起广大法医工作者的重视。

每个 STR 基因位点现有的所有等位基因都是由一些"先证者"个体经过千百万演变而来。突变的形式可能是单碱基的改变或者是整个重复序列长度的变化。大多数 STR 突变涉及一个重复单位的增加或丢失。然而,仅依据基因型的组合很难确认突变等位基因遗传自亲代中哪一方。STR 基因位点突变率差异的主要原

因是基因座的不同,重复次数越多的基因座突变率越高;父源突变率显著高于母源突变率;民族也是 STR 基因位点突变率差异的原因之一。但是民族对于 STR 基因位点突变率差异的贡献要低于上述两个主要因素。

12.3.4.2　STR 基因位点突变

尽管大多数 STR 突变率非常低,但却普遍存在。STR 基因位点的突变率为每一千次减数分裂中发生 1～4 次或 0.1％～0.4％。因为平均突变率低于 0.1％,要想在一些 STR 遗传标记观察到一个突变,大致须检测将近 1000 例亲子之间的等位基因传递。所以发现 STR 基因位点的突变需要检测众多亲子间等位基因的传递。为避免 STR 基因位点突变而导致错误的排除亲权关系,必须考虑所有符合和不符合遗传规律的基因座分型结果,计算累积亲权指数,看是否达到适当的"认定"或"排除"标准,若仍未达到,则需增加更多基因定位明确、遗传不连锁的其他 STR 基因位点进行检测。有条件的可进一步增加红细胞血型、HLA 及 SNP 等遗传标记系统、性染色体 STR 分型或 mtDNA 测序技术检测,确保结论的准确性。

1. STR 基因位点的突变率

STR 基因位点在进化的过程中突变率是不同的,这与基因位点的重复序列结构以及其多态性有关。一般来讲,重复单位数目多的 STR 位点,其多态性一般较高,突变率也较高。突变率与完整重复单位连续不间断的长度几何平均值成正相关。同一个 STR 基因位点不同等位基因的突变概率也不相同。研究发现,那些具有相同重复单位,且重复次数较多(即较长)的等位基因,更容易发生突变,可能是因为这种较长的等位基因增加了复制滑动事件发生的机会。一般相同重复单位连续 10 个以上者较容易发生突变。

1998 年,B. Brinkman 等检测了 9 个 STR 基因位点 10884 例亲子之间的等位基因传递,发现 23 个突变。在三个基因座(TH01、F13B、CD4)中没有发现突变。J. M. Butler 等 2003 年根据大量文献收集了 13 个核心 STR 基因位点的突变率,大多数突变率符合每一千次等位基因传递或生育发生 1～5 个突变。所检测到的突变率较低的 STR 基因位点是 CSF1PO、TH01、TPOX、D5S818 和 D8S1179。显然,有较高突变率的 STR 基因位点 D21S11、FGA、D7S820、D16S539 和 D18S51 都具有高度的多态性,具有数量较多的等位基因。2012 年,赵书民等在对中国多个地区 24 个常用 STR 突变数据分析后认为这些位点在中国人群中累积突变率约为 1.75％,也就是说 100 例单亲亲子鉴定或 50 例双亲亲子鉴定就可遇上 1～2 例突变检案,是亲子鉴定实践中一个不可回避的问题。2008 年美国血库协会(AABB)报道的鉴定常用 STR 的突变率在 0.007%～0.371% 之间,国内报道的突变率在 0.008%～0.334% 之间。

2. STR 基因位点的突变机制

STR 基因位点的突变机制有多种假说,其中被大多数学者普遍接受的机制是复制滑动(replication slippage)或复制滑链错配(slipped-strand mispairing),即在 DNA 复制的过程中,新生链和模板链分离时,在 STR 基因位点的重复区域发生碱基错配形成一个或数个重复区域的环状结构,继而出现新生链比模板链延长或缩短,表现为增加或减少 1 个或数个重复单位。复制滑链错配通常发生在重复次数较多,串联排列的正向重复序列中,故其突变率较大。

3. STR 基因位点的突变模式

目前研究表明,绝大多数 STR 等位基因突变是 DNA 复制滑动(replication slippage)的结果,符合逐步突变模式(stepwise mutation model,SMM),即每次突变只改变一个重复单位,两个或更多个重复单位的变化是在前一次突变基础上发生的,也就是多步突变是逐步形成的。绝大多数 STR 基因位点的突变是完整重复单位数目的改变,每个突变都是增加(expansion)或减少(contraction)一个或几个重复单位。90% 以上的 STR 突变均为增加或减少一个重复单位,即一步突变。二步突变者少于 10%,更多步突变的比例更少。突变的步数越多其发生的机会就越小。

4. STR 基因位点突变的来源

STR 基因位点突变具有明显性别差异。根据美国血库协会(American Association of Blood Banks,AABB)2006 年度报告对 AmpFISTR Identifiler 系统 15 个 STR 的统计,突变来自父方是来自母方的 0.7～14 倍,多数基因位点为 3～6 倍。原因是男性精母细胞逐步分裂成精子的过程中,细胞需要的分裂次数比女性配子细胞成熟需要的次数要多得多。女性细胞分裂次数大概是男性的 1/28。DNA 复制的次数男性比女性的多,突变发生在男性的概率也大些。但是,突变导致重复单位数目增减的概率,无论来自父方还是来自母方都基本相等,且更倾向于增加重复单位。

12.3.4.3　STR 等位基因突变假象

在应用 STR 进行法医学亲权鉴定和个体识别等司法实践中,由于诸多因素可

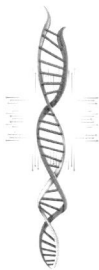

导致貌似 STR 等位基因突变的分型错误,应当谨慎处置。结合 STR 分型技术,造成 STR 等位基因突变假象的原因如下。

1.重复单位序列不规则

STR 的核心重复序列存在着微变异。例如简单重复序列中出现核心序列不完整(如 TH01 9.3 等位基因)及少数基因出现微小的差异、复杂重复序列出现核心序列既有序列差异又有长度差异(如 D21S11 基因座)、核心序列间有间隔序列(如 FGA 基因座),以及核心序列复杂高变(如 ACTBP2 基因座)等。STR 的不规则结构造成:①不同的等位基因之间相差仅 1bp,在凝胶分辨率不高的情况下,无法区分这些不同的等位基因。②相同长度的扩增产物而重复序列不同的变异结构,在电泳时无法区分。③复杂的重复序列难以用核心序列的重复次数对等位基因进行命名,影响 STR 分型的标准化。序列的变异不仅见于重复单位内部,也可见于重复序列的侧翼区和引物的结合部位,它们可以是插入、缺失或碱基置换等。

2.侧翼序列变异

STR 的分型依靠于 PCR,若与引物的 3′碱基互补的 DNA 模板碱基发生突变,形成错配,则 PCR 过程中引物无法延伸,不能扩增出相应的等位基因,形成空等位基因或无效等位基因(null allell)。杂合子个体只能扩增出一个等位基因,形成假的纯合子,在亲权鉴定中出现错误排除亲子关系的现象。几乎所有的 CODIS 基因座都已报告有无效等位基因。例如 ABI 的 AmpFlSTR Profiler Plus 试剂盒,D8S1179 常见无效等位基因。

3.稀有等位基因

一些个体的等位基因的重复序列过长或过短,超出了 Ladder 的范围之外即 OL 等位基因。在复合扩增分型时,一个基因座的等位基因会落在了相邻基因座的 Ladder 范围内。此时需要了解该基因座稀有等位基因的相关研究报道,根据 OL 等位基因命名方法进行命名,以及 OL 等位基因频率应用规定进行匹配概率的计算。

4.器官移植

脐血移植、造血干细胞移植或骨髓移植,由于供者的细胞在受者体内的造血系统中生长,受者移植后可出现供-受嵌合型。如果供者的细胞在受者体内生长良好,可取代受者的血液细胞,使受者的基因分型表现为供者型。如果供体的细胞不生长,则表现为受者型。小肠和肾等器官移植后,会发生细胞移行嵌合。参与嵌合的主要细胞是树突状细胞,移行主要通过血管途径,嵌合发生的部位广泛,在外周血、淋巴结、骨髓、皮肤、肝脏等处都可发生。因此,在小肠、肾移植术后在外周血及皮肤组织中都发现供体的嵌合细胞。除了造血干细胞的移植,其他移植一般不会影响血液的DNA分型。对于曾做过移植的个体,当怀疑移植会改变DNA的分型时,除了采血以外,还可取口腔上皮细胞、毛囊等多处部位的细胞进行检验,只有结果一致时才可以认为是正确的。

5.PCR引物差异

引物的序列不同,扩增的片段长度和扩增的效率不一样。不同的试剂盒因为引物的序列不同,使引物与模板的结合部位存在错配,甚至发生无效等位基因,可能在分型时会得到不同的结果。可以表现为非特异性带或影子带的出现率的差异,甚至分型完全不一样。利用不同公司生产的试剂盒检测相同基因座能在较大程度上避免产生分型差异。另外小体积的扩增体系容易出现等位基因扩增不平衡、等位基因丢失、额外等位基因产生等现象。

6.生物样本

由于受到各种内外因素的影响,离体检材中的DNA都会发生不同程度的降解。对于降解不严重的检材,荧光标记引物复合扩增时,一般表现为扩增片段短的基因座有较高的峰或较大的峰面积。但严重降解的检材如太阳光紫外线照射损伤的DNA,在进行STR的分型中可能导致非特异性带、假杂合子的出现或涂布状分型不清的条带。当DNA模板量(如接触性DNA样本)过少时,则会导致在复合扩增中有的基因座扩增产物较多,有的则很少,甚至不被扩增,扩增产物分型时很容易出现非特异性带、影子带和杂合子的两个等位基因扩增效率不平衡的现象。

12.3.4.4 基因组变异在实践中的解释

遗传和变异是生物的基本特征之一。遗传通常指在传宗接代过程中亲子代之间性状表现相似的现象。在遗传学中,遗传是指遗传物质的世代相传,亲代性状通过遗传物质传给子代的能力,称为遗传性。变异一般指亲子代之间及其子代个体之间的性状差异。由遗传物质改变引起的性状变异,能够遗传给后代。生物体产生性状变异的能力,称为变异性。遗传是法医基因组学亲权鉴定的基础,变异产生的多态性现象导致生物间的多样性则是个体识别的理论基础。

基因组的遗传变异使得亲代与子代之间的遗传关系呈现出不符合遗传规律的现象,这种变异是时常会发生的,尽管这种变异发生的概率很低,但也会影响法医基因组学DNA亲权鉴定的检验。为了避免因基因组变异而错误地排除父权,亲权鉴定选用的遗传标记的突变率应低于0.2%。目前亲权鉴定中被最广泛应用的是常染色体 STR 遗传标记,STR 的高突变率使得亲生父(母)与孩子之间会出现不符合遗传规律的情况。亲权鉴定时常出现1～2个遗传标记不符合遗传规律的情况,在这种情况下,不应以1～2个基因座不符合遗传规律就考虑排除亲权关系,而应计算包括变异的每个基因座的亲权指数值,以累积亲权指数值来判断,并且增加所检验遗传标记的数量,累积亲权指数到达认定父权标准时才能肯定父权。

法医学个人识别的一个前提条件是个人的基因组具有组织器官一致性,即不同组织样本的 DNA 分型结果是一样的。但是线粒体基因组却有异质性的特点即同一个体不同组织线粒体 DNA 序列存在差异,在法医实际检案中,提取 mtDNA 的样本可以来自同一个体或同一母系,通常是不同组织来源的样本,当进行 mtDNA 序列比对时,特别是序列只相差一个碱基,该碱基又是异质性热点时,不确定性更大。mtDNA 异质性可作为个体识别及亲子鉴定的特殊指标。异质性是把双刃剑,它既能产生不确定性,也可在待测样本与已知来源样本测出同样的异质型时,增加确定性,成为个体识别的特殊标记。此外,在人体癌变组织中由于癌细胞的异常增生突变率极高,造成癌细胞基因组的突变,在对癌变组织与正常组织或血液样本间的同一认定时必须注意癌变组织的变异。

【参考文献】

[1] 沈晓燕.如何正确认识 DNA 证据[J].重庆科技学院学报(社会科学版),2011,6:40-42.

[2] 文盛堂.论 DNA 证据技术及其法治功能的实现[J].国家检察官学院学报,2004,12(5):106-112.

[3] 周维平.诉讼法视野中的法医 DNA 证据研究[J].证据科学,2009,17(4):496-505.

[4] 赵兴春.刑事案件 DNA 检验采样与鉴定立法现状[J].证据科学,2009,17(1):105-113.

[5] 邱格屏.DNA 证据的价值[J].中国刑事法杂,2001,5:1-7.

[6] 袁丽.论 DNA 鉴定结论的证据效力研究[J].中国司法鉴定,2008,3:79-89.

[7] 陈学权.科学对待 DNA 证据的证明力[J].政法论坛,2010,28(5):50-61.

[8] 陈学权.刑事诉讼中 DNA 证据运用的实证分析-以北大法意数据库中的刑事

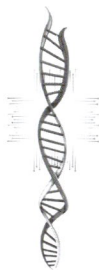

裁判文书为对象[J].中国刑事法杂志,2009,(4):105－111.

[9] 霍塞虎.美国"DNA 行动计划对我国的启示"[J].中国司法鉴定,2009,43(2):39－43.

[10] 杜国明.论完善 DNA 鉴定程序规则的必要性及其思路——美国法庭对 DNA 证据的采信历程为视角[J].求索,2011,4:146－148.

[11] 梁权赠,田野,石美森.试论如何正确应用 DNA 证据[J].中国司法鉴定,2012,4:86－89.

[12] 宋方明.再论如何正确应用 DNA 证据[J].中国司法鉴定,2013,3:72－75.

[13] Evett I W,Weir B S. Interpreting DNA evidence:statistical genetics for forensic scientists[M].Sunderland:Sinauer Associates Inc,1988.

[14] 巴克尔敦,特里格斯,沃尔什.法庭科学 DNA 证据的解释[M].么唐晖,焦章平,等译.北京:科学出版社,2010.

[15] Moroni R,Gasbarr D,Arjas E,et al. Effects of reference population and number of STR markers on paternity testing[J]. Forensic Sci Int Genet,2008,1(1):654－655.

[16] 侯一平.法医物证学[M].3 版.北京:人民卫生出版社,2009.

[17] 袁丽.遗传标记分析对 DNA 证据的影响[J].证据科学,2012,20(6):737－749.

[18] Jeffreys A J,Brookfield J F,Semeonoff R. Positive identification of an immigration test-case using human DNA fingerprints[J]. Nature,1985,317(6040):818－819.

[19] Meyer S,Weiss G,von Haeseler A. Pattern of nucleotide substitution and rate heterogeneity in the hypervariable regions Ⅰ and Ⅱ of human mtDNA[J]. Genetics,1999,152(3):1103－1110.

[20] Gusmao L,Butler J M,Carracedo A,et al. DNA commission of the International Society of Forensic Genetics (ISFG):an update of the recommendations on the use of Y-STRs in forensic analysis[J]. Forensic Sci Int,2006,157(2－3):187－197.

[21] Brinkmann B. Overview of PCR-based systems in identity testing[J]. Methods Mol Biol,1998,98:105－119.

[22] Butler J M，Schoske R，Vallone P M，et al. Allele frequencies for 15 autosomal STR loci on U. S. Caucasian，African American，and Hispanic populations[J]. J Forensic Sci,2003,48(4):908－911.

[23] Li L，Zhao S M，Zhang S H，et al. Typing and polymorphism analysis of 16 STR loci on X chromosome[J]. Fa Yi Xue Za Zhi,2012,28(1):36－40，43.

[24] Eder A F，Kennedy J M，Dy B A，et al. Bacterial screening of apheresis platelets and the residual risk of septic transfusion reactions：the American Red Cross experience(2004－2006)[J]. Transfusion,2007,47(7):1134－1142.

（张洪波）

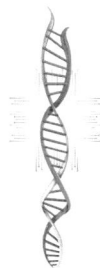

第12章 DNA证据的司法解释

附录 民族 STR 基因座的等位基因分布频率

回族 9 个 STR 基因座的等位基因分布频率

D3S1358		vWA		FGA		TH01		TPOX	
12	0.0063	14	0.2468	17	0.0127	6	0.0949	8	0.3924
14	0.0443	15	0.0253	18	0.0063	7	0.1899	9	0.1899
15	0.5127	16	0.1646	19	0.0253	8	0.1772	10	0.0063
16	0.2848	17	0.3038	20	0.0506	9	0.4684	11	0.3987
17	0.1266	18	0.1709	21	0.0759	9.3	0.0633	12	0.0127
18	0.0253	19	0.0696	22	0.2848	10	0.0063		
		20	0.0190	22.2	0.0127				
				23	0.1519				
				24	0.2342				
				25	0.1013				
				26	0.0380				
				27	0.0063				

CSF1PO		D5S818		D13S317		D7S820	
8	0.0066	7	0.0132	5	0.0066	8	0.1216
9	0.0658	9	0.0526	8	0.2237	9	0.0743
10	0.3289	10	0.1250	9	0.2434	10	0.2297
11	0.2829	11	0.4145	10	0.1053	11	0.3649
12	0.2566	12	0.1842	11	0.2368	12	0.1824
13	0.0526	13	0.2105	12	0.1654	13	0.0203
14	0.0066			13	0.0197	14	0.0068

蒙古族 9 个 STR 基因座的等位基因分布频率

D3S1358		vWA		FGA		TH01		TPOX	
13	0.0054	13	0.0054	18	0.0217	5	0.0055	6	0.0055
14	0.0489	14	0.2065	19	0.0652	6	0.1044	8	0.4505
15	0.3804	15	0.0489	22	0.1685	7	0.2857	9	0.0989
15.2	0.0163	16	0.2391	23	0.1522	8	0.0989	10	0.0330
16	0.3152	17	0.2391	24	0.2065	9	0.3956	11	0.3681
17	0.1957	18	0.1902	25	0.1902	9.3	0.0934	12	0.0385
18	0.0380	19	0.0652	26	0.0435	10	0.0165	13	0.0055
		20	0.0054	27	0.0163				

CSF1PO		D5S818		D13S317		D7S820	
7	0.0055	7	0.0111	8	0.2278	8	0.2118
8	0.0055	9	0.0778	9	0.1167	9	0.0706
9	0.0330	10	0.1667	10	0.1667	10	0.2118
10	0.2473	11	0.3722	11	0.2167	11	0.1882
10.3	0.0110	12	0.2889	12	0.2056	12	0.2412
11	0.2747	13	0.0778	13	0.0500	13	0.0765
12	0.3626	14	0.0056	14	0.0167		
13	0.0495						
14	0.0055						
15	0.0055						

附
录

土族 9 个 STR 基因座的等位基因分布频率

D3S1358		vWA		FGA		TH01		TPOX	
14	0.0481	13	0.0048	18	0.0529	5	0.0096	6	0.0048
15	0.3510	14	0.2115	19	0.0817	6	0.0913	7	0.0192
15.2	0.0048	15	0.0288	20	0.0577	7	0.2548	8	0.4952
16	0.3606	16	0.1923	20.2	0.0048	8	0.0913	9	0.1394
17	0.1490	17	0.2837	21	0.0913	9	0.4663	10	0.0192
18	0.0817	18	0.1731	21.2	0.0048	9.3	0.0625	11	0.2981
19	0.0048	19	0.0913	22	0.1587	10	0.0240	12	0.0240
		20	0.0096	22.2	0.0048				
		21	0.0048	23	0.2308				
				23.2	0.0240				
				24	0.1202				
				25	0.0962				
				25.2	0.0096				
				26	0.0481				
				27	0.0048				
				28	0.0048				
				29	0.0048				

CSF1PO		D5S818		D13S317		D7S820	
7	0.0048	7	0.0096	7	0.0048	7	0.0096
8	0.0000	8	0.0096	8	0.2260	8	0.1827
9	0.0240	9	0.0673	9	0.1106	9	0.0865
10	0.2019	10	0.2308	10	0.1442	10	0.1250
11	0.2644	11	0.3462	11	0.2452	11	0.3029
12	0.4471	12	0.1923	12	0.1971	12	0.2404
13	0.0529	13	0.1346	13	0.0577	13	0.0481
14	0.0048	14	0.0048	14	0.0096	14	0.0048
		15	0.0048	15	0.0048		

撒拉族 9 个 STR 基因座的等位基因分布频率

D3S1358		vWA		FGA		TH01		TPOX	
13	0.0040	14	0.1653	18	0.0202	6	0.0847	7	0.0040
14	0.0524	15	0.0323	19	0.0565	7	0.2661	8	0.5081
15	0.3468	16	0.3065	20	0.0363	8	0.0323	9	0.1210
16	0.3387	17	0.2702	21	0.1411	9	0.5081	10	0.0605
17	0.2218	18	0.1371	21.2	0.0040	9.3	0.0968	11	0.2823
18	0.0363	19	0.0806	22	0.1653	10	0.0121	12	0.0202
		20	0.0081	22.2	0.0202			13	0.0040
				23	0.1613				
				23.2	0.0363				
				24	0.2016				
				25	0.1008				
				25.2	0.0040				
				26	0.0363				
				27	0.0161				

CSF1PO		D5S818		D13S317		D7S820	
9	0.0323	7	0.0121	7	0.0040	8	0.1895
10	0.2782	8	0.0040	8	0.2460	9	0.0645
11	0.2581	9	0.0605	9	0.1008	10	0.2097
12	0.3831	10	0.2298	10	0.1290	11	0.3065
13	0.0323	11	0.3750	11	0.2460	12	0.1694
14	0.0161	12	0.1976	12	0.1734	13	0.0605
		13	0.1210	13	0.0766		
				14	0.0242		

保安族 9 个 STR 基因座的等位基因分布频率

D3S1358		vWA		FGA		TH01		TPOX	
13	0.0054	14	0.1774	18	0.0215	6	0.0914	7	0.0054
14	0.0484	15	0.0699	19	0.0699	7	0.3118	8	0.4892
15	0.3602	16	0.2097	20	0.0430	8	0.0591	9	0.1452
16	0.2473	17	0.2366	21	0.0860	9	0.4516	10	0.0269
17	0.2688	18	0.2258	21.2	0.0054	9.3	0.0806	11	0.2796
18	0.0699	19	0.0591	22	0.1720	10	0.0054	12	0.0538
		20	0.0215	22.2	0.0108				
				23	0.2043				
				23.2	0.0161				
				24	0.2581				
				24.2	0.0054				
				25	0.0645				
				26	0.0269				
				27	0.0161				

CSF1PO		D5S818		D13S317		D7S820	
9	0.0430	7	0.0108	8	0.3118	8	0.1559
10	0.2419	8	0.0054	9	0.1183	9	0.0914
11	0.2366	9	0.0753	10	0.1613	10	0.1452
12	0.3978	10	0.2527	11	0.2043	11	0.2796
13	0.0645	11	0.3871	12	0.1720	12	0.2419
14	0.0161	12	0.1505	13	0.0215	13	0.0860
		13	0.0914	14	0.0108		
		14	0.0269				

裕固族 **9** 个 **STR** 基因座的等位基因分布频率

D3S1358		vWA		FGA		TH01		TPOX	
10	0.0114	13	0.0114	18	0.0114	5	0.0227	7	0.0227
14	0.0455	14	0.2045	19	0.0341	6	0.1250	8	0.5795
15	0.3864	15	0.0568	20	0.0739	7	0.2443	9	0.1193
16	0.3466	16	0.3011	21	0.0398	8	0.1364	10	0.0568
17	0.1193	17	0.1761	22	0.1705	9	0.3636	11	0.1648
18	0.0682	18	0.1591	23	0.3409	9.3	0.1080	12	0.0568
19	0.0227	19	0.0398	23.2	0.0057				
		20	0.0511	24	0.2102				
				25	0.0682				
				26	0.0398				
				27	0.0057				

CSF1PO		D5S818		D13S317		D7S820	
9	0.1080	7	0.0114	7	0.0114	7	0.0114
10	0.1932	8	0.0341	8	0.1818	8	0.1080
11	0.1932	9	0.0511	9	0.1477	9	0.0511
12	0.4205	10	0.2443	10	0.1193	10	0.1989
13	0.0795	11	0.2557	11	0.2102	11	0.3295
14	0.0057	12	0.2273	12	0.2216	12	0.2443
		13	0.1648	13	0.1080	13	0.0568
		14	0.0114				

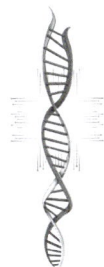

东乡族 9 个 STR 基因座的等位基因分布频率

D3S1358		vWA		FGA		TH01		TPOX	
12	0.0042	14	0.2246	18	0.0297	5	0.0042	8	0.5042
13	0.0000	15	0.0212	19	0.0763	6	0.1144	9	0.1653
14	0.0678	16	0.1653	20	0.0424	7	0.2839	10	0.0254
15	0.3856	17	0.3178	21	0.0763	8	0.0847	11	0.2754
16	0.2881	18	0.1737	22	0.1483	9	0.4449	12	0.0254
17	0.1907	19	0.0890	22.2	0.0042	9.3	0.0466	13	0.0042
18	0.0593	20	0.0085	23	0.3136	10	0.0127		
19	0.0042			23.2	0.0085	11	0.0085		
				24	0.1610				
				25	0.1102				
				25.2	0.0042				
				26	0.0169				
				26.2	0.0085				

CSF1PO		D5S818		D13S317		D7S820	
7	0.0085	7	0.0085	7	0.0042	7	0.0127
9	0.0424	9	0.0424	8	0.2500	8	0.1695
10	0.1992	10	0.1992	9	0.0890	9	0.0424
11	0.2712	11	0.2712	10	0.1186	10	0.1356
12	0.3941	12	0.3941	11	0.2458	11	0.3220
13	0.0763	13	0.0763	12	0.2288	12	0.2585
14	0.0085	14	0.0085	13	0.0551	13	0.0424
				14	0.0042	14	0.0169
				15	0.0042		

维吾尔族 9 个 STR 基因座的等位基因分布频率

D3S1358		vWA		FGA		TH01		TPOX	
12	0.006	13	0.006	18	0.0301	6	0.1506	8	0.505
13	0.006	14	0.0783	19	0.0783	7	0.253	9	0.135
14	0.0181	15	0.0663	22	0.1627	8	0.1446	10	0.055
15	0.4157	16	0.2651	22.2	0.006	9	0.3494	11	0.225
16	0.2229	17	0.259	23	0.1265	9.3	0.0964	12	0.065
17	0.2651	18	0.2229	24	0.4157	10	0.006	13	0.015
18	0.0663	19	0.0422	25	0.1265				
		20	0.0602	25.2	0.0241				
				26	0.0241				
				27	0.006				

CSF1PO		D5S818		D13S317		D7S820	
7	0.005	7	0.025	8	0.255	8	0.005
8	0.015	8	0.010	9	0.100	9	0.225
9	0.055	9	0.030	10	0.115	10	0.085
10	0.250	10	0.120	11	0.195	11	0.27
11	0.270	11	0.370	12	0.245	12	0.2
12	0.305	12	0.305	13	0.055	13	0.18
13	0.080	13	0.135	14	0.035	14	0.03
14	0.015	14	0.005			15	0.005
15	0.005						

锡伯族 9 个 STR 基因座的等位基因分布频率

D3S1358		vWA		FGA		TH01		TPOX	
14	0.0261	13	0.052	19	0.0781	5	0.0001	7	0.0156
15	0.3958	14	0.2032	20	0.0417	6	0.0781	8	0.4896
15.2	0.0052	15	0.0156	21	0.099	7	0.2604	9	0.1615
16	0.3177	16	0.1667	22	0.1146	8	0.1562	10	0.0365
17	0.2032	17	0.25	22.2	0.0052	9	0.4219	11	0.2552
18	0.0521	18	0.2604	23	0.2604	9.3	0.0625	12	0.0416
		19	0.0521	24	0.2032	10	0.0156		
				24.2	0.0052	11	0.0052		
				25	0.1302				
				26	0.0417				
				27	0.0156				
				28	0.0052				

CSF1PO		D5S818		D13S317		D7S820	
7	0.0052	7	0.0156	8	0.3021	6.3	0.0052
9	0.0573	8	0.0052	9	0.1198	8	0.0156
10	0.1927	9	0.0729	10	0.1771	9	0.1979
11	0.2032	10	0.1771	11	0.224	10	0.0781
12	0.3698	11	0.3438	12	0.1354	11	0.1562
13	0.1562	12	0.2708	13	0.026	12	0.3541
14	0.0052	13	0.0989	14	0.0052	13	0.1458
15	0.0104	14	0.0052	15	0.0104	14	0.0417
		15	0.0104			15	0.0052
		16	0.0001				

乌孜别克族 9 个 STR 基因座的等位基因分布频率

D3S1358		vWA		FGA		TH01		TPOX	
12.5	0.0086	13	0.0086	18	0.0172	5	0.0086	7	0.0086
14	0.069	14	0.181	19	0.0345	6	0.1121	8	0.5
15	0.3793	15	0.0259	20	0.069	7	0.319	9	0.1466
16	0.2672	16	0.25	21	0.1209	8	0.0862	10	0.0517
17	0.1121	17	0.2414	22	0.1466	9	0.2414	11	0.2586
18	0.1638	18	0.2069	23	0.2414	9.3	0.181	12	0.0345
		19	0.069	23.2	0.0086	10	0.0517		
		20	0.0172	24	0.1638				
				25	0.1205				
				26	0.0603				
				28	0.0172				

CSF1PO		D5S818		D13S317		D7S820	
7	0.0086	7	0.0172	8	0.1897	9	0.1466
9	0.0086	8	0	9	0.1379	10	0.0948
10	0.2155	9	0.0431	10	0.1638	11	0.2069
11	0.2845	10	0.1121	11	0.1638	12	0.3448
12	0.3707	11	0.3362	12	0.25	13	0.1897
13	0.0948	12	0.3017	13	0.0776	14	0.0172
14	0.0172	13	0.1638	14	0.0172		
15	0.0001	14	0.0259				

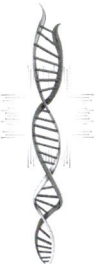

柯尔克孜族 9 个 STR 基因座的等位基因分布频率

D3S1358		vWA		FGA		TH01		TPOX	
14	0.030	13	0.005	19	0.07	5	0.01	8	0.505
15	0.300	14	0.125	20	0.06	6	0.03	9	0.135
15.2	0.010	15	0.095	21	0.135	7	0.23	10	0.055
16	0.345	16	0.255	22	0.14	8	0.115	11	0.225
17	0.230	17	0.19	22.2	0.005	9	0.285	12	0.065
18	0.075	18	0.185	23	0.110	9.3	0.195	13	0.015
19	0.010	19	0.12	23.2	0.005	10	0.135		
		20	0.025	24	0.270				
				25	0.095				
				25.2	0.050				
				26	0.050				
				27	0.010				

CSF1PO		D5S818		D13S317		D7S820	
7	0.005	7	0.025	8	0.255	8	0.005
8	0.015	8	0.01	9	0.1	9	0.225
9	0.055	9	0.03	10	0.115	10	0.085
10	0.25	10	0.12	11	0.195	11	0.27
11	0.27	11	0.37	12	0.245	12	0.2
12	0.305	12	0.305	13	0.055	13	0.18
13	0.08	13	0.135	14	0.035	14	0.03
14	0.015	14	0.005			15	0.005
15	0.005						

哈萨克族 9 个 STR 基因座的等位基因分布频率

D3S1358		vWA		FGA		TH01		TPOX	
12.5	0.005	13	0.005	17	0.005	6	0.170	7	0.020
14	0.050	14	0.14	18	0.020	7	0.270	8	0.560
15	0.375	15	0.07	19	0.04	8	0.100	9	0.120
16	0.38	16	0.245	20	0.065	9	0.255	10	0.025
17	0.100	17	0.200	21	0.075	9.3	0.18	11	0.255
18	0.080	18	0.245	22	0.125	10	0.02	12	0.015
		19	0.095	23	0.195			13	0.005
				23.2	0.005				
				24	0.285				
				25	0.130				
				26	0.035				
				27	0.01				

CSF1PO		D5S818		D13S317		D7S820	
7	0.01	7	0.04	7	0.005	8	0.01
9	0.025	8	0.01	8	0.245	9	0.225
10	0.265	9	0.055	9	0.125	10	0.175
11	0.315	10	0.135	10	0.12	11	0.2
12	0.275	11	0.445	11	0.245	12	0.195
13	0.07	12	0.23	12	0.195	13	0.14
14	0.02	13	0.08	13	0.045	14	0.055
15	0.01	14	0.005	14	0.02		

怒族 9 个 STR 基因座的等位基因分布频率

D3S1358		vWA		FGA		TH01		TPOX	
14	0.0536	14	0.2857	18	0.125	6	0.1012	8	0.6131
15	0.1607	15	0.0119	20	0.0714	7	0.369	9	0.0119
16	0.4821	16	0.2381	21	0.0714	8	0.0059	11	0.2857
17	0.2500	17	0.2738	22	0.2202	9	0.4702	12	0.0892
18	0.0357	18	0.1190	23	0.3035	9.3	0.0536		
19	0.0179	19	0.0714	24	0.0952				
				24.2	0.0059				
				25	0.0595				
				25.2	0.0178				
				26	0.0178				
				28	0.0119				

CSF1PO		D5S818		D13S317		D7S820	
7	0.0059	7	0.0059	8	0.1845	8	0.0654
9	0.0238	8	0.0298	9	0.3333	9	0.0357
10	0.1845	9	0.0476	10	0.0179	10	0.3154
11	0.2798	10	0.131	11	0.2679	11	0.2381
12	0.369	11	0.2262	12	0.1369	12	0.3095
13	0.131	12	0.3869	13	0.0536	13	0.0357
14	0.0059	13	0.1607	14	0.0059		
		14	0.0119				

彝族 9 个 STR 基因座的等位基因分布频率

D3S1358		vWA		FGA		TH01		TPOX	
14	0.0238	12	0.0119	17	0.0119	6	0.0595	8	0.5417
15	0.4048	13	0.0119	18	0.0298	7	0.2857	9	0.1190
16	0.3155	14	0.2500	19	0.0714	8	0.0536	11	0.3214
17	0.1905	15	0.0060	20	0.0714	9	0.5060	12	0.0179
18	0.0595	16	0.2202	20.2	0.0119	9.3	0.0655		
19	0.0060	17	0.2202	21	0.0893	10	0.0298		
		18	0.1786	21.2	0.0119				
		19	0.0893	22	0.1905				
		21	0.0119	22.2	0.0238				
				23	0.1845				
				23.2	0.0119				
				24	0.1071				
				24.2	0.0119				
				25	0.1369				
				26	0.0357				

CSF1PO		D5S818		D13S317		D7S820	
7	0.0060	7	0.0119	8	0.3333	8	0.1607
8	0.0060	9	0.0774	9	0.1131	9	0.1131
9	0.0536	10	0.1607	10	0.0655	10	0.1250
10	0.2381	11	0.4107	11	0.2381	11	0.2440
11	0.3036	12	0.2083	12	0.1667	12	0.3036
12	0.3214	13	0.1190	13	0.0774	13	0.0298
13	0.0655	14	0.0119	14	0.0060	14	0.0238
14	0.0060						

阿昌族 9 个 STR 基因座的等位基因分布频率

D3S1358		vWA		FGA		TH01		TPOX	
14	0.0700	12	0.0050	18	0.0150	6	0.0300	8	0.6000
15	0.2800	13	0.0050	19	0.0650	7	0.1600	9	0.1450
16	0.3500	14	0.3300	20	0.1000	8	0.0400	10	0.0400
17	0.1450	15	0.0050	21	0.0350	9	0.6100	11	0.2100
18	0.1450	16	0.1150	21.2	0.0050	9.3	0.0900	12	0.0050
19	0.0100	17	0.2000	22	0.1650	10	0.0700		
		18	0.2250	22.2	0.0100				
		19	0.1000	23	0.2850				
		20	0.0150	23.2	0.0100				
				24	0.1650				
				25	0.0700				
				26	0.0250				
				27	0.0400				
				28	0.0100				

CSF1PO		D5S818		D13S317		D7S820	
6	0.0100	7	0.0050	8	0.3100	8	0.2050
7	0.0050	9	0.1050	9	0.1550	9	0.1100
9	0.0350	10	0.1350	10	0.1400	10	0.1200
10	0.2300	11	0.2650	11	0.2700	11	0.2250
11	0.3050	12	0.2500	12	0.1100	12	0.2900
12	0.3500	13	0.2200	13	0.0150	13	0.0400
13	0.0500	14	0.0200			14	0.0100
14	0.0100						
15	0.0050						

朝鲜族 9 个 STR 基因座的等位基因分布频率

D3S1358		vWA		FGA		TH01		TPOX	
13	0.0055	11	0.0055	17	0.0055	5	0.0110	7	0.0879
14	0.0714	13	0.0165	17.2	0.0055	6	0.1429	8	0.4615
15	0.4231	14	0.2143	18	0.0275	7	0.2747	9	0.0769
15.2	0.0055	15	0.0385	18.2	0.0110	8	0.1319	10	0.0989
16	0.3242	16	0.2527	19	0.0440	9	0.3462	11	0.2473
17	0.1319	17	0.2308	19.2	0.0110	9.3	0.0495	12	0.0275
18	0.0385	18	0.1538	20	0.0769	10	0.0440		
		19	0.0769	20.2	0.0110				
		20	0.0055	21	0.0714				
		21	0.0055	21.2	0.0440				
				22	0.1648				
				22.2	0.0110				
				23	0.2308				
				23.2	0.0165				
				24	0.1209				
				24.2	0.0110				
				25	0.0659				
				26	0.0549				
				26.2	0.0110				
				27	0.0055				

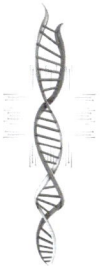

附录

CSF1PO		D5S818		D13S317		D7S820	
8	0.0055	7	0.0055	8	0.2527	6	0.0055
9	0.0824	8	0.0055	9	0.1264	7	0.0330
10	0.2253	9	0.0824	10	0.1978	8	0.1319
11	0.2692	10	0.1813	11	0.2253	9	0.1099
12	0.3736	11	0.3681	12	0.1319	10	0.2363
13	0.0440	12	0.2033	13	0.0385	11	0.2527
		13	0.1374	14	0.0275	12	0.2033
		14	0.0110			13	0.0220
		15	0.0055			14	0.0055

独龙族 15 个 STR 基因座的等位基因分布频率

D3S1358		vWA		FGA		TH01		TPOX	
13	0.0077	10	0.0308	16	0.0077	6	0.1538	6	0.0231
14	0.0231	11	0.0000	17	0.0077	7	0.1692	7	0.0308
15	0.1923	12	0.0231	18	0.0385	8	0.0077	8	0.7000
15.2	0.0077	14	0.2308	18.2	0.0077	9	0.6154	9	0.0462
16	0.4077	15	0.0000	19.2	0.0154	9.3	0.0462	10	0.0308
17	0.2923	16	0.3692	20	0.0846	11	0.0077	11	0.1462
18	0.0308	17	0.2077	21	0.0692			12	0.0154
19	0.0385	18	0.1154	21.2	0.0077			13	0.0077
		19	0.0154	22	0.2000				
		22	0.0077	22.2	0.0077				
				23	0.1462				
				23.2	0.0077				
				24	0.2308				
				24.2	0.0077				
				25	0.1154				
				25.2	0.0077				
				26	0.0231				
				27	0.0077				
				28	0.0077				

CSF1PO		D5S818		D13S317		D7S820		D16S539	
6	0.0077	7	0.0077	7	0.0077	8	0.0692	8	0.0077
8	0.0077	9	0.1000	8	0.1077	9	0.0154	9	0.7846
10	0.2923	10	0.1615	9	0.1077	10	0.4615	10	0.0692
11	0.3538	11	0.3615	10	0.0615	11	0.0846	11	0.0538
12	0.2923	12	0.3462	11	0.5462	12	0.3385	12	0.0846
13	0.0231	13	0.0154	12	0.1462	13	0.0308		
14	0.0231	15	0.0077	13	0.0231				

D21S11		D8S1179		D18S51		Penta D		Penta E	
25	0.0077	9	0.0077	11	0.0077	5	0.0077	5	0.3385
28.2	0.0077	10	0.0769	13	0.1692	8	0.0154	6	0.0077
29	0.4538	11	0.0154	13.2	0.0231	9	0.3923	8	0.0154
30	0.3538	12	0.2385	14	0.2769	10	0.0538	9	0.0077
30.2	0.0462	13	0.3231	15	0.0385	11	0.1077	10	0.0308
31	0.0077	14	0.0385	16	0.0308	12	0.1385	11	0.0462
31.2	0.0385	15	0.1385	17	0.0077	13	0.2308	12	0.0538
32	0.0077	16	0.1385	18	0.0231	14	0.0462	13	0.1154
32.2	0.0077	17	0.0154	19	0.0231	15	0.0077	14	0.0615
33.2	0.0538	18	0.0077	20	0.0385			15	0.0154
34	0.0077			21	0.2308			16	0.0385
36	0.0077			22	0.0692			17	0.0769
				23	0.0462			18	0.0462
				24	0.0077			19	0.0692
				25	0.0077			20	0.0615
								22	0.0077
								24	0.0077

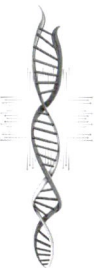

附录

壮族 9 个 STR 基因座的等位基因分布频率

D3S1358		vWA		FGA		TH01		TPOX	
14	0.0330	14	0.2747	16	0.0055	6	0.1429	8	0.5495
15	0.2363	15	0.0220	17	0.0055	7	0.3681	9	0.1154
16	0.2747	16	0.1429	18	0.0549	8	0.0604	10	0.0495
17	0.3626	17	0.2198	19	0.0769	9	0.3681	11	0.2527
18	0.0714	18	0.1758	20	0.0495	10	0.0549	12	0.0330
19	0.0220	19	0.1593	21	0.1813	11	0.0055		
		20	0.0055	22	0.1758				
				23	0.1648				
				24	0.1154				
				25	0.1044				
				26	0.0330				
				27	0.0330				

CSF1PO		D5S818		D13S317		D7S820	
7	0.0165	7	0.0385	8	0.3022	8	0.1264
8	0.0000	8	0.0000	9	0.1484	9	0.0604
9	0.0165	9	0.0879	10	0.0989	10	0.1374
10	0.2912	10	0.2473	11	0.2692	11	0.4011
11	0.2253	11	0.2967	12	0.1538	12	0.2418
12	0.2912	12	0.1978	13	0.0275	13	0.0330
13	0.1484	13	0.1264				
14	0.0110	14	0.0055				

瑶族 9 个 STR 基因座的等位基因分布频率

D3S1358		vWA		FGA		TH01		TPOX	
14	0.0707	14	0.4239	18	0.0054	5	0.0054	8	0.5924
15	0.2174	15	0.0163	19	0.0435	6	0.1739	9	0.1250
15.2	0.0054	16	0.0598	20	0.0272	7	0.3043	10	0.0109
16	0.3098	17	0.2500	21	0.1467	8	0.1141	11	0.2609
17	0.3533	18	0.1793	22	0.2011	9	0.3370	12	0.0109
18	0.0435	19	0.0380	23	0.1848	9.3	0.0109		
		20	0.0272	23.2	0.0054	10	0.0543		
		21	0.0054	24	0.1250				
				24.2	0.0652				
				25	0.1685				
				26	0.0272				

CSF1PO		D5S818		D13S317		D7S820	
9	0.0543	7	0.0598	8	0.2880	8	0.0489
10	0.3261	8	0.0000	9	0.0652	9	0.0707
11	0.2337	9	0.1033	10	0.2011	10	0.2228
12	0.2989	10	0.1467	11	0.1902	11	0.4457
13	0.0326	11	0.3261	12	0.2283	12	0.2120
14	0.0543	12	0.2337	13	0.0163		
		13	0.1304	14	0.0109		

附录

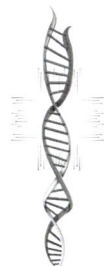

景颇族 9 个 STR 基因座的等位基因分布频率

D3S1358		vWA		FGA		TH01		TPOX	
14	0.0583	13	0.0248	18	0.0123	6	0.1821	7	0.0062
15	0.4027	14	0.2230	19	0.0432	7	0.1859	8	0.5415
16	0.3036	15	0.0186	20	0.0617	8	0.0434	9	0.0805
17	0.1425	16	0.1854	20.2	0.0062	9	0.4647	10	0.0248
18	0.0805	17	0.2941	21	0.0864	9.3	0.0867	11	0.3222
19	0.0124	18	0.1797	22	0.1680	10	0.0372	12	0.0248
		19	0.0620	22.2	0.0309				
		20	0.0124	23	0.2099				
				24	0.1790				
				24.2	0.0062				
				25	0.1283				
				26	0.0617				
				27	0.0062				

CSF1PO		D5S818		D13S317		D7S820	
8	0.0062	9	0.0805	8	0.2364	6	0.0124
9	0.0558	10	0.2292	9	0.1797	8	0.1301
10	0.1797	11	0.3098	10	0.2478	9	0.0682
11	0.2762	12	0.2540	11	0.1859	10	0.1759
12	0.4423	13	0.0558	12	0.1254	11	0.3779
13	0.0434	14	0.0211	13	0.0248	12	0.1921
						13	0.0310
						14	0.0124

傣族 9 个 STR 基因座的等位基因分布频率

D3S1358		vWA		FGA		TH01		TPOX	
14	0.0340	11	0.0145	17	0.0049	6	0.0922	8	0.6068
15	0.3058	12	0.0145	18	0.0173	7	0.3786	9	0.1068
16	0.3204	14	0.2657	19	0.0649	8	0.0291	10	0.0291
17	0.2427	15	0.0386	20	0.0519	9	0.3981	11	0.2330
18	0.0680	16	0.1353	21	0.0996	9.3	0.0632	12	0.0097
19	0.0291	17	0.1691	21.2	0.0049	10	0.0388	13	0.0146
		18	0.2125	22	0.1342				
		19	0.1208	22.2	0.0087				
		20	0.0291	23	0.2078				
				23.2	0.0049				
				24	0.0996				
				24.2	0.0130				
				25	0.0996				
				25.2	0.0260				
				26	0.0173				
				27	0.1472				

CSF1PO		D5S818		D13S317		D7S820	
7	0.0194	7	0.0194	8	0.2718	8	0.1990
8	0.0097	8	0	9	0.0922	9	0.0825
9	0.0291	9	0.0485	10	0.1845	10	0.1117
10	0.1602	10	0.2767	11	0.1651	11	0.3883
11	0.3058	11	0.2718	12	0.2573	12	0.1602
12	0.3884	12	0.2913	13	0.0291	13	0.0340
13	0.0825	13	0.0874			14	0.0243
14	0.0049	14	0.0049				

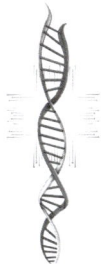

傈僳族 9 个 STR 基因座的等位基因分布频率

D3S1358		vWA		FGA		TH01		TPOX	
15	0.3267	13	0.0050	17	0.0050	5	0.0050	8	0.4802
16	0.2475	14	0.3465	18	0.0891	6	0.0841	9	0.1931
17	0.3416	15	0.0099	19	0.0099	7	0.3415	11	0.3168
18	0.0842	16	0.0743	20	0.0990	8	0.0941	12	0.0099
		17	0.4010	21	0.0198	9	0.3911		
		18	0.1188	21.2	0.0050	9.3	0.0347		
		19	0.0346	22	0.3168	10	0.0495		
		20	0.0099	23	0.2097				
				23.2	0.0148				
				24	0.1237				
				24.2	0.0198				
				25	0.0594				
				26	0.0248				
				26.2	0.0050				

CSF1PO		D5S818		D13S317		D7S820	
9	0.0495	7	0.0099	7	0.0050	8	0.2178
10	0.2475	9	0.0297	8	0.2277	9	0.1139
11	0.2525	10	0.1238	9	0.0792	10	0.1881
12	0.3515	11	0.4059	10	0.1287	11	0.2921
13	0.0990	12	0.2277	11	0.2723	12	0.1782
		13	0.1980	12	0.2574	13	0.0099
		14	0.0050	13	0.0099		
				15	0.0198		

普米族 9 个 STR 基因座的等位基因分布频率

D3S1358		vWA		FGA		TH01		TPOX	
12	0.0100	11	0.0100	17	0.0051	5	0.0150	6	0.0100
13	0.0100	12	0.0100	17.2	0.0051	6	0.1100	7	0.0150
14	0.0100	13	0.0000	18	0.0510	7	0.2200	8	0.5250
15	0.3900	14	0.2150	18.2	0.0051	8	0.1150	9	0.1350
16	0.3350	15	0.0050	19	0.0561	9	0.4850	10	0.0000
17	0.1550	16	0.2050	19.2	0.0051	9.3	0.0450	11	0.2300
18	0.0650	17	0.3200	20	0.0561	10	0.0100	12	0.0800
19	0.0250	18	0.1100	20.2	0.0051			13	0.0050
		19	0.1100	21	0.0714				
		20	0.0150	21.2	0.0153				

CSF1PO		D5S818		D13S317		D7S820	
6	0.0150	7	0.0152	6	0.0050	6	0.0101
7	0.0250	8	0.0354	7	0.0050	7	0.0101
8	0.0000	9	0.0859	8	0.1750	8	0.1717
9	0.0350	10	0.2071	9	0.1200	9	0.0505
10	0.1750	11	0.3081	10	0.1200	10	0.2121
11	0.2100	12	0.2172	11	0.3400	11	0.2424
12	0.3050	13	0.1162	12	0.2050	12	0.2677
13	0.1800	14	0.O101	13	0.0300	13	0.0202
14	0.0550	15	0.0051			14	0.0152

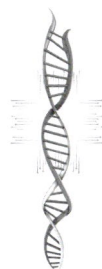

纳西族 9 个 STR 基因座的等位基因分布频率

D3S1358		vWA		FGA		TH01		TPOX	
14	0.0208	14	0.2448	18	0.0365	5	0.0052	6	0.0052
15	0.4010	15	0.0052	19	0.0469	6	0.1563	8	0.5208
16	0.3438	16	0.1615	20	0.0573	7	0.2708	9	0.1251
17	0.1719	17	0.3075	21	0.1406	8	0.0625	10	0.0156
18	0.0573	18	0.1979	21.2	0.0156	9	0.4635	11	0.3125
19	0.0052	19	0.0625	22	0.1563	9.3	0.0261	12	0.0208
		20	0.0208	23	0.1667	10	0.0156		
				23.2	0.0207				
				24	0.1719				
				24.2	0.0156				
				25	0.1094				
				25.2	0.0104				
				26	0.0417				
				26.2	0.0052				
				27	0.0052				

CSF1PO		D5S818		D13S317		D7S820	
7	0.0052	7	0.0208	8	0.3385	7	0.0052
9	0.0365	8	0.0052	9	0.1458	8	0.1510
10	0.2500	9	0.0729	10	0.1198	9	0.0885
11	0.2760	10	0.1511	11	0.2293	10	0.2344
12	0.3438	11	0.3125	12	0.1354	11	0.2657
13	0.0625	12	0.2969	13	0.0208	12	0.1979
14	0.0208	13	0.1198	14	0.0104	13	0.0521
16	0.0052	14	0.0208			14	0.0052

白族 15 个 STR 基因座的等位基因分布频率

D3S1358		vWA		FGA		TH01		TPOX	
12	0.0116	10	0.0116	18	0.0233	4	0.0058	6	0.0058
14	0.0349	11	0.0058	19	0.0872	6	0.0988	7	0.0058
15	0.4126	13	0.0058	20	0.0465	7	0.2500	8	0.5799
16	0.2674	14	0.2037	21	0.1628	8	0.1105	9	0.1423
17	0.2037	15	0.0349	21.2	0.0349	9	0.4128	10	0.0296
18	0.0640	16	0.2322	22	0.1053	9.3	0.0640	11	0.2308
19	0.0058	17	0.2095	23	0.1570	10	0.0523	12	0.0058
		18	0.1628	24	0.1744	13	0.0058		
		19	0.936	24.2	0.0118				
				25	0.0988				
				25.2	0.0465				
				26	0.0457				

CSF1PO		D5S818		D13S317		D7S820		D16S539	
6	0.0059	7	0.0237	7	0.0118	6	0.0059	5	0.0058
7	0.0118	8	0.0355	8	0.2267	7	0.0059	8	0.0058
8	0.0059	9	0.0414	9	0.2326	8	0.1006	9	0.1468
9	0.0473	10	0.1657	10	0.1279	9	0.1183	10	0.2439
10	0.2308	11	0.3728	11	0.2614	10	0.2189	11	0.2807
11	0.3136	12	0.1834	12	0.1105	11	0.3846	12	0.2129
12	0.3492	13	0.1657	13	0.0291	12	0.1006	13	0.0916
13	0.0296	15	0.0118			13	0.0652	14	0.0058
14	0.0059								

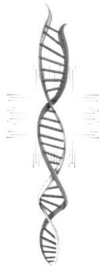

D21S11		D8S1179		D18S51		Penta D		Penta E	
24	0.0122	7	0.0058	8	0.0118	2.2	0.0058	5	0.1220
24.2	0.0058	8	0.0058	9	0.0058	3.2	0.0058	6	0.0058
28	0.0243	9	0.0058	11	0.0058	7	0.0183	10	0.0427
28.2	0.0366	10	0.1098	12	0.0488	8	0.0244	11	0.2439
29	0.2627	11	0.0118	13	0.1463	9	0.2988	12	0.0976
29.2	0.0058	12	0.1114	14	0.1585	10	0.1353	13	0.0793
30	0.2869	13	0.2378	15	0.2967	11	0.1951	14	0.0976
30.2	0.0183	14	0.2805	16	0.1254	12	0.2195	15	0.0976
31	0.0732	15	0.2012	17	0.0732	13	0.0854	16	0.0058
31.2	0.0671	16	0.0183	19	0.0183	14	0.0058	17	0.0488
32	0.0058	17	0.0118	20	0.0549	17	0.0058	18	0.0549
32.2	0.1525			21	0.0118			19	0.0488
33.2	0.0488			22	0.0427			20	0.0305
								21	0.0189
								22	0.0058

羌族 15 个 STR 基因座的等位基因分布频率

D3S1358		vWA		FGA		TH01		TPOX	
14	0.190	13	0.005	18	0.020	6	0.030	8	0.640
15	0.405	14	0.145	19	0.060	7	0.095	9	0.080
16	0.190	15	0.025	20	0.040	8	0.315	10	0.030
17	0.185	16	0.190	21	0.090	9	0.215	11	0.235
18	0.030	17	0.320	21.2	0.190	9.3	0.325	12	0.015
		18	0.255	22	0.010	10	0.020		
		19	0.055	22.2	0.240				
		20	0.005	23	0.010				
				23.2	0.210				
				24	0.005				
				25	0.080				
				26	0.040				
				27	0.005				

CSF1PO		D5S818		D13S317		D7S820		D16S539	
7	0.005	8	0.005	7	0.020	8	0.115	9	0.225
8	0.015	9	0.040	8	0.180	9	0.070	10	0.130
9	0.060	10	0.155	9	0.065	10	0.285	11	0.280
10	0.275	11	0.610	10	0.130	11	0.310	12	0.270
11	0.285	12	0.115	11	0.470	12	0.190	13	0.085
12	0.300	13	0.075	12	0.090	13	0.030	14	0.010
13	0.060			13	0.045				

D21S11		D8S1179		D18S51		Penta D		Penta E	
28	0.030	10	0.040	11	0.015	7	0.010	5	0.035
28.2	0.045	11	0.040	12	0.170	8	0.100	9	0.020
29	0.180	12	0.115	13	0.180	9	0.270	10	0.080
29.2	0.120	13	0.415	14	0.175	10	0.160	11	0.110
30	0.355	14	0.170	15	0.180	11	0.175	12	0.195
30.2	0.005	15	0.140	16	0.120	12	0.200	13	0.095
31	0.055	16	0.050	17	0.035	13	0.080	14	0.105
31.2	0.065	17	0.030	18	0.045	14	0.005	15	0.090
32	0.020			19	0.030			16	0.075
32.2	0.100			20	0.020			17	0.075
33	0.005			21	0.010			18	0.030
33.2	0.020			22	0.010			19	0.040
				24	0.005			20	0.025
				26	0.005			21	0.010
								22	0.010
								26	0.005

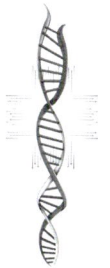

土家族 15 个 STR 基因座的等位基因分布频率

D3S1358		vWA		FGA		TH01		TPOX	
14	0.0561	14	0.2551	17	0.0051	6	0.051	8	0.3622
15	0.2704	15	0.0153	18	0.0102	7	0.2704	9	0.1327
16	0.398	16	0.1939	19	0.051	8	0.0969	10	0.0255
17	0.2194	17	0.2500	20	0.0867	9	0.551	11	0.4694
18	0.0408	18	0.1990	21	0.1276	10	0.0306	12	0.0102
19	0.0153	19	0.0663	22	0.1378				
		20	0.0204	23	0.2704				
				24	0.1582				
				25	0.1122				
				26	0.0204				
				27	0.0204				

CSF1PO		D5S818		D13S317		D7S820		D16S539	
7	0.0051	7	0.0255	8	0.2296	7	0.0051	8	0.0357
9	0.0459	8	0.0051	9	0.1684	8	0.1378	9	0.2602
10	0.1582	9	0.1224	10	0.0918	9	0.1173	10	0.1531
11	0.3367	10	0.1327	11	0.3418	10	0.1735	11	0.2245
12	0.3673	11	0.3776	12	0.1020	11	0.2908	12	0.2143
13	0.0663	12	0.199	13	0.0255	12	0.199	13	0.102
14	0.0204	13	0.1224	14	0.0357	13	0.0714	14	0.0102
		14	0.0051	15	0.0051	14	0.0051		
		15	0.0102						

D21S11		D8S1179		D18S51		Penta D		Penta E	
28	0.0663	10	0.1276	10	0.0153	8	0.0408	5	0.0663
29	0.2704	11	0.1276	12	0.0306	9	0.3418	6	0.0051
30	0.2653	12	0.0969	13	0.1735	10	0.1429	8	0.0051
31	0.1582	13	0.2398	14	0.2347	11	0.1735	9	0.0204
32	0.1429	14	0.1939	15	0.1582	12	0.1531	10	0.0561
33	0.0867	15	0.1480	16	0.0969	13	0.1071	11	0.1582
34	0.0102	16	0.0510	17	0.0612	14	0.0357	12	0.0816
		17	0.0102	18	0.0357	15	0.0051	13	0.051
		18	0.0051	19	0.0714			14	0.1224
				20	0.0306			15	0.0867
				21	0.0204			16	0.0816
				22	0.0255			17	0.1327
				23	0.0306			18	0.051
				24	0.0153			19	0.0357
								20	0.0102
								21	0.0153
								22	0.0153
								24	0.0051

藏族 15 个 STR 基因座的等位基因分布频率

D3S1358		vWA		FGA		TH01		TPOX	
13	0.0088	10	0.0132	16	0.0044	4	0.0044	6	0.0088
14	0.0307	12	0.0132	18	0.0351	6	0.0746	7	0.0132
15	0.3553	13	0.0044	19	0.0526	7	0.2412	8	0.5570
16	0.3728	14	0.2193	20	0.0263	8	0.0570	9	0.1404
17	0.2018	15	0.0351	21	0.0658	9	0.5351	11	0.2588
18	0.0263	16	0.2632	22	0.1360	9.3	0.0833	12	0.0219

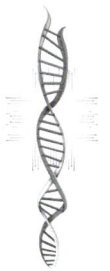

D3S1358		vWA		FGA		TH01		TPOX	
19	0.0044	17	0.2675	22.2	0.0088	10	0.0044		
		18	0.1140	23	0.2500				
		19	0.0658	23.2	0.0175				
		20	0.0044	24	0.1842				
				24.2	0.0132				
				25	0.1360				
				25.2	0.0088				
				26	0.0307				
				27	0.0088				
				28	0.0088				
				29	0.0044				
				30	0.0088				

CSF1PO		D5S818		D13S317		D7S820		D16S539	
9	0.0482	7	0.0175	8	0.2500	7	0.0044	8	0.0263
10	0.1535	9	0.0570	9	0.1140	8	0.1930	9	0.2368
11	0.2368	10	0.1272	10	0.1272	9	0.0965	10	0.1228
12	0.4912	11	0.4342	11	0.2412	10	0.1360	11	0.3026
13	0.0702	12	0.2325	12	0.1447	11	0.3202	12	0.2105
		13	0.1272	13	0.1096	12	0.2061	13	0.1009
		14	0.0044	14	0.0132	13	0.0395		
						14	0.0044		

D21S11		D8S1179		D18S51		Penta D		Penta E	
27	0.0044	7	0.0088	12	0.0351	7	0.0263	5	0.0351
28	0.0746	8	0.0044	13	0.2675	8	0.0658	6	0.0044
28.2	0.0658	10	0.1711	14	0.1974	9	0.2807	7	0.0088
29	0.2763	11	0.0351	15	0.1316	10	0.1491	8	0.0088
29.2	0.0132	12	0.1228	16	0.0833	11	0.2061	9	0.0482
30	0.1798	13	0.2325	17	0.0789	12	0.1316	10	0.0351
30.2	0.0351	14	0.2149	18	0.0263	13	0.0965	11	0.0965
31	0.0833	15	0.1535	19	0.0702	14	0.0263	12	0.1053
31.2	0.0702	16	0.0570	20	0.0395	15	0.0132	13	0.0570
32	0.0263			21	0.0395	16	0.0044	14	0.1009
32.2	0.1096			22	0.0132			15	0.1184
33.2	0.0526			23	0.0132			16	0.0702
34.2	0.0088			25	0.0044			17	0.0702
								18	0.0658
								19	0.0614
								20	0.0439
								21	0.0351
								22	0.0219
								23	0.0088
								24	0.0044

门巴族 15 个 STR 基因座的等位基因分布频率

D3S1358		vWA		FGA		TH01		TPOX	
14	0.0100	14	0.078	18	0.025	6	0.025	8	0.525
15	0.3330	15	0.064	19	0.029	7	0.309	9	0.211
16	0.3820	16	0.309	20	0.049	8	0.015	11	0.240
17	0.2500	17	0.333	21	0.078	9	0.525	12	0.025
18	0.0250	18	0.108	21.2	0.005	9.3	0.118		
		19	0.098	22	0.132				
		20	0.005	22.2	0.005				
		21	0.005	23	0.221				
				23.2	0.029				
				24	0.152				
				24.2	0.039				
				25	0.127				
				25.2	0.015				
				26	0.049				
				27	0.034				
				28	0.010				

CSF1PO		D5S818		D13S317		D7S820		D16S539	
9	0.049	9	0.059	8	0.181	8	0.137	8	0.039
10	0.176	10	0.142	9	0.025	9	0.127	9	0.348
11	0.225	11	0.578	10	0.299	10	0.074	10	0.078
12	0.392	12	0.142	11	0.270	11	0.407	11	0.225
13	0.157	13	0.078	12	0.142	12	0.211	12	0.235
				13	0.059	13	0.044	13	0.064
				14	0.025			14	0.010

D21S11		D8S1179		D18S51		Penta D		Penta E	
20	0.005	10	0.025	10	0.010	7	0.015	5	0.025
28	0.054	11	0.020	12	0.044	8	0.074	7	0.029
28.2	0.044	12	0.181	13	0.422	9	0.211	9	0.034
29	0.353	13	0.275	14	0.275	10	0.142	10	0.005
29.2	0.005	14	0.167	15	0.044	11	0.206	11	0.069
30	0.162	15	0.108	16	0.083	12	0.108	12	0.162
30.2	0.015	16	0.221	17	0.025	13	0.152	13	0.069
31	0.078	17	0.005	18	0.015	14	0.088	14	0.162
31.2	0.108			19	0.025	15	0.005	15	0.118
32	0.015			20	0.015			16	0.118
32.2	0.069			21	0.020			17	0.02
33.2	0.074			22	0.005			18	0.069
34	0.005			23	0.010			19	0.078
34.2	0.015			34	0.005			20	0.015
				36	0.005			21	0.029

珞巴族 15 个 STR 基因座的等位基因分布频率

D3S1358		vWA		FGA		TH01		TPOX	
8	0.0054	13	0.0860	17	0.0054	6	0.0806	6	0.0054
10	0.0000	14	0.0323	18	0.0376	7	0.2742	8	0.4839
11	0.0162	15	0.1882	19	0.1344	8	0.0914	9	0.17744
12	0.0000	16	0.3656	20	0.0108	9	0.4839	10	0.0054
13	0.0000	17	0.2258	21	0.0484	9.3	0.0645	11	0.3236
14	0.0215	18	0.0860	22	0.1290	10	0.0054	12	0.0054
15	0.2204	19	0.0054	22.2	0.0108				
15.2	0.0054	20	0.0054	23	0.1935				
16	0.5269	24	0.0054	23.2	0.0108				

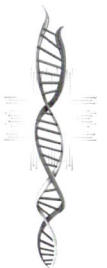

D3S1358		vWA		FGA		TH01		TPOX	
17	0.1129			24	0.2366				
18	0.0806			25	0.1129				
19	0.0108			25.2	0.0108				
				26	0.0376				
				28	0.0108				
				29	0.0054				

CSF1PO		D5S818		D13S317		D7S820		D16S539	
8	0.0108	7	0.0538	8	0.0591	7	0.0054	8	0.0215
9	0.0699	8	0.1075	9	0.1505	8	0.1290	9	0.2419
10	0.1075	9	0.1290	10	0.3065	9	0.1344	10	0.2258
11	0.2796	10	0.4462	11	0.2151	10	0.1452	11	0.2312
12	0.4516	11	0.1828	12	0.0376	11	0.3011	12	0.2151
13	0.0806	12	0.0645	13	0.0376	13	0.0484		
		13	0.0108						
		17	0.2312						

D21S11		D8S1179		D18S51		D19S433		D2S1338	
26.2	0.0054	10	0.0484	12	0.0376	10.2	0.0054	16	0.0054
27	0.0323	12	0.1667	13	0.1828	12	0.0369	17	0.0806
28	0.0215	13	0.2419	13.2	0.0215	12.2	0.0323	18	0.1344
28.2	0.0269	14	0.2204	14	0.1344	13	0.2634	19	0.1828
29	0.1774	15	0.2742	14.2	0.0269	13.2	0.0376	20	0.1398
30	0.3031	16	0.0269	15	0.2151	14	0.2419	21	0.0269
30.2	0.0591	17	0.0108	16	0.0645	14.2	0.1129	22	0.0484
31	0.0806			17	0.0323	15	0.0484	23	0.1989

D21S11		D8S1179	D18S51		D19S433		D2S1338	
31.2	0.1398		18	0.0591	15.2	0.1882	24	0.1505
32	0.0215		19	0.1237	16.2	0.0215	25	0.0323
32.2	0.0806		19.2	0.0376				
33	0.0108		20	0.0323				
33.2	0.0430		20.2	0.0108				
			21	0.0054				
			24	0.0054				

塔吉克族 15 个 STR 基因座的等位基因分布频率

D3S1358		vWA		FGA		TH01		TPOX	
14	0.082	14	0.107	17	0.004	6	0.172	7	0.004
15	0.406	15	0.086	18	0.004	7	0.127	8	0.508
16	0.225	16	0.201	19	0.025	8	0.230	9	0.041
17	0.152	17	0.307	20	0.084	9	0.193	10	0.121
18	0.107	18	0.230	21	0.101	9.3	0.258	11	0.310
19	0.025	19	0.066	21.2	0.210	10	0.020	12	0.012
20	0.004	20	0.004	22	0.017			13	0.004
				22.2	0.118				
				23	0.004				
				23.2	0.160				
				24	0.021				
				24.2	0.118				
				25	0.017				
				26	0.088				
				27	0.025				
				28	0.004				

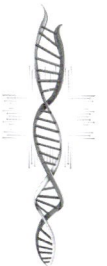

CSF1PO		D5S818		D13S317		D7S820		D16S539	
9	0.025	3	0.008	8	0.078	7	0.016	8	0.033
10	0.168	9	0.066	9	0.074	8	0.234	9	0.156
11	0.348	10	0.094	10	0.061	9	0.098	10	0.086
12	0.369	11	0.279	11	0.361	10	0.234	11	0.443
13	0.086	12	0.410	12	0.303	11	0.234	12	0.148
14	0.004	13	0.131	13	0.090	12	0.168	13	0.107
		14	0.012	14	0.029	13	0.012	14	0.025
				15	0.004	14	0.004	15	0.004

D21S11		D8S1179		D18S51		Penta D		Penta E	
27	0.008	3	0.004	9	0.004	6	0.004	5	0.042
28	0.115	8	0.033	10	0.008	7	0.004	7	0.178
28.2	0.008	9	0.017	11	0.054	8	0.033	8	0.021
29	0.172	10	0.128	12	0.133	9	0.231	9	0.017
29.2	0.004	11	0.107	13	0.133	10	0.132	10	0.068
30	0.254	12	0.116	14	0.196	11	0.207	11	0.106
30.2	0.012	13	0.252	15	0.104	12	0.231	12	0.089
31	0.066	14	0.194	16	0.100	13	0.079	13	0.085
31.2	0.160	15	0.116	17	0.100	14	0.058	14	0.119
32	0.020	16	0.033	18	0.079	15	0.004	15	0.047
32.2	0.127			19	0.038	16	0.017	16	0.059
33	0.004			20	0.025			17	0.081
33.2	0.041			21	0.025			18	0.030
34.2	0.008							19	0.025
								20	0.025
								21	0.008

塔塔尔族 15 个 STR 基因座的等位基因分布频率

D3S1358		vWA		FGA		TH01		TPOX	
14	0.040	13	0.005	18	0.030	6	0.230	5	0.005
15	0.370	14	0.085	19	0.005	7	0.295	8	0.515
16	0.320	15	0.060	20	0.160	8	0.090	9	0.075
17	0.250	16	0.190	21	0.005	9	0.235	10	0.075
18	0.015	17	0.310	21.2	0.075	9.3	0.135	11	0.305
19	0.005	18	0.205	22	0.005	10	0.015	12	0.025
		19	0.105	22.2	0.210				
		20	0.040	23	0.160				
				24	0.150				
				25	0.125				
				26	0.070				
				27	0.005				

CSF1PO		D5S818		D13S317		D7S820		D16S539	
8	0.020	9	0.055	8	0.205	7	0.005	8	0.035
9	0.095	10	0.075	9	0.155	8	0.225	9	0.230
10	0.265	11	0.340	10	0.155	9	0.115	10	0.160
11	0.365	12	0.440	11	0.235	10	0.135	11	0.210
12	0.210	13	0.090	12	0.180	11	0.305	12	0.260
13	0.040			13	0.055	12	0.215	13	0.100
14	0.005			14	0.015			14	0.005

附录

D21S11		D8S1179		D18S51		Penta D		Penta E	
27	0.030	10	0.050	11	0.030	7	0.005	5	0.020
28	0.020	11	0.090	12	0.040	8	0.030	7	0.030
29	0.215	12	0.115	13	0.080	9	0.195	9	0.040
29.2	0.015	13	0.285	14	0.165	10	0.220	10	0.085
30	0.310	14	0.325	15	0.105	11	0.155	11	0.080
30.2	0.010	15	0.105	16	0.140	12	0.235	12	0.095
31	0.025	16	0.030	17	0.200	13	0.095	13	0.060
31.2	0.205			18	0.080	14	0.055	14	0.045
32.2	0.075			19	0.050	15	0.010	15	0.085
33	0.010			20	0.025			16	0.175
33.2	0.085			21	0.025			17	0.045
				22	0.050			18	0.075
				23	0.010			19	0.070
								20	0.015
								21	0.055
								22	0.005
								23	0.020

英文缩略词表

英文缩写	英文全称	中文全称
AF	alleged father	被控父亲
AFLP	amplified fragment length polymorphism	扩增片段长度多态性
AI	avuncular index	叔伯指数
AIM	ancestry-informative marker	祖先信息性遗传标记
AISNP	ancestry-informative SNP	祖先信息性 SNP
AKC	American Kennel Club	美国养犬俱乐部
AL	allele ladder	等位基因标准物
AM	alleged mother	被控母亲
APS	ammonium persulfate	过硫酸铵
ATP	adenosine triphosphate	三磷酸腺苷
CE	capillary electrophoresis	毛细管电泳
CNP	copy number polymorphisms	拷贝数多态性
CNV	copy number variants	拷贝数变异
CODIS	combined DNA index system	联合 DNA 检索系统
CPE	cumulative probability of exclusion	累积非父排除率
CRS	Cambridge reference sequence	剑桥参考序列
cSNP	coding SNP	编码区内的 SNP
Cytb	cytochrome b	细胞色素 b
Cytc	cytochrome c	细胞色素 c
D_A	genetic distances	遗传距离
DGGE	denaturing gradient gel electrophoresis	变性梯度凝胶电泳

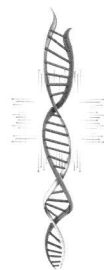

英文缩写	英文全称	中文全称
DHCP	dynamic host configuration protocol	动态主机配置协议
dHPLC	denaturing high pressure liquid chromatography	变性高效液相色谱
DMT	dimethyltryptamin	二甲基色胺
DNA	deoxyribonucleic acid	脱氧核糖核酸
DNMT	DNA methyltransferase	DNA 甲基转移酶
DNS	domain name system	域名系统
dNTP	deoxy-ribonucleotide triphosphate	核苷三磷酸
DP	discrimination power	个人识别力
ELISA	enzyme-linkedimmunosorbent assay	酶联免疫吸附测定法
Exo	exonuclease	核酸外切酶
FBI	Federal Bureau of Investigation	美国联邦调查局
F-PCR	fluorescence PCR	荧光 PCR 技术
FSS	Forensic Science Service	法庭科学服务部
F_{ST}	fixation index	固定指数
GM	genetic marker	遗传标记
GWAS	genome-wide association study	全基因组关联分析
HapMap	haplotype maping	单体型图
H	heterozygosity	杂合度
HGDP	Human Genome Diversity Project	人类基因组多样性计划
HGP	Human Genome Project	人类基因组计划
HLA	human leukocyte antigen	人类白细胞抗原
HPCE	high performance capillary electrophoresis	高效毛细管电泳

英文缩写	英文全称	中文全称
HumAR	human androgen receptor	人类性激素受体基因
HumHPRTB	human hypoxanthine phosphoribosyltransferase	人类雌黄嘌呤核糖转移酶
HVR	hyper variable regions	高变区
HWE	Hardy-Weinberg equilibrium	哈迪-温伯格平衡
IHGSC	International Human Genome Sequencing Consortium	国际人类基因组测序协作组
IISNP	individual identification SNP	个体识别 SNP
IMM	infinite mutation model	无限突变模式
ISAG	International Society of Animal Genetics	国际动物遗传学学会
ISFG	International Society of Forensic Genomic	国际法医基因组学会
ISFH	DNA Commission of the International Society of Forensic Haemogenetics	国际法医血液遗传学 DNA 鉴定委员会
IUPAC	International Union of Pure and Applied Chemistry	国际联盟理论与应用化学代码
LCL	lymphoblastic cell line	淋巴细胞样细胞系
LCN	low copy number	低拷贝
LD	linkage disequilibrium	连锁不平衡
LISNP	lineage-informative SNP	连锁信息性 SNP
LOH	loss of heterozygosity	杂合性缺失
LR	likelihood ratio,likelihood rate	似然比,似然率
MBD	methyl-CpG-binding domain	甲基化 DNA 结合域
MMR	DNA mismatch repair system	DNA 错配修复系统
MP	matching probability	匹配概率,耦合率

英文缩略词表

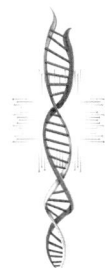

英文缩写	英文全称	中文全称
MRCA	most recent common ancestor	最近共同祖先
mRNA	messager RNA	信使 RNA
MSP	methylmion specific PCR	甲基化特异性 PCR
mtDNA	mitochondrial DNA	线粒体 DNA
NJ	neighbor joining	邻接法
NSG	next generation sequencing	新一代测序技术
OXPHOS	oxidativephosphorylation	氧化磷酸化
PAGE	polyacrylamide gel electrophoresis	聚丙烯酰胺凝胶电泳
PCA	principal component analysis	主成分分析
PCR	polymerase chain reaction	聚合酶链式反应
PE	probability of paternity exclusion	非父排除率
PI	paternity index	亲权指数/父权指数
PIC	polymorphism information content	多态信息量
PISNP	phenotype-informative SNP	表型信息性 SNP
PTC	Paternity Testing Committee	亲权鉴定委员会
RAPD	random amplified polymorphic DNA	随机引物扩增
RCP	relative chance of paternity	父权相对机会
rCRS	revised Cambridge reference sequence	修订的剑桥参考序列
RFLP	restriction fragment length polymorphism	限制性片段长度多态性
rRNA	ribosomal RNA	核糖体 RNA
SAM	S-adenosylmethionine	S-腺苷甲硫氨酸
SAP	shrimp alkalinephosphatase	虾碱磷酸酶
SNP	single nucleotide polymorphism	单苷酸多态性
SSCP	single-strand conformation polymorphism	单链构象多态性

法医基因组学

中华民族基因组多态现象研究

英文缩写	英文全称	中文全称
SSL	secure sockets layer	安全套接层
SSR	simple sequence repeat	简单重复序列
STR	short tandem repeats	短串联重复
STRP	simple tandem repeat polymorphism	短串联重复多态性
TDP	total discrimination power	累计个人识别能力
TEMED	N,N,N′,N′-tetramethylethylenediamine	四甲基二乙胺
TGGE	temperature gradient gel electrophoresis	温度梯度凝胶电泳
tRNA	transfer RNA	转运 RNA
TTGE	temporal temperature gradient gel electrophoresis	时间温度梯度凝胶电泳法
VNTR	variable number of tandem repeats	可变数目串联重复
WWW	World Wide Web	万维网

英文缩略词表

中文索引

法医基因组学

中华民族基因组多态现象研究

英文索引

英文索引